Christof Breitsameter

Schuld und Vergebung

Christof Breitsameter

Schuld und Vergebung

Eine theologische Neukonturierung

HERDER

FREIBURG · BASEL · WIEN

MIX
Papier aus verantwor-
tungsvollen Quellen
FSC® C083411

© Verlag Herder GmbH, Freiburg im Breisgau 2022
Alle Rechte vorbehalten
www.herder.de
Umschlaggestaltung: Verlag Herder
Umschlagmotiv: © isaravut/shutterstock
Satz: Barbara Herrmann, Freiburg
Herstellung: CPI books GmbH, Leck
Printed in Germany
ISBN Print 978-3-451-39096-8
ISBN E-Book (PDF) 978-3-451-83096-9

Inhalt

Vorwort

Die Arbeit an grundlegenden Reflexionen zu Schuld und Vergebung, die Teile der Studie „Das Gebot der Liebe – Kontur und Provokation" wiederaufnahm und weiterführte, erhielt angesichts des kirchlichen Missbrauchsskandals besondere Brisanz. Sie unternimmt freilich nicht den Versuch, Kausalzusammenhänge zwischen theologischen Mustern, die einen solchen Missbrauch begünstigen mögen, einerseits und den Missbrauchshandlungen andererseits auszumachen zu wollen, auch wenn sich solche Verbindungen unwillkürlich aufdrängen und vermutlich durch empirische Belege gestützt werden könnten. Stattdessen soll exemplarisch der Hintergrund ausgeleuchtet werden, vor dem sich Missbrauch auf vielen Ebenen auch und gerade in einem Feld ereignete, das, jedenfalls seinem Selbstverständnis nach, davon vollkommen frei sein müsste. Dies soll anhand der Begriffe von Schuld und Vergebung geschehen.

Generell markieren diese beiden Begriffe instabile Zustände normativer Ordnungen, Schuld durch Normabweichung, die Vergeltung evoziert, Vergebung durch den Verzicht auf Vergeltung um der künftigen Normbefolgung willen. Historisch gesehen wurden innerhalb der biblischen Theologie soteriologische Überlegungen nach und nach zugunsten eines ethischen Zugriffs auf diese Thematik zurückgedrängt: Schuld und Vergebung erscheinen als unvertretbar. Die christliche Theologie zeigt eine gegenläufige Tendenz: Soteriologische Erwägungen überlagerten nach und nach den ethischen Zugriff, Konzepte von Schuld und Vergebung wurden durch den Gedanken der Stellvertretung tiefgreifend verändert. In diesem Prozess wird Vergebung von Schuld in das Innere des Menschen sowie in das Jenseits von Zeit und Geschichte verlegt, wofür es Anzeichen schon in den biblischen Schriften gibt.

Strukturell wird dieser semantische Transformationsprozess durch eine zunehmende Individualisierung sowie, damit untrennbar verbunden, durch die allmähliche Ausdifferenzierung gesellschaftlicher Funktionen angeregt: Mehr und mehr erscheint unsicher, wie sich Schuld religiös deuten lässt, was zur schon erwähnten Verinnerlichung und Verjenseitigung von Vergebung führt. In dieser Entwicklung wird das Recht Schritt für Schritt (etwa auch von religiösen Determinanten) freigesetzt, der juridische Umgang mit Schuld dominiert den religiösen Umgang. Anders formuliert: Die rechtliche Bewältigung von Schuld, die sich öffentlich ereignet oder zumindest ereignen soll, drängt die religiöse, die im Geheimen stattfindet (nämlich im Gewissen des Einzelnen, das das Gericht Gottes vorwegzunehmen hat), zurück. Im juridischen Kontext wird Vergebung dagegen weitgehend privatisiert, im religiösen Kontext weitgehend Gott überantwortet, wodurch das Opfer, das dem Täter zu vergeben hat, faktisch enteignet wird. Beide Male wird der Konnex von Täter und Opfer zumindest gelockert oder ganz zertrennt. Doch ist menschliche Schuld durch das göttliche Sühnopfer, das man biblisch begründet sieht, vergeben? Bedarf es dann noch einer individuellen oder kollektiven Schuldbewältigung? Und warum sollte es, wenn es sich so verhält, überhaupt noch ein göttliches Gericht geben?

Systematisch unternimmt die Studie den Versuch einer zeitgenössischen theologischen Konturierung von Schuld und Vergebung, vor allem des Gedankens ihrer Unvertretbarkeit. Hier ist auch zu klären, welche Form von Schuld überhaupt Vergebung erfordert. Besondere Aufmerksamkeit wird dabei auf die Unterscheidung von Regeletablierung und Regelbefolgung, Tätern zweiter und Tätern erster Ordnung, primären und sekundären Opfern, dividueller und individueller Schuld sowie von Versöhnung und Vergebung gelegt. Gleichzeitig werden Überlegungen zu einer ethisch fundierten Eschatologie vorgelegt, die klären sollen, unter welchen Bedingungen dann überhaupt von Vergebung zu sprechen ist und welche Rolle Gott dabei spielt. Hier wird die Vorstellung einer Seelensubstanz zurückgewiesen, weil sie die Persönlichkeit einer Person nicht ernst nimmt, was sich traditionell in der Konstruktion eines Zwischenzustandes auswirkte, der den Tod eines Menschen von seiner Auferstehung trennt. Schließlich soll bedachte werden, ob es eine Pflicht zu vergeben gibt, ob Vergebung an Bedingungen geknüpft oder von Bedingungen freigehalten werden darf, und was ist, wenn ein Opfer seinem Täter nicht zu vergeben bereit ist.

Konzeptionell ist mit den folgenden Ausführungen die Überzeugung verbunden, dass Begriffe wie „Schuld" und „Vergebung" Werkzeuge zur Bewältigung von existenziellen Situationen darstellen und, wie alle Werkzeuge, ihre spezifische Bedeutung und Geltung haben, die wiederum von konkreten Kontexten abhängen. Sie besitzen deshalb auch eine bestimmte Reichweite, womit gleichzeitig auch ihre Grenzen beschrieben sind. Bedeutung und Geltung sind außerdem nicht asozial und ahistorisch verfasst. Jede Entkontextualisierung würde deshalb den Zugang zu diesen Begriffen versperren. Übergesellschaftliche und überzeitliche Aussagen zu Schuld und Vergebung kann es daher, auch aus theologischer Sicht, nicht geben, wie ja auch die Geschichte dieser Begriffe deutlich zeigt.

Martin Ebner darf ich für wertvolle exegetische Hinweise herzlich danken. Angela Kern gebührt Dank für die kritische Durchsicht des Manuskripts. Es versteht sich von selbst, dass alle verbliebenen Fehler zu Lasten des Autors gehen. Besonders danke ich schließlich Clemens Carl vom Verlag Herder für die anregende konzeptionelle Betreuung.

München, im Oktober 2021   *Christof Breitsameter*

1. Einleitung

1.1 Eingrenzung des Gegenstandes

Über Vergebung nachzudenken erfordert, auch benachbarte Begriffe wie „Schuld" und „Vergeltung" zu klären.[1] Das Vorliegen von Schuld ist Voraussetzung für Vergeltung wie für Vergebung. Nur wenn eine Person für ihr Handeln belangt werden kann, kann ihr auch vergeben werden. Schon biblische Texte und Kontexte setzen eine Absicht voraus, um von zurechenbarer Schuld sprechen zu können. Aus ethischer Sicht kommt es darauf an, Schuld möglichst exakt zu bestimmen und möglichst korrekt zuzurechnen. Erst dann kann darüber nachgedacht werden, wie wir uns von Schuld befreien können. Der Begriff der Entschuldigung, der damit ins Spiel gebracht wird, soll deshalb zweierlei bedeuten: (1) Der Täter wird entschuldigt, wenn er für eine Tat nicht oder nur teilweise verantwortlich gemacht werden kann, wenn es also um den Ausschluss oder die Verminderung von Schuld geht. Vergebung hat nichts mit mildernden Umständen zu tun, die zu einem angemessenen Urteil über die (gegebenenfalls verminderte) Schuld eines Menschen bzw. über die Strafe, die verhängt werden soll, Anlass geben.[2] Wo eine Minderung von Schuld zu konstatieren ist, geht es nicht um Vergebung, sondern um eine möglichst angemessene Feststellung von Schuld bis hin zur vollständigen „Entschuldigung": Wenn wir einer Person aus vernünftigen Gründen nichts nachtragen müssen bzw. dürfen, brauchen bzw. können wir auch nicht vergeben. (2) Der Täter entschuldigt sich, was voraussetzt, dass er

---

[1] Für die biblischen Schriften ist Leid, das Menschen einander zufügen, ein zentral wichtiges Thema, das durch den Begriff der Schuld überhaupt erst handhabbar wird. Nur wo über Schuld gehandelt wird, kann der Versuch unternommen werden, von Menschen verursachtes Leid zu überwinden, sei es durch Vergeltung, sei es durch Vergebung. Mit der christlichen Theologie sei die gesteigerte Sensibilität gegenüber menschlichem Leid durch eine gesteigerte Sensibilität gegenüber Schuld und Sünde abgelöst worden, so konstatiert Johann Baptist Metz. Die Zuschreibung von Schuld und Sünde hat sich sogar verselbstständigt. Es ist nicht mehr das Leid, das die Zurechnung von Schuld und Sünde hervorbringt, ganz im Gegenteil: die Zurechnung von Schuld und Sünde bringt nun Leid hervor. Vgl. dazu J. B. Metz, Gotteskrise. Versuch zur „geistigen Situation der Zeit", in: J. B. Metz/G. B. Ginzel/P. Glotz/J. Habermas, D. Sölle (eds.), Diagnosen zur Zeit, Düsseldorf 1994, 76–92, 85: „Das Christentum verwandelte sich aus einer Leidensmoral in eine Sündenmoral, aus einem leidempfindlichen Christentum wurde ein sündenempfindliches." Allerdings hat die Zurechnung von Schuld und Sünde, wie gesagt, nicht nur eine destruktive, leid-fördernde, sondern auch eine konstruktive, leid-mindernde Komponente, macht sie doch auf Unrecht allererst aufmerksam.
[2] Zu denken ist hier an Einschränkungen der Willensfreiheit und der Handlungsfreiheit (etwa durch eine Drohung), womit jeweils eine verminderte Schuldfähigkeit einhergehen kann.

für seine Tat zu Recht verantwortlich gemacht werden kann, dass seine
Schuld also erkannt und anerkannt und die Bitte um Vergebung womöglich
mit dem Ausdruck von Reue und Buße artikuliert wird, um die Vergeltung
einer Unrechtshandlung abzumildern oder sogar auszuschließen. Dabei kann
Vergeltung vom expressiv dargestellten Groll des Opfers bis hin zur Bestrafung des Täters, die individuell oder kollektiv erfolgen kann und eigens gerechtfertigt werden muss, reichen. Somit sind bereits mehrere Vorentscheidungen getroffen, was Vergebung und Vergeltung, Schuld und Strafe
betrifft, Vorentscheidungen, die bestritten werden können und deshalb mit
Gründen ausgestattet werden müssen.

Dies gilt auch für die Annahme, dass sich der Diskurs um Vergebung auf
Reziprozitätskontexte zu beziehen hat, was im Verlauf dieser Studie sowohl
historisch als auch systematisch plausibilisiert werden soll. Für den histori-
schen Kontext folgt daraus, dass Phänomene positiver wie negativer Repro-
zität in den Blick genommen werden müssen. Dies soll mit Blick auf die Bibel
anhand der so genannten Gebote der Nächsten- und der Feindesliebe sowie
mit Blick auf die pagane Umwelt anhand des Konzepts der Freundschaftsliebe diskutiert werden. Obwohl es den Anschein haben könnte, als handle
es sich hier um Exkurse, wird in Wirklichkeit der historische Hintergrund
ausgeleuchtet, auf dem Prozesse wie Vergeltung und Vergebung – alltagsweltlich konturiert – erst verständlich werden. Übrigens begreifen Reziprozitätskontexte sowohl biblischer wie auch paganer Herkunft die Position einer
Gottheit unabdingbar mit ein, was in der systematischen und auch für zeitgenössische Verhältnisse applizierbaren Betrachtung auf eine *ethisch fundierte
Eschatologie der Vergebung* hinauslaufen soll.

Historisch lässt sich Folgendes beobachten: Wo der imaginierte Kreislauf
von Geben und Nehmen zwischen Gott und Mensch sowie zwischen Menschen unterbrochen wird, treten Reaktionen wie Vergeltung oder eben Vergebung und Überlegungen zu Schuld und Strafe auf den Plan. Systematisch
gesehen ist Vergebung da erforderlich, wo Verhältnisse positiver Reziprozität
ge- oder zerstört wurden. Vergebung kann geübt werden, um nicht, nämlich
mittels Vergeltung, in einen Zustand negativer Reziprozität zu gelangen bzw.
um aus einem solchen Zustand wieder herauszufinden. Rache ist eine Form
der Vergeltung, die so genannte Talion eine andere: Beide Formen können
auch unter dem Begriff der Strafe verhandelt werden. Wir werden darauf
mit Blick auf die biblischen Texte zurückkommen. Schuld kann dann als Zeichen außer Kraft gesetzter Reziprozität gelten, Strafe als Zeichen in Kraft zu
setzender Reziprozität, mit allen Unsicherheiten, die damit verbunden sind.
Von Vergebung sprechen wir, so sei noch hinzugefügt, wenn der Täter im
Blickfeld ist, von Verzeihung, wenn die Tat im Vordergrund steht: Einem Täter wird vergeben, eine Tat wird verziehen.

Neben nicht rechtfertigbaren Asymmetrien, die wir mit den Begriffen Schuld und Strafe abhandeln, gibt es auch rechtfertigbare Asymmetrien, die uns unter den Stichworten „Supererogation" und „reiner Altruismus" beschäftigen werden. Eine zentrale Überlegung, die wir am Ende dieser Studie noch einmal aufgreifen werden, soll deshalb sein, was es heißt, bedingungslos zu vergeben, also jede Form von Vergeltung möglichst zurückzudrängen. Intuitiv liegt es uns ungleich näher, Vergebung an Bedingungen zu knüpfen, beispielsweise an das Eingeständnis von Schuld (die wir voraussetzen müssen, um von Vergebung sprechen zu können), die Artikulation von *Reue* und die Bereitschaft zur *Buße*, die eine Wiedergutmachung, sofern möglich, einschließt. Reue wird sich zunächst in die Vergangenheit richten: Eine Person bedauert, was sie getan hat, doch nicht hätte tun sollen, sie wünscht also, sie hätte nicht getan oder könnte doch wenigstens ungeschehen machen, was sie getan hat. Reue sollte sich allerdings auch in die Zukunft richten und in dem Entschluss ihren Ausdruck finden, das verübte Unrecht nicht wieder zu tun bzw. überhaupt kein Unrecht mehr zu begehen. Der Blick in die Vergangenheit hilft vornehmlich dem Opfer und dem Täter, der Blick in die Zukunft eher der Gesellschaft und auf diesem Weg wiederum dem Opfer wie dem Täter. Man könnte Reue als notwendige und Buße als hinreichende Bedingung für Vergebung statuieren. Der Zusammenhang von Reue und Buße im beschriebenen Sinn kann dann – zumindest vorläufig – wie folgt plausibilisiert werden: Reue allein kann nicht garantieren bzw. hinreichend sicherstellen, dass vom Täter nicht weiteres Unrecht ausgeht, zumindest wird dies durch die Institution von Buße wahrscheinlicher – was etwa gleichzeitig für die Einrichtung wie für die Einschränkung von Strafe spricht. Genau genommen dürfte man, solange die Gefahr besteht, dass der Täter in irgendeiner Weise rückfällig wird, nicht vergeben. Was jedoch ist, wenn eine Person, die in der Vergangenheit Unrecht begangen hat, kein Unrecht mehr begehen *kann*? Liegt dann bereits eine hinreichende Bedingung für Vergebung vor? Von Seiten der Gesellschaft ja (zumindest wenn sie nicht geschädigt wurde), von Seiten des Opfers nein (weil der ihm entstandene Schaden, wo möglich, wiedergutgemacht werden muss). Es ist jedoch grundsätzlich zu überlegen, ob Vergebung aus ethischer Sicht an Bedingungen geknüpft werden darf bzw. geknüpft werden soll.

Wir werden anhand von biblischen Texten beobachten, was wir in historischer Absicht als Rationalisierung von Schuld oder als Rechtfertigung für die *Zuweisung von Schuld* bezeichnen können. Daher sollen in systematischer Hinsicht sowohl die Zurechnung als auch die rationale Beschränkung der Zurechnung von Schuld als unabdingbare Voraussetzungen für Vergebung benannt werden. Die Einschränkung der Zurechnung von Schuld ist allerdings nicht schon Bestandteil dessen, was wir „Vergebung" nennen werden. Wichtig für die Bewältigung von Schuld ist zudem die *Vergeltung von Unrecht*, sei es, dass dadurch die normative Ordnung wieder in ihr Recht gesetzt wird, sei es, dass davon retributive oder präventive Wirkungen ausgehen. Wir werden Prozesse der Beschränkung von Vergeltung beobachten, die sich als Rationalisierung von Strafe und damit als Rechtfertigung (der Verhängung) von Strafe verstehen lassen. Die rationale Zumessung von Strafe rückt schon an das heran, was wir Vergebung nennen, sie bietet, so könnte man einstweilen formulieren, eine Art von Gegenhalt zu Akten der Vergebung. Zu Schuld und Strafe bzw. zu Vergeltung und Vergebung tritt zuletzt auch der Vorgang des Vergessens oder Nicht-Vergessens von Schuld. Hier lässt sich etwa beobachten, wie Schuld in biblischen Texten auf transmundane oder transhumane Kräfte bezogen wird, um sie, wenn eine Zurechnung auf Individuen oder die Gemeinschaft nicht gerechtfertigt werden kann, nicht in Vergessenheit geraten zu lassen. Auf diese Weise kann die normative Ordnung ohne den Preis einer ungerechtfertigten Zuweisung von Schuld aufrechterhalten werden. Zugleich existieren Prozesse, die ein kontrolliertes Vergessen erlauben, indem Schuld einer rettenden Macht übereignet wird.

Modern wird man die bereits ins Spiel gebrachten Phänomene – Schuld, Strafe, Vergelten, Vergeben und Vergessen – komplexer behandeln müssen. Hier ist etwa zu überlegen, ob Strafe eine unabdingbare Voraussetzung für Vergebung darstellt oder ob Vergebung nicht vielmehr den Verzicht auf Vergeltung erfordert. Ist Vergebung noch sinnvoll, wenn Schuld durch Strafe beantwortet wurde, und zwar nicht nur mit Blick auf die normative Ordnung der Gesellschaft, sondern auch mit Blick auf Akte der Wiedergutmachung, die vom Täter dem Opfer gegenüber zu leisten sind? Darf man vergeben und vergessen, oder soll man vergeben, ohne zu vergessen, was bedeuten würde, fortan misstrauisch zu sein? Zumindest scheint es plausibel zu behaupten, dass das Nichtwahrhabenwollen von Schuld bzw. des Fortdauerns von Schuld nicht mit Vergeben gleichgesetzt werden kann, weil Vergebung dann moralische Ansprüche schlichtweg ignorieren würde. Ebenso wenig kann, wie schon angedeutet, die rationale Minderung der Zurechnung von Schuld mit Vergebung gleichgesetzt werden. Sind Reue bzw. Buße, also Bekennen der Schuld und Wiedergutmachen des Schadens, dann Voraussetzungen für Vergebung? Erkennbar geht es also um die normativen Voraussetzungen von Vergebung, insbesondere um den Zusammenhang von Schuld und Vergebung. Dies ist auf der Seite der Vergebung nicht trivial, weil anstelle von Vergebung auch Vergeltung eine angemessene Reaktion darstellen kann; dies ist auf der Seite der Schuld nicht trivial, weil hier Einschränkungen der Zurechenbarkeit von Schuld thematisiert werden können. Schuld ist kein einheitliches Phänomen, vielmehr müssen die verschiedenen Aspekte von Schuld aufgegliedert werden.

Fasst man Schuld formal als Defektion, als Abweichung von einer Regel, die mit Recht gilt, dann ist Voraussetzung dafür Kooperation, ohne die Regeln ja nicht vereinbart werden könnten. Abweichungen von Regeln verhalten sich deshalb unabweisbar parasitär zur Anerkennung von Regeln. Im biblischen Kontext wird Kooperation mit dem Begriff der Liebe bezeichnet. Sie ist das ubiquitäre normative Vorzeichen, das Interaktionen überhaupt erst möglich werden lässt. Wie verhält sich eine so verstandene Liebe dann zum Phänomen Schuld? Kann Liebe uneingeschränkt und doch nicht wahllos sein? Endliche Liebe, die nicht wählt und also diskriminiert, depotenziert sich selbst, würde sie doch alle Gegenstände gleichermaßen lieben, mithin leugnen, dass es auch Objekte gibt, die nicht liebenswert sind. Ist eine uneingeschränkte Liebe nicht gerade jene, die besonders sorgfältig wählt, also diskriminiert, zumindest Personen, die sich anderen Personen gegenüber verfehlt haben? Endliche Liebe kann, so gesehen, nicht bedingungslos sein. Man mag einwenden, kein endlicher Gegenstand sei der uneingeschränkten Liebe wert, weshalb ein jeder bedingungslos geliebt werden könne. Würde man dies, was naheliegt, auf eine unendliche Liebe übertragen, gäbe es gar keine endliche Menge liebenswerter Gegenstände, zumindest wenn „etwas zu schaffen" bedeutet, es zu lieben. Man würde also eher sagen: Alles ist liebenswert, oder: jede Person ist liebenswert. Ändert sich dann für die endliche Liebe etwas, wenn eine Person sich gegen eine andere verfehlt? Und was ändert sich für eine unendliche Liebe? Gibt es für sie überhaupt Schuld? Und Vergebung?

1.2 Gang der Untersuchung

Wir beginnen mit der Befragung biblischer Konzepte von Schuld, die nicht nur in ihrer Vielgestaltigkeit, sondern auch in ihrer Entwicklung dargestellt werden sollen. Die auffälligste Veränderung ist mit dem Einzug rechtlicher Kategorien markiert, die die Stellung Gottes bzw. den Gedanken der stellvertretenden Wegnahme von Sünden zurückdrängt und den Menschen bzw. den moralischen Beitrag, den er zu leisten hat, in den Vordergrund rückt. Damit wird es möglich, Konzepte von Gerechtigkeit und damit von Vergeltung und Vergebung zu entwickeln, die unter den Begriff der Reziprozität subsumiert werden können. Wir beschreiben diese Verschiebung als Zurücktreten *kultisch-ritueller* zugunsten *moralischer* Vorstellungen von Schuld und Strafe, von Vergeltung und Vergebung, die deshalb präziser gehandhabt werden können, wie wir am Beispiel alttestamentlicher Texte darstellen wollen.

Ein weiterer Teil unserer Untersuchung ist dem Anliegen gewidmet, neutestamentliche Texte vom Gesichtspunkt der Reziprozität her zu lesen, was zu überraschenden Ergebnissen im Blick auf die Phänomene von Schuld und

Strafe, von Vergeltung und Vergebung führt. Dabei sind deutlich *spiritualisierende* und *eschatologisierende* Tendenzen zu bemerken, womit eine weitere Verschiebung beschrieben ist, nämlich die Verlagerung moralischer Urteile zugleich in das Innere des Menschen wie in eine transzendente Welt hinein. Exemplifiziert wird die Betonung der Moral gegenüber Kult bzw. Ritus, des Individuums gegenüber dem Kollektiv und des Jenseits gegenüber dem Diesseits am so genannten Weltgerichtsdialog in Mt 25,31–46.

Der gewonnene Befund gibt Anlass für die Ausarbeitung einer ethisch fundierten Eschatologie. Vorbereitend dazu wird eine moderne Sicht von Sünde und Schuld skizziert, die darauf abzielt, eine möglichst exakte Zuschreibung zu gewährleisten, und zwar mit der Absicht, Vergeltung und Vergebung für diesseitige Verhältnisse zu rationalisieren, also nur so viel Vergeltung wie nötig und so viel Vergebung wie möglich zu erreichen. Dies berührt auch die so genannte Lehre von der Erbsünde, die eine Beschränkung in der Zuschreibung von Schuld artikulieren will und deshalb einer eingehenden Analyse anhand des Begriffs der Freiheit unterworfen wird. Mit den Instrumenten einer modernen Begrifflichkeit wird das Phänomen der Vergebung analysiert: Das Erfordernis, um Vergebung zu bitten bzw. Vergebung zu gewähren, wird der Beliebigkeit entzogen, indem zunächst die Beschädigung der Selbstachtung zur Voraussetzung erhoben und Kriterien der Herabwürdigung begründet werden. Mit dem Begriff der Fremdachtung werden Gründe bereitgestellt, die die Wiederherstellung eines reziproken Verhältnisses, zu dem Vergebung ja führen soll, motivieren sollen. Auf diese Weise soll der epistemische wie auch der normative Rahmen für eine Ethik der Vergebung geschaffen werden. Leitend für einen solchen Rahmen ist die Unterscheidung von *individueller* und *dividueller* Schuld. Für die Ausarbeitung einer ethischen Eschatologie müssen schließlich die ontologischen Voraussetzungen für die Persistenz der Person bzw. einer Persönlichkeit geklärt werden, ohne die Vergebung von Schuld in einem Jenseits von Welt und Geschichte nicht denkbar ist. Wenn damit die Unvertretbarkeit einer Persönlichkeit festgehalten ist, muss die Frage beantwortet werden, ob Gott sozusagen über die Persönlichkeit eines Opfers hinweg oder an ihr vorbei einem Täter vergeben darf. Deshalb wird abschließend der Begriff der Stellvertretung für die ethische Sicht göttlicher Vergebung diskutiert.

1.3 Konzeptuelle Notiz

Der Vielgestaltigkeit der biblischen Vorstellungen von Schuld soll konzeptionell mit Hilfe von zwei Modellen bewältigt werden, die natürlich stark vereinfachend verfahren: Das erste Modell bewegt sich auf dem Hintergrund einer vergleichsweise überschaubaren Gemeinschaft, in der Tun und Ergehen fast von selbst miteinander verwoben sind, weshalb Normen implizit zur Geltung kommen und sich die normative Aufmerksamkeit auf jene Fälle richtet, in denen Schuld unerkannt oder unbelangt zu bleiben droht. Der Tun-Ergehen-Zusammenhang kann eine negative wie eine positive Wendung nehmen: Bei einer schlechten Tat wird sich der Täter selbst zum Opfer, bei einer guten Tat gibt es, wenn man so will, weder Täter noch Opfer, weshalb sich die normative Aufmerksamkeit auf die Abweichung, nicht auf die Erfüllung des sozial Erwarteten richtet. Dabei ist in den folgenden Darstellungen klar, dass es sich bei diesem Modell um eine soziale Konstruktion handelt, die mit sozial nicht bewältigbarer Schuld umgehen soll, wobei diese Konstruktion an die Realitäten gebunden bleibt und damit irritierbar wird, wie vor allem das Phänomen des unschuldig Leidenden zeigt. Die Irritierbarkeit des Modells verweist wiederum auf unerkannte oder unbelegbare Schuld. Das zweite Modell bewegt sich auf dem Hintergrund einer wesentlich differenzierteren und komplexeren Gesellschaft, die explizite Regeln des Rechts formuliert, um Gerechtigkeit herzustellen und, wo Ungerechtigkeit aus der Befolgung von Recht resultiert, auf Moral setzt, so dass nach dem Muster doppelter Reziprozität ein Geben und Nehmen zwischen Menschen mit einem Geben und Nehmen zwischen Gott und dem Menschen verschränkt erscheint. Für die moderne Fassung wird diese Verschränkung in die Unterscheidung von individueller und dividueller Schuld sowie in die Unterscheidung von Schuld und Sünde transformiert. Dies wirkt sich auf die Analyse des Phänomens der Vergebung aus, das zwischen Tausch und Gabe eingespannt bleibt und in der die Position des Menschen wie die Position Gottes unvertretbar ist.

1.4 Terminologische Notiz

Wir werden, wie schon angedeutet, den Zusammenhang von Schuld und Vergebung im Kontakt mit benachbarten Begriffen (vor allem mit dem Begriff der Vergeltung) behandeln. Der Begriff der Vergeltung kann sich auf die Bestrafung des Täters beziehen, die wiederum eine Wiedergutmachung dem Opfer gegenüber vorsehen mag. Traditionell bezeichnet man das Bekenntnis der Schuld als Reue, die Wiedergutmachung eines Schadens (wie Strafe überhaupt) als Buße. Nicht immer wird es möglich sein, diese Begriffe präzise voneinander zu unterscheiden oder aufeinander zu beziehen, ohne einen unverhältnismäßig hohen Aufwand an erläuternden Formulierungen zu betreiben, so dass Begriffe gelegentlich in der „Schwebe" gehalten werden müssen. Dennoch soll im Gang der Untersuchung eine exakte Begriffssystematik wenigstens angezielt werden.

2. Schuld und Sünde aus biblischer und moderner Sicht

Eine Beschäftigung mit den Phänomenen Schuld und Vergebung ist für die theologische Ethik auch ohne historische und vor allem biblische Bezüge ohne Weiteres denkbar, sofern es etwa darum geht, systematisch darüber nachzudenken, was Gott mit der Vergebung von Schuld zu tun haben kann. Wenn wir uns dennoch mit biblischen Aussagen zu Schuld und Vergebung beschäftigen, dann nicht nur, um eine Auseinandersetzung mit Texten, die in diesem Rahmen die Referenz schlechthin darstellen, zu führen, sondern auch, um die Kontur für einen modernen Begriff von Schuld und Vergebung zu gewinnen und die Kontextabhängigkeit biblischer Vorstellungen bzw. die Distanz der modernen zur biblischen Vorstellungswelt zu markieren. Wir werden keine auffälligen Diskontinuitäten zwischen dem Alten und dem Neuen Testament bemerken, wenn wir auf Vergeltung und Vergebung, Schuld und Strafe zu sprechen kommen werden. Schon das Alte Testament zeigt eine Entwicklung in der Bestimmung dieser Begriffe, die im Neuen Testament nicht grundsätzlich revidiert wird, nur neues Konfliktpotential angesichts prekärer sozialer Verhältnisse sowie der Zuwendung zur paganen Welt erzeugt, weshalb die diskreditierende Gegenüberstellung zwischen einem alttestamentlichen Gott der Rache und einem neutestamentlichen Gott der Liebe als grob irreführend abgewiesen werden muss.[1]

2.1 Begriffe und Modelle von Schuld

Eine verhältnismäßig allgemein gehaltene Bestimmung von Schuld und Sünde verweist im Alten Testament auf die Feststellung eines Fehlers, auf das Fehlen einer Eigenschaft oder Fähigkeit bzw. auf einen Mangel oder eine Verfehlung, und zwar durchaus in alltäglichen Situationen, wenn näm-

---

[1] So etwa bei Sonja Fücker, Vergebung. Zu einer Soziologie der Nachsicht, Frankfurt am Main/New York 2020, 24: „So spricht vieles für die Annahme, dass die neutestamentarische Vergebungslehre die im Alten Testament amtierenden Rachegott ablöste, wo erfahrenes Unrecht durch die eingangs erwähnte Formel ‚Auge um Auge, Zahn um Zahn‘ ausgeglichen werde. In den Überlieferungen der Evangelien avanciert das Vergebungsprinzip als gelungener Emanzipationsversuch von der Rachelust der Nemesis zu einem Gebot der barmherzigen Feindesliebe. Das Prinzip der Gerechtigkeit wird durch das der (Nächsten-)liebe ersetzt, welches die Vergebung als selbstlose Gabenhandlung … skizziert, mit der Betroffene im Modus des ‚being good‘ … operieren.“ Freilich ist zu konstatieren, dass eine so krasse Fehleinschätzung nicht unbeeinflusst ist von theologischen Entwürfen, die ebenfalls von solchen schlichten Entgegensetzungen ausgehen.

lich durch das Tun oder Unterlassen eines Einzelnen oder einer Gruppe Erwartungen enttäuscht oder Normen verletzt werden. Dabei sind über die Feststellung eines Fehlers im Sinn einer enttäuschten Erwartung oder einer verletzten Norm hinaus zwei Tendenzen von Bedeutung: Es ist zum einen die Ausbildung von Begriffen „mittlerer Abstraktion", die eine Verfehlung als Bewegung beschreiben, die ihr Ziel nicht erreicht.[2] Auffällig ist, dass auch die antike Philosophie eine Handlung als Bewegung denkt, die ihr natürliches, das heißt sozial erwartbares Ziel (τέλος) erreichen oder verfehlen kann. Mit der Ausbildung von Schuldbegriffen wird somit der *Regelcharakter* gesellschaftlicher Erwartungen angesichts der Möglichkeit ihrer Enttäuschung reflektiert. Es ist zum anderen die Ausbildung einer Semantik, die in einem rechtlichen Kontext verhandelte Verfehlungen religiös einfärbt: Von Sünde wird etwa dann gesprochen, wenn ein Mensch eine Regel verletzt, ohne dass dies gesellschaftlich bemerkt wird, weshalb der Verweis auf Gott, dem nichts verborgen bleibt, die Befolgung der geltenden Regeln motivieren soll, oder wenn ein Mensch zwar nicht von einer geltenden Regel abweicht, sie vielmehr befolgt, aber das Wohl der Gemeinschaft dennoch schädigt, also im Tun des Rechts Unrecht hervorbringt, was Gott nicht gefallen kann. Durch diese religiöse Konnotation gelingt es, den motivationalen Aspekt in der Befolgung von Normen sowie den Unrechtsgehalt von Rechtsnormen oder vielleicht besser: von Folgen der Befolgung von Rechtsnormen zu beleuchten. Recht und Moral bzw. Recht und Gerechtigkeit werden auf diese Weise unterschieden, wodurch Handlungen sowie (wenigstens grundsätzlich) Regeln einem Rechtfertigungsdiskurs unterworfen sind. Damit reagiert ein bemerkenswert differenzierter semantischer Bestand auf gesellschaftsstrukturelle Zustände: *Motiv* und *Folge* (bzw. Motive und Folgen) einer Tat können, wo erforderlich, isoliert werden; zugleich lässt sich – mehr implizit als explizit – der Regelzustand gesellschaftlicher Erwartungen moralisieren.

Die Folge, die sich vom Motiv der Tat gewissermaßen ablöst, wird so bildlich wie dinglich behandelt, und zwar zumeist in der Metapher der Last, die einen Menschen und natürlich auch die Gemeinschaft bedrückt, weit seltener in der Metapher der Befleckung: Schuld ist jedenfalls ein Schaden, der bleibt. Daher gilt es, die Last wegzutragen oder die Befleckung wegzuwischen, was einzig und allein Gott möglich ist. Wir werden den lebensweltlichen Sinn dieser Metaphern im Zusammenhang von Tun und Ergehen noch näher beleuchten. Es ist nicht erstaunlich, dass das soziale Gefüge einer kaum differenzierten und wenig komplexen Gesellschaft durch die Verlet-

---

[2] Vgl. dazu detailliert C. Berkenkopf, Sünde als ethisches Dispositiv. Über die biblische Grundlegung des Sündenbegriffs, Paderborn u. a. 2013, 20–56. Neben der Vorstellung des Verfehlens existieren die Vorstellungen eines Verbrechens im Sinn eines Bruchs bzw. einer Verkehrung im Sinn einer Abweichung.

zung elementarer Regeln stark beeinträchtigt wird. Auf diesem Hintergrund
ist die Rede von der Macht der Sünde, die für eine Gemeinschaft wie ein Verhängnis wirken kann, plausibel. Im Bild des Wegtragens oder Wegwischens
einer Schuld wird zudem der Sinn dessen, was wir dann „Vergeben" nennen
werden, bereits sichtbar.[3] Wir verwenden für dieses Modell, das in der Literatur als „substance-frame" bezeichnet wird, den Begriff der *Sünde*.

Nun könnte man einwenden, dass in solchen Aussagen der menschliche
Anteil an der Bewältigung von Schuld auffällig unterbelichtet bleibt, obwohl
in der Gesellschaft, in der sie artikuliert werden, zweifellos ein dichtes Ge-
webe an Normen existiert, das die Zurechnung von Schuld, das Verhängen
von Strafen und auch, nicht minder wichtig, die Wiedereingliederung des
Täters in die Gemeinschaft organisiert. Es ist wohl gerade Ausdruck einer
schon fortgeschrittenen Rationalität, dass man diesen Errungenschaften
zum Trotz mit unentdeckter und unbewusster Schuld rechnet, die durch
eine Gemeinschaft oder durch ein Individuum nicht beherrscht werden
kann und zu deren Bewältigung Gott angerufen werden muss, gerade weil
er, was als Moral und Recht angesprochen wird (und gelegentlich auseinandertreten kann), auch will. Eine Person mag zudem ganz einfach ihrer sozialen Stellung wegen für die Zuweisung von Schuld und Strafe unerreichbar
sein, doch wird ein solcher Zustand durchaus kritisch reflektiert. Die Tatsache, dass bei nicht belegbaren oder nicht belangbaren Vergehen Gott ins Spiel
kommt, lässt plausibel werden, dass diese Art von Vergebung allein Gott zugeschrieben wird.

Schon im Alten Testament wird allerdings eine Entwicklung sichtbar, die
die genannten Metaphern zurückdrängt und einem neuen Begriff von Schuld
Raum gibt, der von der Vorstellung vertraglicher Verhältnisse geprägt ist, die
verletzt werden, etwa wenn eine Person ihre Schulden nicht begleichen kann
und in Schuldsklaverei gerät: Idealerweise sollte die monetär verfasste Schuld
erlassen und die Person wieder in geordnete soziale Kreisläufe zurückgebracht werden. Wir verwenden für dieses Modell, das in der Literatur
auch als „debt-frame" bezeichnet wird, den Begriff der *Schuld*. Sie kann von
Gott wie auch vom Menschen vergeben werden.[4] Besser müsste man sagen,

---

[3] Das Wort נשׂא kann Beides bedeuten, einmal das Tragen der Last (im Sinn eines Übels) und
das Wegtragen der Last (im Sinn von Vergebung). Vgl. dazu Gary A. Anderson, Sin. A History, New Haven/London 2009, 16–21; J. S. Kselman, Forgiveness, in: The Anchor Bible
Dictionary, New York 1992, 831–833; M. G. Vanzant, Forgiveness, in: New Interpreter's
Dictionary of the Bible 2 (2007), 480–485.
[4] Von Sünde (substance-frame) ist in vorexilischen, von Schuld (debt-frame) in nachexili-
schen Texten auszugehen. Vgl. dazu R. Roitto, The Polyvalence of ἀφίημι and the Two Cognitive Frames of Forgiveness in the Synoptic Gospels, in: Novum Testamentum 57 (2015),
136–158, 142: „The imagination of forgiveness changed from removing a substance to remit-

dass göttliche und menschliche Vergebung ineinander verschränkt sind. Wir werden für diese Verschränkung den Begriff *doppelter Reziprozität* verwenden. Offenbar hat sich die Struktur der Gesellschaft so verändert, dass Mechanismen nachbarschaftlicher Solidarität nicht mehr selbstverständlich funktionieren, sondern nach beiden Seiten, also hin zum Kreditgeber wie auch hin zum Kreditnehmer, abgesichert werden müssen, und zwar mit Hilfe des Rechts. Wir werden noch ausführlicher sehen, was passiert, wenn im Fall der Schuldsklaverei der Sinn dieser *Vergeltung von Schulden*, nämlich die Rückzahlung des Kredits und damit die Wiederaufnahme geregelter Beziehungen, durchkreuzt und dann tatsächlich das Erlassen von Schulden und damit die *Vergebung von Schuld* thematisiert wird. Dabei spielt, wie gesagt, nicht nur das Verhältnis zwischen Menschen, sondern auch das Verhältnis zwischen Gott und dem Menschen eine entscheidende Rolle. Allerdings ist über den Wandel gesellschaftsstruktureller und semantischer Verhältnisse hinweg auf das zu achten, was gleich bleibt: Auch in der Vorstellung von Sünde als drückender Last ist von gestörten sozialen Verhältnissen die Rede, und selbst wenn es um vertragsrechtliche Beziehungen geht, bleibt Gott die entscheidende Instanz, um Schuld zu überwinden.

Durch die Rede von dem, was einer dem anderen schuldet, kommen Rechtsverhältnisse einer differenzierteren und komplexeren Gesellschaft zur Sprache, die ein gewandeltes Verhältnis zu Schuld und Strafe, zu Vergeltung und Vergebung herausfordern. Eine rechtliche Regelung von Interaktionen weist, zumal Normen generell aus enttäuschten Erwartungen heraus geboren werden, auf die *Regelmäßigkeit von Abweichungen* gegenüber dem gesellschaftlich Erwarteten und Geforderten hin. Die Reziprozität von Geben und Nehmen ist nicht mehr selbstverständlich, gesellschaftliche *Asymmetrien* entstehen. Und die Verschränkung von göttlicher und menschlicher Sphäre wird problematisiert – und zwar unter dem Eindruck von Verhältnissen, die ein umstandsloses Umschlagen von Gottesliebe in Menschenliebe nicht erlauben: Wo gestörte Beziehungen wieder in eine *Symmetrie* gebracht werden (sollen), ist es, wie man dachte, möglich, durch Taten oder aufgrund von Leiden Schätze im Himmel zu erwerben. Diese Verschiebungen machen sich auch in der Zuordnung von Kult bzw. Ritus und Moral bemerkbar, die idealerweise in einem „ausgewogenen Verhältnis" zueinander stehen: Gottesliebe hat sich in der Nächstenliebe zu bewähren. Wo sich die kultisch-rituelle Sphäre gegenüber der moralischen verselbstständigt, muss das Gewicht der Moral in diesem Verhältnis wieder in Erinnerung gerufen werden.

---

ting a debt. With the cognitive frame of debt, new ways of thinking about sin developed, such as the idea that one could pay the debt of sin through suffering and good deeds."

Mit der allmählichen Verschiebung vom Modell der Sünde (substance-frame) hin zum Modell der Schuld (debt-frame) wird die Verantwortung des Menschen seinem Handeln bzw. auch seinem Leiden gegenüber betont. Tendenziell wird eine stärker meritorische Moral erzeugt, die Verdienstlichkeit dort fordert, wo der Ausgleich von Geben und Nehmen bedroht ist und im Sinn sozialer Gerechtigkeit wieder in Kraft gesetzt werden soll. Die Rede vom „Schatz im Himmel" kommt deshalb zunächst ohne Spiritualisierung bzw. Eschatologisierung aus, sie kann im Sinn der Verschränkung von Gottes- und Nächstenliebe verstanden werden, ebenso die Zuordnung einer Rechtfertigung aus Glauben und einer Rechtfertigung aufgrund von Werken – auf beide Muster werden wir im Detail zurückkommen. Je mehr sich die Gesellschaft nach Funktionen ausdifferenziert und je mehr sich die religiöse Logik insbesondere von ökonomischen Belangen und von rechtlichen oder auch politischen Randbedingungen emanzipiert, desto weniger wird diese Verschränkung plausibel, was in der christlichen Theologie im Begriff reiner Gnade (sola gratia) oder im Ablassstreit bzw. insbesondere im Erstarken sozialstaatlicher Initiativen, die wohltätige Werke marginalisieren, bemerkbar wird.[5]

Auch im Neuen Testament bleiben, wenn von Vergebung gesprochen wird, beide Modelle erhalten: Der Begriff ἀφίημι nimmt sowohl auf das Modell der Sünde (substance-frame) als auch auf das Modell der Schuld (debt-frame) Bezug.[6] Ideengeschichtlich wird man den Begriff der Erbsünde, der sich in der christlichen Theologie herausbildet, als Gegenhalt zu einer immer stärkeren Moralisierung von Schuld, die ihre ritualisierte Bewältigung zurückdrängt, sehen können. Das Neue Testament gibt also den Sündenbegriff nicht auf, auch wenn der Schuldbegriff deutlich gestärkt wird, was wiederum Auswirkungen auf den Diskurs über Vergebung hat. Semantisch wird hier, soll von einer Verfehlung die Rede sein, ein Begriff mit hohem Abstraktionsniveau, nämlich ἁμαρτία, verwendet, der Sünde insbesondere als Verfassung oder Macht versteht, ein Zustand, der über die individuelle Verfügung hinausgeht, sei es, weil ein Mensch nichts oder kaum etwas dafürkann, dass er einen Fehler begangen hat, sei es, weil die Folgen einer Verfehlung kollektiv erfahren werden. Hier verfügt der Einzelne also zumindest nicht vollständig über Ursache oder Wirkung einer schädigenden Handlung. Daneben sind

---

[5] Vgl. M. Flynn, Sacred Charity: Confraternities and Social Welfare in Spain, 1400–1700, Ithaca 1989; C. Lindberg, Beyond Charity: Reformation Initiatives for the Poor, Minneapolis 1993.

[6] In außerbiblischen Texten wird ἀφίημι nicht oder nur selten im Sinn von Vergebung verwendet. Am ehesten ist an das Wort συγγιγνώσκω zu denken, wenn die biblische Bedeutung von Vergebung in nichtbiblischen Kontexten zum Ausdruck kommen soll. Das Wort ἀφίημι wird gebraucht, um סלה und נשא zu übersetzen.

insbesondere die Begriffe ἀδικία sowie ἀνομία in Gebrauch, die einen juridischen Hintergrund verraten.

2.2 Zurechnung von Schuld

Für eine nicht weiter differenzierte Kollektivschuld gibt es in den biblischen Schriften (wie im Alten Orient insgesamt) keine Belege.[7] Im Gegenteil kann im Lauf der Zeit eher eine individuelle Zurechnung und in diesem Sinn eine Rationalisierung des Verständnisses von Schuld je nach Wissen und Willen beobachtet werden, auch wenn hier kein einfacher evolutionärer Prozess weg von einer korporativen, wie man besser formulieren muss, hin zu einer individuellen Schuldauffassung statuiert werden kann.[8] Die Tendenz der Rationalisierung ist am besten dort zu beobachten, wo die Vorstellung von Sünde und Strafe als irritierend, rätselhaft, ja irrational erscheint, wie es im „Leiden des Gerechten" stilisiert wird. Auch wenn die Wirkung oder die Wirkkraft einer Sünde nicht nur den Täter, sondern die Gemeinschaft treffen kann und meist auch trifft, weil Sünde in aller Regel eine gemeinschaftsschädigende Handlung bezeichnet (wir werden darauf zurückkommen), soll der Täter bestraft werden. Allerdings ist die Betonung individueller Gesichtspunkte eher als Qualifizierung, nicht als Ablösung älterer korporativer Modelle von Schuld zu verstehen. Individuelles und korporatives Verständnis von Schuld wurden wohl zunehmend in ihrer Komplementarität und damit auch in ihrer Eigenbedeutung erkannt.[9]

---

[7] Vgl. K. Schmid, Kollektivschuld? Der Gedanke übergreifender Schuldzusammenhänge im Alten Testament und im Alten Orient, in: Zeitschrift für Altorientalische und Biblische Rechtsgeschichte 5 (1999), 193–222.

[8] Vgl. J. S. Kaminsky, Corporate Responsibility in the Hebrew Bible, Sheffield 1995, 119: „Although there is evidence of some movement toward an innovative new theology that individualizes retribution, to read this movement as a radical shift towards individualism that completely rejected older corporate notions is problematic. It both oversimplifies the relationship between corporate and individualistic ideas by portraying these two sets of ideas as poles in an evolutionary schema, and it often leads scholars to read every passage that highlights the individual as automatically rejecting corporate ideas."

[9] Vgl. J. S. Kaminsky, Corporate Responsibility in the Hebrew Bible, Sheffield 1995, 137f.: „This new stress upon the individual does not signal a complete rejection of older corporate ideas. This tendency to pay greater attention to the individual should be understood as an attempt to qualify the older corporate ideas … Although there is evidence of a growing awareness of the importance of the individual, there is also evidence that texts from the later biblical period continue to highlight the importance of the community. The fact that there are passages within the latest strata of the Hebrew Bible that support the idea of communal responsibility (Dan. 6.25; Est. 9.7–10), and the fact that this view is still alive well into New

Was den Täter betrifft, so wird eine Erklärung der Tat mit Hilfe von Affekten wie Begehren, Eifersucht, Angst, Neid, Zorn oder Hass vorgenommen, womit gleichzeitig ein rationaler und ein irrationaler Zug deutlich wird: Rational ist der Versuch, eine Handlung auf einen Affekt zurückzuführen; der Affekt selbst weist in den Bereich des Irrationalen. Der Gedanke, dass Schuld im Sinn einer Abweichung von dem, was kollektiv als Recht gilt, individuell rational sein kann, weshalb, wie wir noch sehen werden, *individuelle* und kollektive oder besser: *dividuelle* Rationalität auseinandertreten, was wiederum die Moral auf den Plan ruft, ist für die normative Logik der Bibel nicht plausibel. Gleiches gilt, wenn man die Erklärung einer Verfehlung als Rechtfertigung versteht: Nicht die Handlung, nur der Handelnde mag, wenn man eine traditionelle Unterscheidung aufgreift, mit dem Verweis auf einen Affekt als entschuldigt gelten. Die Lösung der griechischen Philosophie, auf einen Mangel an Vernunft bzw. auf Willensschwäche zuzurechnen, ist dem biblischen Denken fremd. Auch wenn sowohl Willensschwäche als auch affektgeleitetes Handeln als Mangel an Vernunft gedeutet werden können, verfahren, stark vereinfacht formuliert, biblische Erklärungsmuster affekt-, griechische vernunftbetonter. Rationalisierung von Schuld bedeutet also, möglichst den oder die Täter zur Rechenschaft zu ziehen. Wo ein Täter nicht greifbar ist, bietet es sich an, eher auf eine stellvertretende Figur zuzurechnen, als eine Gemeinschaft als Ganze mit Strafe zu überziehen.

Grundsätzlich werden die Ordnung des Zusammenlebens und die dazugehörigen Normen als göttliche Ordnung bzw. als göttliche Normen verstanden.[10] Die Unterscheidung von sakralen und profanen Anteilen ist nur als Tendenzbestimmung verständlich. So ist es denkbar, dass die Missachtung einer Rechtsnorm für sich steht und behandelt wird, sie kann freilich – sei es in einem anderen Kontext, sei es in demselben Kontext unter anderen Bedingungen, beispielsweise dann, wenn ein Schuldiger durch menschliche Mittel nicht gefunden werden kann und göttliche Mittel in Anspruch genommen werden müssen – genauso gut auf Gott bezogen werden. Profan und sakral sind nicht so stark voneinander geschieden, dass man nicht bei Bedarf von der einen in die andere Sphäre zu wechseln vermag. So können Schuld und Unreinheit, moralische und kultisch-rituelle Aspekte in einen Zusammenhang gebracht werden.[11] Unbemerkte bzw. unbeabsichtigte Vergehen werden dort moralisch

---

Testament times, suggests that those passages that stress the individual never intended to dismiss the importance of the community."

[10] Damit ist nicht ausgeschlossen, dass Normen gleichzeitig als veränderbar begriffen wurden.

[11] Vgl. R. C. Cover, Artikel „Sin, Sinners", in: Anchor Bible Dictionary, New York 1992, 31–40, 34; K. van der Toorn, Sin and Sanction in Israel and Mesopotamia. A Comparative Study, Assen 1985, 23–36.

relevant, wo die gesellschaftliche Ordnung gestört wird. Während man innerhalb einer modernen Normativität systematisch zwischen Täter, Opfer, Tat
und Normsystem unterscheidet, ergeben sich für die biblische Gesellschaft unterschiedliche Möglichkeiten der Akzentsetzung, wobei alle vier Dimensionen
eine religiöse Färbung annehmen können, wenn etwa die Stellung des Täters,
der Einfluss des Opfers, der Kontext der Tat oder die Begründung der Norm
eine Rolle spielen.[12] So muss unter Umständen festgestellt werden, ob der Täter zum Zeitpunkt der Tat eine religiöse Funktion innehatte, ob die Schuld im
Lebensbereich des Opfers, etwa bei Ahnen oder der Gemeinschaft, der er angehört, zu suchen ist, ob eine Tat zu heiligen Zeiten oder an heiligen Orten
begangen wurde bzw. ob die religiöse Fundierung von Normen eigens bedacht
werden muss, eine Reflexionslage, die – wenn auch nur im Ansatz – aitiologische oder eschatologische Überlegungen anregen und Probleme der Rechtfertigung Gottes auslösen kann.

Wird also Schuld als Sünde bezeichnet und somit der Beobachtung durch
Gott ausgesetzt, werden dadurch Zweifel an der Legitimität von Normen oder
an der Zurechenbarkeit von Schuld bzw. an der Durchsetzbarkeit von Strafe
durch den Menschen bearbeitet (wenn Schuld nicht eindeutig zu beweisen
oder der Schuldige nicht zu fassen ist). Auch daran lässt sich die Bedeutung
des Prinzips der Verursachung ermessen, das dazu angetan ist, eine willkürliche Zuschreibung von Schuld zumindest in der eigenen Gemeinschaft auszuschließen. Mit der religiösen Qualifizierung einer Tat als Sünde wird das Urteil Gottes über das des Menschen gestellt: Der Mensch mag sich irren, weshalb
er sich alle Zweifel selbst anlasten muss. Damit wird ein vergleichsweise hohes
Maß an Unsicherheit weniger über den Tatbestand der Schuld (die relevanten
Normen waren – wenigstens in aller Regel – bekannt) als vielmehr über deren
Zuschreibung auf bewusste oder unbewusste Zustände, auf humane oder
transhumane Kräfte, auf den Einzelnen oder die Gemeinschaft reflektiert.
Umso mehr weist gerade die Reflexion der Unsicherheit auf den Bedarf an Si-
cherheit hin, der eine rationalisierende Klärung herausfordert.

Insgesamt können mit Begriffen des Verfehlens unterschiedliche Mo-
mente berührt werden: Affekt und Vernunft, unbewusste und bewusste Zustände des Täters, Motiv und Folge einer Tat, der Einzelne genauso wie die
Gemeinschaft, und schließlich Gott, der die Ordnung der Gemeinschaft hervorbringt, beobachtet und, wo nötig, wiederherstellt.[13] Gerade die unbewusste oder unentdeckte Sünde ist dazu angetan, die Initiative Gottes auf

---

[12] Vgl. D. Sitzler-Osing, Art. „Schuld I", in: Theologische Realenzyklopädie, Bd. 30, Berlin/
New York 1999, 573–577.
[13] Diese Aspekte können ineinander übergehen, das heißt, es wäre ein unangemessener Zugang zum biblischen Begriff von Schuld und Sünde, würde man sie schematisieren bzw. systematisch voneinander isolieren wollen.

sich zu ziehen, soll doch, was dem Menschen nicht gelingt, wenigstens auf diesem Weg wieder in Kraft gesetzt werden, nämlich die – nun gestörte – Ordnung des Zusammenlebens. Es ist daher nicht verwunderlich, dass die unbewusste bzw. unentdeckte Sünde in die Nähe des Rituals gerät, wobei diese Beziehung in zwei Richtungen gelesen werden kann: (1) Wo eine Ordnung durch Gott wiederhergestellt werden soll, da dies dem Menschen nicht möglich ist, muss Gott angerufen werden, und dies geschieht kultisch-rituell. Werden Leid und Unglück also auf ein menschliches Vergehen zurückgeführt, ist, wo der Verursacher Wiedergutmachung nicht leisten kann oder nicht leisten will, Gott als vermittelnde Instanz zu beteiligen. Es gibt somit unterschiedliche Möglichkeiten einer unbewussten bzw. unentdeckten Sünde: (a) Der Verursacher selbst bemerkt nicht, dass er einen Schaden stiftet, (b) er bemerkt es zwar, verbirgt seine Tat aber vor der Gemeinschaft bzw. vor Gott, (c) eine Gemeinschaft sündigt, ohne es zu bemerken, das heißt, ohne einer Tat den Charakter der Sünde beizumessen, oder (d) eine Gemeinschaft sündigt, weiß um den Charakter dieser Tat bzw. dieser Taten und verbirgt die Sünde vor Gott. Sonderfälle dürften die soziale Unerreichbarkeit einer Person und die affektive Unzugänglichkeit für eine rationale Zuweisung von Schuld sein. (2) Diese Konstellationen einer unbewussten oder unentdeckten, bzw. allgemeiner gesagt: einer unbeherrschbaren Sünde tragen in sich die Tendenz zur kultisch-rituellen Verselbstständigung. Wo nämlich eine Sünde im sozialen Gefüge unsichtbar zu bleiben droht, obwohl sie die Ordnung des Zusammenlebens gefährdet, ist es geboten, den Ritus auch dann auszuüben, wenn kein (offenkundiger) Anlass dazu besteht. Deswegen kann das Versäumnis des Ritus selbst Sünde sein.

Auch mit der Figur der Stellvertretung war die Vorstellung greifbar, eine Sünde könne, wie bereits angedeutet, selbst dann gesühnt werden, wenn der Täter unbekannt ist oder die Tat (vor dem Täter, der Gemeinschaft oder vor Gott) unbemerkt bleibt. Der Tun-Ergehen-Zusammenhang, auf den wir noch genauer zu sprechen kommen werden, wird hier nicht am Opfer, das zugleich Täter ist, sondern durch ein Opfer stellvertretend hergestellt, wo ein Täter nicht greifbar ist. Dadurch wird es möglich, die soziale Ordnung wieder in Kraft zu setzen. Auch bei Vergehen, die nicht wissentlich und willentlich begangen wurden, kann der „Täter" durch ein kultisches Opfer entsühnt werden. Dabei bewirkt nicht der Sünder seine Sühne, vielmehr ist es ein Priester, der durch die Darbringung des Opfers dem Sünder Sühne erwirkt. So stellt auch die nicht wissentlich und willentlich begangene schlechte Tat eine quasi dingliche Realität, eine objektive Wirklichkeit dar, während es moderner Sicht entspricht, ein Vergehen als subjektive Wirklichkeit zu betrachten und zu beurteilen (nur die seltenen Fälle, in denen ein „Täter" nichts für eine Tat kann, werden wie ein Naturereignis behandelt).[14] Der Priester handelt nicht als Beauftragter des Sünders gegenüber Gott, sondern als Repräsentant Gottes gegenüber dem Sünder. Es ist Gott, der die Vergebung der Sünden gewährt. Deswegen kann Paulus die christologische Formel prägen, nach der Jesus die von Gott aufgerichtete Versöhnung ist, wobei nicht der Mensch sich mit Gott, vielmehr Gott sich mit dem Menschen versöhnt (2 Kor 5,18–20). Es ist, mit anderen Worten, nicht der Mensch, der durch ein Opfer auf Gott, sondern Gott, der durch seine Vergebung auf den Menschen einwirkt. Insbesondere die Erfahrung des Exils hat wohl den Mechanismus der stellvertretenden Entsühnung als kultisches Ritual verselbstständigt und verstetigt, weshalb der Tempel, verstanden als Ort der Sühne für jene Sünden, die das Exil nach sich zogen, zum Zentrum des Glaubenslebens wurde. Wo ein Unglück als Strafe für Schuld gedeutet wird, gewinnt die Hoffnung auf Vergebung von Schuld an Gewicht. Dabei zeigen sich Oszillationen zwischen Individualität und Kollektivität im Verständnis von Schuld, Strafe und Vergebung. Je mehr die mit diesen Begriffen assoziierten Realitäten individualisiert erscheinen und je mehr sich eine Unschärfe im Ganzen einstellt, weil vormals kollektiv verstandene und behandelte Phänomene individuell gedeutet und bearbeitet werden, so dass die Individualisierung zugleich, wenn man so will, ein Rauschen erzeugt, desto mehr wird eine Art Gegenperspektive geschaffen, die als Phänomen unwillkürlich hervortritt. Man könnte deshalb auch sagen, dass sich die Ritualisierung des Umgangs mit Vergehen im Zug einer zunehmenden Moralisierung menschlichen Handelns, die sich durch eine Betonung des Schuldbegriffs (debt-frame) gegenüber dem Sündenbegriff (substance-frame) artikuliert, re-emanzipiert. Insgesamt leistet diese Entwicklung jedoch der Moralisierung von Sünde, Strafe und Vergebung weiter Vorschub und drängt ihre Ritualisierung zurück. Im christlichen Verständnis ersetzt Jesu Tod am Kreuz den Tempel als Ort der Entsühnung, ein Ereignis, das freilich wieder kultisch begangen wird, wobei unklar ist, ob die Ausdehnung des Glaubens auf die Heiden Ursache oder Wirkung dieses Transfers war.

Während auf der Seite des Menschen Kontingenz herrscht, insofern er sich dem Guten wie dem Schlechten zuwenden kann, wird dies auf der Seite Gottes, zumindest wenn man von einer monotheistischen Position spricht, vermieden: Gott wird als ausnahmslos gut dargestellt. Im Monotheismus, wie er uns in den biblischen Schriften (mit kosmotheistischen bzw. mit monolatrischen Vorstufen) begegnet, ist Gott moralisch gebunden: Er ist der Gott, der stets das Gute will (und daran gebunden bleibt), auch wenn der Mensch das Böse schafft. Schlechtes kommt also vom Menschen, von Geistern, Dämonen oder Ahnen. Mag der Mensch sich auch von einer schlechten

---

[14] Vgl. U. Wilckens, Der Brief an die Römer (Röm 1–5), Neukirchen-Vluyn [2]1987, 236–238.

Folge betroffen sehen, die er nicht selbst verursacht hat, kann er dahinter jedenfalls keinen bösen, nur einen guten Gott vermuten. Wo Kontingenzen allein oder wenigstens vornehmlich auf der Seite des Menschen situiert werden, wird nicht nur generell die zeitliche Dimension sozialen Handelns betont, es entstehen spezifische Ansätze für ein Geschichtsbewusstsein, die im Alten ebenso wie im Neuen Testament ausgearbeitet werden. Das Fehlverhalten des Menschen und die vorauslaufenden Aktionen (etwa der Erlass von Weisungen) oder nachgehenden Reaktionen Gottes können beobachtet und die Beobachtungen in Vergangenheit wie Zukunft ausgezogen werden. Lohn und Strafe, Glück und Unglück, Freiheit und Knechtschaft werden zu geschichtlichen Kategorien.[15] Die Bindung oder besser: Selbstbindung Gottes evoziert die Bindung des Menschen an von Gott gegebene Regeln. Wo Heil oder Unheil auf menschliches Handeln zugerechnet werden, auch wenn Gott selbst Heil oder Unheil (nämlich als Lohn oder Strafe) schickt, und zwar immer dann, wenn Heil oder Unheil (bzw. Lohn und Strafe) sich nicht als Folgen menschlichen Handelns „von selbst" einstellen, wird die Beziehung zwischen Gott und Mensch als asymmetrisch begriffen: Selbst wenn der Mensch Böses will und Schlechtes tut, bleibt Gott der Gute; wenn der Mensch Gott untreu wird, ist Gott doch treu; wenn der Mensch die Liebe Gottes ausschlägt, erneuert Gott seine Liebe unentwegt. Diese Asymmetrie wirkt sich, zeitlich gesehen, so aus, dass die Geschichte zunehmend als unumkehrbar begriffen wird: Was geschehen ist, ist geschehen, auch wenn Wiedergutmachung und Vergebung möglich bleiben. Nicht zuletzt wird durch dieses geschichtliche Verständnis ein Begriff von Erlösung als unwiederholbar, weil unüberbietbar evoziert, ein göttlicher Akt, der nun allerdings in menschlichen Akten der Wiedergutmachung und Vergebung verheutigt und so verstetigt werden muss. Auch in dieser Hinsicht scheint die Ritualisierung der Behandlung von Sünde, Strafe und Vergebung zu verblassen, ihre Moralisierung führt zu einem Eschatologisierungsschub: Die Zuschreibung oder Nichtzuschreibung von Schuld wird unter Vorbehalt gestellt, der Ausfall von diesseitigem Lohn und diesseitiger Strafe verweist auf ein jenseitiges Gericht. Dadurch werden aitiologische Überlegungen, die auf den Anfang der Schöpfung verweisen, schlechte Zustände als menschliche Artefakte darstellen und die Annahme eines guten Gottes rechtfertigen, eher zurückgedrängt. Wir werden überlegen, ob und wie auch der Begriff der Vergebung durch diese Eschatologisierung verändert wird. Doch wenden wir uns zunächst dem Zusammenhang von Unheil und Sünde zu.

---

[15] Es besteht ein Zusammenhang zwischen der dem Menschen zugestandenen Freiheit und der Beziehung Gottes zu seinem Volk, da Gott auf kontingente Aktionen in kontingenter Weise reagieren muss. Diese Relation kann kaum anders als geschichtlich gedacht werden, wovon Gott nicht unberührt bleibt.

2.3 Unheil und Sünde

Zur Verschränkung kollektiver und individueller Merkmale im Verständnis
von Sünde und Schuld gehört vor allem der schon erwähnte Tun-Ergehen-
Zusammenhang, der reflektiert, wie kollektive Erwartungen durch individuelle Handlungen enttäuscht werden können. Zumindest in überschaubaren
Gesellschaften fällt eine Verfehlung, sofern durch sie das Gemeinwohl beeinträchtigt wird, auf den Täter zurück.[16] Dieses Verständnis, nach dem Unheil
als Folge eines Vergehens entsteht, das zwar durch einen Täter verursacht
wird, dabei aber nicht nur den Täter, sondern die Gemeinschaft als Ganze
(und so wiederum den Täter) trifft, unterscheidet sich bereits von Vorstellungen, nach denen Verstöße gegen Erwartungen bzw. Regeln der Gesellschaft durch den Einfluss magischer Kräfte erklärt werden, weshalb von
Schuld angesichts der Annahme von Kräften, die auf den Menschen einwir-
ken, zumindest nicht ausgegangen werden muss.[17] Wo Schuld hingegen auf
einen Schuldigen im Sinn menschlicher Verursachung zugerechnet wird,
muss die normative, im Zweifelsfall kontrapräsentisch und kontrafaktisch
wirkende Funktion sozialer Ordnungen akzeptiert werden. Wenn von Schuld
die Rede ist, wird also die Möglichkeit der Zurechnung auf das Handeln von
Personen sichtbar, selbst wenn eine strikte Trennung von individuellen und
kollektiven bzw. korporativen Aspekten nicht unterstellt werden darf. Im
Vergleich zu antiken Fatalismen bedeutet die Rede von der Verfehlung eines
Menschen einen wichtigen Schritt hin zur Ausdifferenzierung eines Hand-
lungsbegriffs, insofern die Ursache einer Handlung nun nicht numinosen
Mächten zugewiesen wird.[18] Während Fremd- und Selbstzurechnung in einfachen Gesellschaften weitgehend als simultan erlebt werden, können sie in
elaborierteren moralischen Kontexten (das heißt in komplexeren, sozial und
zeitlich stärker differenzierten gesellschaftlichen Strukturen) auseinandertreten, etwa weil damit zu rechnen ist, dass eine Beschuldigung als ungerechtfertigt zurückgewiesen wird und deshalb Verfahren entwickelt werden müssen, die über das Recht einer solchen Anschuldigung zu entscheiden haben,
oder weil es vorkommen kann, dass ein Mensch sich selbst beschuldigt, auch
wenn keiner sonst einen Vorwurf erhebt. Solche Reflexionen setzen mit hete-

---

[16] Vgl. B. Janowski, Art. „Vergeltung, II. Altes Testament", in: Religion in Geschichte und Gegenwart, Bd. 8, Tübingen ⁴2005, 1000.

[17] Vgl. M. Hutter, Sündenbewusstsein als Spiegel ethischer Werte im hethitischen Kleinasien,
in: H. Bürkle (ed.), Grundwerte menschlichen Verhaltens in den Religionen, Frankfurt am
Main u. a. 1993, 9–17, 10.

[18] Auch die Antike kennt durchaus das „schuldhafte Schicksal", das durch einen Menschen
angestoßen, dann jedoch übermächtig wird und nicht mehr beherrscht werden kann. Wir
werden darauf zurückkommen.

rogenen Erfahrungen ein, etwa wenn Ijob an der Ansicht seiner Freunde,
Gott bestrafe die Sünder und belohne die Gerechten, irrewird (genauer wird
wohl die Schlussfolgerung bestritten, Leid sei stets eine Strafe Gottes, und
zwar als Folge von Sünde). Erkennbar sind dabei Bemühungen um Homoge-
nität auf einer höheren Abstraktionsebene verarbeitet. So werden, wenn das
Ergehen bzw. Tun Ijobs zur Sprache kommt, nicht nur unterschiedliche, vielleicht sogar unvereinbare Positionen geschildert. Es wird auch behauptet,
dass, obschon Ijob an Gott irrewird, in Wirklichkeit seine Freunde irren. Genauer wird insinuiert, das Leid eines Menschen könne noch andere Ursachen
als persönliche Schuld haben. Dieses Urteil setzt soziale und zeitliche Differenzen voraus: Zum einen muss eine Vorstellung individueller Schuld vorliegen; zum anderen müssen Urteile über Schuld und Strafe unter einen Vorbehalt gestellt werden können, weshalb sich erst zeigen muss, wer gerecht
gehandelt bzw. wer ungerecht geurteilt hat. In sozial und zeitlich stärker differenzierten Gesellschaften verblasst offensichtlich der Mechanismus, nach
dem ein der Gemeinschaft entstehender Schaden auf den Schädiger zurückfällt. Dadurch wird Regeltreue strukturell demotiviert.

Der Gedanke der Verknüpfung von Tun und Ergehen findet also in überschaubaren, sozial und zeitlich schwächer differenzierten Gesellschaften seinen
Anhalt an der Erfahrungswirklichkeit selbst. Wer zum Wohl der Gemeinschaft
handelt, in der er lebt, befördert zugleich sein eigenes Wohl. Wer diese Ordnung
stört, zieht Unglück und Misserfolg, Krankheit oder Tod ebenso auf sich wie auf
seine Angehörigen und Nachkommen bzw. auf die ganze Gemeinschaft.[19] Bemerkenswerterweise werden sowohl im Alten wie auch im Neuen Testament
Leid, Krankheit und Tod zu bildlich-dinglichen Anzeichen von Sünde und
Schuld. Sie stehen für jede Störung oder Minderung des Lebens, das sich ja
nur im Zusammenleben entfalten kann. Eine solche Beeinträchtigung des ge-
meinschaftlichen Lebens kann darin bestehen, dass Regeln missachtet werden,
oder auch darin, dass jemand das gemeinschaftliche Gefüge verlässt. Für das
biblische Verständnis von Sünde erweist sich somit die Verknüpfung von
schlechter Tat und Unheil ebenso wie von guter Tat und Heil als wichtig, eine
Verknüpfung, die, wie schon betont, von Gott ausgeht und deshalb auch von
ihm hergestellt werden kann, wo sie sich nicht von selbst einstellt.[20] Wenn nö-

---

[19] Vgl. etwa H.-J. Klauck, Heil ohne Heilung? Zu Metaphorik und Hermeneutik der Rede von
Sünde und Vergebung im Neuen Testament, in: H. Frankemölle (ed.), Sünde und Erlösung
im Neuen Testament, Freiburg i. Br. 1996, 18–52, 23.
[20] Vgl. A. Grund, Art. „Sünde/Schuld und Vergebung, IV. Altes Testament", in: Religion in
Geschichte und Gegenwart, Bd. 7, Tübingen ⁴2004, 1874–1876, 1875; eingeführt in die wis-
senschaftliche Diskussion wurde der Gedanke von K. Koch, Gibt es ein Vergeltungsdogma im
Alten Testament?, in: ders., Spuren des hebräischen Denkens. Beiträge zur alttestamentlichen
Theologie. Gesammelte Aufsätze, Bd. 1, Neukirchen-Vluyn 1991, 65–103.

tig, sorgt Gott somit selbst dafür, dass die Tat auf den Täter zurückfällt, und greift strafend dort ein, wo sich der Zusammenhang von Tun und Ergehen durch eine strafende Aktion bzw. Reaktion seitens der Gemeinschaft nicht durchsetzt. In einem solchen Fall kann, modern gesprochen, die kausale Verknüpfung zwischen Sünde und Unheil (jedenfalls bei Bedarf) durch Gott in Kraft gesetzt werden. Sein Handeln folgt demselben Prinzip, das auch dem Gedanken der konnektiven Gerechtigkeit zugrunde liegt, allerdings mit dem entscheidenden Unterschied, dass „sein Eingreifen zwar erwartbar ist, aber unverfügbar bleibt",[21] weshalb es als Ausdruck seiner souveränen Freiheit stilisiert wird. Wir werden auf diesen Zusammenhang von Souveränität und Selbstbindung Gottes zurückkommen.

Der sozialen Differenzierung von Schuld und von Strafe folgt die zeitliche auf dem Fuß. Der Mensch muss bzw. kann sich der Verurteilung oder Bestrafung enthalten und Toleranz üben, wenn *Unsicherheit* bezüglich der Gültigkeit einer Norm, der Verursachung von Schuld oder der Berechtigung von Strafe besteht, weil mit der Intoleranz des richtenden Gottes gerechnet werden darf. Schon die Herstellung von Tun und Ergehen durch Gott wird durch ein transzendentes Gericht erwirkt, und zwar im Diesseits. Wo dies, aus welchen Gründen auch immer, nicht gelingt, entweder weil ein Mensch zu Unrecht beschuldigt oder zu Unrecht nicht beschuldigt wird, weshalb Leid und Sünde tendenziell auseinandertreten, wie das Beispiel Ijobs zeigt, wird schon im Alten Testament die Vorstellung eines jenseitigen Gerichts und so eine eschatologische Perspektive gefördert. Implizit wird der strafende Gott damit an die Vorstellung von Recht und Gerechtigkeit gebunden, er garantiert ein gerechtes Gericht und richtet nicht willkürlich, womit ein Moment der *Sicherheit* gerade in den Gedanken des transzendenten Richters einzieht. Im Neuen Testament gewinnt diese Perspektive eine besondere Dringlichkeit: So kann menschliche Toleranz im Namen göttlicher Intoleranz geübt, das Nebeneinander von Guten und Bösen, über die Gott gleichermaßen seine Sonne aufgehen lässt (Mt 5,45), geduldet werden, weil am Ende die Trennung der Guten von den Bösen Gott vollziehen wird (Mt 13,49). Auch im Gleichnis vom Weizen und Unkraut (Mt 13,24–30) wird den Jüngern unter-

---

[21] Vgl. B. Janowski, Die Tat kehrt zum Täter zurück. Offene Fragen im Umkreis des „Tun-Ergehen-Zusammenhangs", in: ders., Die rettende Gerechtigkeit. Beiträge zur Theologie des Alten Testaments 2, Neukirchen-Vluyn 1999, 167–191, 169. Janowski greift hier den von Jan Assmann entwickelten Begriff der konnektiven Gerechtigkeit auf. Hier müsste über den Zusammenhang von Konnektivität und Reziprozität näher nachgedacht werden. Zu vermuten ist jedoch, dass beide Begriffe Sachverhalte charakterisieren, die sich nahe stehen: Schenken bzw. Vergelten werden als Paradigmen der Sozialität angesehen. Dahinter steht die Vorstellung von Gegenseitigkeit und selbstverständlicher, jedoch stets bedrohter und gegebenenfalls wieder in Kraft zu setzender Solidarität.

sagt, die Guten von den Schlechten zu trennen. Die Trennung von Weizen und Unkraut steht allein Gott zu. Diejenigen, die sich als Richter über andere aufspielen, werden selbst unter das Unkraut gerechnet, weil sie sich im Irrtum befinden können oder sich die Mühe des ermunternden Zuredens ersparen wollen.[22] Auf diese Weise wird die Vergebungsbereitschaft gestärkt, und zwar aus geschichtlich kontingentem Anlass: Konflikte können innerhalb einer Gemeinschaft oder Gemeinde befriedet werden.[23] Zwar hatte die Haltung der Toleranz auch Folgen für den Umgang mit Andersgläubigen; aber der Glaube der Christen bedurfte weit mehr noch der durch Andersgläubige geübten Toleranz. Immerhin dürfte die intensiv vorgetragene Forderung nach Vergebung innerhalb der christlichen Gemeinde, worauf wir noch ausführlich zu sprechen kommen werden, diese Situation widerspiegeln.

2.4 Der Umgang mit Sünde und Schuld

Kommen wir nun auf biblische Strategien des Umgangs mit Sünde und Schuld zu sprechen, die im Vorfeld dessen, was als Vergebung bezeichnet werden kann, anzusiedeln sind. Zu denken ist hier zunächst an eine Rationalisierung von Schuld einerseits und an eine Rationalisierung von Vergeltung andererseits.

2.4.1 Blutrache und die Beschränkung von Schuld

Beziehen wir uns zunächst auf die Rationalisierung von Schuld, und zwar mit Blick auf die den intergentilen Tötungsfall sanktionierende Institution der Blutrache, die bereits die Existenz einer lokalen Gerichtsbarkeit voraussetzt.[24]

---

[22] Vgl. M. Ebner, Endgericht als Verunsicherung: oder von der Gewissheit, dass die letzte Entscheidung nicht in menschlicher Hand liegt, in: J. Werbick/S. Kalisch/K. v. Stosch (eds.), Glaubensgewissheit und Gewalt – Eschatologische Erkundungen in Islam und Christentum, Paderborn u. a. 2011, 13–35, 22.

[23] Es gibt keinen Anhalt dafür, schon in diesen toleranzhaltigen Texten eine „Zwei-Reiche-Lehre" erkennen zu können, wie R. Forst, Toleranz im Konflikt – Geschichte, Gehalt und Gegenwart eines umstrittenen Begriffs, Frankfurt am Main 2003, 64, vorschlägt, obwohl in den genannten biblischen Aussagen und auch bei Paulus das Gegenüber von religiöser und politischer Autorität zur Debatte steht. Genauer ist es primär die pagane Politik, die der christlichen Religion gegenüber möglichst tolerant zu sein hat, weshalb sich sekundär eine Vorstellung von religiöser und politischer Autorität, und zwar in klarer Abhängigkeit voneinander, ausprägt. Daher wird auch nicht davon gesprochen, die staatliche Autorität unterstehe dem göttlichen Gericht, womit politisches Handeln im Namen des Guten, das die Kirche ja zu erkennen beansprucht, kritisiert werden könnte oder dem Schlechten, das von Nichtchristen getan wird, Widerstand entgegengebracht werden müsste.

[24] Vgl. C. Breitsameter, Nur Zehn Worte – Moral und Gesellschaft des Dekalogs, Freiburg i. Br./Fribourg 2012, 100–108.

Die Institution der Blutrache trat immer dann auf den Plan, wenn ein Mitglied der eigenen Gemeinschaft durch ein Mitglied einer anderen Gemeinschaft des eigenen Volkes getötet wurde (gegen Angehörige eines fremden Volkes wurde nicht Blutfehde, sondern Krieg geführt, in dem es keine Tötungsbeschränkung gibt). Die Blutrache soll verhindern, dass, solange intergentile Tötungsdelikte nicht durch ein Gerichtsverfahren geahndet werden können, ein rechtsfreier Raum entsteht. Deshalb verfolgt das Rechtsinstitut der Blutrache, um Gewalt nicht eskalieren zu lassen, sondern zu begrenzen, den Täter und zieht nicht die ganze Sippe in die Blutfehde hinein. Nur wenn der Täter nicht greifbar ist, kann die Blutrache wohl auch an anderen Mitgliedern der gleichen Gemeinschaft und insofern stellvertretend vollzogen werden, um nämlich die verletzte Ordnung wiederherzustellen. Die Reaktion des Bluträchers ist also nicht auf den Verursacher fixiert, sie ist deswegen jedoch nicht blind im Sinn einer spontanen aggressiven Reaktion, sondern Ausdruck von Recht. Erst als die Institution des Gerichts, das zwischen Familien oder Sippen vermitteln soll, entstand, konnte durch die Unterscheidung zwischen Mord und Körperverletzung mit Todesfolge das Instrument der Blutrache durch Rechtsverfahren weiter rationalisiert werden. Der Bluträcher wurde auf diese Weise zu einem Organ des lokalen Gerichts. Diese Rationalisierung der Schuld erreichte man durch die Einrichtung einer Asyl- oder Freistadt, in die ein Täter fliehen konnte.[25] Hatte der Täter ohne Vorsatz getötet, sollte das vor Gericht festgestellt werden, indem ein Verfahren eingeleitet wurde, das zwischen vorsätzlicher und unvorsätzlicher Tötung unterschied und entsprechend gestufte Strafen verhängte.[26] Tat und Schuld bzw. Strafe sollten, das ist der Sinn dieser Regel, in einem angemessenen Verhältnis stehen. Die Tatbestandsdifferenzierung hatte ein Feststellungsverfahren zur Voraussetzung, in dem durch die Anhörung von Zeugen festgestellt wurde, ob eine Bluttat vorsätzlich geschehen war oder nicht.

In den genannten Bestimmungen sind bereits Ansätze für einen komplexen Rechtsfindungsprozess, eine differenzierte Zurechnung und die Ablösung einer unspezifischen Erfolgshaftung zugunsten einer spezifischen Verschuldungshaftung zu registrieren, zweifellos mit dem Ziel, das der Sanktion der Blutrache innewohnende Gewaltpotenzial so weit wie möglich zu reduzieren. Die Blutrache wird also nicht außer Kraft gesetzt. Das zeitlich und räumlich umgrenzte Asyl dient vielmehr zur Klärung des Sachverhalts: Das Gericht kann, bevor die Blutrache vollzogen wird, urteilen, ob Vorsatz bzw. Fahrlässigkeit vorliegt oder nicht, und mit seinem Urteil die Blutrache gegebenenfalls verhindern. Die Entstehung örtlicher bzw. dann auch städtischer Gerichte er-

---

[25] Vgl. Z. W. Falk, Art. „Asylrecht II", in: Theologische Realenzyklopädie 4 (1979), 318f.
[26] Vgl. J. C. Gertz, Die Gerichtsorganisation Israels im deuteronomischen Gesetz, Göttingen 1994, 117–157; M. Weinfeld, Deuteronomy and the Deuteronomic School, Oxford 1972, 236f.

laubte – wie man zusammenfassen könnte – die Unterscheidung von vorsätzlicher und unvorsätzlicher Tötung, die Abstufung von Schuld und Strafe und insgesamt eine differenziertere Rechtspraxis. Allerdings ist zu bedenken, dass es damals an anspruchsvolleren Möglichkeiten, was die Aufklärung zurückliegender Taten oder die Verfeinerung von dann situationsunabhängigen und somit überlieferungsfähigen Kriterien für die Beurteilung einer Tat betrifft, fehlte. Außerdem ist zu beachten, dass der Fall des verfolgten, von der Blutrache zu Unrecht bedrohten Täters wohl eher die Ausnahme, nicht die Regel war.[27] Die Rechtspraxis, die die Blutrache durch ein Gerichtsurteil rationalisieren soll und daher zwischen Motiv und Folge unterscheidet, stellte trotzdem eine wichtige Innovation dar – ebenso die Bußzahlung, die die Blutrache vielleicht nicht ablöste, doch eine Alternative zu ihr bot und ein Moment der Einschränkung von Vergeltung konstituierte.

Der rächende Gebrauch von Gewalt stellte, so lässt sich bilanzieren, auf expressive Weise Erwartungen im Fall ihrer Enttäuschung dar und damit die verletzte Ordnung wieder her. Die Tatsache, dass nicht unbedingt der Schuldige getötet werden muss, sondern auch Angehörige seiner Gemeinschaft an dessen Stelle rücken können, zeigt, dass der Sinn der Blutrache nicht oder – vorsichtiger formuliert – nicht vorrangig in der Bestrafung des Täters und damit in der Aufklärung vergangenen bzw. in der Verhinderung zukünftigen Unrechts, sondern in der Statuierung der Rechtsordnung besteht. Die Blutrache ist somit konkrete Präsenz des Rechts. Deshalb ist die Blutrache nicht nur erlaubt, sondern sogar geboten. Dass man sich im damaligen Gebrauch des Rechts auch an Vergangenheit und Zukunft orientierte und ebenso retributiv wie präventiv verfuhr, ist dabei selbstverständlich. Allerdings ist das Recht noch nicht im Hinblick auf die Zeit als Dimension institutionalisiert.[28]

2.4.2 Körperverletzung und die Beschränkung von Vergeltung

Schwieriger ist die Diskussion der Körperverletzung ohne Todesfolge. Hier ist eine Bandbreite körperlicher Schädigungen und Schäden denkbar: Eine Verletzung der körperlichen Integrität einer Person kann in einer vorübergehenden oder längerfristigen, schlimmstenfalls unheilbaren oder bleibenden Behinderung bestehen, wobei dieser Schaden einen mehr oder weniger tiefen Einfluss auf das Leben des Geschädigten ausüben kann: Im ungünstigsten Fall muss er um seine Existenz bangen, weil er beispielsweise seiner Erwerbs-

---

[27] Vgl. E. Otto, Theologische Ethik des Alten Testaments, Stuttgart/Berlin/Köln 1994, 94.

[28] Vgl. N. Luhmann, Rechtssoziologie, Wiesbaden ⁴2008, 154. Das Recht der Blutrache steht somit physischer Gewalt nahe.

arbeit nicht mehr nachgehen kann. Diese Bandbreite einer Schädigung der körperlichen Integrität eines Menschen spiegelt sich auch in der Bestimmung der so genannten Talion wider, wenn es heißt: „Leben um Leben, Auge um Auge, Zahn um Zahn, Hand um Hand, Fuß um Fuß, Brandmal um Brandmal, Wunde um Wunde, Strieme um Strieme" (Ex 21,23f.). In Ex 21,18–22.26f. werden allerdings die vorsätzliche bzw. unvorsätzliche Körperverletzung eines freien Mannes, die unvorsätzliche Tötung eines Sklaven oder einer Sklavin, die unvorsätzliche Verursachung einer Fehlgeburt und die Körperverletzung eines Sklaven oder einer Sklavin ohne Todesfolge aufgezählt. Bei der Verletzung eines freien Mannes ist die Unterscheidung zwischen vorsätzlicher und unvorsätzlicher Körperverletzung durch die verwendeten Gegenstände, Hacke oder Stein, erkennbar: Im einen Fall liegt es nämlich in der Absicht des Täters, den Gegner schwer zu verletzen oder zu töten, im anderen Fall, seine Ehre zu verletzen oder ihm Schmerzen zuzufügen. Außerdem wird der Schutz der körperlichen Integrität auf Frauen, Kinder und Sklaven, bei Frauen und Kindern auch im Fall der Unvorsätzlichkeit bzw. Fahrlässigkeit, ausgeweitet.[29] Auf diese Weise werden Körperverletzungsfälle ohne Todesfolge, die durch Ersatzleistungen zu regeln sind, von solchen mit Todesfolge abgegrenzt. Zudem wird der Schutz des Lebens vor Tötungsdelikten auch auf die rechtlich unterprivilegierten Glieder der Gesellschaft, also auf Frauen, Kinder und Sklaven, ausgedehnt. Nur in Fällen der Körperverletzung mit Todesfolge wird somit die talionische Sanktion „Leben für Leben" bestätigt. Was den Tatbestand der Körperverletzung ohne Todesfolge betrifft, ist eine talionische Körperstrafe somit ausgeschlossen. Indem man zugunsten von ersatzrechtlichen Regelungen auf die Anwendung körperlicher Sanktionen verzichtet, wird in Fällen von Körperverletzung ohne Todesfolge eine Tendenz zur Gewaltminderung erkennbar, was jedoch nicht dazu berechtigt, hier eine lineare Entwicklung zur Gewaltlosigkeit anzunehmen.[30] Doch dient das Ersatzleistungsrecht der Schlichtung und letztlich der Heilung gestörter sozialer Beziehungen innerhalb der Gemeinschaft.[31]

---

[29] Vgl. E. Otto, Theologische Ethik des Alten Testaments, Stuttgart/Berlin/Köln 1994, 25ff. und 71ff.

[30] Vgl. H.-W. Jüngling, Auge für Auge, Zahn für Zahn. Bemerkungen zu Sinn und Geltung der alttestamentlichen Talionsformeln, in: Theologie und Philosophie 59 (1984), 1–38, 38: „Im Alten Testament ist für den wohl frühesten Beleg der Reihe ‚Auge, Zahn, Hand, Fuß' der Wortlaut nicht eindeutig. Es muss fraglich bleiben, ob die Reihe überhaupt jemals Talion besagt hat. Der aktuelle Zusammenhang legt für Ex 21,22–25 das Verständnis nahe, dass Körperverletzungen wohl durch Ersatzleistungen geahndet wurden, ehe dann das Heiligkeitsgesetz auf eine neue Praxis gedrängt hat."

[31] Vgl. E. Otto, Theologische Ethik des Alten Testaments, Stuttgart/Berlin/Köln 1994, 75–81.

Während in segmentären Gesellschaften die wechselseitige Abhängigkeit
ihrer Mitglieder weitgehend evident ist und deshalb Leistung und Gegenleistung in einem nahezu selbstverständlichen Verhältnis stehen, weisen stratifizierte Gesellschaften, die durch ihre zentrale und hierarchische Organisation
wenigstens Ansätze für Schlichtungsverfahren kennen, Reziprozität als Maßstab aus und reflektieren damit auch den Gedanken der Vergeltung als einen
normativen Grundsatz. Dabei wirkt sich das Prinzip der Vergeltung insofern
aus, als das Ausmaß der Rache durch das Prinzip der Talion begrenzt wird.
Das Recht wird in dieser Hinsicht von repressiven auf restitutive Sanktionen
umgestellt. Somit geht es weniger darum, die Verletzung der gesellschaftlichen Ordnung zu ahnden. Vielmehr soll das Gefüge der Gesellschaft durch
die Behebung des Schadens wiederhergestellt werden. Allerdings ist nicht
auszuschließen, dass Talion und Ersatzleistungsrecht in der Rechtspraxis
gleichzeitig existieren konnten, obgleich die Rechtstheorie eine Ablösung
der Talion durch das Ersatzleistungsrecht favorisiert.[32] Auch wenn man darin, wie schon betont, keine lineare Entwicklung sehen darf, wird eine weit-
läufige Tendenz zur Pazifizierung des Rechts, das heißt eine allmähliche
Überwindung gewalthaltiger Rechtsmittel, sichtbar.[33]

2.5 Paulinische Sündentheologie

Wenn schon im Alten und dann im Neuen Testament der Begriff der Sünde
zunehmend abstrakt gefasst, dadurch vereinheitlicht und so auch universalisiert wird, dann zu dem Zweck, nicht nur eine Abweichung bezeichnen zu
können, sondern auch und vor allem, um die Wiedergewinnung produktiver
und stabiler Interaktionen zu insinuieren. Dies wird dadurch erreicht, dass sowohl der Einfluss des Menschen als auch der Einfluss Gottes betont wird. Die
Bezugnahme auf Gott, also die Benennung einer Schuld als Sünde, ist, wie wir
sahen, in dem Moment notwendig, in dem die Konformität mit den Normen
der Gesellschaft diskonnektive Resultate erzeugt oder eine Verfehlung unge-
ahndet zu bleiben droht, weshalb auf eine beobachtende und beurteilende Instanz jenseits der Gesellschaft verwiesen werden muss. Der Begriff der Sünde
kann daher nicht aus seiner „soteriologischen Verknüpfung"[34] herausgelöst
werden. Wenn Paulus allerdings die kultisch-rituelle zugunsten der mora-

---

[32] Vgl. F. Crüsemann, „Auge um Auge ..." (Ex 21,24f.) – Zum sozialgeschichtlichen Sinn des
Talionsgesetzes im Bundesbuch, in: Evangelische Theologie 47 (1987), 411–426, 417.
[33] Vgl. die Diskussion bei A. Graupner, Vergeltung oder Schadensersatz? Erwägungen zur regulativen Idee alttestamentlichen Rechts am Beispiel des ius talionis und der mehrfachen Ersatzleistung im Bundesbuch, in: Evangelische Theologie 65 (2005), 459–477.
[34] J. von Soosten, Die „Erfindung" der Sünde. Soziologische und semantische Aspekte zu der

lischen (und der dogmatischen) Dimension des Glaubens deutlich zurücktreten lässt, schwächt er die soteriologische Einbettung der Sünde (genauer gesagt: die Selbstverständlichkeit dieser Einbettung), mit dem Effekt, dass er sie
eigens betonen muss, nämlich durch den Begriff der Gnade (χάρις): Die Erfahrung, dass ein gemeinschaftliches Leben ohne Gottes Gabe nicht gelingen
kann, wird dadurch auf den Begriff gebracht. Das Wort von der Gnade ist somit für Paulus eine Abstraktion dessen, was zuvor als Sühne gedeutet wurde.
Gnade meint in diesem Fall die Wiederherstellung dessen, was durch ein Handeln gegen das Gesetz gestört oder zerstört wurde, sie kann und muss also
gerade, wenngleich nicht ausschließlich, da wirksam werden, wo der Mensch
ungesetzlich handelt. Allerdings ersetzt sie, wie wir sehen werden, nicht die
Mitwirkung des Menschen. Ganz im Gegenteil: Die Gnade Gottes wird auf
den Plan gerufen, wo der Kreislauf von Geben und Nehmen unter Menschen
beschädigt wurde und vom Menschen wieder in Gang gebracht werden muss.

2.5.1 Die Universalität des Gesetzes

Paulus entwickelt innerhalb des Neuen Testaments die wohl umfangreichsten
Überlegungen zu Sünde und Schuld. Er versteht unter Sünde in Röm 2,23
ganz einfach die Übertretung des Gesetzes (παράβασις τοῦ νόμου). Nicht
das Erfüllen, Erfüllen-Wollen oder Erfüllt-Haben, wie gelegentlich bemerkt
wird, sondern das Übertreten des Gesetzes wird von ihm problematisiert.
An dieser Stelle ist eine Schematisierung zu beobachten, die auf die geschichtlich kontingente Situation der Zuwendung zu den Heiden reagiert:
(1) Sind *rituelle* Vorschriften gemeint, kommt es auf den Glauben an Jesus
Christus, nicht hingegen auf die Erfüllung des Gesetzes an. Paulus spricht in
Gal 2,16 von „Werken des Gesetzes" (ἔργα νόμου). Damit meint er Gebote,
die den Juden zur Abgrenzung anderer Völker gegenüber dienen.[35] (2) Die
„Werke" (ἔργα) hingegen, nach denen der Mensch gerichtet wird (Röm 2,6),
beziehen sich auf die Toragebote der Gottes- und vor allem der Nächstenliebe (Gal 5,14). Sind also *moralische* Vorschriften gemeint, kommt es selbstverständlich auch auf die Erfüllung des Gesetzes, nicht nur auf den Glauben
an, was in zweifacher Weise akzentuiert werden kann: Zum einen genügt es
nicht, das Gesetz zu haben, alles ist darum zu tun, das Gesetz zu halten; zum
anderen ist das Befolgen des Gesetzes die Antwort des Menschen auf Gottes
Entgegenkommen, wofür Paulus den Begriff „Gerechtigkeit Gottes" verwen-

---

Rede von der Sünde im alttestamentlichen Sprachgebrauch, in: Jahrbuch für Biblische Theologie, Bd. 9, Sünde und Gericht, Neukirchen-Vluyn 1995, 87–110, 108.
[35] Mit diesen Spezial- oder Absetzungsgeboten bezieht sich Paulus etwa in Gal 2,11–21 auf
die Beschneidung sowie auf Speise- und Reinheitsgebote, ohne dass damit eine erschöpfende
Aufzählung vorläge.

det. Dabei gelten die moralischen Weisungen, also Gottes- und Nächstenliebe, auch für die Heiden (die diese Gebote ebenfalls kennen), sind sie doch in
ihr Herz geschrieben und so ihrer Vernunft zugänglich, wodurch die Einsicht
in die vernünftige Geltung des Gesetzes in richtige Handlungen münden und
eben so zur Gerechtigkeit Gottes werden kann, unabhängig von der Erkenntnis des geoffenbarten und überlieferten Gesetzes.

Es geht also darum, das Gesetz zu befolgen, ja zu erfüllen. In aller Deutlichkeit formuliert Paulus in Röm 2,13: „Denn nicht die sind vor Gott gerecht, die das Gesetz hören, sondern die das Gesetz tun; die werden für gerecht erklärt werden." Insgesamt dient seine Argumentation nicht dazu, das
jüdische Gesetz zu verteidigen, sondern es, im Gegenteil, anzugreifen, sofern
damit nämlich einzig und allein das Bewusstsein einer privilegierten Stellung
oder einer exklusiven Erwählung verbunden wird und nicht auch und vor
allem die Befolgung bzw. Erfüllung des Gesetzes.[36] Genauer gesagt bilden
Opfer- und Sühnerituale Privileg und Alleinstellungsmerkmal des Tempels.
Mit anderen Worten: Geht es Paulus darum zu klären, ob das bloße Haben
des Gesetzes oder auch seine Befolgung für das Erlangen des Heils relevant
ist, richtet sich seine Aufmerksamkeit auf das Befolgen des Gesetzes (wobei
das theoretische Erkennen zugunsten eines praktischen Erschließens übersprungen werden kann, weshalb es genügt, das Gesetz Gottes zu befolgen,
selbst wenn man es nicht ausdrücklich kennt). Wo die Differenz von rituellen
und moralischen Normen transzendiert bzw. ganz offensichtlich auf die moralischen Normen abgehoben wird, ohne dass die rituellen Normen überhaupt Erwähnung finden, kommt es selbstverständlich auf die „Werke" an,
die gerecht machen und im Gericht bestehen lassen.[37]

---

[36] Vgl. U. Wilckens, Der Brief an die Römer (Röm 1–5), Neukirchen-Vluyn [2]1987, 134f.: Das
Verhältnis von Vernunft und Natur wird durch das hellenistische Judentum aus dem griechischen Denken entlehnt, so dass das τέλος der Natur zum Gesetz für die Vernunft werden
kann. Allerdings wird das Naturgesetz (νόμος φύσεως) mit den Geboten der Tora identifiziert, das natürliche Gesetz ist also die durch Gott gesetzte Ordnung.

[37] Vgl. H.-J. Klauck, Religion und Gesellschaft im frühen Christentum, Tübingen 2003,
354–357. Damit wird die Hermeneutik des geschichtlich-situativen Sinns eines Textes bzw.
eines konkret-lebensweltlichen Sinns des biblischen Ethos gestärkt. Entscheidend für das Verständnis einer Aussage ist ihre strategische Ausrichtung in einem bestimmten Kontext. Eine
von jedem Kontext losgelöste Systematisierung theologischer Aussagen ist (gerade auf der li-
terarischen Basis von Briefen bzw. eines direkten Gemeindebezugs) nicht zu erwarten. Zudem
ist eine Pluralität von miteinander unvereinbaren Haltungen im frühen Stadium eines theologischen Diskurses, gerade wenn unterschiedliche Autoren sprechen, nicht verwunderlich.
Texte reagieren auf Texte wie auch auf Kontexte. Deshalb ist es nachvollziehbar, wenn Aussagen von Autor zu Autor und bei einem Autor von Kontext zu Kontext (etwa von Adressat
zu Adressat) so variieren, dass sie nicht in einen systematischen Einheitssinn gebracht werden
können.

Wenn Paulus betont, dass die Heiden von Natur aus tun können, was das Gesetz fordert, begründet er damit keine Naturrechtslehre.[38] Auch wenn sich die wohl der paganen Philosophie entnommene Formel vom „ungeschriebenen Gesetz" (ἄγραφος νόμος), das den Heiden ins Herz geschrieben ist, aus Kontexten zeitgenössischer jüdischer Apologetik (und natürlich aus Jer 31,33) speisen mag, wird sie von Paulus als Polemik gegen das erwähnte heilsgeschichtliche Privilegbewusstsein gewandt.[39] Zweifellos wirkt das Ethos der Tora identitätsstiftend. Gleichwohl ist Paulus bereit, über selbstverständlich erscheinende Identitäten hinauszugehen. Wohl nicht zufällig lässt er in Röm 7,7 einen zentralen Gedanken der antiken Philosophie anklingen, wenn er die an den Dekalog erinnernde Formulierung: „Du sollst nicht begehren!" wählt, der es offenbar darum zu tun ist, die Begierde (ἐπιθυμία) durch die Vernunft zu mäßigen. Paulus zitiert Bestandteile einer Moral, die in der antiken Philosophie als Selbstsorge und Lebenskunst beschrieben sowie als vernünftige Beschränkung des menschlichen Strebens konzipiert werden. Dazu gehört, spontane Regungen in ein Konzept von Glück einzupassen, das nicht nur für das Individuum, sondern auch für die Gemeinschaft Geltung beansprucht: Es gilt mithin, besonnen zu sein und Maß zu halten. Jede Handlung wird als Teil eines Ganzen betrachtet, dem es sich einzufügen hat, jedes Ziel, das ein Akteur verfolgt, ist Mittel für ein letztes Ziel, das glückende Leben. Konsequent entwickelt Paulus eine Vorstellung von Zeit, in der der richtige Augenblick über das Glück eines menschlichen Lebens entscheidet, also darüber, ob das gegenwärtige Handeln Ausdruck der geforderten Selbstsorge und Lebenskunst ist oder nicht (so etwa in Röm 13,11–14 oder 1 Thess 5,1–6). Auch das in 1 Kor 7,29–31 formulierte, ja formelhaft verwendete „als ob nicht" steht unter dem Anspruch, durch Selbstbeherrschung Souveränität zu erlangen.[40] Nicht die gesellschaftlichen Strukturen stehen dabei zur Disposition, vielmehr wird das menschliche Handeln befragt. Offenbar kommt es Paulus nicht darauf an, welcher normativen Konvention ein Mensch folgt und von welcher Identität her er sich bestimmt, so-

---

[38] Das bedeutet nicht, dass Paulus nicht auf dem Hintergrund antiker Naturrechtsvorstellungen formuliert. Vgl. R. A. Horsley, The Law of Nature in Philo and Cicero, in: Harvard Theological Review 71 (1978), 35–59.

[39] Vgl. dazu U. Wilckens, Der Brief an die Römer (Röm 1–5), Neukirchen-Vluyn ²1987, 135; U. Wilckens, Theologie des Neuen Testaments, Bd. I, Geschichte der urchristlichen Theologie, Teilband 3: Die Briefe des Urchristentums: Paulus und seine Schüler, Theologen aus dem Bereich judenchristlicher Heidenmission, Neukirchen-Vluyn 2005, 173f.; R. Schnackenburg, Die sittliche Botschaft des Neuen Testaments, Bd. II: Die urchristlichen Verkündiger, Freiburg i. Br. 1988, 51–56.

[40] Vgl. C. Horn, Der Zeitbegriff der antiken Moralphilosophie und das Zeitverständnis des Neuen Testaments, in: F. W. Horn/R. Zimmermann (eds.), Jenseits von Indikativ und Imperativ, Tübingen 2009, 115–134.

lange Vorstellungen des Guten ineinander übersetzbar sind. Insofern ist die
Rede vom identitätsstiftenden Ethos zu korrigieren. Denn die Tora, mithin
der Bestand des jüdischen Ethos, ist nicht gänzlich von den normativen Vorstellungen der paganen Umwelt unterschieden. Ehe, Eigentum, Macht oder
Recht sind auf ähnliche Weise normativ geregelt. Deutlich wird dies, wenn
Paulus Laster aufzählt, die keine pagane Lebensart beschreiben, können
doch auch Heiden Tugenden leben (so wie es umgekehrt bei Gläubigen Laster zu beklagen gibt). Natürlich ist das tugendhafte Leben selbst noch nicht
Ausdruck von Glauben, so wie das lasterhafte Leben Ausdruck von Unglau-
ben ist. Weder scheint für Paulus Heil durch reine Zugehörigkeit noch Heiligung durch reine Leistung definiert zu sein.[41]

2.5.2 Die Macht der Sünde

Der Vernunft des Menschen, seiner Selbstsorge und Selbstbeherrschung sind jedenfalls Grenzen gesetzt. Der Mensch gelangt zwar mit Hilfe des Gesetzes zur
„Erkenntnis der Sünde" (Röm 3,20). Sofern aber ausnahmslos alle „unter der
Herrschaft der Sünde stehen" (Röm 3,9), kann niemand vor Gott gerecht werden. Nun ist die häufig unbedacht geäußerte Rede von einer „allgemeinen
Sündhaftigkeit"[42] allerdings zu differenzieren. Zunächst meint Paulus damit
schlicht, dass Juden wie Heiden sich gegen das Gesetz verfehlen können, die Juden, die das Gesetz durch Offenbarung und Überlieferung kennen, die Heiden,
die es kraft der Vernunft zu erkennen vermögen. Diese Argumentation entwickelt zwei Stoßrichtungen: Einerseits sündigen auch die Juden, obwohl sie
doch das Gesetz haben. Das Gesetz nur zu kennen, nützt nichts, wenn es nicht
auch befolgt wird. Zum anderen, und das ist ebenfalls gegen das vermeintlich
exklusive Privileg, das Gesetz zu haben, gerichtet, können auch die Heiden das
Gesetz befolgen, sofern es ihnen mit Hilfe der Vernunft zugänglich ist. Das führt
Paulus faktisch zu der Konsequenz, dass mit dem Gesetz, auf dessen Befolgung
es im Gericht ankommt, weil sich danach das Heil des Menschen bemisst, nicht
kultisch-rituelle, sondern moralische Normen gemeint sind (die wiederum von
dogmatischen Normen nicht einfach abgetrennt werden können).
     Es ist nun offenbar die Macht der Sünde (ἁμαρτία), die bewirkt, dass
keiner durch Werke (ἔργα) gerechtfertigt werden *kann*. Damit wird natürlich
nicht bestritten, dass der Mensch durch Werke (ἔργα) Heil erlangen und auf
diese Weise auch gerechtfertigt werden *soll*. Unübersehbar besteht hier eine

---

[41] Vgl. M. Varenhorst, Kultische Sprache in den Paulusbriefen, Tübingen 2008; H. Stettler,
Heiligung bei Paulus. Ein Beitrag aus biblisch-theologischer Sicht, Tübingen 2014.
[42] Vgl. H. Merklein, Paulus und die Sünde, in: H. Frankemölle (ed.), Sünde und Erlösung im
Neuen Testament, Freiburg i. Br. 1996, 123–163, 124.

„Spannung zwischen der Sünde als Verhängnis und dem Sündigen als persönlicher Schuld".[43] Nicht nur in der paulinischen Theologie ist die Macht der Sünde ein bestimmendes Thema. Auch das pagane Denken kennt neben dem schuldlosen das „schuldhafte Schicksal", das durch einen Menschen angestoßen, dann jedoch übermächtig wird und nicht mehr beherrschbar ist. Dabei ist auffällig, dass das Gesetz, also das Wissen um das moralisch Geforderte, eine Zeitenwende bedeutet, weil eine Verfehlung dann zugerechnet werden kann. Auch wenn die Menschen von der Wirkung der Sünde immer betroffen waren, liegt es jetzt durch die Kenntnis des Gesetzes am Menschen, nicht Ursache der Sünde zu werden.

Somit wird der moralisierende Duktus der paulinischen Theologie unverkennbar. Sein „radikalisiertes" Ethos, das in zweifacher Weise kein Privileg darstellt, einmal weil es nicht den Juden vorbehalten ist und deshalb den Heiden nicht vorenthalten werden darf, sodann, weil ausnahmslos alle sich das Gesetz aneignen müssen, indem sie es befolgen und nicht nur ihr eigen nennen, das ist offenbar das Ziel seiner Ausführungen, lässt die „soteriologische Differenz" zwischen Juden und Heiden kollabieren: Alle Menschen stehen unter der Macht der Sünde, die durch das Gesetz erkannt werden kann. Wenn Paulus statuiert, der sündige Mensch sei durch den Tod Christi, der Leben schenkt, gerechtfertigt, wenn er also der Erlösung durch Jesus Christus universale Tragweite zuschreiben will, muss er zuvor die universale „Bedürftigkeit", erlöst zu werden (nicht nur bei den Heiden, sondern auch bei den Juden), sowie die universale „Berechtigung", erlöst zu werden (nicht nur bei den Juden, sondern auch bei den Heiden), und kann er deshalb die Einzigartigkeit dessen, der ohne Sünde ist, behaupten – der pragmatische Zug dieses Zugriffs ist unverkennbar. In diesen Deutungsrahmen kann die Typologie von Adam und Christus eingetragen werden: Wie durch einen einzigen Menschen die Sünde in die Welt kam, so bemerkt Paulus in Röm 5,12–14, und durch die Sünde der Tod und auf diese Weise der Tod zu allen Menschen gelangte, weil alle sündigten, der Tod also über die herrscht, die durch das Übertreten von Geboten schuldig geworden sind, ebenso kam durch die gerechte Tat eines einzigen Menschen die Gerechtsprechung, die Leben schenkt. Allerdings ist ebenso ein konzeptioneller Zugang auszumachen, der dem Modell des Monotheismus eignet und diese dogmatische Position konsequent auszieht: Der eine und einzige Gott kann sich nur ausnahmslos allen Menschen zuwenden (eine Spur, die nicht erst im Neuen, sondern bereits im Alten Testament beginnt).[44] Doch mag selbst hier noch ein pragmatischer

---

[43] H. Merklein, Paulus und die Sünde, in: H. Frankemölle (ed.), Sünde und Erlösung im Neuen Testament, Freiburg i. Br. 1996, 123–163, 130.
[44] Vgl. dazu A. Badiou, Paulus – Die Begründung des Universalismus, Zürich/Berlin 2009,

Zug beteiligt gewesen sein, sofern der Glaube an den einen und einzigen Gott sich mit der innergesellschaftlichen Umwelt besonders gut zu verbinden wusste.[45]

2.5.3 Stellvertretendes Opfer und Ansprüche der Moral

Von daher wäre es absurd anzunehmen, es sei gleichgültig, wie Menschen handeln bzw. ob sie für ihr Handeln zur Verantwortung gezogen werden können, habe das stellvertretende Sühnopfer Jesu doch die Vergebung der Sünden erwirkt. Vielmehr ist es für alle Menschen, die zur Erkenntnis des Guten gelangen und das Gute auch tun, möglich, durch Werke gerecht zu werden (hier wird erkennbar auf persönliche Verantwortung bzw. Schuld und nicht auf Sünde als ein unabwendbares Verhängnis abgehoben). Jesus ist, wie Paulus formuliert, „gestorben für die Sünde" (Röm 6,10), damit die Menschen „für die Sünde tot sind" (Röm 6,2), das heißt: frei werden von der Sünde (Röm 6,7). Trotzdem gilt weiterhin, dass auch Gläubige der Macht der Sünde erliegen können (und dies selbst nach dem Tod Jesu), so wie es davor schon gerechtfertigte Menschen gab. Die Annahme moralischer Verantwortlichkeit bleibt auch dort bestehen, wo ein korporatives Modell von Schuld im Hintergrund steht, wie es für die biblischen Texte nicht untypisch ist. So kann Paulus formulieren, „der alte Mensch" werde „mitgekreuzigt" und dadurch „der von der Sünde beherrschte Leib vernichtet", weshalb „wir nicht mehr Sklaven der Sünde sind" (Röm 6,6), wie es in unzweideutig metaphorischer Rede heißt. Wenn der Tod die radikalste Folge der Sünde ist, so wie das Leben Folge der Beachtung des Gesetzes ist, und wenn der Tod untrügliches Zeichen dafür ist, dass alle unter der Macht der Sünde stehen, ob sie nun sündigen oder nicht, muss die Überwindung der Sünde die Überwindung des Todes und die Überwindung des Todes die Überwindung der Sünde mit sich bringen. Hier ist der Zusammenhang von Tun und Ergehen offensichtlich heilsgeschichtlich gewendet, also gleichzeitig geschichtlich akzentuiert und vom schädigenden auf den rettenden Aspekt fokussiert.

Allerdings spricht Röm 3,25 nicht von einem Vergeben, sondern, wie Martin Ebner subtil herausstellt, von einem „Hingehenlassen"[46] der Sünden,

---

96: „Dass es einen einzigen Gott gibt, ist nicht als eine philosophische Spekulation über die Substanz oder über das höchste Seiende zu verstehen, sondern von der Struktur einer Adresse her. Das Eine ist das, das in die Subjekte, an die es sich wendet, keinerlei Differenz einschreibt. Dies ist die Maxime der Universalität, wenn sie im Ereignis wurzelt: das Eine gibt es nur, wenn es für alle da ist. Der Monotheismus ist nur zu verstehen, insofern er die ganze Menschheit berücksichtigt. Ohne die Wendung an alle zerfällt das Eine und verschwindet."

[45] Vgl. N. Luhmann, Funktion der Religion, Frankfurt am Main ⁴1996, 150.

[46] M. Ebner, Vom Holztisch zum Steinaltar und vom Triklinium in den Tempel – Neutesta-

wobei der dabei verwendete Ausdruck, nämlich πάρεσις, anders als ἄφεσις, was tatsächlich mit „Erlassen" übersetzt werden müsste, offenlässt, ob die Vergehen geahndet werden oder nicht, ob sie also Vergeltung oder Vergebung erfahren. Eine eschatologische Gerichtsperspektive wird damit jedenfalls nicht ausgeschlossen, eher eröffnet, zumindest kann die moralisierende Wirkung des Gesetzes unangetastet bleiben. Die Bemerkung in Röm 3,27–31 kann daher in dreifacher Hinsicht verstanden werden: (1) Sie weist erneut auf den Unterschied zwischen dem Haben und dem Halten des Gesetzes hin, also auf die Frage, ob man sich des Gesetzes als eines Privilegs rühmen darf. Paulus verwendet seine Argumentation darauf, die Absurdität eines solchen Privilegdenkens herauszuarbeiten. Das Haben des Gesetzes ist, so lautet seine Antwort, kein Privileg, weil es auch den Heiden zugänglich ist. Zudem kommt es, wie wir schon gesehen haben, auch für die Juden auf das Halten des Gesetzes an. (2) Röm 3,27–31 bezieht sich außerdem wiederum auf die Unterscheidung zwischen dem Befolgen des rituellen Gesetzes, das für das Heil nicht unabdingbar ist, und dem Befolgen des moralischen Gesetzes, ohne das der Mensch nicht zum Heil finden kann. (3) Die Herausforderung, auf die Paulus mit dieser Stelle reagiert, lautet: Entscheidet sich das Verhältnis, in dem sich der Mensch vor Gott befindet, in dem Gott den Menschen gerecht spricht, ihn also in den Gottesbund eintreten lässt und ihn dadurch erst ins rechte Verhältnis zu sich selbst setzt, an den „Werken des Gesetzes", durch die sich die Juden von den Heiden unterscheiden, oder entscheidet sich dieses Verhältnis daran, ob ein Mensch glaubt, im Tod Jesu habe Gott selbst seine Hand im Spiel gehabt? Deshalb kann Paulus das „Gesetz der Werke" dem „Gesetz des Glaubens" (Röm 3,27) – eine paradoxe Formel – gegen-

---

mentliche Streiflichter, in: Münchener Theologische Zeitschrift 73 (2022) i. E. Und weiter: „Gemäß Röm 3,25f., einer vermutlich vorpaulinischen Glaubensformel, hat Gott seinen Jesus durch den Kreuzestod (‚in seinem Blut') zum ἱλαστήριον/hilasterion, d. h. zur Sühneplatte bzw. zum Sühnemittel des Tempels eingesetzt, um endlich all diejenigen Sünden zu sühnen, die – so muss man paraphrasierend ergänzen – trotz der rituell korrekt vollzogenen Opferdarbringungen und Blutsprengungen am Jerusalemer Tempel nicht gesühnt worden sind. Wörtlich: ‚ … wegen des Hingehenlassens (πάρεσις) der zuvor geschehenen Sünden in der (Zeit der) Zurückhaltung Gottes.' Das behaupten Christusgläubige zu einer Zeit, in der genau diese Riten am Jerusalemer Tempel noch immer vollzogen werden. Insofern ist Röm 3,25f. so etwas wie eine feindliche Übernahme des zentralen Tempelprivilegs: nämlich auf der Basis eines Tieropfers Menschen die Sündenvergebung zusprechen zu dürfen. Die Glaubensformel behauptet: Was dort im Tempel unter hohem institutionellem und finanziellem Aufwand vergeblich zu leisten vorgegeben wird, bekommt man hier bei den Christgläubigen zum Nulltarif – man muss nur an das göttliche Handeln im Tod Jesu glauben." In Röm 3,25 liegt also wohl ein Traditionsstück von Juden vor, die an Christus glauben und die Aufnahme in das Gottesvolk bereits ohne Beschneidung vorsehen. Sie übernehmen die am Tempel vollzogene Sühnopferpraxis auf subversive Weise: Die Vergebung der Sünden ist nicht an den Tempel gebunden, sie hängt allein vom Glauben der Einzelnen ab.

überstellen. Bei der „Gerechtigkeit Gottes" geht es, wie gesagt, um die Antwort des Menschen auf Gottes Entgegenkommen, auch durch das Halten seiner Gebote. In dieser Linie steht am Ende das Gericht, das über den Eintritt in die endgültige Gottesherrschaft entscheidet, das Gericht nach menschlichen „Werken".[47]

Paulus scheint zwischen einer Lesart der Abwendung von der Sünde und einer noch zu klärenden Lesart der Erlösung von der Sünde zu schwanken – beide Lesarten repräsentieren eine dem Alten Testament vertraute Sicht der Dinge, die im Neuen Testament geschichtlich noch zusätzlich pointiert wird. Die Sünde wird durch das Gesetz erkannt und kann aus freier Entscheidung gemieden oder überwunden werden, so wie Menschen auch aus freier Entscheidung sündigen. Vom Gedanken der Erbsünde kann hier keine Rede sein. Die entscheidende Frage lautet: Wie kann die Wiederherstellung der durch Sünde verletzten Gerechtigkeit gedacht werden? Man könnte nun die naheliegende Antwort geben: durch Sühne (die Erlösung kommt durch einen einzigen Menschen, wie auch die Sünde durch einen einzigen Menschen in die Welt kam).[48] Doch führen die Überlegungen, die Paulus anstellt, nicht zur Vorstellung eines stellvertretenden Sühnopfers im Sinn einer kultisch-rituellen Überwindung der Sünde zurück, sie bleiben, wie gesagt, im moralischen Paradigma auch dort, wo sie soteriologisch argumentieren: Wo das Zerreißen des Zusammenhangs von Leid und Sünde nur einmal gelang, ist das Verhängnis der Schuld durchbrochen. Wichtig ist die Einsicht, dass der Leidende von Gott gerechtfertigt wird, weil er nicht die Ursache für sein Leid ist und dennoch die Folge der Sünde, die ja für jeden Menschen zum Verhängnis werden kann, trägt: „Gott hat den, der keine Sünde (ἁμαρτία) kannte, für uns zur Sünde (ἁμαρτία) gemacht, damit wir in ihm Gerechtigkeit Gottes würden" (2 Kor 5,21). Von einem „Sündopfer", wie auch übersetzt wird, ist hier nicht die Rede.[49] Der zu Unrecht Leidende durchbricht – geschichtlich einmalig und deshalb unvertretbar – den Konnex aus Sünde und Leid, den Zusammenhang von Tun und Ergehen. Er ist nur Opfer, nicht auch Täter. Wird in Hebr 1,3, um über die paulinische Theologie hinaus auf einen Text zu blicken, der von stellvertretender Erlösung zu handeln scheint, von der „Reinigung von Sünden" gesprochen, die „durch ein einziges Opfer" (Hebr 10,12) erwirkt wird, so „besteht nicht der geringste Zweifel daran, daß mittels der kultischen Kategorien eine zutiefst unkultische Aussage gemacht

---

[47] Diese Hinweise verdanke ich einer Auskunft von Martin Ebner vom 29.05.2021. Vgl. E. P. Sanders, Paul and Palestinian Judaism, London 1976; M. D. Hooker, From Adam to Christ. Essays on Paul, Cambridge 1990.

[48] Vgl. D. G. Horrell, An Introduction to the Study of Paul, New York/London 2000, 57–59.

[49] H. Merklein, Paulus und die Sünde, in: H. Frankemölle (ed.), Sünde und Erlösung im Neuen Testament, Freiburg i. Br. 1996, 123–163, 150.

werden soll, denn der Verbrechertod Jesu am Kreuz, den der Autor vor Augen hat, läßt sich auch mit bestem Willen nicht zum gültigen Sühnopfer emporstilisieren, und der Verfasser will auch keineswegs neue Kultformen, die von seinen Adressaten einzuhalten wären, begründen, ganz im Gegenteil", die alten sollen vielmehr als überwunden dargestellt werden. Die Befreiung des Menschen von der Sünde und ihren Folgen fordert also keine Ritualisierung, sondern eine Moralisierung, was durch eine „metaphorische Übernahme der Opfervorstellungen"[50] gelingt.

2.5.4 Moralisierung der Religion: Folgen und Ursachen

Wie lässt sich diese Spannung zwischen Glauben und Tun erklären bzw. auflösen? Die gesteigerten, ja übersteigerten Erwartungen an ein religiös motiviertes Handeln führten wohl zu der Erfahrung, dass die Mitglieder der eigenen Glaubensgemeinschaft diesen Forderungen nicht mehr genügen. Mögliche Strategien des Umgangs mit Moralisierung und Übermoralisierung bestehen darin, entweder die Verdienste des Menschen oder die Gnade Gottes zu betonen, im einen Fall also normativ (normverstärkend), im anderen Fall konativ (normabschwächend) zu verfahren. Wenn Paulus der Moral einen höheren Stellenwert zumisst als dem Ritual, ist es nur konsequent, den Werken zunächst einen besonderen Rang zuzugestehen. Wo es jedoch gilt, Überforderungen zu vermeiden, kann mit Gnade nachjustiert werden. Eine betont moralisierte Religion muss ihre Rettungskompetenz für die Sünder, die eine religiöse Moral ja hervorbringt, durch den Erweis von Gnade unter Beweis stellen, was zur Folge hat, dass „jeder ein Sünder sein muß, damit alle an Gnade teilhaben können."[51] Indem betont wird, alle Menschen seien ausnahmslos der Sünde unterworfen, kann zudem die Differenz zwischen denjenigen, die gerechtfertigt sind, und denjenigen, die nicht gerechtfertigt sind, als unerkennbar behandelt werden, gerade wenn jemand zu Unrecht beschuldigt oder zu Unrecht nicht beschuldigt wird: Keiner kann sich sicher sein, im göttlichen Gericht zu bestehen, und erst recht kann keiner sicher sein, dass ein anderer Mensch im göttlichen Gericht nicht besteht. Sicherheit besteht allein in Bezug auf die Geltung des Gesetzes. Deshalb liegt es nahe, das mora-

---

[50] Beide Zitate bei H.-J. Klauck, Heil ohne Heilung? Zu Metaphorik und Hermeneutik der Rede von Sünde und Vergebung im Neuen Testament, in: H. Frankemölle (ed.), Sünde und Erlösung im Neuen Testament, Freiburg i. Br. 1996, 18–52, 38. Ähnlich argumentiert G. Fitzer, Auch der Hebräerbrief legitimiert nicht eine Opfertodchristologie. Zur Frage der Intention des Hebr und seiner Bedeutung für die Theologie, in: Kerygma und Dogma 15 (1969), 294–319.
[51] N. Luhmann, Soziologische Aufklärung 5. Konstruktivistische Perspektiven, Wiesbaden ³2005, 81.

lische Urteil nach innen zu verlegen. Daraus resultiert eine Tendenz zur *Spiritualisierung* moralischer Ansprüche. Mit der Verinnerlichung verbindet sich von selbst eine Tendenz zur *Eschatologisierung*: Die Trennung der Guten von den Bösen wird aufgeschoben, weil sie unter den Bedingungen gesteigerter Unsicherheit nicht im Diesseits vollzogen werden kann, sind doch auch die Gläubigen für die Sünde anfällig. Umgekehrt wird die Erfahrung reflektiert, dass auch Nichtgläubige bereit sind, nach vernünftigen Gesichtspunkten moralisch zu handeln, weshalb man ihrer Haltung nicht gerecht werden könnte, würde man ihre Verdienste nicht anerkennen bzw. ihr moralisches Leben nicht als rechtfertigbar ansehen. Wenn unter dem Eindruck einer betonten Moral die Unterscheidung von Innen und Außen zusammenbricht, ist es konsequent, dass mit der Betonung der Gnade die Verwendung eines „agnostischen Moments"[52] in die Gottesbeziehung einzieht, weswegen Wissen und Wollen Gottes im Letzten unerkennbar werden. All dies legt die Sicht einer „universalen Welt" nahe.

Später wird die Gnade, die, soll sie wirken können, ja nicht inflationär eingesetzt werden darf, durch Sakramente kanalisiert und mit Verdiensten in Kontakt gehalten werden, beispielsweise dann, wenn Umkehr, Reue und Buße gefordert sind. In einer „universalen Welt" sind somit weder verwandtschaftliche Bindungen noch Status oder Schichtzugehörigkeit bzw. die Zugehörigkeit zu einem Volk oder einer Kultur maßgeblich. So gesehen kommt es auf die menschliche Leistung an. Um eine die sozialen Differenzen transzendierende Zugehörigkeit zu bestimmen, wird ein „Reich Gottes" proklamiert, das über allen Unterschieden steht und auch nicht am Versagen seiner Mitglieder (noch am Widerstand seiner Gegner) scheitern kann – ein Zug zur Kritikimmunisierung ist unverkennbar. Vor allem muss es als unerheblich erscheinen können, dass auch Jesus an der Aufgabe scheiterte, Gottes Reich zu bringen. Somit kann das Kommen von Gottes Reich generell nicht am Erfolg seiner sichtbaren Ausdehnung gemessen werden, vielmehr wird ihm zugestanden, sich unsichtbar in den Herzen der Menschen auszubreiten. Deshalb ist die Gnade Gottes unentbehrlich. Weil jedoch nicht nur die Gnade Gottes, sondern auch die Verdienste des Menschen, die der innergesellschaftlichen Umwelt geschuldet sind, Bedingung für das Heil darstellen, sehen sich allmählich und zunehmend „zwei Reiche" einander gegenübergestellt. Die zunehmende Betonung der Moral ist allerdings keine Entscheidung der Religion, steht sie doch dem Einfluss Gottes eher im Weg. Vielmehr werden dadurch Erfordernisse artikuliert, mit denen sich die Religion im Kontakt mit ihrer Umwelt konfrontiert sieht. Gesellschaftliche Verflechtungen und

---

[52] N. Luhmann, Funktion der Religion, Frankfurt am Main [4]1996, 156. Damit ist nicht gemeint, das Handeln Gottes sei unberechenbar, es wird vielmehr als souverän hingestellt.

moralische Verpflichtungen gehen Hand in Hand, weshalb die Begegnung mit der griechischen und römischen Kultur einen Moralisierungsschub auslöst, innerhalb dessen die gesellschaftlichen Strukturen wie die moralische Semantik auch der paganen Umwelt Berücksichtigung finden, und zwar nicht nur als abzuweisende, sondern auch als ernst zu nehmende und anerkennenswerte Modelle moralischen Handelns. Über die Verpflichtungen hinaus, die gegenüber der Gesellschaft erfüllt werden müssen, weshalb, wie die paulinische Theologie zeigt, eigene und fremde Moralvorstellungen, die sich noch dazu als bemerkenswert ähnlich erweisen, nebeneinander bestehen, ja weitgehend sogar ineinander übersetzt werden können, entfaltet sich eine spezifisch religiöse Kommunikation. Die gesellschaftlichen Verpflichtungen werden durch Werke erfüllt, die religiöse Kommunikation findet im Zeichen der Gnade statt. Tatsächlich ist bei Paulus eine deutliche Nähe zur „Teleologie" der paganen Philosophie auszumachen, was das Streben nach dem Guten bzw. nach dem Glück betrifft.[53] Theologische und philosophische Bestände können dabei ineinander verschränkt existieren, doch überwiegt die theologische Grundierung durch die Motive von Schöpfung, Sünde und Erlösung sowie durch die Logik affektiver Entgrenzung, die der paganen Logik vernünftiger Begrenzung widersteht.

2.6 Gibt es eine Sühne von Sünden?

Greifen wir, bevor wir den Versuch unternehmen, eine ethische Eschatologie zu skizzieren, auf biblische Aussagen zurück, die eine göttliche Sühne menschlicher Sünden zu suggerieren scheinen. Bestätigte sich eine Lesart dieser Sühnetheologie, erwiese sich eine ethische Eschatologie als haltlos oder überflüssig. Wären nämlich die Sünden eines Menschen oder aller Menschen stellvertretend aufgehoben, relativierten bzw. erübrigten sich Vorstellungen von einem jenseitigen Gericht: Würde in dieser Weise *ein* Mensch erlöst werden, wären moralische Ansprüche sowie Gerechtigkeitsannahmen diskreditiert (ein Gericht über alle übrigen Menschen wäre somit nicht gerecht, ja es stellte, weil es nicht gerecht wäre, gar kein Gericht dar); würden hingegen *alle* Menschen erlöst werden, bedürfte es überhaupt keines göttlichen Gerichts. Damit kann von den beobachteten spiritualisierenden und eschatologisierenden Tendenzen biblischer Vorstellungen von Schuld der Blick noch einmal zurückgeworfen werden: Solange Schuld in der Lebenswelt einer Ge-

---

[53] Vgl. dazu ausführlicher H. Löhr, Elemente eudämonistischer Ethik im Neuen Testament?, in: F. W. Horn/R. Zimmermann (eds.), Jenseits von Indikativ und Imperativ, Tübingen 2009, 39–55.

meinschaft behandelt (also nicht magischen Kräften überantwortet) wird, evoziert das Erfordernis diesseitiger Schuldbearbeitung dort, wo sie nicht gelingt bzw. gelingen kann, die Imagination einer jenseitigen Eingriffsinstanz (substance-frame). Diese bildlich-dinglichen Vorstellungen vom Wirken welttranszendenter Kräfte in weltimmanenten Verhältnissen, die kultisch-rituell kanalisiert werden, weicht präziseren Formen der Zurechnung von Schuld, die der Moral deutlich mehr Raum geben (debt-frame). Spiritualisierung wie Eschatologisierung lösen die Moral nicht ab, im Gegenteil, sie verlagern die Moral, wo nötig, in das Innere eines Menschen und in ein Jenseits der Welt, um ihre Wirkung zu entgrenzen. Das moralische Urteil eines Menschen über andere Menschen wird verunsichert und unter den Vorbehalt eines göttlichen Gerichts gestellt; wenn überhaupt, kann sich der Mensch nur seiner eigenen Stellung vor Gott sicher sein. Schließlich wird der Zusammenhang von Tun und Ergehen mehr und mehr in die Vorstellung einer heilsgeschichtlichen Wende transformiert.

2.6.1 Rückblick und Ausblick

Rekapitulieren wir noch einmal: Wird von einer stellvertretenden Sühne von *Sünde* gesprochen, verwenden biblische Schriften die Metapher der Last oder der Befleckung, die, wo dies dem Menschen nicht möglich ist, nur von Gott weggetragen bzw. weggewischt werden kann (substance-frame), nicht hingegen die Metapher der *Schuld*, die von Gott nachgelassen wird, wenn Menschen einander Schuld zu erlassen bereit sind (debt-frame). Grundlegend für das Sünden-Modell ist die Erfahrung, dass eine Gemeinschaft von der Regeltreue ihrer Mitglieder lebt, weshalb ihr Wohlergehen durch Regelübertretungen gestört und gemindert wird. Von daher gewinnt der Eindruck von der Macht der Sünde, der sich keiner entziehen kann, lebensweltliche Plausibilität. Dazu gehört auch die Behandlung von nicht belegbaren oder nicht belangbaren bzw. generell nicht beherrschbaren Verfehlungen.

  Das Sünden-Modell gründet in der Vorstellung, dass die Folgen einer Verfehlung in einer Gemeinschaft bestehen bleiben, bis sie entweder vom Menschen überwunden oder von Gott weggetragen bzw. weggewischt, also ausgelöscht werden, was für einfache Gesellschaften lebensweltlich leicht nachvollziehbar ist. In diesem Modell wird der göttliche Beitrag zur Überwindung von Sünde alternativ zum menschlichen Beitrag gedacht, nämlich im Sinn der Substitution. In differenzierteren und komplexeren Gesellschaften, in denen die schädigende Wirkung der Regelübertretung eines Mitglieds für die gesamte Gemeinschaft blasser wird und in denen die Zurechnung von Schuld und damit die Zumessung von Strafe präziser erfolgen kann, verliert das Sünden-Modell, mithin die Metapher der Last oder der Befleckung, die von Gott weggetragen bzw. weggewischt werden muss, an Bedeutung, während das Schuld-Modell an Kraft gewinnt: Gemeint sind in diesem Modell, wie wir noch näher sehen werden, zunächst (auch) existenzbedrohende Schulden innerhalb vertragsrechtlicher Verhältnisse, die Menschen einander erlassen sollen. Schuld, die entsteht, wenn Menschen ihre Existenz durch Verschuldung zu verlieren drohen, wird dann auch von Gott vergeben.

Wo das bildlich-dingliche Verständnis von Schuld, das der kultisch-rituellen Bewältigung nahesteht, zurückgedrängt wird, tritt ein Verständnis in den Vordergrund, das stärker der Moral verbunden ist: Verletzte Reziprozität führt zu sozialer Ungerechtigkeit, die das Ideal gesellschaftlicher Symmetrie nach dem Muster nachbarschaftlicher Solidarität missachtet und sich in gesellschaftlichen Asymmetrien niederschlägt: Moralische Schuld und monetäre Schulden bilden einen unheilvollen, weil existenzgefährdenden Zusammenhang, ungerechte Verhältnisse entstehen, obwohl Recht womöglich gar nicht verletzt wird, was, modern gesprochen, die Moral auf den Plan ruft. Wo solche Verwerfungen zu Schuldsklaverei führen, gewinnt die Metapher des Loskaufens oder des Lösegelds Kontur, bis sich aus diesen konkreten gesellschaftlichen Verhältnissen – auch durch spiritualisierende und eschatologisierende Tendenzen – abstrakte theologische Metaphern herausbilden: Sünde wird als eine versklavende Macht verstanden, der sich kein Mensch entziehen kann, von der der Mensch losgekauft werden muss und für die ein Lösegeld zu zahlen ist.[54] Vorstellungen von Gerechtigkeit werden mehr und mehr in ein moralisches Vokabular gefasst, das wiederum mit Vorstellungen von Rechtfertigung arbeitet. Allerdings wird dadurch die moralische Anstrengung, die der Mensch zu erbringen hat, nicht suspendiert, ganz im Gegenteil. Diskutiert wird nicht nur, wie Gerechtigkeit durch das Erlassen von Schulden wiederhergestellt werden kann, sondern auch, wie Schuld generell zu überwinden ist. Entsprechend

---

[54] Vgl. H.-J. Klauck, Heil ohne Heilung? Zu Metaphorik und Hermeneutik der Rede von Sünde und Vergebung im Neuen Testament, in: H. Frankemölle (ed.), Sünde und Erlösung im Neuen Testament, Freiburg i. Br. 1996, 18–52, 28. Diese Loskaufmetaphorik lässt sich an einigen Stellen plausibel belegen, so etwa mit Blick auf Mk 10,45: „Denn auch der Menschensohn ist nicht gekommen, um sich dienen zu lassen, sondern um zu dienen und sein Leben hinzugeben als Lösegeld für viele."; 1 Tim 2,5–7: „Denn: Einer ist Gott, Einer auch Mittler zwischen Gott und den Menschen: der Mensch Christus Jesus, der sich als Lösegeld hingegeben hat für alle, ein Zeugnis zur vorherbestimmten Zeit, als dessen Verkünder und Apostel ich eingesetzt wurde – ich sage die Wahrheit und lüge nicht –, als Lehrer der Heiden im Glauben und in der Wahrheit."; 1 Petr 1,18f.: „Ihr wisst, dass ihr aus eurer sinnlosen, von den Vätern ererbten Lebensweise nicht um einen vergänglichen Preis losgekauft wurdet, nicht um Silber oder Gold, sondern mit dem kostbaren Blut Christi, des Lammes ohne Fehl und Makel."; 1 Kor 6,19f.: „Oder wisst ihr nicht, dass euer Leib ein Tempel des Heiligen Geistes ist, der in euch wohnt und den ihr von Gott habt? Ihr gehört nicht euch selbst; denn um einen teuren Preis seid ihr erkauft worden. Verherrlicht also Gott in eurem Leib!"

hat die Abstraktionsleistung, die durch die Begriffe von Schuld und Rechtfertigung zum Ausdruck kommt, nicht stellvertretend-ritualisierend, sondern persönlich-moralisierend zu wirken. Eine stellvertretende Entsühnung von Sünde kann es demnach nicht mehr geben.

Schon im Alten Testament ist zu beobachten, wie die Diskussion über eine göttliche Entsühnung insbesondere auf Vergehen bezogen wird, bei denen der Täter entweder unerkannt geblieben oder unbewusst schuldig geworden ist. Wo sich sowohl von der Struktur der Gesellschaft wie auch von ihrer Semantik her präzisere Werkzeuge der Zurechnung entwickeln, wird die Bearbeitung von Schuld zunehmend von Kult und Ritus wegverlagert und der Moral bzw. dem Recht überantwortet. Weil wir auch im Neuen Testament deutliche Anzeichen einer Schwächung von Kult und Ritus im Umgang mit Schuld und eine Stärkung der moralischen Schuldbewältigung feststellen können, erscheint die Annahme eines stellvertretenden Sühnopfers als Anachronismus. Der gewaltsame Tod Jesu, der als Unrecht betrachtet wird, ist Wirkung der menschlichen Sünde, nicht Ursache für göttliche Errettung. Jesu Auferstehung ist Rechtfertigung des Gerechten. Biblisch betrachtet ist Schuld nicht übertragbar, höchstens Strafe (und nur in genau umgrenzten Fällen), Vergeltung, nicht Vergebung![55] Genauer müsste man sagen, die Wirkung von Schuld, also nicht die Schuld selbst, überträgt sich auch auf Menschen, die nicht Ursache dafür sind. Deshalb kann Strafe dem Entwicklungsgrad einer Gesellschaft entsprechend entweder als Wirkung von Schuld oder als soziale Institution (die jede Übertragung von Strafe zurückdrängt) verstanden werden. Modern betrachtet können Schuld und Strafe, wie wir noch genauer sehen werden, nicht übertragen werden. Strafe ist vielmehr unvertretbar an persönliche Schuld zu binden.

2.6.2 Der Weltgerichtsdialog als „moral exemplarism"?

Auch aus systematischer Sicht ist zu überlegen, ob es eine Sühne von Sünden geben kann, die nicht vom Täter ausgeht, sondern stellvertretend, nämlich durch ein Opfer, erfolgt. Was kann mit der Idee eines Opfers gemeint sein? Und wie kann die Idee einer Sühneleistung verstanden werden? Zudem ist zu klären, welcher Art die Sünde sein kann, die auf diese Weise gesühnt werden soll. Anhand biblischer Vorstellungen von Reziprozität werden wir noch sehen, dass ein „Täter" Gott gegenüber ein sozial wirksames „Opfer" zu erbringen hat, um einen ge- oder zerstörten Reziprozitätskreislauf wieder in Kraft zu setzen, und dass dabei göttlich-menschliche und zwischenmenschliche

---

[55] Ausnahmen von dieser Regel liegen, wie gesagt, nur bei nicht (eindeutig) zuschreibbarer Schuld und deshalb nicht klar adressierbarer Vergebung vor.

Reziprozität zwar ineinander verschränkt, aber „kausal" identifizierbar sind:
Der Reiche, so lässt sich dieses Modell vorläufig zusammenfassen, opfert der
Gottheit, die des Opfers nicht bedarf, in symbolischer Reduktion, und von
diesem Opfer wird dem Armen, der dessen bedarf, gegeben.

Diskutieren wir in systematischer Absicht, inwiefern Leben bzw. Sterben
Jesu als Sühnopfer gelten können, und zwar am Beispiel des Weltgerichtsdia-
logs in Mt 25,31–46. (1) Man kann den Dialog als Plädoyer zunächst für einen
„moral exemplarism" oder genauer noch: für eine Variante davon, nämlich einen „mere exemplarism" lesen: Danach wirke das Lebensbeispiel Jesu auf andere Menschen inspirierend und ermutigend, ohne dass von ihm freilich eine
erlösende (salvific) Wirkung im Sinn einer Versöhnung (reconciliation) des
Menschen mit Gott ausgehe.[56] Tatsächlich ist es in Mt 25,31–46 einzig und
allein die Moral, die den Menschen im Gericht bestehen lässt: Das Tun des
Richtigen rettet. Und es ist der „Menschensohn", der sich mit den Benachteiligten identifiziert, was diese Deutung noch weiter stützt. Allerdings werden
Menschen, wie es im Fall des „moral exemplarism" gefordert wird, durch das
Beispiel Jesu nicht unbedingt zu Handlungen befähigt, zu denen sie sich sonst
nicht imstande sähen, auch wenn sein Leben auf viele inspirierend und ermutigend wirkte und wirkt. Was ist mit jenen Menschen, die das Gute einfach nur
tun, ohne vom Lebensbeispiel Jesu zu wissen? Schon im Gerichtsdialog werden
„alle Völker" (πάντα τὰ ἔθνη) genannt (Mt 25,32), also auch Menschen, die
das Beispiel Jesu nie zu Gesicht oder zu Gehör bekommen werden. Dies wird
dadurch zum Ausdruck gebracht, dass Mt 7,12 „Tora und Propheten" auf die
religiös unspezifische „Goldene Regel" fokussiert, noch dazu als Erfüllung von
„Tora und Propheten" (Mt 5,17).[57] Ihnen ist also zuzutrauen, dass sie gut leben
und richtig handeln und so im Gericht bestehen können, ohne von Leben und

---

[56] Vgl. O. D. Crisp, Moral exemplarism and atonement, in: Scottish Journal of Theology 73
(2020), 137–149, 138: „Put very roughly, moral exemplarism is the view according to which
Christ's work is primarily an example that should elicit a particular transformative response
in individuals that encounter it, rather like a single act of courage in the midst of a pitched
battle may have the effect of transforming terrified members of an army corps into a fighting
unit, thereby turning the tide of the conflict."

[57] Mit „alle Völker" sind hier sowohl Juden wie Heiden gemeint (inklusiver Sinn), obwohl im
Matthäusevangelium, wie in der jüdischen Literatur überhaupt, mit dieser Wendung gewöhnlich insbesondere die Heiden (exklusiver Sinn) angesprochen sind. Auch ein Verständnis, das die Verkündiger vom Gericht ausnimmt, ist nicht plausibel. Vgl. M. Ebner, Plädoyer
für die sozial Geringsten als „Brüder" in Mt 25,40. Eine exegetisch-hermeneutische Zwischenbemerkung, in: U. Busse/M. Reichardt/M. Theobald (eds.), Erinnerung an Jesus. Kontinuität
und Diskontinuität in der neutestamentlichen Überlieferung, Göttingen 2011, 215–229, 221f.
Als weitere Belege dafür werden in diesem Beitrag angeführt: G. Theißen, Die Goldene Regel
(Matthäus 7:12/Lukas 6:31). Über den Sitz im Leben ihrer positiven und negativen Form, in:
Biblical Interpretation 11 (2003), 386–399; G. Theißen, Gesetz und Goldene Regel. Die Ethik
des Matthäusevangeliums zwischen Regel und Empathieorientierung, in: P. Lampe/M. May-

Wirken Jesu je inspiriert bzw. ermutigt worden zu sein. Damit ist ein verbrei-
teter Einwand gegen jene Ausformung des „mere exemplarism", die einen unvertretbar befähigenden Beitrag des Beispiels Jesu für erforderlich hält, um einem Menschen Rettung im Gericht zuteilwerden zu lassen, abgewiesen. Leben
und Sterben Jesu wären, so lautet die alternative Ausformung, insofern als rein
exemplarisch zu bezeichnen, als darin die biblische Moral der Barmherzigkeit
instantiiert ist, ohne freilich auf andere Lebensentwürfe beispielgebend zu wirken. (2) Im Sinn jenes Modells, das als „extended exemplarism" bezeichnet
wird, wäre über das moralisch instruktive und motivierende Beispiel Jesu hinaus seinem Leben und Sterben eine erlösende Wirkung im Sinn einer Versöhnung des Menschen mit Gott zuzuschreiben, die selbst mit der Erfüllung von
„Tora und Propheten" allein nicht abgegolten werden kann. In der Literatur
bleibt unklar, ob Inkarnation, Leben bzw. Wirken, Sterben, Tod oder Auferstehung (oder eine Kombination dieser „Elemente", die ja im Grunde nicht sinnvoll voneinander isoliert werden können) für Jesu Erlösungswerk ausschlaggebend sind.[58] Wenn Leben und Wirken Jesu, die exemplarisch sind, weil sie
nachgeahmt werden können, ja sollen, für sich nicht erlösend wirken, scheinen
es Sterben und Tod Jesu zu sein.[59] Doch warum?

Nehmen wir an, Jesu Leben und Wirken habe auf viele, wenngleich nicht
alle Menschen inspirierend gewirkt. Diese Inspiration habe dazu geführt, dass
Menschen sich einem guten Leben zuwandten, wie es im Weltgerichtsdialog
anhand der Werke der Barmherzigkeit exemplifiziert wird. Warum sollten jedoch Leben und Wirken weniger wichtig für die Erlösung der Menschheit sein
als Sterben und Tod? Nun könnte man Sterben und Tod Jesu als Folge seines
Beharrens auf Werken der Barmherzigkeit und so als Bedingung für die Erlösung eines Menschen verstehen. Warum sollte man Sterben und Tod Jesu dann
als Opfer lesen? Sein Ende resultiert zwar aus dem Bestehen auf einer Moral
der Gerechtigkeit und der Barmherzigkeit, wie sie im Weltgerichtsdialog aus-
gefaltet wird. Der Moral geht es aber darum, was getan oder nicht getan werden soll und insofern auch darum, was nicht erlitten werden darf. Es ist natürlich keineswegs moralisch neutral, was einem Menschen angetan wird, sofern
es den Täter betrifft, es ist jedoch moralisch neutral, was ein Mensch erleidet,

---

ordomo/M. Sato (eds.), Neutestamentliche Exegese im Dialog. Hermeneutik – Wirkungsgeschichte – Matthäusevangelium, Neukirchen-Vluyn 2008, 237–254.
[58] Vgl. O. D. Crisp, Moral exemplarism and atonement, in: Scottish Journal of Theology 73
(2020), 137–149, 138f: „It goes beyond mere exemplarism to suggest a way in which Christ's
work is, in fact, atoning. So, on this richer account Christ's action, in addition to being a
moral example that should elicit a particular response in individuals that encounter it, is
also salvific: it brings about reconciliation with God."
[59] Natürlich hält die Theologie auch für solche Deutungen Gegenmittel bereit, etwa wenn
erklärt wird, die „imitatio" könne immer nur unvollkommen sein.

sofern er selbst nichts dafürkann, also Opfer ist (um an dieser Stelle keine Missverständnisse aufkommen zu lassen: jegliches Unrecht, das zu Leid führt, ist selbstverständlich moralisch zu verwerfen, der Täter muss dafür belangt werden). Es ist allerdings wiederum moralisch keineswegs neutral, wie ein Opfer auf das, was es erleidet, reagiert, ob die Reaktion also aus ethischer Sicht gerechtfertigt werden kann. Wenn es dem Täter das Unrecht, das er getan hat, vergibt, ist dies unserer Argumentation zufolge als Akt der Supererogation zu werten (wenn ein Opfer dem Täter das erlittene Unrecht hingegen vergilt, was hier nicht zur Debatte steht, muss dies aus ethischer Sicht eigens beurteilt und gerechtfertigt werden). Nehmen wir also an, Jesus sei seiner moralischen Einstellung wegen zum Opfer von Unrecht geworden (und habe, was wir nicht wissen, seinen Tätern vergeben).

Wenn das Bestehen auf der Moral, von der ein Mensch persönlich überzeugt ist, als „self-sacrificial love" bezeichnet wird, weil sie ihm Nachteile und anderen Vorteile einbringt, und wenn das Vergeben von Unrecht als Akt der Supererogation zu werten ist, können beide Merkmale jedem Menschen, der genau dies tut, also mit allen Konsequenzen für Gerechtigkeit eintritt und Barmherzigkeit vorlebt sowie Unrecht vergibt, nicht verweigert werden. Nimmt man dies an, ist der Tod Jesu zudem ein kontingenter, kein notwendiger Beitrag zu seinem Erlösungswerk, hätten die Reaktionen auf sein Leben, genauer: die Konsequenz, mit der er es führte, doch auch wohlwollend ausfallen können. Und selbst wenn ein solcher Akt sich selbst opfernder Liebe moralisch nicht vorgeschrieben werden kann, weil es der Moral um die gegenseitige Besserstellung der Akteure, nicht um ihre einseitige Schlechter- bzw. Besserstellung geht, wäre genau diese Beobachtung ein Beleg für das als „mere exemplarism" bezeichnete Modell. Dagegen kann nun zweierlei eingewandt werden: Zum einen, dass nur Jesus ein moralisch vollkommenes Leben geführt habe, weshalb es einmalig und unvertretbar die Erlösung aller Menschen wirke, zum anderen, dass auch ein moralisch vollkommenes Leben nur die notwendige, jedoch nicht die zureichende Bedingung dafür darstelle, vor Gott gerechtfertigt zu sein. Wir wollen uns diesen beiden Einwänden noch eingehend zuwenden. Vorerst sei nur kritisch angemerkt, dass schon für einen „mere exemplarism" zu Unrecht in Anspruch genommen wird, was auch für einen „extended exemplarism" gelten soll: Jesu Wirken sei ein moralisches Beispiel dafür, wie wir leben sollen – nämlich ein Leben der Selbstaufopferung, das darin kulminiert, das eigene Leben aufzugeben, um die Botschaft des Glaubens zu bezeugen[60] –, was in der Bibel nirgends

---

[60] Vgl. O. D. Crisp, Moral exemplarism and atonement, in: Scottish Journal of Theology 73 (2020), 137–149, 141: „According to mere exemplarism, Christ's work is a moral example to us of how we ought to live – a life of self-sacrificial love culminating in the giving up of his

gefordert wird! Berücksichtigen wir einige weitere Vorwürfe gegen einen „mere exemplarism".

Es scheint (1) eine rein *subjektive* Haltung darzustellen, wenn behauptet wird, es komme nur darauf an, das Gute zu tun, und zwar unabhängig von der Zugehörigkeit zu einer Glaubensgemeinschaft, unabhängig von einer spezifisch christlichen Moral und vor allem: unabhängig von der Erlösungstat Jesu, die das Spezifikum christlicher Moral stifte und damit die Zugehörigkeit zu einer Glaubensgemeinschaft begründe – wovon im Weltgerichtsdialog allerdings keine Rede ist. Spalten wir dieses Argument im Folgenden in drei Aspekte auf: Der erste Aspekt bezieht sich auf den *Beitrag*, den ein Akteur an einer kollektiven Handlung leistet, der zweite Aspekt auf das *Bewusstsein* von dem, was er tut, der dritte Aspekt auf das *Motiv*, das ihn zu einer bestimmten Handlung antreibt. Entsprechend gibt es drei Möglichkeiten, die Bedeutung der Erlösungstat Jesu für das moralische Handeln zu behaupten. (a) Geht man von einer Mitwirkung an einer kollektiven Handlung aus, müsste die Möglichkeit der kausalen Beteiligung der innerweltlich erfolgten Erlösungstat Jesu über Räume und Zeiten hinweg und gleichzeitig die Freiheit eines jeden innerweltlich Handelnden sichergestellt werden. Die Erlösungstat Jesu wäre als quasi-naturgesetzliche Randbedingung einer jeden moralischen Handlung zu verstehen. Andernfalls wäre der göttliche Beitrag ein willkürlicher Eingriff in die Handlungsbedingungen eines Menschen, was möglicherweise mit Vorstellungen von Gerechtigkeit und Universalität kollidieren würde, wie wir sie dem Weltgerichtsdialog unterstellen können. Sollte Gott bei einem Menschen erlösend mitwirken, bei einem anderen hingegen nicht, könnten, will man ihm nicht Willkür unterstellen, doch wiederum nur moralische Gründe dafür ausschlaggebend sein. Für die biblische Welt sind Eingriffe einer überweltlichen Macht, die gestörte Reziprozitätsverhältnisse nach moralischen Maßstäben wiederherstellen sollen, selbstverständlich möglich. Allerdings ist die Erlösungstat Jesu, wie bereits betont, als innerweltliche Handlung zu betrachten. (b) Eine Person erfährt durch das historische Lebensbeispiel Jesu eine epistemische Wandlung, so dass sie jede moralische Handlung in dem Bewusstsein vollzieht, damit die Erlösungstat Jesu zu befördern bzw. zu aktualisieren.[61] Das Gute sei demnach, will man den Vorwurf, man vertrete ein rein exemplarisches Modell (mere exemplarism), entkräften, im Bewusstsein der Erlösungstat Jesu zu tun. Wenn es jedoch das Bewusstsein von der Erlösungstat ist, das erlöst,

---

own life in order to vindicate his message." Damit kann auch der Kreuzestod als Ausdruck eines „mere exemplarism" gedeutet werden.

[61] Die Unterscheidung von epistemischer und persönlicher Wandlung schließt an L. A. Paul, Transformative Experience, Oxford 2014, an, wo allerdings zwischen „epistemic" und „personal transformation" so unterschieden wird, dass nur dort, wo beide Aspekte vorliegen, von einer wirklichen Transformation gesprochen werden kann.

gäbe es keine Rechtfertigung ohne ein Bewusstsein davon, was im Weltgerichtsdialog nicht nur nicht gefordert, sondern *implizit* sogar *ausgeschlossen* wird. (c) Eine Person erfährt eine persönliche Wandlung, weshalb sie jede moralische Handlung aus dem Motiv heraus vollzieht, dadurch die Erlösungstat Jesu zu befördern bzw. zu aktualisieren. Dies wird allerdings im Weltgerichtsdialog *explizit ausgeschlossen*. Tatsächlich könnte erst durch den Abweis der Voraussetzung, es müsse ein spezifisches Bewusstsein von der Erlösungstat Jesu oder ein entsprechender Beweggrund vorliegen, um erlöst werden zu können, ein *objektives* Verständnis der Erlösungstat Jesu erreicht werden. Allerdings spricht gegen ein solches Verständnis, dass es keine Erlösung ohne das persönliche und freie Tun des Guten geben kann, was wohl niemand bezweifeln wird, vollzöge sich die Erlösung des Menschen doch sonst über seine moralische Individualität hinweg. Immerhin kann auf diese Weise moralisches Handeln, wie gefordert, zu einer notwendigen Bedingung für die Erlösung erklärt werden, nicht hingegen ein spezifisch christliches Bewusstsein davon bzw. ein spezifisch christlicher Beweggrund dafür.[62] Es ist somit zunächst ein rein immanentes und, wenn man so formulieren will, säkulares Verständnis von Erlösung, das im Weltgerichtsdialog zum Tragen kommt.

Ein weiterer Vorwurf (2) gegen ein rein exemplarisches Verständnis (mere exemplarism) lautet, Erlösung werde zu einem Verdienst des Menschen, wofür Leben und Tod Jesu eben nur exemplarisch stehen. Eine rein „meritorische Erlösung" sei jedoch abzulehnen. Nun kann eine solche meritorische Moral auf zwei Weisen verstanden werden: (a) Ein Mensch tut das Gute, um erlöst zu werden, oder (b) ein Mensch tut das Gute um seiner selbst willen. Dem Weltgerichtsdialog zufolge genügt es, das Gute um seiner selbst willen zu tun. Die entscheidende Frage ist, ob das Tun des Guten genügt, um erlöst zu werden. Dazu kann ein prospektiver und ein retrospektiver Blickwinkel eingenommen werden: Wenn Menschen Gutes tun, kann dies aus ethischer Sicht in keiner Weise als defizitär beurteilt werden; wo Menschen schlecht gehandelt haben, kommt es darauf an, ob sie Reue zeigen und Buße leisten bzw. ob ihnen Vergebung gewährt wird. Soweit dies inner-

---

[62] O. D. Crisp, Moral exemplarism and atonement, in: Scottish Journal of Theology 73 (2020), 137–149, 143, spricht von „distinctively Christian member of believing community" oder „particular Christian practices", und zwar mit Blick auf die Überzeugung, beim Begehen einer Sünde sei auch Gott involviert, weshalb es für den Sünder darauf ankomme, sich wieder mit Gott zu versöhnen, was durch moralisches Handeln allein, etwa durch Wiedergutmachung oder Vergebung, nicht zu bewerkstelligen sei, sondern die Mitwirkung Gottes erfordere. Die Erlösungstat Jesu bestehe somit in diesem Akt der Versöhnung des sündigen Menschen mit Gott. Allerdings übersieht Crisp, dass die Vorstellung, ein Unrecht berühre Gott, so dass der Mensch sich mit Gott wieder versöhnen müsse, nicht spezifisch christlich genannt werden kann, wie wir bei der Verschränkung von göttlicher und zwischenmenschlicher Reziprozität ja noch genauer sehen werden.

weltlich nicht eingelöst werden kann, ist eine transzendente Perspektive erforderlich, die das moralische Handeln des Menschen zu Ende bringt, jedoch in keiner Weise suspendiert. Es ist deshalb schlicht falsch zu unterstellen, ein moralischer Exemplarismus (wenigstens soweit er sich historisch auf den Weltgerichtsdialog oder das biblisch bezeugte Selbstverständnis Jesu bezieht und systematisch konsequent durchdacht wird) wolle bzw. könne ohne den Gedanken der Auferstehung auskommen.[63] Würde man an einer meritorischen Moraltheorie kritisieren, Menschen könnten sich ohne jede göttliche Beteiligung erlösen, müsste diese transzendente Perspektive in Erinnerung gerufen werden. Würde man an einer meritorischen Erlösungslehre kritisieren, der Mensch erlöse sich dadurch *selbst*, wird verkannt, dass Moral der *gegenseitigen* Besserstellung dient, womit der Vorwurf ins Leere läuft. Auch wo eine Person nur der Erlösung willen oder sogar einzig und allein ihrer eigenen Erlösung willen gut handelt (was der Weltgerichtsdialog, der auf den anderen um seiner selbst und nicht einer künftigen Erlösung willen rekurriert, nicht vorsieht), beträfe der gute Effekt solchen Handelns immer noch andere Menschen, weshalb mit Blick auf die Folgen einer moralischen Handlung ihr Motiv unwichtig wird: Aus einem egoistischen Motiv resultiert eine altruistische Folge. Für moderne Gesellschaften ist die Entkoppelung von Motiv und Folge einer Handlung ohnehin selbstverständlich. Stünden alle Menschen, wenn es nottut, ganz und gar so füreinander ein, dass von Schuld bzw. Sünde nicht die Rede sein könnte, befänden wir uns in jenem idealen Reziprozitätsnetz, das das biblische Denken so grundlegend bestimmt. Wo dieses Netz zerreißt, soll es wiederhergestellt werden. Geschieht dies innerweltlich, muss die Wiederherstellung einer ge- oder zerstörten Beziehung nicht von dem Bewusstsein begleitet sein und auch nicht aus dem Beweggrund heraus erfolgen, genau damit die Voraussetzung für eine Versöhnung zu schaffen, die erst durch Gottes Zutun vollendet wird. Geschieht dies überweltlich, hat Vergebung – wir werden auf diese Überlegungen noch ausführlicher zu sprechen kommen – allein um der Vergebung, nicht um Gottes willen zu erfolgen – ist der Vergebende doch darin frei und unvertretbar. Die gute oder vergebende Tat, die die Erlösung dies- oder jenseitig wirkt, ist und bleibt ein Verdienst des Mitmenschen. Dass die menschliche Ver-

---

[63] Vgl. O. D. Crisp, Approaching the Atonement. The Reconciling Work of Christ, Downers Grove, Illinois 2020, 85f.: „Morality here is understood in terms of the ethical teaching of Christ, summarized in his Sermon on the Mount. But such ethical teaching is denuded of all sorts of doctrinal trappings. It does not include the doctrine of the Trinity, or the two-natures doctrine of the incarnation, a distinctively Christian account of human sin, or even the need for atonement itself. It does not require any eschatological hope either." Das als „mere exemplarism" bezeichnete Modell, das sich auf das Leben und Wirken Jesu bezieht, kann auf eine eschatologische Perspektive freilich nicht verzichten.

gebung unabweisbar die göttliche Vergebung oder die göttliche Vergebung unabweisbar die menschliche Vergebung evoziert, ist biblisch ebenfalls gut belegt. Wenn wir annehmen, Gott werde durch Menschen angetanes Unrecht mit-beleidigt, kann er durch zwischenmenschliche Versöhnung auch vollständig mit-versöhnt werden, es bedarf dazu keiner eigenen Tat oder eines Mittlers. Wir werden auf diesen Aspekt noch einmal präziser zugehen.

Wir setzen also aus biblischer Perspektive, und damit mag einem weiteren Argument (3) gegen den „mere exemplarism" stattgegeben werden, voraus, dass erst eine transzendente Perspektive die Vollendung moralischen Handelns sicherstellen kann. Dies ist zwar nicht ohne menschliche Beteiligung möglich. Aber auch wenn Menschen einander jenseitig vergeben, kann eine vollständige Wiedergutmachung nur durch Gott geleistet werden. Zudem mag gegen ein Verständnis von Erlösung, die Menschen einander ohne ein Zutun Gottes ja tatsächlich zu schenken vermögen, eingewendet werden, dies werde der Bedeutung der Sünde, die nicht nur zu einem Bruch zwischen Menschen, sondern auch zu einem Bruch mit Gott führt, nicht gerecht, vielmehr könne der Bruch mit Gott nur von Gott selbst geheilt werden. Sofern Unrecht Gott berührt bzw. die Beziehung zu Gott beeinträchtigt, was von allem Unrecht anzunehmen ist, kann es tatsächlich nicht am Menschen allein liegen, diese Beziehung wiederherzustellen. Allerdings bleibt auch dann bestehen, dass die Heilung zwischenmenschlicher Beziehungen, die durch das Begehen eines Unrechts notwendig wird, unvertretbar durch jene Vergebung erfolgen muss, die Menschen einander gewähren. In dieser Hinsicht kann der Begriff der „Stellvertretung" nicht sinnvoll verwendet werden: Jesus war von den Wirkungen menschlicher Sünden betroffen, ohne dafür Ursache zu sein; er erlitt jedoch keine Strafe für die Sünden der Menschen,[64] sofern damit eine autonome Handlung Gottes, dem mit dem Tod Jesu stellvertretend für alle übrigen Menschen Genüge getan wird, gemeint ist. Hier wäre nicht nur zu überlegen, welche Sünde die Strafe des Todes nach sich ziehen müsste, sondern vor allem, warum mit einer solchen Strafe ohne Schuld Unrecht geschaffen werden soll. Es ist nicht unbiblisch gedacht, dass Leid ohne Schuld möglich ist, doch ist es

---

[64] Vgl. O. D. Crisp, Approaching the Atonement. The Reconciling Work of Christ, Downers Grove, Illinois 2020, 97: „But it is important to note an ambiguity here. The ambiguity has to do with whether Christ is *actually punished*, suffering my penalty for sin, or whether he merely takes upon himself the *penal consequences* of my sin … If one person receives the punishment of another, then they are treated as if they were the guilty party, being (somehow) punished in place of the other. However, if someone merely takes on himself the penal consequences of another person's sin, then he is not punished as the guilty party, but rather accepts the harsh treatment that would be a punishment if it were served on the guilty party. In taking upon himself the penal consequences of sin, the substitute pays the legal debt but does not suffer a punishment, strictly speaking." Mit Blick auf die Folgen der Sünde bewegt sich Crisp im „debt-frame", nicht im „substance-frame".

unbiblisch gedacht, dass Leid ohne Schuld notwendig ist – sofern nämlich der Zusammenhang von Tun und Ergehen durch Gott ins Werk gesetzt wird. Zudem darf Gott jenseitig auf Strafe nicht ohne triftigen Grund, mithin willkürlich verzichten, wenn sie diesseitig nicht erfolgt ist – wir werden auf diesen Gedanken mit der Überlegung zurückkommen, welchen Sinn jenseitige Strafe haben könnte. Die Formulierung, Gott dürfe zwar, müsse aber nicht strafen,[65] ist deshalb irreführend oder zumindest missverständlich. Würde also die Schuld aller Menschen durch den Tod Jesu stellvertretend gesühnt, sozial und zeitlich schrankenlos, gäbe es keine religiöse, nur eine säkulare Begründung für Schuld und Strafe. Recht und Moral würden ihren transzendenten Sinn verlieren. Vor allem wäre der Vorstellung von einem göttlichen Gericht jede Grundlage entzogen. Wird dieses Sühnehandeln geschichtlich kontingent gesetzt, ließe es sich allein auf die Vergangenheit beziehen, doch dürfte auch da zwischenmenschliche Vergebung nicht übersprungen werden. Es könnte also nicht als Generalvergebung[66] verstanden werden.

Vollkommene und endgültige Erlösung, so könnte man folgern, erfordert die Mitwirkung Gottes, der allen Menschen, denen Unrecht widerfahren ist, wieder zu ihrem Recht verhilft bzw. das Unrecht, das ihm widerfährt, wenn seinen Geschöpfen Unrecht angetan wird, mitzuvergeben hat. Dies spräche für einen „extended exemplarism", der dann so verstanden werden kann, dass sich an Jesus die Vollendung eines menschlichen Lebens exemplarisch manifestiert. Wenn man allerdings daran festhält, Jesus sei ohne Sünde gewesen, könnte genau dieses Beispiel als Ausdruck eines „mere exemplarism" gelesen werden. Selbst wenn wir annehmen, dass es keinen anderen Menschen gibt, dessen Leben frei von Sünde ist (wir wollen an dieser Stelle nicht von Erbsünde sprechen), wäre zu überlegen, ob nicht einfach ein Gott angenommen werden soll, der sich mit jedem einzelnen Menschen und so mit allen Menschen versöhnen kann. Es darf ja nicht vergessen werden, dass der Gedanke der Auferstehung biblisch für die Rechtfertigung des Lebens Jesu und generell eines menschlichen Lebens steht. Von diesen Überlegungen her können die beiden Einwände, die wir gegen einen „mere exemplarism" ins Feld geführt haben, noch einmal aufgenommen werden und als beantwortet gelten: Wenn ein moralisch vollkommenes Leben Erlösung bewirke, allerdings nur Jesus ein moralisch vollkommenes Leben geführt habe, könne nur er einmalig und unvertretbar die Erlösung aller Menschen wirken;[67] sollte ein

---

[65] So formuliert O. D. Crisp, Approaching the Atonement. The Reconciling Work of Christ, Downers Grove, Illinois 2020, 105.

[66] Vgl. M. S. Rye/K. I. Pargament/A. Ali/G. L. Beck/E. N. Dorff/C. Hallisey/V. Narayanan/J. G. Williams, Religious Perspectives on Forgiveness, in: M. E. McCullough/K. I. Pargament/C. E. Thoresen (eds.), Forgiveness: Theory, Research and Practice, New York 2000, 31–33.

[67] Vgl. etwa R. Swinburne, Responsibility and Atonement, Oxford 1989, 154–157.

Mensch ein vollkommenes Leben führen, stelle dies nur die notwendige, jedoch nicht die zureichende Bedingung dafür dar, vor Gott gerechtfertigt zu sein. Das vollkommene Leben Jesu ist beispielhaft für die Vollendung des Menschen, wie sie von Gott gedacht ist, nur muss genau ein solches Leben nicht erlöst werden (was natürlich auch von jedem anderen vollkommenen Leben zu gelten hat). Seine Beispielhaftigkeit kann die erlösende Vollendung jener Menschen, die in ihrem Leben Schuld auf sich geladen haben, allerdings nicht substituieren. Deshalb muss Erlösung wie jede Vollendung eines menschlichen Lebens von Gott her geschehen, doch so, dass die Mitwirkung eines jeden Menschen (sei es dadurch, dass er um Vergebung bittet, sei es dadurch, dass er Vergebung gewährt) als einmalig und unvertretbar begriffen wird. Damit wird die Bemerkung eingeholt, zwischenmenschliche Versöhnung stelle die notwendige, Vollendung durch Gott die hinreichende Bedingung für die Erlösung der Menschen dar.[68]

Überprüfen wir diese Konsequenz anhand von drei Begriffen: Nehmen wir an, jemand springe freiwillig ein, um eine Schuld zu begleichen, so würden wir immerhin nicht sagen, er werde bestraft, ist er doch auch nicht schuldig geworden. Versteht man dieses Einspringen als „penal non-substitution", demonstriert Jesus also, welche Strafe dem Menschen von Gott zugedacht werden könnte, wäre dies wiederum im Rahmen des „mere exemplarism" zu verstehen; versteht man das Einspringen als „penal substitution", ist auf die Nichtübertragbarkeit von Schuld und Strafe zu verweisen, was den Täter betrifft: was das stellvertretende Opfer angeht, so ist eine Ersatzbestrafung zu Abschreckungs- oder Versöhnungszwecken ungerecht, weil sie einen Unschuldigen trifft, außerdem kommt zwischen Opfer und Täter keine Versöhnung zustande; versteht man das Einspringen jedoch als „non-penal substitution", nämlich in dem Sinn, dass Jesus sich bei Gott für die Sünden der Menschheit entschuldigt, ist auf die Unvertretbarkeit von Vergebung zwischen Täter und Opfer zu verweisen (wir werden auf das Argument der stellvertretenden Entschuldigung noch einmal zurückkommen). Wählt man anstelle der Kategorie der Strafe (penal) die Kategorie der Versöhnung (penitential), argumentiert man also weniger mit Vergeltung (retributive) als vielmehr mit Vergebung (reparative), so kann dies kaum von Sterben und Tod Jesu, eher von seinem beispielgebenden Leben und Wirken ausgesagt werden.[69] Leben und Wirken Jesu können jedoch kaum als Buße verstanden werden.

---

[68] Hier kann man zwischen Erlösung und Vollendung unterscheiden: Erlöst werden muss ein Mensch, der Schuld auf sich geladen hat, vollendet wird auch ein Mensch, der keine Schuld auf sich geladen hat. Gott schafft die hinreichende Bedingung dafür, zwischenmenschliche Versöhnung stellt die notwendige Bedingung dar.
[69] Vgl. zu dieser Diskussion O. D. Crisp, Approaching the Atonement. The Reconciling Work of Christ, Downers Grove, Illinois 2020, 96–130.

2.7 Schuld und Sünde modern

Die theologische Ethik spricht noch heute nicht nur von Schuld, sondern auch von Sünde, wenn damit nämlich zum Ausdruck kommen soll, dass immer dort, wo ein Mensch einem anderen Menschen oder sich selbst gegenüber schuldig wird, gleichzeitig der Wille Gottes verletzt wird. Allerdings ist vieles von dem, was ehemals als Sünde galt, in der modernen Gesellschaft akzeptiert oder wenigstens geduldet, jedenfalls der privaten Entscheidung eines Menschen anheimgestellt. Dennoch gibt es selbst angesichts einer solchen Entwicklung unübersehbare Konvergenzen zwischen religiösen und säkularen Moralen.[70] Unverkennbar hat sich freilich deren Begründung in der Moderne verändert. Denn die etwa bei Kant ausgearbeitete Ethik setzt ein reines Sollen frei, das um seiner selbst willen zu befolgen ist.[71] Konsequent sind in der Moderne religiöse und säkulare Begründungen moralischer Vorstellungen zu unterscheiden. Dementsprechend wird eine Abweichung von dem, was als gut angesehen wird, in religiösen Kontexten als Sünde und in säkularen Kontexten als Schuld qualifiziert. Für frühe Gesellschaften ist diese strikte Unterscheidung, wie wir bereits feststellten, nicht angemessen. Sünde und Schuld korrespondierten miteinander, was allerdings nicht ausschloss, dass Akzentsetzungen bezeichnet werden konnten, wenn es darum ging, Abweichungen in einem eher sakralen Umfeld von Abweichungen in einem eher profanen Umfeld zu unterscheiden. Für ein rein kollektives Schuldverständnis gibt es, wie gleichfalls schon erwähnt, in den biblischen Schriften ebenso wenig einen Hinweis wie für ein rein individuelles Schuldverständnis. Wenn Gott straft, muss er auf die Unterscheidung von Individuum und Kollektiv insofern keine Rücksicht nehmen, als er fordern kann, dass die Gesellschaft dafür sorgt, dass ihre Mitglieder sich richtig verhalten.

Zu überlegen ist, ob und inwiefern in der modernen Gesellschaft nicht nur von Schuld, sondern auch von Sünde gesprochen werden soll (Vorstellungen von Sünde bzw. Schuld, die keine klare Zuschreibung auf Akteure erlauben, werden für die theologische Ethik verworfen). In den meisten Fällen kann ja ein und derselbe Tatbestand, den wir als Schuld bezeichnen, auch als Sünde benannt werden, sofern damit eben betont werden soll, dass es Gott nicht gleichgültig sein kann, wenn ein Mensch einem anderen Menschen oder sich selbst ein Unrecht zufügt. Lohnenswert wäre es zweifellos, darüber nachzudenken, ob wir uns Handlungen denken können, für die wir zwar den Begriff der Schuld, nicht aber den der Sünde verwenden. Fruchtbarer dürfte

---

[70] Vgl. C. Breitsameter, Die Sünde und das schöne Leben – Zu Wandel und Bedeutung eines moraltheologischen Begriffs, in: Theologie der Gegenwart 52 (2009), 55–64, 55.
[71] Vgl. H. Krämer, Integrative Ethik, Frankfurt am Main ⁶1995, 11.

die umgekehrte Fragestellung sein: Gibt es Tatbestände, die wir als Sünde in einem religiösen Sinn bezeichnen, ohne dass gleichzeitig von Schuld in einem säkularen Sinn gesprochen werden kann? Die skeptische Frage wird lauten, warum wir in einer säkularen Gesellschaft über den Begriff der Schuld hinaus einen Begriff der Sünde überhaupt noch benötigen. Wir wollen eine Antwort versuchen, indem wir einen sozialen und einen zeitlichen Sinn einer solchen überschießenden Bedeutung unterscheiden.

2.7.1 Sünde

Theologisch gesehen ist Sünde ein Zustand, der sich nicht in dem erschöpft, was die säkulare Gesellschaft entlang der Normen, durch die sie Recht setzt, als Schuld ausweisen kann. Doch schon das Nachdenken darüber, was als moralisch anzusehen ist, mag von dem, was als Recht bezeichnet wird, abweichen. In diesem Fall handelt derjenige, der das Recht befolgt, moralisch schlecht. Unter diesen Legitimationsvorbehalt wird auch der Begriff der Schuld gestellt. Der Mehrwert einer theologischen Rede von Sünde könnte dann in den folgenden Gedanken bestehen: (1) Ungerechte Verhältnisse können zur Normalität gerinnen, so dass ihr defizitärer Charakter nicht mehr wahrgenommen wird. Wo jedoch nicht nur die Einsicht in das Bessere, sondern sogar der Wille dazu fehlt, hält die Religion möglicherweise Ressourcen der Humanität bereit, die überall sonst in der Gesellschaft verschüttet sind. Nicht alles, was wir als Unrecht wahrnehmen, löst sich in eine säkular vollständig erfassbare und bearbeitbare Schuld auf. In Religionsgemeinschaften kann somit, wie Jürgen Habermas bemerkt, eine Sensibilität für verfehltes Leben wie für gesellschaftliche Pathologien lebendig bleiben, von der die säkulare Rationalität zu zehren vermag. Deshalb tut die Gesellschaft gut daran, mit religiösen Ressourcen schonend umzugehen (dies ist natürlich ebenso von Religionsgemeinschaften untereinander zu fordern). Die produktive Verbindung von säkularer Restriktion und religiöser Heuristik kann als Arbeitsteilung gesehen werden (wobei es selbstverständlich genauso nicht-religiöse Heuristiken geben mag). (2) Der Sinn des Sündenbegriffs entfaltet sich zudem im Gedanken der Wiedergutmachung, dem Wunsch mithin, anderen Menschen zugefügtes Leid ungeschehen zu machen.[72] Wo eine solche Wiedergutmachung nicht (mehr) möglich ist, artikuliert sich die Hoffnung auf eine Vergebung, die von anderswoher kommt und die von Menschen erwirkte bzw. erwirkbare Vergebung transzendiert. Wo wir von Sünde sprechen, wissen wir, „dass wir auf Vergebung angewiesen sind und unsere Hoff-

---

[72] Vgl. J. Habermas, Die Zukunft der menschlichen Natur. Auf dem Weg zu einer liberalen Eugenik?, Frankfurt am Main 2005, 21f.

nung auf eine absolute Macht setzen müssen, die in den Lauf der Geschichte
retroaktiv eingreifen und die verletzte Ordnung sowie die Integrität der Opfer wiederherstellen kann."[73] Wir müssen jedoch sehen, ob diese Vorstellung
einer stellvertretenden göttlichen Vergebung, die wir ja biblisch nicht vorfin-
den konnten, aus systematischer Sicht überhaupt legitim ist, wie sich dieser
Gedanke zur menschlich erwirkbaren Vergebung verhält und wie sich in einer
eschatologischen Perspektive schließlich Wiedergutmachung und Vergebung
zueinander verhalten. So wird sich zeigen, ob die von Habermas annoncierte
Vorstellung einer göttlichen Intervention teilweise revidiert werden muss.

2.7.2 Individuum und Kollektiv

Zu überlegen ist weiter, ob nicht nur ein Individuum, sondern auch ein Kollektiv für Unrecht verantwortlich sein und somit schuldig werden kann. Voraussetzung dafür wäre, dass ein Kollektiv als Täter fungiert. Wir hätten es
also mit einem korporativen Akteur zu tun. Individuen, die sich zu einem
Kollektiv zusammenschließen, bildeten dann einen „neuen Akteur" gegenüber den „alten Akteuren", aus denen das Kollektiv zusammengesetzt ist, insofern das Kollektiv zu Handlungen fähig ist, die auszuführen die Individu-
en, die es bilden, je für sich nicht in der Lage sind.[74] Ein Kollektiv vermag
dann Ziele zu erreichen, die für ein Individuum unerreichbar sind. Um nun
einem Kollektiv Verantwortung zuschreiben zu können (wir werden noch
klären müssen, ob wir auch berechtigt sind, von kollektiver Schuld zu sprechen), sind die Ausbildung einer geteilten Perspektive, die es erlaubt, ein Ziel
gemeinsam zu erreichen, sowie die Fähigkeit zur geteilten Bewertung dieser
Perspektive vonnöten.[75] Personen müssen sich dazu entschließen, gemeinsam ein Ziel zu realisieren, das es ihnen auch wert erscheint, realisiert zu werden. Das setzt Reflexions- und Abstimmungsprozesse voraus.

   Doch müssen unter Zurechnungskategorien nicht alle Individuen auch die
Absicht ausbilden, ein gemeinsames Ziel zu erreichen: es genügt, wenn sie einfach ihren *Beitrag* dazu leisten. Wo ein Individuum daran mitwirkt, ein ge-

---

[73] J. Habermas, Die Zukunft der menschlichen Natur. Auf dem Weg zu einer liberalen Euge-
nik?, Frankfurt am Main 2005, 21f.
[74] Kollektive Absichten gestehen zu M. Gilbert, Social Facts, Princeton, New Jersey 1989; R.
Tuomela, The Importance of Us: A Philosophical Study of Basic Social Notions, Stanford,
California 1995; J. R. Searle, The Construction of Social Reality, New York 1995; M. Bratman,
Shared Intention, in: Ethics 104 (1993), 97–113. Verhaltener sprechen nur von kollektiven
Zielen S. Miller, Social Action: A Teleological Account, New York 2001, und C. Kutz, Complicity: Ethics and Law for a Collective Age, New York 2000.
[75] Vgl. Kay Mathiesen, Wir sitzen alle in einem Boot: Die Verantwortung kollektiver Akteure
und ihrer Mitglieder, in: H. B. Schmid/D. P. Schweikard (eds.), Kollektive Intentionalität. Eine
Debatte über die Grundlagen des Sozialen, Frankfurt am Main 2009, 738–764, 752–758.

meinsames Ziel zu erreichen, kann ihm in der Regel auch eine entsprechende Absicht unterstellt werden. Denn die Absicht, sich an der Realisierung eines gemeinsamen Ziels zu beteiligen, kann der Handlung vorauslaufen oder einfach in sie eingehen. Deshalb kann von der Ausbildung einer kollektiven Intention gesprochen werden, wenn zudem spezifische Überzeugungen, Wünsche und Urteile mitberücksichtigt werden.[76] Zumindest muss einem Individuum, um eine Zurechnung der Handlungsfolgen begründen zu können, das Ziel, sein Handlungsbeitrag und der kausale Zusammenhang zwischen dem Ziel und der eigenen Handlung bewusst sein, so dass die damit verbundenen Folgen (und Nebenfolgen), wenn sie schon nicht beabsichtigt sind, von ihm doch in Kauf genommen werden: Es ist für sie verantwortlich. Einem Individuum können nämlich grundsätzlich sowohl die gewollten wie auch die gewussten Folgen einer kollektiven Handlung zugerechnet werden.[77] Wurden einem mitwirkenden Akteur etwa voraussehbare Folgen verheimlicht, kann er dafür nicht verantwortlich bzw. mitverantwortlich gemacht werden.

Die Annahme kollektiver Handlungen geht von Akteuren aus, die Ziele verfolgen, entsprechende Intentionen ausbilden,[78] um diese Ziele gemeinsam zu realisieren, und in dieser Hinsicht genauso rational agieren (können) wie individuelle Akteure, was ein Urteil über die geeigneten Mittel zur Realisierung der gewählten Ziele einschließt.[79] An dieser Stelle soll eine Unterschei-

---

[76] Wir folgen den Ausführungen von P. Pettit/D. P. Schweikard, Gemeinsames Handeln und kollektive Akteure, in: H. B. Schmid/D. P. Schweikard (eds.), Kollektive Intentionalität. Eine Debatte über die Grundlagen des Sozialen, Frankfurt am Main 2009, 556–585, insbesondere 559–576.

[77] Vgl. Michael Quante, Einführung in die Allgemeine Ethik, Darmstadt [3]2008, 133: „So ist es, vor allem in juristischen Kontexten, ein fest etabliertes Prinzip, nicht nur das Gewollte, sondern auch das Gewusste, d. h. das in Kauf Genommene, bei der Bewertung von Handlungen heranzuziehen. Auch in ethischen Bewertungskontexten ziehen wir in der Regel das mit einer Handlung in Kauf Genommene bei der ethischen Bewertung mit heran. Damit steht die Lehre von der Doppelwirkung im Widerspruch zu unserer ethischen Praxis. Außerdem würde, wenn man dieser Lehre folgte, ein gravierender Unterschied der ethischen Bewertung auf einer Differenzierung aufgebaut, die intersubjektiv nur schwer überprüfbar ist (historisch entstand diese Lehre zu einer Zeit, in der die Existenz Gottes als allwissenden ethischen Richters zum festen Überzeugungsbestand gehörte)."

[78] Es ist natürlich denkbar, dass Individuen gemeinsam eine Wirkung hervorbringen, die individuell nicht hervorgebracht werden könnte, ohne sie zu intendieren, eine Wirkung, die sich entweder spontan als Regularität herausbildet (und vielleicht nachträglich gutgeheißen) oder mit Hilfe etablierter Regeln realisiert wird, die von Akteuren einfach befolgt werden, ohne dass sie die Realisierung des kollektiven Ziels auch intendieren. Wir würden in solchen Fällen jedoch nicht von kollektiven Akteuren sprechen. Vgl. dazu P. Pettit, Gruppen mit einem eigenen Geist, in: H. B. Schmid/D. P. Schweikard (eds.), Kollektive Intentionalität. Eine Debatte über die Grundlagen des Sozialen, Frankfurt am Main 2009, 586–625, 603, wo zwischen sozialen Aggregaten und sozialen Integraten unterschieden wird.

[79] Vgl. P. A. French, Collective and corporate responsibility, New York 1984; C. Rovane, The

dung eingeführt werden: Kollektive Ziele können mit Hilfe von Handlungen, zu deren Realisierung Individuen *Verbindungen* eingehen (joint agency), oder mit Hilfe von Handlungen, die durch *Gruppen* ausgeführt werden (group agency), realisiert werden.[80] *Gemeinsam* ist den beiden Begriffen, dass Akteure abhängig voneinander handeln (dependent agents), ein Zustand, der instabil sein kann, wenn nämlich ein kollektives Ziel auch ohne die Beteiligung mindestens eines Akteurs (wenngleich vielleicht nur in verminderter Form) erreicht werden kann (independent agents), was uns im Begriff der Regellücke, der vom Begriff des Regeldefekts unterschieden werden soll, noch weiter beschäftigen wird. Klassischerweise gelten Akteure dann als voneinander unabhängig, wenn sie ihre Handlungsziele je für sich zu realisieren in der Lage sind. Allerdings besteht diese Unabhängigkeit auch in Situationen, in denen eine Person den Beitrag, den sie für eine kollektive Handlung zu leisten hätte, verweigert, um dennoch vom Ertrag dieser Handlung profitieren zu können – also zu ihrem eigenen Vorteil und zum Nachteil derjenigen Akteure, die ihren Beitrag zu leisten bereit sind (und womöglich, wenn sie diese Situation antizipieren, ihrerseits die Kooperation aufkündigen – zum gegenseitigen Nachteil). Die beiden Begriffe *unterscheiden* sich voneinander, sofern eine Gruppe, der die Urheberschaft über eine Handlung (group agency) zugeschrieben werden kann, nicht nur über Zeitdifferenzen hinweg persistiert, was auch für die Urheber verbundener Handlungen (joint agency) gilt, sondern sich darüber hinaus organisiert, indem sie Verfahren etabliert, um künftige Ziele, die kollektiv realisiert werden sollen, zu identifizieren sowie rationale Urteile bezüglich der geeigneten Mittel zur Realisierung dieser Ziele auszubilden, und indem sie diejenigen Mitglieder selektiert, die die entsprechende Handlung ausführen sollen.[81] Grundsätzlich können

---

Bounds of Agency: An Essay in Revisionary Metaphysics, Princeton, New Jersey 1997; P. Pettit, A theory of freedom: From the psychology to the politics of agency, Cambridge/New York 2001; P. Pettit, Groups with minds of their own, in: F. Schmitt (ed.), Socializing metaphysics, New York 2003, 167–193; D. P. Tollefsen, Collective intentionality and the social sciences, in: Philosophy of the Social Sciences 32 (2002), 25–50; D. P. Tollefsen, Groups as Agents, Cambridge 2015.

[80] Zum Begriff „joint agency" vgl. M. Gilbert, On social facts, New York 1989; J. R. Searle, The construction of social reality, New York 1995; M. E. Bratman, Faces of intention: Selected essays on intention and agency, Cambridge 1999; ders., Shared agency: A planning theory of acting together, Oxford 2014; R. Tuomela, The philosophy of sociality: The shared point of view, New York 2007; zum Begriff „group agency" vgl. P. Pettit/D. Schweikard, Joint Action and Group Agency, in: Philosophy of the Social Sciences 36 (2006), 18–39; C. List/P. Pettit, Group agency and supervenience, in: Southern Journal of Philosophy 44 (2006), 85–105; dies., Group Agency: The Possibility, Design, and Status of Corporate Agents, Oxford 2011; R. Tuomela, Social Ontology: Collective Intentionality and Group Agents, Oxford 2013.

[81] Vgl. P. Pettit/D. Schweikard, Joint Action and Group Agency, in: Philosophy of the Social

die Akteure in diesem Fall (group agency) für ihre Handlungen verantwortlich gemacht werden, erst recht gilt dies für Akteure, die sich zusammentun, um gemeinsame Ziele zu realisieren, ohne eine Organisation auszubilden (joint agency). Genauer gesagt gibt es eine individuelle Verantwortung für den Beitrag, den jeder einzelne Akteur leistet, und eine gemeinsame Verantwortung für das Resultat der kollektiven Handlung. Für uns ist diese Diskussion insofern wichtig, als die Verantwortung für den individuellen Beitrag zu einer kollektiven Handlung durch den Begriff der Regellücke und die Verantwortung für ein gemeinsam zu realisierendes Resultat durch den Begriff des Regeldefekts problematisiert werden soll. Wir werden auf die beiden Begriffe noch ausführlicher zurückkommen. Einstweilen soll gelten: Liegt eine Regellücke vor, kann der individuelle Beitrag nicht zur kollektiven Pflicht werden, liegt ein Regeldefekt vor, sind (nur) diejenigen Akteure, die sich von geltendem Recht, das nach Maßgabe der Moral Unrecht ist, zumindest distanzieren, von dividueller Schuld individuell ausgenommen. Soll ein Akteur in dieser Weise von dividueller Schuld individuell ausgenommen werden können, muss die Gruppe, der er angehört, klar definiert sein, um Verantwortung auch dann zuschreiben zu können, wenn der Akteur selbst nicht handelt, weil er für die Ausführung der kollektiven Handlung von der Gruppe nicht vorgesehen wurde; daher muss der Akteur der Gruppe selbstverständlich aktual so angehören, dass grundsätzlich die Berechtigung besteht, ihn für die Beteiligung an der Realisierung einer kollektiven Handlung auszuwählen und für das Resultat verantwortlich zu machen.

Wenn Kollektive unter den genannten Voraussetzungen rational agieren können, sind sie im Prinzip auch normativ ansprechbar, zum einen was ihre Wünsche, zum anderen was ihre Überzeugungen angeht. Damit ist noch nicht geklärt, wer entscheidet bzw. wie entschieden wird, ob eine kollektive Handlung rational oder irrational ist. Die Gesellschaft jedenfalls kann auf kollektive Akteure, gerade weil sie den Anspruch auf Rationalität erheben,

---

Sciences 36 (2006), 18–39, 33f.: „A group of individuals will constitute an agent, plausibly, if it meets conditions like the following. First, the members act jointly to set up certain common goals and to set up a procedure for identifying further goals on later occasions. Second, the members act jointly to set up a body of judgments for rationally guiding action in support of those goals, and a procedure for rationally developing those judgments further as occasion demands. And third, they act jointly to identify those who shall act on any occasion in pursuit of the goals, whether they be the group as a whole, the members of the group individually, certain designated members, or certain agents that the group hires. Did individuals come together in the manner characterized, then they would be in a position as a group to mimic or simulate the performance of an individual agent. The group would have goals corresponding to individual desires, judgments corresponding to individual beliefs, and just as rational individuals act so as to satisfy their desires according to their beliefs, so this group would be able to act rationally so as to achieve its ends according to its judgments."

mit Hilfe von Anreizen, was die Wünsche, sowie mit Hilfe von Informationen, was die Überzeugungen der Beteiligten betrifft, einzuwirken versuchen und dann auch für die Folgen und Nebenfolgen verantwortlich machen. Und Kollektive sind unter Umständen selbst gehalten, durch Akte der Selbstverpflichtung, genauer durch Regeln, die sie sich selbst und gemeinsam geben, die Basis für rationales Handeln zu schaffen, und zwar aus dem einfachen Grund, weil sowohl innerhalb einer losen Koppelung (joint agency) wie auch innerhalb einer strikten Koppelung (group agency) von Akteuren individuelle und dividuelle Rationalität auseinandertreten können.[82] Wenn wir nämlich davon ausgehen, dass Akteure je für sich die Absicht ausbilden müssen, sich an einer kollektiven Handlung zu beteiligen, müssen die Vorteile einer solchen Beteiligung die Nachteile überwiegen.[83] Dabei spielt bei der Ausbildung des Wunsches, gemeinsam zu handeln, auch die Überzeugung eine Rolle, dass die übrigen Akteure ihre Bereitschaft, einen Beitrag zur kollektiven Handlung zu leisten, tatsächlich einlösen werden. Dies kann in nicht-kompetitiven Kontexten am besten durch Informationen, in kompetitiven Kontexten durch geeignete Anreize gewährleistet werden. Denn es geht, wie wir noch genauer sehen werden, nicht darum, wie Akteure handeln werden, sondern wie sie handeln sollen, und zwar nach Maßgabe ihrer je eigenen Vernunft (die als individuell oder kollektiv verfasst verstanden werden kann).[84]

Von daher sind auch Grenzen der Zurechenbarkeit zu diskutieren: Möglicherweise versagt ein Individuum innerhalb einer koordinierten Aktion dabei, seinen Beitrag dafür zu leisten, ein erwünschtes Ziel kollektiv zu realisieren. Überlegt werden soll, ob ein Individuum, das solchermaßen versagt, aus seiner Verantwortung gegenüber dem Kollektiv entlassen werden kann. Wir unterscheiden dazu zwischen der *Fähigkeit*, mit anderen Akteuren ein Ziel

---

[82] Dies gilt für die Gesellschaft als Ganze, für Gruppen (group-agency) wie für Verbindungen (joint-agency) nur insofern, als individuelle und dividuelle Rationalität auseinandertreten.

[83] Die Frage, ob und gegebenenfalls inwiefern damit ein normativer Individualismus vertreten wird, kann im Rahmen dieser knappen Überlegungen nicht beantwortet werden. Dafür spricht, dass auch ein kollektives Urteil durch ein individuelles Urteil implementiert werden muss, dagegen spricht, dass ein individuelles Urteil nur durch ein kollektives Urteil begründet werden kann.

[84] So gesehen sind sowohl Überzeugungen wie auch Wünsche soziale Konstruktionen, Überzeugungen, weil sie insofern geteilt werden müssen, als sie revidiert werden können, vor allem jedoch weil Überzeugungen, die sich auf Handlungen beziehen, nicht beschreiben, was sein wird, sondern was sein soll (was unsicher oder wenigstens wahrscheinlich ist), Wünsche, weil sie insofern geteilt werden müssen, als sie enttäuscht werden können, wiederum, weil nicht mit Sicherheit vorausgesagt werden kann, wie andere Akteure handeln werden, weshalb man nur versuchen kann, vorzuschreiben, wie andere Akteure handeln sollen. Die ist durch Informationen (Appell) oder Anreize (Regel) möglich.

zu erreichen, also eine gemeinsame Handlungsperspektive auszubilden, und der Fähigkeit, darüber zu reflektieren, ob es gut ist, dieses Ziel zu *realisieren*. Mit dieser Unterscheidung geht es insbesondere um die Antwort auf die Frage, ob alle Beteiligten, um eine individuelle Zurechnung zu begründen, das gemeinsame Ziel zuvor *bewerten* müssen. Was die Fähigkeit betrifft, ein gemeinsames Ziel zu realisieren, so ist das Ausbilden einer entsprechenden Absicht, wie gesagt, unerheblich. Sie kann auch unterstellt werden.[85] Mit anderen Worten: Wer sich beim Realisieren eines gemeinsamen Ziels beteiligt, kann dafür unter den genannten Bedingungen auch verantwortlich gemacht werden. Eine Ausnahme bildet, wie gleichfalls schon erwähnt wurde, der Fall, in dem einer Person die Konsequenzen einer gemeinsamen Handlung nicht bewusst sind und sie diesen Mangel in der Abschätzung der Folgen deshalb auch nicht zu verantworten hat.[86]

Der Realisierung läuft jedoch die Bewertung einer kollektiven Handlung voraus. (1) Wer das Erreichen eines Ziels gutheißt und daran mitwirkt, kann grundsätzlich auch zur Verantwortung gezogen werden. (2) Wer sich nur an der Realisierung, nicht jedoch an der Bewertung beteiligt, kann wie eine Person behandelt werden, die das Erreichen des Ziels gutheißt, wieder vorausgesetzt, ihr stehen Informationen bezüglich der voraussehbaren Folgen (und Nebenfolgen) der gemeinsamen Handlung zur Verfügung. (3) Eine Person, die eine kollektive Handlung ausdrücklich gutheißt, ohne weiter zu ihrer Realisierung beizutragen, indem sie den Dingen einfach ihren Lauf lässt (oder eben bei der Ausführung versagt), kann ebenfalls verantwortlich gemacht werden, wobei damit noch nicht über die Graduierung in der Zuweisung von Verantwortlichkeit und Schuld entschieden ist.[87] (4) Wer an einer kollektiven Handlung nicht mitwirkt und sie auch nicht gutheißt, die Hand-

---

[85] Man kann natürlich darüber streiten, ob es ein nichtintentionales Handeln bzw. auch ein nichtintentionales Unterlassen geben kann. Wichtig ist für unsere Diskussion, dass sich eine Person intentional handelnd an einer kollektiven Handlung beteiligt und dabei, so nehmen wir an, nur auf ihren Beitrag konzentriert, die nicht rechtfertigbaren Folgen oder Nebenfolgen ihrer Handlung bzw. Unterlassung also nicht beabsichtigt. Hier ist eine Zurechnung von Schuld dennoch möglich.

[86] Eine ausführliche Diskussion, wie zu unterscheiden ist, welches Wissen von einer Person verlangt werden kann und welches nicht, kann hier nicht geführt werden. Am eindeutigsten ist der Fall, in dem einer Person die voraussehbaren Folgen einer kollektiven Handlung verheimlicht werden. Man kann sie dafür dann auch nicht verantwortlich machen, selbst wenn sie ihren Beitrag zur gemeinsamen Handlung leistet.

[87] Jenseits von Intentionalität kann von billigender Inkaufnahme bis hin zur Fahrlässigkeit in Tun und Unterlassen graduiert und entsprechend Verantwortlichkeit bzw. Schuld zugemessen werden. Im Fall der billigenden Inkaufnahme sind, wie schon erwähnt, nicht nur die gewollten, sondern auch die gewussten Folgen einer kollektiven Handlung zu verantworten, im Fall der Fahrlässigkeit ist zu ermessen, welches Wissen um die Folgen einer kollektiven Handlung einer Person zugemutet werden kann.

lung jedoch grundsätzlich bewerten kann und sich ihrer (geplanten) Ausführung sowie ihrer (voraussehbaren) Folgen bewusst ist (und, selbstverständlich, dem definierten Kollektiv, das die Handlung ausführt, aktual angehört), kann, wenigstens grundsätzlich, ebenfalls zur Verantwortung gezogen werden. Nur wer sich unter diesen Bedingungen von einer kollektiven Handlung öffentlich distanziert, sie zu verhindern sucht bzw. sich ihr sogar widersetzt oder das Kollektiv verlässt (soweit dies überhaupt möglich ist), kann nicht zur Verantwortung gezogen werden – wir werden darauf zurückkommen. Mitglieder eines bestimmten Kollektivs sind somit in der Regel für kollektive Handlungen verantwortlich und können durch diese Handlungen schuldig werden, man wird dann allerdings präzise nicht von kollektiver, sondern jeweils von individueller Verantwortung bzw. Schuld sprechen.

Bei der Zumessung von Schuld (und gegebenenfalls von Strafe) ist natürlich auch der Status zu berücksichtigen, den eine Person im Gefüge eines Kollektivs einnimmt, weshalb mit einer gestuften *Zuständigkeit* auch die Verantwortlichkeit zu stufen ist. Hier kann Schuld im Sinn von Minderung und Ausschluss graduiert werden, was traditionell im Fall von Willensfreiheit erfolgt, jedoch auch im Fall von Handlungsfreiheit möglich und sinnvoll ist.[88] Zu berücksichtigen ist auch, wie schwer oder leicht es einer Person durch das Kollektiv gemacht wird, sich von einer Handlung des Kollektivs zu distanzieren bzw. Mechanismen in Gang zu setzen, die eine individuelle Kritik an einer gemeinsamen Handlung kollektiv verarbeiten. Dabei besteht in der Forderung, ein Individuum müsse sich einer kollektiven Handlung widersetzen, sie zu verhindern suchen oder das Kollektiv sogar ganz verlassen, die Gefahr, unangemessene Forderungen zu erheben. Genau genommen muss die einfachste Form, sich mit einer kollektiven Handlung nicht einverstanden zu erklären, mithin ein öffentlicher Akt der Distanzierung, genügen, um Schuld zu mindern oder ganz auszuschließen, nämlich gegenüber jenen Individuen, die diesen Akt der Distanzierung nicht zu leisten bereit sind. Noch weiter zugespitzt wird diese Überlegung jedoch in der Frage, ob einem Individuum (nehmen wir etwa an, es beteilige sich an einer kollektiven Handlung nur, weil ihm gedroht wird) mit der Kritik an einer kollektiven Handlung überhaupt ein Nachteil zugemutet werden darf, könnten die Mitläufer dann doch von ihrem individuellen Vorteil profitieren. Wir werden unsere bisherigen Überlegungen deswegen im Detail einer konzeptionellen Revision unterziehen müssen.

Eine normativ gehaltvolle Antwort auf diese Frage kann nicht ohne die Unterscheidung zwischen der *Etablierung* von Regeln, durch die Kritik-

---

[88] Bezogen auf die Kategorie der Fähigkeit ist die Graduierung der Willensfreiheit einschlägig für die Zumessung von Verantwortung, bezogen auf die Kategorie der Zuständigkeit ist die Graduierung der Handlungsfreiheit einschlägig.

mechanismen in Kollektive eingebaut werden können, und der *Befolgung* von Regeln gegeben werden. Was die Befolgung von Regeln betrifft, so sprechen wir, wie gesagt, auch im Fall kollektiver Unrechtshandlungen nicht von kollektiver, sondern jeweils von *individueller Schuld*, selbst wenn diese faktisch vollkommen gleichmäßig verteilt ist. Von *dividueller Schuld* hingegen sprechen wir mit Blick auf die Etablierung von Regeln, wenn nämlich Regeln, die sich ein Kollektiv gibt, unzureichend sind, so dass eine Person, obwohl bzw. weil sie konsentierten Regeln folgt, mindestens eine Person in einer nicht rechtfertigbaren Weise schädigt bzw. schädigen kann.[89]

Unterscheiden wir dabei zwei Formen: (1) Eine *Regellücke* liegt dann vor, wenn etwas moralisch gefordert, jedoch rechtlich nicht geregelt ist, so dass, wer sich im Handeln moralisch verpflichtet sieht, einen Nachteil erleiden oder einen Vorteil nicht realisieren kann, und zwar im Vergleich zu einer Person, die die Freiräume, die das Recht bietet, ausschöpft. Hier ist es nicht eine Regel, die Unrecht evoziert, es ist das Fehlen einer Regel, die eine Schädigung zu erzeugen vermag (und zwar beim potentiellen Opfer, wenn die Handlung ausgeführt, sowie beim potentiellen Täter, wenn die Handlung nicht ausgeführt wird). Existiert eine entsprechende Regel, und wird diese Regel dennoch missachtet, ist, auch wenn der Täter nicht belangt wird, selbstverständlich von individueller Schuld zu sprechen. Unter dieser Rücksicht hat das Recht von seinem Selbstverständnis her die Aufgabe, Moral durchzusetzen. Mit Blick auf Regellücken ist daher von einem *Implementierungsmangel* zu sprechen. Im Fall einer Regellücke stellen sich Akteure nicht gegenseitig schlechter, vielmehr wird mindestens ein Akteur (wenigstens potentiell) schlechter- und mindestens ein Akteur, relativ dazu, bessergestellt, je nachdem, ob er der Moral oder dem Recht folgt. Verbinden wir den Sinn der Moral mit dem Gedanken gegenseitiger Besserstellung, können Akteure nicht einseitig verpflichtet sein, die Spielräume, die das Recht bietet, nicht auch willkürlich zu nutzen – wir bewegen uns auf der Ebene der Regelbefolgung. Eine allseitige Verpflichtung setzt hier eine Veränderung geltenden Rechts voraus. Verlangt man somit von Akteuren, dass sie moralisch nicht legitimierbare Handlungen eines Kollektivs (in welcher Form auch immer) zu kritisieren haben (wir bewegen uns auf der Ebene der Regeletablierung), dürfen ihnen daraus keine Nachteile entstehen. Entsprechend müssen die Regeln des Kollektivs ausgestaltet sein, um zu einer Kritik nicht legitimierbarer kollektiver Handlungen zu ermutigen bzw. sogar zu verpflichten, natürlich mit dem Ziel einer möglichen Revision geltender Regeln. Im Fall einer Regellücke

---

[89] Eine Schädigung ist dann gerechtfertigt, wenn die Person in eine entsprechende Handlung einwilligt oder einwilligen kann. Der klassische Fall wäre eine medizinische Behandlung, die neben den erwünschten Wirkungen auch unerwünschte, jedoch nicht vermeidbare Nebenwirkungen zeitigt.

ist Schuld grundsätzlich *dividuell* zuzurechnen (und *individuell* nur dann, wenn eine Person die Kritik gegenüber einer nicht legitimierbaren kollektiven Handlung, zu der sie institutionell befähigt oder angehalten ist, versäumt). Würde eine Person die Regellücke erkennen und das Kollektiv darauf hinweisen, sähe sie sich von der Zurechnung dividueller Schuld individuell ausgenommen. Der Begriff der dividuellen Schuld hat in diesem Zuschnitt stets möglichst klar umgrenzbare Kollektive im Blick. Zudem erlaubt und fordert er Graduierungen. (2) Dagegen liegt ein *Regeldefekt* vor, wenn das, was faktisch als Recht gilt, aus der Perspektive der Moral Unrecht ist. In diesem Fall ist es eine ungerechte Regel, genauer: ihre Befolgung, die eine Schädigung bewirkt. Unter dieser Rücksicht hat die Moral die Aufgabe, das Recht zu legitimieren bzw. gegebenenfalls zu delegitimieren. Man kann also mit Blick auf Regeldefekte von einem *Begründungsmangel* sprechen. Im Fall eines Regeldefekts, der faktisch zu gegenseitiger Schlechterstellung führt, sprechen wir mit Blick auf die Etablierung von Regeln wiederum von dividueller Schuld. Sie liegt immer dann vor, wenn die Akteure, genauer: die Regelsetzer, sich bewusst sind oder bewusst sein müssen, dass Unrecht entstehen kann, selbst wenn das Recht eine bestimmte Handlung legitimiert. Nun gibt es in Unrechtssystemen vermeintlich vor allem Situationen einseitiger Schlechterstellung. Sofern eine Gesellschaft jedoch dadurch, und zwar über alle Sozial- und Zeiträume hinweg, unter ihren Möglichkeiten produktiver Kooperation bleibt, stellen sich die Akteure gegenseitig schlechter. Wer sich von der *Etablierung* einer solchen Regel, die Unrecht zulässt oder provoziert, es jedenfalls nicht verbietet, öffentlich distanziert, sie zu verhindern sucht oder sich ihr gar widersetzt bzw. das Handlungskollektiv verlässt, ist wiederum von der Zurechnung dividueller Schuld individuell ausgenommen. Dies gilt natürlich nicht nur von der Etablierung, sondern auch von der Geltung einer (bestehenden) Regel, sofern sich ein Akteur des Unrechtsgehalts geltenden Rechts bewusst wird und beispielsweise Einspruch dagegen erhebt. Was nun die *Befolgung* einer Regel betrifft, kann eine Person, wenn sie einen Beitrag zu einer kollektiven Handlung leistet, die moralisch als Unrecht zu werten ist, obwohl sie als Recht gilt, wenn sie eine solche kollektive Handlung gutheißt oder wenn sie dem Kollektiv, das eine Unrechtshandlung ausführt, aktual auch nur angehört und nicht zugleich mindestens durch einen öffentlichen Akt Distanz bekundet (auch wenn ihr dadurch ein Nachteil entsteht), *individuell* schuldig werden.[90] Ein Unrecht gilt dann als kumulatives Ergebnis einer Vielzahl von Entscheidungen und Handlungen individueller Personen.

---

[90] Unter Umständen ist die Tatsache, dass sich eine Person nicht an der Realisierung einer kollektiven Handlung beteiligt oder diese Handlung nicht gutheißt, selbst schon ein Akt der Distanzierung, der genügt, um persönlich von Schuld ausgenommen zu sein.

In einem so gearteten Fall der Zurechnung liegt es nahe, Schuld zu graduieren. Wo eine Person eine Handlung, die als Unrecht zu gelten hat, weder gutheißt noch an ihrer Realisierung beteiligt ist und wenigstens ein Zeichen der Distanznahme setzt, sofern sie dem Kollektiv, das diese Handlung ausführt, aktual angehört, ist sie individuell unschuldig. Wo eine Person nach dem Maßstab des Rechts falsch, nach dem Maßstab der Moral hingegen richtig handelt, hat sie individuell ebenfalls als unschuldig zu gelten.

Eine Handlung ist deshalb im Fall einer Regellücke *falsch unterdeterminiert* und im Fall eines Regeldefekts *falsch überdeterminiert* (weil durch das Recht Handlungen erlaubt sind, die Unrecht hervorbringen). *Richtig unterdeterminiert* sind Handlungen, für die legitime Freiräume vorgesehen sind, *richtig überdeterminiert* (weil verboten wird, was als Unrecht zu gelten hat) Handlungen, die wir gegenüber anderen Kausalfaktoren, welche dann als Nebenbedingungen behandelt werden, auszeichnen, um Akteure für einen Schaden verantwortlich machen zu können. Nun mag man anführen, dass sich die Akteure auch im Fall einer Regellücke gegenseitig schlechter stellen können, sofern sie nämlich ausnahmslos im Sinn des Rechts und nicht der Moral handeln. In dieser Hinsicht scheint die Unterscheidung zwischen Regellücke und Regeldefekt zu kollabieren. Der Begriff der Regellücke imaginiert die *Abweichung* zu dem, was als Recht gilt und nach Maßgabe der Moral auch *Recht* ist, eine Abweichung, die nicht als Unrecht zu gelten hat, weil sie *mehr* Kooperation, als es das Recht vorschreibt, realisiert. Klassisch wird eine solche Handlung als supererogatorisch qualifiziert. In einem Akt der Supererogation verausgaben sich Akteure zugunsten anderer Akteure, sie stellen sich selbst schlechter, nämlich relativ zu jenem Akteur, der zu Recht die Strategie der Defektion wählt und sich damit vergleichsweise besser stellt. Darauf kann man erwidern, dass sich Akteure genau durch den Akt der Supererogation, den sie ja freiwillig leisten, besser stellen, wie wir konsequent unterstellen müssen. Besser noch wäre es jedoch unter Umständen, wenn sich ausnahmslos alle Akteure so verhielten, der Akt der Supererogation also zur Regel werden würde. Insofern verhält sich die Moral zum Recht in der Weise einer Heuristik und das Recht zur Moral in der Weise der Restriktion gegenseitiger Besserstellung. Stellen wir uns vor, ein Akteur entdeckte eine Regellücke, agierte also ganz im Sinn des Rechts, das diese Handlung zulässt. Er stellt sich, wie gesagt, auf Kosten der übrigen Akteure, die, vielleicht ohne es zu wissen, nach Maßgabe der Moral handeln, besser. Verzichtete er auf diese Handlung im Sinn der Moral, wäre er schlechter gestellt. Ein Regeldefekt dagegen zeichnet sich dadurch aus, dass die *Befolgung* des Rechts, das, obwohl es als Recht gilt, nach Maßgabe der Moral *Unrecht* ist, grundsätzlich alle Akteure schlechter stellt, weil sie unter dem Niveau gegenseitiger Besserstellung verharren, also *weniger* Kooperation realisieren, als die Moral gebietet. Hier stellt die Abweichung von dem, was als Recht gilt, in den Augen der Moral jedoch als Unrecht angesprochen werden muss, einen Akteur einseitig schlechter, während die übrigen Akteure besser gestellt sind. Natürlich kann die Frage, ob es sich bei geltendem Recht tatsächlich um Unrecht handelt, nie leicht und kaum eindeutig beantwortet werden – wir werden diese Überlegungen in der Bestimmung der Selbstachtung bzw. der Verletzung von Selbstachtung, die das Erfordernis von Vergebung evoziert, weiterverfolgen, ohne allerdings eine Theorie der Unterscheidung von Recht und Unrecht entwickeln zu können. Eher ist von einer eschatologischen Perspektive zu erhoffen, dass sie darüber Auskunft geben kann, ob eine Gesellschaft und ihre Akteure ein Bewusstsein vom Unrecht geltenden Rechts sowie seiner Befolgung haben konnten und gleichzeitig Alternativen dazu vorlagen.

Die Unterscheidung von individueller und dividueller Schuld ist wichtig, weil in einem Unrechtssystem ein Opfer nicht unter der Hand zu einem Täter gestempelt werden darf. Selbst wenn man dem Opfer in Bezug auf die *gemeinsame* Verantwortung *für Normen* dividuelle Schuld zusprechen mag (was retrospektiv heikel ist, doch prospektiv Sinn entfaltet), kann ihm in Bezug auf die *individuelle* Verantwortung *vor Normen* selbstverständlich keine Schuld zugewiesen werden. Wir sprechen also von dividueller Schuld in Bezug auf die Etablierung und von individueller Schuld in Bezug auf die Befolgung von Regeln. Der Begriff der dividuellen Schuld entfaltet seinen Sinn deshalb, wie gesagt, zunächst und vor allem prospektiv: Er leitet dazu an, bestehende Regeln auf Lücken und Defekte hin zu überprüfen und sie, wo nötig, zu verbessern, nämlich mit dem Ziel der gegenseitigen Besserstellung. Retrospektiv erschwert er die einseitige (oder individuelle) Zurechnung von Schuld bzw. erleichtert, wenn man so will, die einseitige (oder individuelle) Nichtzurechnung von Schuld, wenn nämlich eine Person von dividueller Schuld individuell ausgenommen ist: Dies mag vor allem für die historische Be- und Verarbeitung von Schuld in Unrechtssystemen von Belang sein, wobei Graduierungen und Unschärfen nicht übersehen werden dürfen. Der Begriff der individuellen Schuld dagegen ist zunächst und vor allem retrospektiv sinnvoll (auch wenn individuelle Schuld zum Anlass genommen werden sollte, über dividuelle Schuld und damit prospektiv über die Verbesserung von Regeln etwa zur Verhinderung künftiger Schuld nachzudenken). Wir werden noch sehen, wie sich die genannten Unterscheidungen auf eine ethisch geprägte Eschatologie auswirken.

Muss sich nun eine Person öffentlich von einer kollektiven Handlung, die moralisch illegitim ist, distanzieren?[91] Muss sie eine solche Handlung zu ver-

---

[91] Die Frage, ob dies auch von Institutionen gilt, ist nicht leicht zu beantworten. Sofern die Zugehörigkeit zu einer Institution die in unserer Argumentation schon graduierte Beteiligung

hindern suchen oder sich ihr gar widersetzen? Muss sie das Kollektiv verlassen? Steht also unter Umständen auch in der Verantwortung, wer keinen Beitrag zu einer kollektiven Handlung leistet bzw. sie nicht gutheißt? Stellte sich unter dem Aspekt der *Regellücke* eine Person durch einen solchen Akt der Distanzierung, des Widerstands oder des Austritts gegenüber einer Person, die sich moralisch dazu nicht verpflichtet sähe, einseitig schlechter, könnte eine individuelle Verpflichtung nicht begründet werden. Im Sinn einer Heuristik bedeutet das für ein Kollektiv, wirksame Regeln zu etablieren, also Restriktionen einzuführen, die eine solche einseitige Schlechterstellung verhindern sollen – mit dem Ziel der gegenseitigen Besserstellung innerhalb des Kollektivs, das etwa für Regelkritik ansprechbar wird. Würde unter dem Aspekt des *Regeldefekts* eine Person auf ein (geplantes) Unrecht aufmerksam werden, wäre sie nur verpflichtet, die kollektive Handlung, die zu solchem Unrecht führt, nicht gutzuheißen und keinen Beitrag zu ihr zu leisten bzw., falls sie dem Kollektiv, das die Handlung ausführt, aktual angehört, einen Akt der Distanznahme zu setzen, um frei von individueller Schuld zu bleiben. Dies würde das Opfer einer Unrechtshandlung von selbst gegenüber seinem Täter auszeichnen.

Wenn wir davon ausgehen, dass das, was als Recht gilt, aus Sicht der Moral Unrecht ist, können wir freilich Schuld nur unter der Voraussetzung zurechnen, dass die beteiligten Akteure sich des Unrechts einer Regel bzw. einer Handlung bewusst sind und die Möglichkeit besitzen, alternativ zu handeln. Die Möglichkeit, alternativ zu handeln, wird gewöhnlich dem Begriff der Willensfreiheit zugewiesen, kann jedoch, sowohl mit Blick auf Individuen wie mit Blick auf Kollektive, auch auf den Begriff der Handlungsfreiheit bezogen werden. Nehmen wir eine Gruppe an, die eine andere Gruppe ausbeutet, sich dessen bewusst ist und Alternativen dazu besitzt. Hier werden alle Mitglieder der Täter-Gruppe an allen Mitgliedern der Opfer-Gruppe schuldig. Sind die beiden Bedingungen nicht erfüllt (es reicht aus, wenn nur eine nicht erfüllt ist), lässt sich von Schuld nicht sprechen, wir haben es dann mit tragischen Verhältnissen zu tun. Wir können an dieser Stelle nicht ausführlich diskutieren, welche Kriterien erfüllt sein müssen, um von Unrechtsverhältnissen sowie von einem Mangel an Handlungsalternativen sprechen zu können, und unter welchen Voraussetzungen ein Bewusstsein von solchen Unrechtsverhältnissen verlangt werden oder ein Mangel an Handlungsalternativen als Entschuldigungsgrund gelten kann. Jedenfalls darf eine solche Be-

an einer kollektiven Handlung, die ethisch nicht gerechtfertigt werden kann, einschließt, wird man eher von Verantwortlichkeit und Schuld sprechen können als bei einer Zugehörigkeit, die eine solche Beteiligung nicht aufweist. Doch gilt in beiden Fällen, dass sich eine solche Verpflichtung nicht einseitig nachteilig (oder vorteilhaft) auf Personen, die in irgendeiner Form Widerstand leisten (oder nicht leisten), auswirken darf.

stimmung nicht individuell, sondern nur dividuell erfolgen, und sie muss sich der Übergänge und Graduierungen, der Schattierungen und Unschärfen bewusst sein.

Auf der Ebene der Regeletablierung ist somit zu klären, ob die geltenden Regeln ausreichen, um erwünschtes Verhalten allseitig sicherzustellen. Ist dies nicht der Fall, trifft die Schuld jene Gemeinschaft oder Gesellschaft, die es versäumt hat, entsprechende Regeln zu etablieren. Man spricht dann, wie schon gesagt, von *dividueller* Schuld. Auch dividuelle Schuld wird (allerdings gleichmäßig) auf Individuen zugerechnet. Besteht keine Regellücke, sondern ein Regeldefekt, ist nicht nur auf die Ebene der Regeletablierung und somit auf dividuelle Schuld, sondern auch auf die Ebene der Regelbefolgung zu achten. Weicht ein Individuum von moralisch illegitimen Regeln ab, um Unrecht zu verhindern (indem es etwa entsprechende Handlungen nicht gutheißt bzw. sich nicht an ihnen beteiligt oder einen Akt der Distanznahme setzt), wird es nicht schuldig; weicht es dagegen nicht von moralisch illegitimen Regeln ab (indem es entsprechende Handlungen gutheißt bzw. sich an ihnen beteiligt), wird es unter den bereits genannten Bedingungen schuldig. Man kann jeweils von *individueller* Schuld sprechen. Liegt eine Regellücke vor, kann also nur von dividueller, nicht von individueller Schuld gesprochen werden: Systematisch besteht hier ein Vorrang der Ebene der Regeletablierung gegenüber der Ebene der Regelbefolgung. Liegt ein Regeldefekt vor, kann sowohl von dividueller wie von individueller Schuld gesprochen werden, weshalb wir *Täter zweiter* von Tätern *erster Ordnung* unterscheiden. Vielfach werden beide Formen Hand in Hand gehen: Wer von dividueller Schuld individuell ausgenommen ist, wird in einer konkreten Situation kaum individuell schuldig werden, wer dividuell schuldig geworden ist, wird vermutlich auch individuell schuldig werden. Wir grenzen Schuld, wie schon angedeutet, zudem von *tragischen* Verhältnissen ab, die dann bestehen, wenn ein Schaden weder individuell noch dividuell verhindert werden kann. Die Kategorie tragischer Verhältnisse wirkt sich restriktiv gegenüber ungerechtfertigten Schuldzuweisungen aus, und sie wirkt heuristisch, sofern sie einerseits Situationen, in die wir weder individuell noch kollektiv eingreifen können, streng begrenzt und andererseits dazu auffordert, unseren gestaltenden Zugriff auf potentielle Schädigungen auszuweiten. Die Grenze zwischen Situationen, in denen Menschen – auch im globalen Zuschnitt – füreinander Verantwortung tragen oder aneinander schuldig werden, und Situationen, in denen eine solche Zurechnung von Verantwortung und Schuld nicht plausibel ist, sollte daher notorisch umstritten sein, sie sollte jedoch auch möglichst klar gezogen werden. Auch hier gilt, was über die Zuordnung von dividueller und individueller Schuld bei Regellücken und Regeldefekten gesagt wurde. Damit wird das klassische Prinzip, nach dem jedem Sollen ein Können vorauszugehen habe, ethisch reformuliert. Schuld, so könnte man deshalb bilanzieren, ist immer nur auf Individuen zurechenbar, sie ist in diesem Sinn persönlich und nicht übertragbar, was deshalb auch von Strafe gilt. Weil wir dividuelle und individuelle Schuld sowie Tragik begrifflich unterscheiden, sprechen wir weder von „Strukturen der Schuld" noch von einer „Verstrickung in Schuld" – wir werden darauf in der Behandlung des Begriffs der Erbsünde zurückkommen. Außerdem haben wir zu überlegen, wie sich individuelle bzw. dividuelle Schuld und Vergebung zueinander verhalten.

Zur *sozialen* Komponente geteilter Verantwortlichkeit bzw. Schuld tritt die *zeitliche* Komponente. Kollektive können auch über die Lebenszeit ihrer Mitglieder hinweg persistieren. Wurde eine kollektive Unrechtshandlung verübt, kann ein Mitglied, das dem Kollektiv zu diesem Zeitpunkt noch nicht zugehörte, später auch nicht dafür verantwortlich gemacht werden. In diesem Sinn gibt es keine retrospektive Verantwortung oder Schuld.[92] Allerdings kann durchaus verlangt werden, dass später hinzukommende Mitglieder Regeln, die unzureichend sind, sei es, dass sie (potentielle) Täter ermutigen, Unrecht zu tun, sei es, dass sie (potentielle) Opfer entmutigen, Unrecht abzuwehren, revidieren, so dass man von einer prospektiven Verantwortung, die aus der retrospektiven Anerkennung kollektiv begangener Schuld resultieren kann, sprechen wird. Später hinzukommende Mitglieder können außerdem verpflichtet werden, Wiedergutmachung zu leisten, und zwar auch aus moralischen, nicht nur aus rechtlichen Gründen, wenn sie durch ihren Beitritt zum Kollektiv Vorteile erlangen, deren Zustandekommen Mitgliedern früher zum Nachteil gereicht hat. Generell kann es das Kalkül eines Kollektivs sein, Vergebung zu ermöglichen und dadurch zum Vorteil seiner Mitglieder Personen wieder als Kooperationspartner zu gewinnen, die zum Nachteil des Kollektivs bzw. zum Nachteil von Mitgliedern des Kollektivs gehandelt haben und ausgeschlossen worden sind. Denkbar ist, dass eine stellvertretende Vergebungsbitte sich auf eine in der Vergangenheit begangene Schuld bezieht, allerdings wiederum, wie schon dargestellt, zu Unrecht, da nicht nur Schuld und Strafe, sondern auch, wie wir noch genauer sehen werden, Vergebung unvertretbar sind (abgesehen davon, dass erst zu klären wäre, ob eine kollektive Handlung in der Zeit, in der sie begangen wurde, als Unrecht zu bewerten war bzw. eine Alternative zu ihr bestand).

---

[92] Vgl. hierzu D. Martin, Collective National Guilt. A Socio-Theological Critique, in: L. Osborn/A. Walker (eds.), Harmful Religion. An Exploration of Religious Abuse, London 1997, 149–151.

2.7.3 Erbsünde

Für unsere Überlegungen scheint die schon erwähnte Lehre von der Erbsünde ohne Belang zu sein, weil Vergebung nur mit zurechenbarer Schuld
zu tun hat. Sofern damit eine Begrenzung der Zurechnung von Schuld gemeint ist, ist der Begriff der Erbsünde allerdings einschlägig. Ohne auf theo-
logiegeschichtliche Details unterschiedlicher Entwürfe in der Behandlung der
so genannten Erbsünde eingehen zu können, sollen einige Merkmale dieser
Theorie diskutiert werden, und zwar allein mit Blick auf ihre ethischen Im-
plikationen.[93]

Grundlegend für den Begriff der Erbsünde ist die (paradoxe) Einheit der
Differenz zwischen einer menschlicher Freiheit vorausliegenden und einer
durch menschliche Freiheit hervorgebrachten Schuld (die Begriffe der Sünde
und der Schuld werden in den weiteren Überlegungen synonym gebraucht),
wobei die zugleich überkommene wie übernommene Schuld, so will es jedenfalls eine klassische Ausformung, strafwürdig ist. Damit sind Freiheit,
Schuld und Strafe die für die Diskussion zentralen Begriffe. Historisch betrachtet waren biblische Aussagen zur menschlichen Schuld, die auf der
Grundlage einer zunehmend elaborierten Zurechnungssemantik eine Entlas-
tungsfunktion Gott gegenüber ausübten, wurde die Annahme eines perfek-
ten Schöpfers doch mit dem Anschein einer defekten Schöpfung konfrontiert, für die Lehre von der Erbsünde nicht maßgebend. Dies gilt auch für
die Vorstellung von der Macht der Sünde, deren Wirkung jeden Menschen
erreicht, auch wenn nicht jeder Mensch Ursache von Unrecht sein mag, weshalb moralische Urteile unter Vorbehalt zu stellen sind. Erst innerhalb der
christlichen Theologie legte vermutlich die Errungenschaft, auf die Intention
eines Menschen zurechnen zu können, den Blick auf das nicht Beherrschbare
frei und öffnete erneut Überlegungen, inwieweit ein Mensch angesichts solch
unbeherrschbarer Einflüsse zur Verantwortung gezogen werden kann. Der
menschlichen Natur eignet, so sagte man, ein Mangel, womit eine Entlas-
tungsfunktion dem Menschen gegenüber generiert wird. So scheint die Lehre
von der Erbsünde in sich eine Reihe von *Gegensätzen* zu versammeln, insbesondere den Gegensatz von Verhängnis und Freiheit, von Allgemeinheit
und Singularität, von Fremdheit und Aneignung, von Kontingenz und Notwendigkeit – Gegensätze, die den biblischen Schriften als Gegensätze unbekannt sind. Vielmehr ist es (auch für die biblische Vorstellungswelt) zeit-
typisch, durch Duale *Ganzheiten* zu beschreiben, weshalb, wer solche
Aussagen als Gegensätze deutet, einem Missverständnis aufsitzt. Zentral ist

---

[93] Dies betrifft insbesondere die Kategorie der Vererbung innerhalb der Lehre von der Erbsünde.

die Überlegung, inwiefern Schuld zugerechnet oder nicht zugerechnet werden kann.[94] Sofern nun die Lehre von der Erbsünde den paradoxen Gedanken einer „nicht zurechenbaren Schuld" formuliert, vermag sie, wie gesagt, die Antwort auf die Frage der Zurechenbarkeit offenzuhalten und damit ein Entlastungangebot nicht nur Gott, sondern auch dem Menschen gegenüber zu offerieren, einer *Theodizee* also eine *Anthropodizee* an die Seite zu stellen, wodurch gegenläufige Tendenzen beschrieben sind. Eine Theodizee versucht, Mängel der Schöpfung Gottes zu verschleiern, während eine Anthropodizee dazu angetan sein mag, den Beitrag, den Menschen zu schlechten Handlungen beisteuern, zu vermindern.

Versuchen wir zunächst, den Sinn der Rede von der Erbsünde zeitgenössisch zu deuten, indem wir unterschiedliche Freiheitsmodelle durchmustern. (1) Der *Determinismus*, der die Freiheit der Willensbildung bestreitet, kommt als Kandidat für eine solche Deutung nicht in Betracht, weil hier die Zurechnung von Schuld, zumindest wenn man dieses Modell in einem begriffs- und begründungstechnisch anspruchsvollen Sinn verwendet, keine Grundlage findet, was übrigens, konsequent durchdacht, auch für die Lehre von der Prädestination gilt.[95] Natürlich kann die Paradoxie einer Sünde, die

<hr/>

[94] Dabei kann in der weiteren Diskussion dahingestellt bleiben, ob die Zurechnung von Schuld sich auf ein Individuum oder eine Gruppe bzw. auf ein Kollektiv bezieht.

[95] Diese Lehre will, dass der Weltlauf durch Gottes Willen gelenkt wird, wobei über seine Allwissenheit hinaus auf seine Allmacht rekurriert wird, zur Vorsehung also die Vorherbestimmung treten muss. Unklar bleibt dabei, wie Gott seinen Willen wirksam werden lässt. Denkbar ist immerhin, dass er sich dabei unbemerkt des Menschen bedient, also nicht selbst in den Weltlauf eingreift. Die Freiheit des Menschen ist freilich nicht erst durch die Allmacht, sondern bereits durch die Allwissenheit Gottes bedroht. Die durch die Lehre von der Prädestination insinuierte Theodizee Gottes scheitert allerdings durch die simple Tatsache, dass es dann keine Übel in der Welt geben dürfte, zumindest keine von Menschen verursachte *und* von Gott induzierte. Vermutlich stellt die Lehre von der Erbsünde eine Strategie dar, aus diesem Zwiespalt herauszufinden: Gott ist für die Übel der Welt jedenfalls nicht verantwortlich, wenn dann ist es wenigstens ein (einziger) Mensch. Nun will es Augustinus dabei nicht belassen: Er bestimmt, dass prädestinierte Menschen von der Prädestination, Übel zu bewirken, weil ihr Wille von erbsündlich affizierter Begehrlichkeit gehalten ist, befreit werden. Die Prädestination, das Schlechte zu tun, wird bei ihnen also durch die Prädestination, (nur) das Gute tun zu können, aufgehoben. Ob damit jegliche Prädestination beseitigt ist und somit erreicht wird, was wir Willensfreiheit im strengen Sinn nennen, muss bezweifelt werden. Wenn Gott in einem Gnadenakt entscheidet, dass bestimmte Menschen erlöst werden sollen, steht es diesen Menschen offenbar nicht mehr frei, nicht gut zu handeln. Damit Gott nicht zur Ursache der Übel, die es in der Welt gibt, wird, gilt Gottes Vorherbestimmung nur dem Heil, nicht jedoch der Verdammnis. Jedenfalls kann auf diese Weise das Schlechte wie das Gute in der Welt erklärt werden: Die Prädestination zum Heil darf nicht allen Menschen gelten, müssten die Übel dieser Welt dann doch Gott zugeschrieben werden; damit die Prädestination zur Verdammnis, die keine Prädestination sein darf, moralisch nicht demotivierend wirkt, darf niemand wissen, ob er zum Heil prädestiniert ist, und natürlich ebenso wenig, ob er zur Ver-

einem Akteur nicht zugerechnet werden kann, zur Seite des Determinismus hin aufgelöst werden. Für die Ethik wäre damit die Diskussion auch gleich beendet. Angemessener dürfte die Strategie sein, auf Einflüsse zu rekurrieren, die die freie Willensbildung behindern. (2) Vertreter des *Kompatibilismus* scheinen daher bessere Voraussetzungen für eine solche rekonstruktive Deutung mitzubringen: Sie verweisen insbesondere auf Zwänge, die als freiheitsbeschränkende Kraft erfahren werden können. Doch ist damit die Fähigkeit, seinen Willen zu bilden, von vornherein mit der entsprechenden Einschränkung konfrontiert und, so gesehen, nicht zwangsläufig vermindert oder gar aufgehoben. Zumindest wenn von *äußeren* Zwängen – denken wir etwa an eine Drohung – die Rede ist, sind nämlich Einschränkungen der Handlungsfreiheit und nicht der Willensfreiheit gemeint. Akteure mögen sich aus vernünftigen Gründen heraus mit diesen Spielräumen, innerhalb derer die Freiheit der Willensbildung vollständig erhalten bleiben kann, arrangieren und anders reagieren, als dies unter normalen Umständen der Fall wäre. Handelt ein Akteur unter Drohung, wird man ihn für seine Tat nicht oder nicht voll zur Rechenschaft ziehen können. Dies gilt grundsätzlich auch in Bezug auf die Regeln, die in einer Gesellschaft instituiert sind und eine Anreizwirkung auf Akteure ausüben. Wir sprechen in diesem Zusammenhang, wie schon betont, konsequent von dividueller, nicht von individueller Schuld. Da kompatibilistische Modelle einen Akteur in der Regel dann als frei ansehen, wenn er seinem Willen gemäß handelt, beziehen sie sich tatsächlich auf Handlungsfreiheit, ohne damit etwas über die Art und Weise, den Willen zu bilden, auszusagen. Deshalb ist die Abhängigkeit einer Handlung vom Willen des Akteurs grundsätzlich ungeeignet, um von einer Einschränkung der Willensfreiheit und in dieser Hinsicht der Schuldfähigkeit sprechen zu können.

---

dammnis prädestiniert ist oder, wenn man diesen Ausdruck vermeiden will, ob ihm die Prädestination zum Heil versagt bleibt. Wer zum Heil prädestiniert ist, kann freilich höchstens zwischen Gütern wählen, nicht jedoch zwischen guten und schlechten Handlungen, womit der Begriff des freien Willens gegen die von Augustinus selbst vertretene Theorieabsicht, derzufolge das Schlechte in der Welt dem freien Willen des Menschen entspringt, der sich von Gott abwendet, zerfällt, weil der Mensch nicht mehr schuldig werden kann, sondern entweder schuldig ist oder unschuldig bleibt. Vermutlich setzt dieser Begriff der Willensfreiheit schon ihren richtigen Gebrauch voraus, eine metaphysische Vorentscheidung, die eine Begründungslast in die Diskussion einträgt. Man kann überlegen, ob die Wahl allein zwischen Gütern die Rede von der Freiheit rechtfertigen kann. Dies ist grundsätzlich unter der Voraussetzung denkbar, dass eine Handlung zumindest ein Gut für den Akteur und kein Übel für andere Akteure erzeugt und das gewählte Gut gegenüber alternativen Gütern gleich viel wiegt, wir es also mit gleichwertigen Handlungsoptionen zu tun haben. Wöge ein Gut mehr als ein anderes, dem weniger Gewicht zukäme, und gäbe es Gründe, eine entsprechende Handlung einer anderen vorzuziehen, würde man eine bessere von einer schlechteren Option unterscheiden.

Weil wir über Einschränkungen unserer Handlungsfreiheit prinzipiell (individuell oder kollektiv) disponieren können, ist eine sinnvolle Rekonstruktion des Begriffs der Erbsünde, der ja auf einen unausweichlichen bzw. unbeherrschbaren Einfluss abhebt, nicht möglich.

Man könnte weiter eine Handlung, die einem spontanen Wunsch folgt, also davon abhängig zu sein scheint, als unfrei ansehen, doch müsste dann gezeigt werden, dass wir uns einem solchen Wunsch aus Vernunftgründen nicht widersetzen können, was in der Regel unserer alltagsweltlichen Erfahrung widerspricht und in Ausnahmefällen auf eine Einschränkung der Willensfreiheit verweisen würde; man könnte umgekehrt eine Handlung, die einem vernünftigen Grund folgt, als unfrei ansehen, doch wird kaum jemand bestreiten, dass Menschen irrational handeln können und sich dessen auch bewusst sind. Der Hinweis, dass eine Handlung, die anderen als irrational erscheint, für den Akteur, der sie hervorbringt, rational und in diesem Sinn zwingend sein kann, ginge nicht von einer geteilten oder wenigstens teilbaren, sondern von einer „privaten" Rationalität aus. Damit kann der Gedanke verbunden werden, dass sich, wer privat rational handelt, zumindest geteilten oder doch teilbaren Standards von Rationalität aus- bzw. widersetzt. Auch wer irrational handelt, bleibt ein Akteur, dessen Handlungen grundsätzlich auf Vernünftigkeit hin beurteilt werden können – durch ihn selbst oder durch andere. Von daher wird verständlich, was Kant meint, wenn er von moralischer Notwendigkeit, deren Anerkennung in jeder Praxis enthalten ist, spricht: „Notwendig" meint für ihn: „einer Regel entsprechend". Diese Redeweise wäre missverstanden, setzte man kausalen und normativen Zwang gleich. Immerhin wehrt der Gedanke einer „privaten" Rationalität die Vorstellung einer „transrationalen Vernünftigkeit", also eines überlegenen Standpunkts, dem sich Akteure zu beugen haben, ab.[96] Selbst wo wir uns aus zwingenden Gründen auf „zwingende" Regeln einigen, können sich einerseits jederzeit Gründe für eine Revision von Regeln ergeben, andererseits eröffnen Regeln Spielräume für Handlungen, die in diesem Sinn willkürlich sind, also mit Blick auf andere Akteure nicht eigens mit Gründen ausgestattet werden müssen (abgesehen davon, dass man auch zwingenden Regeln zuwiderhandeln kann). Ein Akteur, der sich durch zwingende Argumente gehalten sehen mag, seine Motivlage zu revidieren, um nicht gegen eine Regel zu verstoßen, wird dadurch freilich nur in seiner Urteils- und insofern, wenn man so will, in seiner Handlungsfreiheit, nicht jedoch in seiner Willensfreiheit eingeschränkt.

---

[96] Gemeint ist dabei nicht eine überindividuelle Vernunft, insofern sie sich intersubjektiv artikuliert, sondern eine Vernünftigkeit, der gegenüber jede Vernunft endlicher Wesen kapitulieren müsste. Auch eine unendliche Vernunft könnte höchstens perfekt informieren, sie müsste dies jedoch angesichts individueller Wertmaßstäbe, die unvertretbar sind, tun.

Bände man die Freiheit, den Willen zu bilden, an die Fähigkeit, das Gute zu erkennen und danach zu handeln, wäre „wahrhaft" frei (nur) diejenige Person, die in der Lage ist, das Richtige zu tun. Diese Aussage legt die *objektive* Deutung nahe, man könne ein akteurunabhängiges oder akteurneutrales Wissen davon gewinnen, was es heißt, richtig zu handeln, und von daher bestimmen, wer frei genannt werden kann.[97] Will man dieser Voraussetzung nicht folgen, umfasst Freiheit, wie gesagt, die Fähigkeit, auch irrational bzw. unmoralisch zu handeln, wobei die Bestimmung dessen, was als irrational oder unmoralisch zu gelten hat, der *intersubjektiven* Verständigung anheimfällt (und *intrasubjektiv* als prudentielle Rationalität geltend gemacht werden kann). Die *subjektive* Lesart setzt voraus, dass eine Person, die die Fähigkeit besitzt, ihren Willen frei zu bilden, auch richtig handelt. Eine Person kann sich dann jedenfalls, so wird vorausgesetzt, von spontanen Wünschen (wir fassen darunter alle denkbaren Antriebe) mit Hilfe von Vernunftgründen distanzieren. Dabei setzt das Suspensionsvermögen, das die Fähigkeit zur Überprüfung gegebener Wünsche beschreibt, alternative Handlungsmöglichkeiten voraus. Allerdings beziehen sich die Begriffe der Willens- wie der Handlungsfreiheit genuin auf Abstimmungsprozesse zwischen Akteuren, weshalb die subjektive Deutung zu kurz greift. Zumindest außerhalb der objektiven Lesart verbietet es sich, die Wünsche einer Person als korrumpiert oder die Person als durch ihre Wünsche korrumpiert zu betrachten. Und selbst wenn diese Rede berechtigt wäre, müsste davon jede freie Handlung betroffen sein, was unplausibel ist.

Geht man von wirklichen *inneren* Zwängen, etwa von Süchten, Schmerzen oder unbeherrschbaren Affekten, aus, ändert sich nichts an der vom Kompatibilismus geforderten Abhängigkeit einer Handlung vom Willen des Akteurs, auch wenn die Bildung des Willens zweifellos beeinflusst wird.[98] Festgestellt werden muss hier, ob die Fähigkeit zur Willensbildung eingeschränkt ist oder nicht, was nicht mit philosophischen oder gar theologischen Mitteln geschehen kann.[99] Unter Umständen ist eine Verminderung oder ein Ausschluss von Schuld bezüglich der Handlungen, die in diesem bestimmten Zustand realisiert wurden, jedoch nicht unbedingt bezüglich der Handlungen, die zu die-

---

[97] Diese Position findet sich in einer stärkeren Variante bei S. Wolf, Freedom Within Reason, Oxford 1990, in einer schwächeren Variante bei J. M. Fischer/M. Ravizza, Responsibility and Control, Cambridge 1998, wo die Auffassung vertreten wird, eine Person, die gute Gründe für eine alternative Wahl hätte, würde alternativ entscheiden und handeln.

[98] Ein Süchtiger ist nicht in der Lage, sich mit seinen Wünschen erster Ordnung zu identifizieren und Volitionen zweiter Ordnung auszubilden. Vgl. H. Frankfurt, Freedom of the Will and the Concept of a Person, in: Journal of Philosophy 68 (1971), 5–20.

[99] Mit solchen Problemlagen kann beispielsweise die Psychiatrie befasst werden, die das Maß einer solchen Einschränkung der Willensfreiheit im Kontakt mit der Empirie zu bestimmen hat.

sem Zustand führten, zu konstatieren.[100] Immerhin ist denkbar, dass eine Reihe von freien Entscheidungen und Handlungen in einer zunehmenden Verminderung oder sogar in einem vollständigen (dauerhaften oder auch reversiblen) Verlust der Willensfreiheit münden. Auch dieser Sachverhalt ist für eine rekonstruktive Deutung des Begriffs der Erbsünde nicht plausibel, weil die Zurechnung von Schuld zumindest am Anfang dieses Prozesses legitimiert und zu einem späteren Zeitpunkt graduiert werden kann.

Ein Sonderfall des von *außen kommenden* Zwangs, den Harry Frankfurt diskutiert, mag die heimliche Manipulation unseres Entscheidens und Handelns sein, die von *innen wirkt* und tatsächlich eine Einschränkung der Willensfreiheit darstellt (und wiederum mit einer Verminderung oder einem Ausschluss von Schuld einhergeht, ohne freilich schuldhaft verursacht zu sein).[101] Ein Sonderfall des von *innen kommenden* Zwangs mag eine, ebenfalls von Frankfurt diskutierte, charakterliche Verfestigung sein, sofern eine solche Habitualisierung nun wiederum von *innen kommt*, also auf den solchermaßen unter Restriktionen Handelnden selbst zurückgeht. Hier wird erneut der Entscheidungs- und damit auch Handlungsspielraum beschränkt, ohne dass der Akteur diese Einschränkung zwangsläufig als Gefährdung seiner Willensfreiheit erfährt (sollte dennoch von Schuld die Rede sein können, gilt, was zu inneren Zwängen gesagt wurde). Verfestigte oder eingewöhnte Prozesse der Willensbildung können nämlich gerade als habituelle Restriktionen freiheitsfördernd wirken und Handlungsspielräume eröffnen. Natürlich kann jenseits einer Beeinträchtigung des Willens auf Defekte im Wissen um das Gute hin-

---

[100] Auch der Hinweis, mit Freiheit sei nicht die Fähigkeit gemeint, zwischen alternativen Möglichkeiten zu wählen, um eine davon handelnd zu realisieren, sondern nur die Fähigkeit, zustimmende Überzeugungen auszubilden, hilft hier nicht weiter. Auch wenn Kompatibilisten zumeist nur zeigen wollen, dass moralische Verantwortung keine alternativen Möglichkeiten erfordert, nicht jedoch, dass die Freiheit, den Willen zu bilden, das Prinzip alternativer Möglichkeiten voraussetzt, impliziert diese Position, wenn sie exakt durchgeführt wird, das Prinzip alternativer Möglichkeiten. Deshalb hat der so genannte *Semikompatibilismus*, wie man in diesem Fall gewöhnlich sagt, nicht mit der Vereinbarkeit von Determinismus und Freiheit, sondern mit der Vereinbarkeit von Determinismus und Verantwortlichkeit zu tun. Gelegentlich wird auch zwischen einem *agnostischen* und einem *deterministischen Kompatibilismus* unterschieden. Wird statuiert, dass Akteure „nur" zustimmende Überzeugungen ausbilden können, müsste man, soll Verantwortlichkeit zugeschrieben werden können, auch die Ausbildung ablehnender Haltungen und damit das Bestehen alternativer Möglichkeiten zugestehen, wäre doch sonst ein Determinismus beschrieben. Vgl. hierzu ausführlich G. Keil, Willensfreiheit, Berlin/New York 2007, 50–80.

[101] Eine Person, die manipuliert wird, kann durchaus Wünsche zweiter Ordnung ausbilden, sie hat jedoch keinen Anlass, sich diesem Bestand an Wünschen gegenüber noch einmal zu distanzieren. Vgl. H. Frankfurt, The Faintest Passion, in: Proceedings of the American Philosophical Association 66 (1992), 5–16. Thomas Hobbes hat den Versuch unternommen die Lehre von der Prädestination mit der Annahme der Freiheit des Willens zu vereinbaren.

gewiesen werden. Doch scheint sich die Diskussion um die Erbsünde auf den Willen zu konzentrieren, abgesehen davon, dass sich Wissenslücken generell schließen lassen und speziell dort, wo sie bestehen, wiederum zur Minderung oder zum Ausschluss von Schuld Anlass geben können.

Für eine rekonstruktive Deutung des Begriffs der Erbsünde könnten weiterhin naturale Dispositionen oder natürliche Neigungen ins Spiel gebracht werden, die aus moderner ethischer Sicht jedoch als normativ ambivalent oder besser noch: neutral zu gelten haben, weil sie ihre normative Signifikanz erst durch Zuschreibungen erhalten und entfalten, wie Pufendorf, auf den Kant dann Bezug nimmt, festhält.[102] So kann eine Disposition oder Neigung, die ein egoistisches Motiv hervorbringt, zur Besserstellung und eine Disposition oder Neigung, die ein altruistisches Motiv hervorbringt, zur Schlechterstellung anderer Akteure führen, und zwar abhängig von kollektiv vereinbarten Regeln bzw. individuell vorgegebenen Umständen. Daher kann die Natur des Menschen nicht als korrumpiert bzw. der Mensch nicht als von seiner Natur korrumpiert bezeichnet werden. Weil eine Handlung ganz allein der Freiheit des Menschen entspringt und nicht durch eine naturale Disposition oder natürliche Neigung affiziert sein kann, formuliert Kant konsequent, dass *jede* schlechte Handlung „ein Verfall vom Guten ins Böse" und insofern ein Sündenfall ist, in den der Mensch aus dem Zustand der Unschuld geraten ist und gerät.[103] Jede Schuld entspringt einer freien Handlung und ist unvertretbar im Selbstverhältnis eines Akteurs zu verorten. Eine Handlung, die dem moralischen Gesetz entspricht, affirmiert ihre Freiheit als Autonomie. Wo sich die Freiheit hingegen nicht selbst Gesetz ist, ist von Heteronomie zu sprechen: Die Freiheit gerät in Widerspruch zu sich selbst. Wo die menschliche Freiheit als von fremder Schuld affiziert gedacht wird, betrachtet man die Vernunft als passives, nicht als aktives Vermögen, was nicht plausibel ist.

Diskutieren wir noch eine Variante im Verständnis der Erbsünde, die nicht auf die Voraussetzungen, sondern auf die Konsequenzen schaut. Wo eine Zurechnung insofern geschieht, als die Erbsünde Strafe herausfordert, wäre von einer zurechenbaren Schuld, die nicht auf einer freien Entscheidung und Handlung beruht, zu sprechen. Dies konnte, historisch gesehen, allein mit

---

[102] Vgl. ausführlicher C. Breitsameter, Menschliche Sexualität zwischen Natur und Kultur, in: K. Hilpert/S. Müller (eds.), Humanae vitae – die anstößige Enzyklika. Eine kritische Würdigung, Freiburg i. Br. 2018, 373–387.

[103] Wenn Kant überlegt, ob der Mensch von Natur aus böse sei, verfährt er gattungsgeschichtlich. Allerdings erklärt er das Böse einer Handlung, indem er der Versuchung, dieses Phänomen zu naturalisieren, widersteht und stattdessen freiheitstheoretisch argumentiert: Der Mensch habe sich den Hang zum Bösen zugezogen, diese Neigung sei also nicht ursprünglich oder notwendig mit seiner Natur verknüpft, sondern Produkt seiner Freiheit. Vgl. I. U. Dalferth, Sünde. Die Entdeckung der Menschlichkeit, Leipzig 2020, 263–274.

Straffolgen wie vor allem dem Tod, dem ja ausnahmslos jeder Mensch unabweisbar unterliegt, plausibilisiert werden. Als Strafursachen mussten dann Einflüsse benannt werden, die der menschlichen Freiheit vorausliegen. Erkennbar
waren damit aitiologische Spekulationen im Spiel, die mit Erklärungsmustern
korporativer Schuld zusammenarbeiteten: Dabei wird zwischen Ursache und
Wirkung nicht trennscharf unterschieden, so dass Strafe als Wirkung von
Schuld überindividuell und generationenübergreifend gedacht werden konnte,
wenn die Ursache nicht dingfest zu machen war – eine Sichtweise, die schon
(wenngleich ohne die spezifischen Konturen der Lehre von der Erbsünde) in
biblischen Kontexten begegnet. Mit dieser Logik wird das Anliegen der Moral
nicht unbedingt zerstört, könnte man doch zwischen unvermeidlichen und
vermeidbaren Straffolgen differenzieren: Es liegt am Menschen, vermeidbare
Straffolgen tatsächlich auch zu vermeiden, indem er sich an die Moral hält.
Allerdings bürdet man damit – wenigstens aus heutiger Sicht – Gott die Last
auf, (auch) dort Strafe vorzusehen oder zuzulassen, wo keine persönliche
Schuld im Sinn einer freien Entscheidung und Handlung vorliegt. Für eine
moderne Moraltheorie hingegen ist es nicht hinnehmbar, Strafe ohne individuelle Schuld zu verhängen oder die Unterscheidung von physischen und moralischen Übeln aufzuheben oder nur zu verwischen.

Verbleibt man noch einmal in dieser Vorstellungswelt, dann ist neben
dem Aspekt der Zurechnung auf *Ursachen* der Aspekt der *Wirkungen* einer
Schuld zu diskutieren, die, wie dann gesagt wird, der menschlichen Freiheit
vorausgeht und ihr dennoch „zugrunde" liegt. Man könnte sagen, die Erbsünde wirke auf jeden Menschen ein und sei zugleich jedem Menschen zu
eigen, sie beeinflusse, obwohl ein Mensch nichts dafürkann, sein Handeln.
Gelegentlich wird auch davon gesprochen, die Erbsünde affiziere das Handeln des Menschen unausweichlich. Grundsätzlich kann damit, streng
genommen, nur ausnahmslos jede Handlung (und keineswegs nur die sündige Handlung) oder auch das gesamte Sein bzw. die Existenz eines Menschen (in der schon erwähnten Hinsicht der Strafwirkung fremder Schuld),
genauer noch: das Sein bzw. die Existenz eines jeden Menschen gemeint sein.
(a) Wie verhält sich dann, so wäre einzuwenden, die Erbsünde zu einer guten
und in diesem Sinn sündelosen Handlung? Sind also Handlungen zu denken,
die frei von persönlicher Schuld sind und dennoch unter dem Einfluss der
Erbsünde stehen? Hier wäre das Moment der Kontingenz individuell nur
auf der Seite zurechenbarer Schuld zulässig. Die Schwierigkeit liegt darin,
dass der Begriff der Erbsünde eine geschichtlich kontingente Verfassung bezeichnen soll und deshalb nicht ein Wesensmerkmal des Menschen darstellen
darf, das ihm notwendig zukommt. Auf diese Weise soll verhindert werden,
dass die Schöpfung selbst einen Mangel oder Makel aufweist und als korrumpiert zu gelten hat. Wo die Erbsünde geschichtlich kontingent gedacht wird,

muss ihre Wirkung auf jede Handlung eines jeden Menschen plausibel werden, ohne Ursache persönlicher Schuld zu sein. Würde man die Erbsünde als
mitursächlich für menschliche Schuld ansehen, wäre die unplausible Annahme zu stützen, auch eine gute Handlung sei nicht frei von solchen Einflüssen. Man könnte also behaupten, faktisch, das heißt geschichtlich kontingent, sei keine Handlung ohne Schuld. Doch wie soll das bewiesen werden
können? Es müsste gezeigt werden, unter welchen Bedingungen diese Behauptung falsifizierbar ist. Und selbst wenn sich Schuld für alle Handlungen
aller Menschen mit Blick auf die Vergangenheit aufzeigen ließe, ergäbe dies
keinen Hinweis für die Zukunft. Übersieht man die Differenz von Kausalität
und Determinismus, wäre denkbar, dass der Mensch unausweichlich mit
fremder Schuld überzogen ist. Dann bliebe allerdings keine Freiheit, keine
Zurechenbarkeit und keine persönliche Schuld mehr. Hier kann beim Versuch einer modernen Rekonstruktion des Begriffs der Erbsünde sinnvoll
nur mit den Endlichkeitsbedingungen menschlichen Handelns argumentiert
werden, und zwar in zweifacher Hinsicht: Es ist Ausweis der Endlichkeit, dass
wir einen Mangel empfinden können und deshalb um Güter konkurrieren,
um diesen Mangel zu beseitigen; und es ist Ausweis der Endlichkeit, dass
die Konkurrenz um Güter, soll sie nicht willkürlich sein, durch Regeln eingehegt werden muss, zugleich jedoch die Neigung bestehen bleibt, von diesen
Regeln, obwohl wir sie uns selbst und gemeinsam geben, einzeln abzuweichen – wir waren auf diese Überlegungen mit der Unterscheidung von individueller und dividueller Rationalität schon zu sprechen gekommen. (b) Alternativ kann man behaupten, es gebe keine sündelose Handlung. Würde
man jede Handlung als sündig nur aufgrund menschlicher Schuld ansehen,
gäbe man den Begriff der Erbsünde auf; würde man jede Handlung als sündig allein aufgrund des Einflusses der Erbsünde ansehen, gäbe man den Begriff zurechenbarer Schuld auf, was niemand wollen kann. Sieht man eine
Handlung als sündig durch den Einfluss der Erbsünde *und* menschlicher
Schuld an, ist jede Tat überdeterminiert. Eine moderne Moraltheorie nimmt
jedoch an, dass der Mensch sich zu den Einflüssen, denen er ausgesetzt ist,
auch verhalten kann, wenn er denn als frei gelten soll. Insofern ist es egal,
wie eine Schuld beschaffen ist, deren Wirkung auf das menschliche Handeln
beleuchtet wird, ob sie mithin als individuell oder überindividuell zu bezeichnen ist (wobei der Einfluss überindividueller bzw. individueller fremder
Schuld auf persönliche Schuld noch eigens zu klären ist). Immer kann sich
der Mensch äußeren Zwängen widersetzen, sofern seine Willensfreiheit durch
innere Zwänge nicht beeinträchtigt ist. Das heißt, auch wenn er in seiner
Handlungsfreiheit eingeschränkt ist, kann er seine Willensfreiheit verteidigen. Wo er sie nicht verteidigen kann, weil innere Zwänge im Spiel sind,
kann er unter keinen Umständen dafür verantwortlich gemacht werden. In

beiden Fällen verbietet sich der Begriff der Schuld. Natürlich kann beispielsweise ein traumatisierendes Ereignis im Leben eines Menschen fortwirken:
Wer in seinem Leben Gewalt erfahren hat, ist möglicherweise gewaltbereiter
als ein Mensch, der keine Gewalt erlitten hat. Dieser Zusammenhang ist offensichtlich individuell kontingent, nicht überindividuell notwendig. Er
muss deshalb empirisch aufgewiesen werden können. Außerdem kann sich
der Mensch zu solchen Einflüssen verhalten, solange ihm Willensfreiheit zukommt, indem er sich beispielsweise einer Therapie unterzieht oder bestimmte Situationen meidet. Sofern nun Erbsünde von fremder Schuld und
somit von äußeren Zwängen spricht, ist eine Einschränkung der Willensfreiheit nicht plausibel. Die Erbsünde nach innen, sozusagen in das Freiheitsgeschehen selbst zu verlagern, und zwar als eine geschichtlich kontingente
Bestimmung,[104] würde bedeuten, eine allgemeine Minderung der Willensfreiheit und damit von Schuld zu konstatieren, was moraltheoretisch belanglos und alltagsweltlich unplausibel ist: Mit welcher alternativen Theorie bzw.
mit welcher alternativen Praxis sollte man schon auf eine solche Annahme
reagieren? Eine Einschränkung der Handlungsfreiheit könnte nur von außen
erfolgen, was dem Konzept der Erbsünde, die ja (auch) im Menschen wirkt,
widersprechen würde. Außerdem führen von außen kommende Einschränkungen der Handlungsfreiheit, wie wir sahen, nicht zu Schuld, sie können
wiederum nur als Einschränkungen in der Zurechnung von Verantwortlichkeit verstanden werden. Daher sind Versuche einer Rekonstruktion des Begriffs der Erbsünde durch den Begriff einer transzendentalen Schuld bzw.
Versehrtheit oder Verderbtheit menschlicher Freiheit nicht zielführend. Eine
letzte Theorievariante, die angeführt werden könnte, nämlich der (3) *inkompatibilistische Indeterminismus*, muss nicht eigens diskutiert werden, weil das
zum Kompatibilismus Gesagte auch hier gilt.

Gehen wir zuletzt erneut auf die Behauptung ein, der eigene Freiheitsvollzug sei unabweisbar durch fremde Schuld geprägt oder zumindest mitgeprägt.
(1) Wird das Handeln eines Menschen durch fremde Schuld beschränkt, zählt
das zu den *Endlichkeitsbedingungen* menschlicher Handlungsfreiheit, sofern sie
nicht in unserer Verfügung stehen. Insofern kann der Aussage zugestimmt
werden. Erfahren wir durch fremde Schuld Unrecht, etwa auch durch die

---

[104] Die Rede von der Erbsünde ließe, wenn man so verfährt, die für die Freiheitsdiskussion
wichtigen begrifflichen Unterscheidungen von synchron und diachron sowie von Korrelaten
und Ursachen kollabieren. Selbst wenn man die Erbsünde auf die Seite synchroner Korrelate
schlägt, folgt dazu freiheitstheoretisch nichts, zum einen weil synchrone Korrelate durch diachrone Ursachen gestaltet werden können, und zwar individuell wie kollektiv, zum anderen
weil, wie schon gezeigt, Akteure sich zu solchen „aktualen Vorgegebenheiten" verhalten können
(und andernfalls wieder von einer Einschränkung bzw. von einem Ausschluss von Willensfreiheit ausgegangen werden müsste). Vgl. G. Keil, Willensfreiheit, Berlin/New York 2007, 160.

nichtintendierte schlechte Wirkung einer als gut intendierten Handlung, so würden wir versuchen, dies künftig mittels geeigneter Regeln zu verhindern. Wenn man so will, ist unser freies Handeln, das Regeln setzt (also in dieser Hinsicht nicht nach Regeln handelt) und sich so selbst beschränkt, auf diese Weise durch fremde Schuld mitgeprägt, ohne sich diese Schuld irgendwie zu eigen machen zu müssen. Es ergibt somit keinen Sinn, davon zu sprechen, der Mensch besitze eine Disposition zur Schuld. (2) Wird ein Mensch durch fremde Schuld dazu motiviert, selbst schuldig zu werden, ist dies kontingent, könnte er doch auch anders handeln (der Sonderfall einer Verminderung oder gar Auslöschung der Willensfreiheit wurde schon erwähnt, er stellt jedoch eine Ausnahme, nicht, wie beim Begriff der Erbsünde verlangt wird, die Regel dar). In Fällen eingeschränkter Willensfreiheit wird die Zurechenbarkeit individueller Schuld keineswegs „aporetisch", selbst wenn empirische Befunde, die auf eine solche „diffuse" Lage hinweisen, umstritten sein mögen.[105] Heißt eine Person die Wirkung fremder Schuld nur gut, oder leistet sie – in Form einer kollektiven Handlung – einen Beitrag dazu, lädt sie (unter den bereits diskutierten Bedingungen) individuell Schuld auf sich, doch wiederum aus freien Stücken. Sie muss ja in die Wirkung fremder Schuld nicht einwilligen, und sie muss keinen Beitrag zu einer kollektiven Handlung, die Unrecht hervorbringt, leisten, jedenfalls solange sie als willensfrei gelten kann. Aus dieser Perspektive kann der Aussage, eine jede freie Handlung sei durch fremde Schuld wenigstens mitgeprägt, nicht zugestimmt werden. Sieht sich eine Person mit Anreizen konfrontiert, die ihre Neigung, zum Vorteil für sich selbst und zum Nachteil für andere zu handeln, stärken oder jedenfalls nicht hemmen, müsste entweder das Motiv, in einer bestimmten Weise zu handeln, durch geeignete Rahmenbedingungen beeinflusst oder die Folge, die daraus entsteht, durch geeignete Rahmenbedingungen gelenkt werden. Wir haben es dann mit Einschränkungen unserer *Handlungsfreiheit* zu tun. (3) Alternativ zu Handlungsanreizen, die von kontingenten Rahmenbedingungen abhängen, könnte man,

---

[105] Vgl. G. Essen, „Da ist keiner, der nicht sündigt, nicht einer …" – Analyse und Kritik gegenwärtiger Erbsündentheologien und ihr Beitrag für das seit Paulus gestellte Problem, in: Th. Pröpper, Theologische Anthropologie II, Freiburg i. Br. 2015, 1092–1156, 1123: „Dass der Fremdheitscharakter der Schuld des Anderen dem eigenen Freiheitsvollzug nicht äußerlich bleibt, sondern ihn innerlich affiziert und zwar in einem Maße, dass der epistemologisch trennscharfe Begriff der Imputabilität im diffusen Feld der Situiertheit, in dem Freiheit real ist, selbst verloren zu gehen droht und Zurechenbarkeit ‚aporetisch' wird, deckt die Macht der Sünde auf, die in uns herrscht und nicht zu den selbstverfügbaren, gleichsam wählbaren Dispositionen unserer Freiheit gehört." Nur wäre genau zu klären, was „innerlich affiziert" meint und was zu den nicht „wählbaren Dispositionen unserer Freiheit" gehört. Außerdem hat die paulinische Rede von der Macht der Sünde – um den Titel des zitierten Beitrags aufzugreifen – mit der Lehre von der Erbsünde nichts zu tun, die deswegen als vollkommen unbiblisch zu gelten hat.

wie schon erwähnt, fremden Einfluss auf eigene Handlungen in natürlichen Neigungen ausmachen. Zeitgenössisch würde man von einer „menschlichen Neigung" am ehesten im Sinn einer genetischen Disposition sprechen, die unser Handeln beeinflusst, doch nicht determiniert. Dies gilt auch, wenn man die Natur dieser Disposition als Ergebnis der menschlichen Kultur ansieht. Allerdings kann sich der Mensch, wenn er willensfrei ist, zu einer solchen Disposition verhalten, vor allem, wenn er um diese Einflüsse weiß. Man würde dann von einer *synchronen Einschränkung* unserer Willensfreiheit sprechen. Wird ein Mensch durch fremde Schuld in seiner Persönlichkeitsentwicklung geschädigt, müsste man hingegen von einer *diachronen Beeinträchtigung* seiner Willensfreiheit sprechen (wiederum abgesehen davon, dass dies der Ausnahme- und nicht der Regelfall ist). So betrachtet kann der Aussage, jede Handlung sei durch fremde Schuld beeinflusst, nicht zugestimmt werden. Auch die Rede von einer „Verstrickung in Schuld", von „Strukturen der Schuld" oder von einer „Disposition zur Sünde" ist zu schlicht und muss, wie in der Diskussion kollektiver Handlungen bzw. kollektiver Verantwortlichkeit vorgeschlagen wurde, begrifflich differenziert werden.[106] Wo Strukturen kollektiv verantwortet werden, sind sie grundsätzlich disponibel, wir sprechen, wenn Schäden durch falsche Regeln entstehen, von dividueller, wenn Schäden durch falsche Handlungen entstehen, von individueller Schuld, wenn weder dividuelle noch individuelle Schuld vorliegt, von Tragik.

Freiheit ist die Bedingung der Möglichkeit der moralischen Differenz und damit von Schuld. Auch der Mythos von der vermeintlichen Urschuld, die in der Forderung besteht, zwischen Gutem und Schlechtem unterscheiden zu können, eröffnet diese Differenz allererst: Der Fall des „Menschenpaares" in das Bewusstsein seiner Endlichkeit kann somit nicht selbst schuldhaft sein. Beschrieben wird vielmehr eine geschichtlich kontingente Situation: Schuld folgt der Freiheit nicht notwendig, und: sie kann, weil sie der Freiheit folgt, nicht Ursprung der Freiheit sein, sondern geht aus ihr hervor. Nicht jeder Akt der Freiheit bringt deshalb Schuld hervor. Modern könnte man die beiden Entlastungsfunktionen des Begriffs der Erbsünde somit wie folgt reformulieren: Wir entlasten Gott, wenn wir allein von menschlicher Schuld ausgehen, von Schuldzuweisungen, nämlich durch die Ableitung jeder Schuld aus menschlicher Freiheit, und wir entlasten den Menschen durch die möglichst präzise Zuweisung von Schuld, indem Einschränkungen der Hand-

---

[106] Der von Thomas Pröpper vorgeschlagene Begriff einer „Disposition zur Sünde", der vom Begriff eines „Faktums der Sünde" unterschieden wird, ist deshalb nicht stichhaltig. Auch die Rede vom „Faktum der Sünde" ist ungenau, zumindest darf damit nicht etwas Vorgefundenes verstanden werden. Vgl. G. Essen, „Da ist keiner, der nicht sündigt, nicht einer …" – Analyse und Kritik gegenwärtiger Erbsündentheologien und ihr Beitrag für das seit Paulus gestellte Problem, in: Th. Pröpper, Theologische Anthropologie II, Freiburg i. Br. 2015, 1092–1156,1141.

lungs- wie auch der Willensfreiheit in Rechnung gestellt sowie individuelle und dividuelle Schuld unterschieden werden.[107]

2.8 Fazit

Wir haben mit zwei Begriffen zwei Modelle diskutiert, die in der Bibel einen Übergang, wenngleich keine Ablösung von einer gegenständlichen hin zu einer ungegenständlichen Vorstellung von dem, was ein Vergehen ausmacht, markieren: Sünde (substance-frame) und Schuld (debt-frame). Sünde, die, wo dies dem Menschen nicht möglich ist, von Gott aufgehoben oder weggewischt werden kann, verweist tendenziell auf nicht belegbare oder belangbare bzw. insgesamt auf nicht beherrschbare Vergehen und ist eher Kult und Ritus zugeordnet, während Schuld, für deren Überwindung menschliche und göttliche Vergebung ineinandergreifen müssen, der Moral sowie dem Recht zugewiesen wird. Mit der Entstehung einer zunehmend komplexen und differenzierten Gesellschaft tritt der kultisch-rituelle gegenüber dem moralischen Aspekt zurück, ohne ganz zu verschwinden. Im Grunde handelt es sich um zwei gegenläufige Tendenzen: (1) Die Rationalisierung von Schuld geht mit ihrer Individualisierung und ihrer Temporalisierung einher: Niemand soll zu Unrecht beschuldigt werden, und niemand soll an seine Handlung gefesselt bleiben, sowohl was das Urteil wie auch die Strafe, die auf ein Vergehen fol-

---

[107] Wollten wir aus der Empirie die Allgemeinheit böser Handlungen ableiten, könnten wir das höchstens mit Blick auf die Vergangenheit, keinesfalls mit Blick in die Zukunft, zumindest wenn wir den Menschen als frei betrachten und die Allgemeinheit böser Handlungen als kontingent, nicht als notwendig ansehen, also darauf bestehen, dass Schuld kein Verhängnis, sondern Resultat einer freien Handlung ist. Doch auch der Blick in die Vergangenheit (oder Gegenwart) böser Handlungen scheitert, weil von einer schlechten Handlung nicht auf eine böse Absicht geschlossen werden kann. Das Gegenbild ist uns bei Kant, der zwischen der empirischen und der intelligiblen Welt unterscheidet, vertrauter: Von einer guten Handlung kann nicht auf eine gute Absicht geschlossen werden (genauer auf einen Akteur, der, in der Terminologie Kants, nicht pflichtgemäß, sondern aus Pflicht handelt). Doch müssen die beiden Fehlschlüsse auseinander gehalten werden: (1) Einer guten Handlung muss nicht eine gute Absicht zugrunde liegen, wenn nämlich die Gutheit einer Handlung zufällig zustande kommt, also nicht aus der Einsicht in die Rechtfertigbarkeit einer allgemein zustimmungsfähigen Regel resultiert. Umgekehrt muss einer bösen Absicht keine schlechte Handlung entspringen, wenn Motiv und Folge durch Regeln entkoppelt werden. (2) Einer schlechten Handlung muss nicht eine böse Absicht zugrunde liegen, wenn nämlich die Schlechtheit einer Handlung zufällig zustande kommt, obwohl Einsicht in die Legitimierbarkeit einer allgemein zustimmungsfähigen Regel besteht. Dies ist der Fall, wenn (a) wir nicht wissen, was anderen Menschen gut tut, wir uns also bezüglich der schlechten Wirkung einer gut gemeinten Handlung im Irrtum befinden und (b) die allseitige Befolgung der Regel nicht sichergestellt ist, die gute Handlung also schlecht für uns selbst sein könnte.

gen können, betrifft. Schuld soll, mit anderen Worten, sozial und zeitlich eingrenzbar sein. (2) Zugleich wird Schuld entgrenzbar dadurch, dass die Geltung der Moral universalisiert wird. Dies gilt wiederum sozial, sofern sich ihren Gründen kein Mensch grundlos verweigern kann, und wiederum zeitlich, sofern der Gedanke einer möglichst präzise bestimmbaren Schuld den Gedanken einer Wiedergutmachung evoziert, die sich, sofern sie nicht diesseitig erledigt werden kann, in einem jenseitigen Gericht zutragen soll (2.1).

Die Frage der Zurechnung von Sünde bzw. Schuld findet in der biblischen Welt eine vielgestaltige Antwort: Bezug genommen wird auf Affekt und Vernunft, unbewusste und bewusste Zustände des Täters, auf Motiv und Folge einer Tat, den Einzelnen wie die Gesellschaft und schließlich auf Gott. Dabei zeigen sich vor allem Oszillationen zwischen Individualität und Kollektivität nicht nur im Verständnis von Schuld, sondern auch von Vergeltung und Vergebung. Wo Kontingenzen allein oder wenigstens vornehmlich auf der Seite des Menschen situiert werden, wird nicht nur generell die zeitliche Dimension sozialen Handelns betont, es entstehen spezifische Ansätze für ein Geschichtsbewusstsein, die im Alten ebenso wie im Neuen Testament ausgearbeitet werden. Nicht zuletzt wird durch dieses geschichtliche Verständnis ein Begriff von Erlösung als unwiederholbar, weil unüberbietbar evoziert, ein göttlicher Akt, der nun allerdings im menschlichen Akt von Wiedergutmachung und Vergebung unvertretbar verheutigt und so verstetigt werden muss. Wo dies nicht gelingt, wird die Zuschreibung oder Nichtzuschreibung von Sünde unter Vorbehalt gestellt: der Ausfall von diesseitigem Lohn und diesseitiger Strafe verweist auf ein jenseitiges Gericht (2.2).

Zum Oszillieren von kollektiven und individuellen Merkmalen im Verständnis von Sünde und Schuld gehört vor allem der so genannte Tun-Ergehen-Zusammenhang, der auch reflektiert, wie kollektive Erwartungen durch individuelle Handlungen enttäuscht werden können. Zumindest in überschaubaren Gesellschaften fällt eine Verfehlung, sofern durch sie das Gemeinwohl beeinträchtigt wird, auf den Täter zurück. Dieses Verständnis, nach dem Unheil als Folge eines Vergehens entsteht, das zwar durch einen Täter verursacht wird, dabei aber nicht nur den Täter, sondern die Gemeinschaft als Ganze (und so wiederum den Täter) trifft, unterscheidet sich bereits von Vorstellungen, nach denen Verstöße gegen Erwartungen bzw. Regeln der Gesellschaft durch den Einfluss magischer Kräfte erklärt werden. Wo insinuiert wird, das Leid eines Menschen könne noch andere Ursachen als persönliche Schuld haben, nämlich fremde Schuld, setzt eine solche Reflexion soziale und zeitliche Differenzierungen voraus: Zum einen muss eine Vorstellung von individueller Schuld vorliegen; zum anderen müssen diesseitige Urteile über Schuld und Strafe unter einen jenseitigen Vorbehalt gestellt werden können, weshalb sich erst am Ende der Zeit zeigen wird, wer

gerecht gehandelt bzw. ungerecht geurteilt hat. In räumlich und zeitlich aus-
differenzierten Gesellschaften verblasst offensichtlich der Mechanismus, nach
dem ein der Gemeinschaft entstehender Schaden auf den Schädiger zurückfällt. Damit sind bereits Strategien der Rationalisierung von Schuld und zugleich der Rationalisierung von Vergeltung beschrieben, die Ansätze für Vergebung erkennen lassen. Potentiell werden moralische Urteile in das Innere
eines Menschen verlegt oder an ein jenseitiges Gericht verwiesen. Wir bezeichnen diese Vorgänge, die sich wechselseitig beeinflussen, als Spiritualisierung und Eschatologisierung (2.3).

   Dies lässt sich auch bei jenen Strategien beobachten, die dazu angetan
sind, Schuld zu rationalisieren und Vergeltung zu beschränken. Zeigen lässt
sich das an der so genannten Blutrache, die zu einem Institut des Rechts wird
und dabei ein Institut des Rechts, nämlich die Instanz des Gerichts, in Anspruch nimmt. Dieses Gericht kann angerufen werden, wenn entschieden
werden soll, ob eine Tat vorsätzlich oder unvorsätzlich ausgeführt wurde.
Die Begrenzung der Blutrache auf den Grundsatz „Leben für Leben" konnte
ihre Ausweitung auf eine ganze Sippe verhindern. Daneben können in der
Möglichkeit einer Bußzahlung bereits Alternativen zur so genannten Talion
identifiziert werden, die auch auf Fälle von Körperverletzung ohne Todesfolge bezogen wird. Dieses Ersatzleistungsrecht liefert einen Beitrag zur Rationalisierung von Schuld wie zur Verminderung gewalthaltiger Reaktionen
der Vergeltung (2.4).

   Innerhalb der paulinischen Theologie wird der Vorrang der Moral vor
dem Ritual weiterverfolgt, auch im Hinblick auf die Heiden, denen das Gesetz ins Herz geschrieben steht. Konkret wird die Erfüllung ritueller Vorschriften als für das Heil kontingent, die Erfüllung moralischer Vorschriften
als für das Heil notwendig behandelt. Wenn es Paulus um die Überlegung
geht, ob das bloße Haben des Gesetzes oder seine Befolgung für die Erlan-
gung des Heils relevant ist, richtet sich seine Aufmerksamkeit auf das Befolgen des Gesetzes. Wo die Differenz von rituellen und moralischen Normen
transzendiert bzw. ganz offensichtlich auf die moralischen Normen abgehoben wird, ohne dass die rituellen Normen überhaupt Erwähnung finden,
kommt es selbstverständlich auf die Werke an, die gerecht machen und im
Gericht bestehen lassen. Eine betont moralisierte Religion muss ihre Rettungskompetenz für die Sünder, die eine religiöse Moral ja hervorbringt,
durch den Erweis von Gnade unter Beweis stellen, was zur Folge hat, dass
jeder ein Sünder sein muss, damit alle der Gnade teilhaftig werden können.
Die Aussage, ausnahmslos alle Menschen seien der Sünde unterworfen, bietet
sich zudem an, wenn erreicht werden soll, die Unterscheidung zwischen denjenigen, die gerechtfertigt sind, und denjenigen, die nicht gerechtfertigt sind,
als unerkennbar auszuweisen, insbesondere wenn jemand zu Unrecht be-

schuldigt oder zu Unrecht nicht beschuldigt wird. Der Tun-Ergehen-Zusammenhang wird somit durch die Aussage abstrahiert, dass ausnahmslos alle unter der Herrschaft der Sünde stehen, weshalb niemand vor Gott gerecht werden kann, die Vorstellung von Sühne wird durch die Aussage abstrahiert, der Mensch bedürfe, um das Heil zu erlangen, der Gnade Gottes. Wie durch einen Menschen die Übermacht der Sünde in die Welt treten kann, so kann sie durch einen Menschen wieder aus der Welt geschafft werden. Allerdings kann das Entgegenkommen Gottes nicht ohne die Mitwirkung des Menschen erlangt werden – in dieser Vorstellung konvergieren, so könnte man sagen, Verdienst und Gnade. Daher verbietet es sich für Paulus, vom Begriff der Schuld (debt-frame) wieder zum Begriff der Sünde (substance-frame) zurückzufallen. Die Rede von der Universalität der Sünde ist gegenüber dem Gedanken von der Macht der Sünde abzuheben. Unübersehbar besteht hier eine Spannung zwischen der Sünde als Verhängnis und dem Sündigen als persönlicher Schuld. Nicht nur in der paulinischen bzw. biblischen Theologie ist die Macht der Sünde ein bestimmendes Thema. Auch das pagane Denken kennt neben dem schuldlosen das schuldhafte Schicksal, das durch einen Menschen angestoßen, dann jedoch übermächtig wird und nicht mehr beherrschbar ist (2.5).

In der Frage, ob es eine göttliche Sühne menschlicher Sünden gibt, versuchten wir eine Antwort im Dialog mit dem Weltgerichtsdialog bei Mt 25,31–46 und in Auseinandersetzung mit Überlegungen zu einem „moral exemplarism", wobei wir zunächst die Vorwürfe des Subjektivismus und der Verdienstlichkeit des Heils als unbegründet abwiesen. Dem Vorwurf reiner Immanenz hingegen wurde stattgegeben mit dem Hinweis auf die Perspektive einer Transzendenz, für die der Beitrag des Menschen unverzichtbar und unvertretbar ist, ohne die jedoch vollkommene Erlösung nicht denkbar wird. Stünden alle Menschen, wenn es Not tut, ganz und gar so füreinander ein, dass von Sünde nicht die Rede sein könnte, befänden wir uns in jenem idealen Reziprozitätsnetz, das das biblische Denken so grundlegend bestimmt. Wo dieses Netz zerreißt, soll es wiederhergestellt werden. Geschieht dies innerweltlich, muss die Wiederherstellung einer ge- oder zerstörten Beziehung nicht von dem Bewusstsein begleitet sein und auch nicht aus dem Beweggrund heraus erfolgen, genau damit die Voraussetzung für eine Versöhnung zu schaffen, die erst durch Gottes Zutun vollendet werden kann. Geschieht dies überweltlich, hat Vergebung allein um der Vergebung, nicht um Gottes willen zu erfolgen – ist der Vergebende doch darin frei und unvertretbar. Die vergebende Tat, die die Erlösung dies- oder jenseitig wirkt bzw. mitwirkt, ist und bleibt Gabe des Menschen bzw. Mitmenschen und genau darin Gnade Gottes (2.6).

Die dadurch ermöglichte ethische Eschatologie bedarf freilich der systematischen Reflexion darüber, was in einem Gerichtsdialog überhaupt als

Schuld gelten kann. Modern sprechen wir von dividueller Schuld in Bezug
auf die Etablierung und von individueller Schuld in Bezug auf die Befolgung
von Regeln. Der Begriff der dividuellen Schuld entfaltet seinen Sinn deshalb
zunächst und vor allem prospektiv: Er leitet dazu an, bestehende Regeln auf
Lücken und Defekte hin zu überprüfen und sie, wo nötig, zu verbessern,
nämlich mit dem Ziel der gegenseitigen Besserstellung. Retrospektiv erschwert er die einseitige Zurechnung und erleichtert er die einseitige Nichtzurechnung von Schuld. Der Begriff der individuellen Schuld dagegen ist zunächst und vor allem retrospektiv sinnvoll (auch wenn individuelle Schuld
zum Anlass genommen werden sollte, über dividuelle Schuld und damit prospektiv über die Verbesserung von Regeln etwa zur Verhinderung künftiger
Schuld nachzudenken). Eine moderne Moraltheorie nimmt außerdem, so
soll die Diskussion um den Begriff der Erbsünde moraltheoretisch gewendet
werden, an, dass der Mensch sich zu den Einflüssen, denen er ausgesetzt ist,
auch verhalten kann, wenn er denn als frei gelten soll. Insofern ist es egal, wie
die Schuld beschaffen ist, deren Auswirkung auf das menschliche Handeln
beleuchtet wird, ob sie also als individuell oder überindividuell bezeichnet
wird. Immer kann sich der Mensch äußeren Zwängen widersetzen, sofern
seine Willensfreiheit durch innere Zwänge nicht beeinträchtigt ist. Das heißt,
auch wenn er in seiner Handlungsfreiheit eingeschränkt ist, kann er seine
Willensfreiheit verteidigen. Wo er sie nicht verteidigen kann, weil innere
Zwänge im Spiel sind, kann er unter keinen Umständen dafür verantwortlich
gemacht werden. In beiden Fällen verbietet sich der Begriff der Schuld. Für
unsere Überlegungen war die Lehre von der Erbsünde nur von Belang, sofern
damit eine Begrenzung der Zurechnung von Schuld gemeint sein könnte. Die
unterschiedlichen Einflüsse, die wir durchmusterten, konnten jedoch entweder als Minderung bzw. Ausschluss von Willensfreiheit oder von Handlungsfreiheit beschrieben werden, womit der Versuch einer rekonstruktiven Deutung des Begriffs der Erbsünde ins Leere lief. Auch Begriffe wie „Strukturen
der Sünde" oder „Verstrickung in Schuld" erweisen sich als zu ungenau und
müssen präziser gefasst werden. Modern könnte man die beiden Entlastungsfunktionen des Begriffs der Erbsünde wie folgt reformulieren: Wir entlasten
Gott, wenn wir allein von menschlicher Schuld ausgehen, von Schuldzuweisungen, nämlich durch die Ableitung jeder Schuld aus der Freiheit des Menschen, und wir entlasten den Menschen durch die möglichst präzise Zuweisung von Schuld, indem Einschränkungen der Handlungs- wie auch der
Willensfreiheit in Rechnung gestellt werden (2.7).

3. Reziprozität: Vergeltung und Vergebung

Schuld markiert einen Zustand, der die normative Ordnung einer Gesellschaft bedroht. Schematisch diskutieren wir drei Reaktionen darauf, nämlich zunächst (1) Vergelten oder (2) Vergeben von geschehenem Unrecht. Dabei liegt in der Beschränkung von bzw. im Verzicht auf Vergeltung bereits der Ansatz für Vergebung. Diese Aussage muss freilich in zweifacher Weise korrigiert werden: Vor allem kann Unrecht, nämlich in der Form von Strafe, vergolten werden, ohne dass es vergeben wird. Zudem können Vergeltung und Vergebung gleichzeitig geübt werden: Dabei würde man den Akt der Vergeltung systematisch an die Gesellschaft, den Akt der Vergebung an das von Unrecht betroffene Individuum überantworten. Schließlich kann Vergebung einfach so, ohne den Schatten von Vergeltung gewährt werden. Nur wo Vergeltung maßlos ist, wo also Rache geübt wird, gibt es keinen Raum für Vergebung.

Biblisch wird das destruktive Verhältnis von Schuld und Strafe im so genannten Tun-Ergehen-Zusammenhang thematisiert, wobei dieser Konnex natürlich auch konstruktiv, nämlich in der Weise gelungener Kooperation gelesen werden kann. Rechtliche Bestimmungen verweisen im Fall von Schuld auf eine gezielte Vergeltung, die dazu angetan ist, die gesellschaftliche Ordnung wieder in Kraft zu setzen und zugleich Gewalt zu begrenzen. Gott springt dort ein, wo die Restitution normativer Kräfte durch den Menschen misslingt. Tendenziell verweist dieser Mechanismus auf Kult und Ritus, bleibt dabei jedoch störanfällig: Zum einen wird der Beitrag Gottes, der ja ausbleiben kann, weshalb auf Unrecht nicht in jedem Fall auch Strafe folgt, als unverfügbar stilisiert, zum anderen mag einer vermeintlichen Strafe nicht in jedem Fall auch Unrecht vorausgehen, ein Umstand, der im Leiden des Gerechten dargestellt wird. Moralische Urteile werden von da aus unter Vorbehalt gestellt, was eine Entwicklung hin zu Innerlichkeit wie auch zu Jenseitigkeit im Umgang mit Schuld führt: Prozesse der Spiritualisierung und der Eschatologisierung reagieren wechselseitig aufeinander, wie wir sehen konnten und weiter beobachten werden.

Damit wird auch die heilsgeschichtliche Wendung des Zusammenhangs von Tun und Ergehen, die biblisch unwillkürlich hervortritt, beleuchtet: Die Unverfügbarkeit des göttlichen Eingreifens wird als geschichtlich kontingent, als unwiederholbar und unvertretbar, schließlich sogar als unüberbietbar dargestellt. Gleichzeitig wächst das Bewusstsein für die Bedeutung der Moral in der Überwindung von Schuld, eine Entwicklung, die wir im Alten Testament in zweifacher Hinsicht repräsentiert sehen: durch eine Verfeinerung der

normativen Semantik, die insbesondere zwischen Moral und Recht zu unterscheiden weiß, und durch gesellschaftsstrukturelle Errungenschaften, die auf
die Überwindung von Schuld, auf die Begrenzung von Strafe und schließlich
auf die Wiederherstellung der Gemeinschaft abzielen. Im Neuen Testament
wird dann die Betonung des menschlichen Beitrags in der Bewältigung von
Schuld auch durch die Begegnung des jüdischen mit dem heidnischen Ethos
konturiert, genauer noch geht es um Konflikte, die aus diesem Aufeinander-
treffen der beiden Kulturen resultieren, wie wir am Beispiel der paulinischen
Theologie beobachtet haben und vor allem mit Blick auf das so genannte Gebot der Feindesliebe erneut diskutieren werden; zudem wird das Thema der
sozialen Gerechtigkeit in der Zuordnung von Schuld und Schulden durch
den Eintrag prekärer Verhältnisse zusätzlich pointiert, ein Zusammenhang,
der uns ebenfalls schon beschäftigt hat und der nun weiter an biblischen Erzählungen wie auch am Gebot, den Nächsten zu lieben wie sich selbst, exemplifiziert werden soll. Wir wählen für die Darstellung dieser Zusammenhänge
den Begriff der Reziprozität, der eine abstraktere Darstellung des Zusammenhangs von Tun und Ergehen erlaubt und außerdem den Vorzug besitzt, die
Ähnlichkeit biblischer und paganer Ethosvorstellungen herauszustellen,
selbst wo die Unterschiede unübersehbar sind. Sowohl für das biblische wie
auch für das pagane Verständnis stehen Kult und Ritus auf der einen sowie
Moral und Recht auf der anderen Seite in einem ausgewogenen Verhältnis:
Wir bezeichnen diese Verschränkung einer Gegenseitigkeit zwischen Gott
und Menschen sowie zwischen Menschen als doppelte Reziprozität und verstehen sie als Reformulierung des Zusammenhangs von Tun und Ergehen,
die eine heilsgeschichtliche Wendung erlaubt. Die beobachtete Verschiebung
der normativen Aufmerksamkeit weg von kultisch-rituellen Elementen hin
zu moralischen Leistungen ruft in Wirklichkeit das Gewicht des menschlichen Beitrags zu dem, was auch als „konnektive Gerechtigkeit" bezeichnet
wird, in Erinnerung.

Eine weitere Strategie, auf Schuld zu reagieren, ist typisch modern: Sie
besteht (3) in der Disposition über die Regeln der Gesellschaft, und zwar in
zweifacher Hinsicht. Die Etablierung oder Reform einer Regel kann verhindern, dass Menschen Schuld auf sich laden, weil schädigende Handlungen
verboten sind und deshalb nicht ausgeführt werden. Eine solche Regelsetzung reagiert auf einen Regeldefekt, der zu überwinden ist. Die Etablierung
oder Reform einer Regel kann auch dazu führen, dass Menschen keine
Schuld auf sich laden, weil Handlungen nicht verboten sind und deshalb ausgeführt werden können, ohne dass eine Schädigung entsteht. Eine solche Regelsetzung reagiert auf eine Regellücke. Damit sind Ansätze dafür gefunden,
künftig dort nicht vergelten oder vergeben zu müssen, wo einer Etablierung
oder Reform von Regeln alle zustimmen (können).

Reziproke Verhältnisse, also auf Gegenseitigkeit angelegte Beziehungen, sind im Leben einer jeden Gesellschaft tief verwurzelt. Ein so allgemein gehaltener Begriff von Reziprozität steht in der Gefahr, konturlos zu bleiben. Reziproke Beziehungen sehen in kleinräumigen Gesellschaften anders aus als in großräumigen, in überschaubaren anders als in unüberschaubaren Gesellschaften. Dabei können auch innerhalb großräumiger Strukturen kleinräumige Interaktionsverhältnisse existieren, wenn sich nämlich eine überschaubare Anzahl von Akteuren immer wieder begegnet. Den Gegenfall bilden unüberschaubare und deshalb anonyme gesellschaftliche Verhältnisse. Eine Konturierung, die über unterschiedliche Gesellschaftstypen gelegt werden kann, ist die Unterscheidung von stark und schwach wirksamer Reziprozität.[1] Stark reziproke Verhältnisse binden Akteure annähernd unausweichlich, weshalb gesellschaftliche Erwartungen auch dann noch stabil bleiben, wenn sie – zumindest in Einzelfällen – nicht erfüllt werden. Sie besitzen, wie ihre Bezeichnung andeutet, gegenüber dem Individuum eine starke Bindungswirkung. Schwach reziproke Verhältnisse sind nicht schon mit der Rolle, die ein Akteur innerhalb einer Gesellschaft einnimmt, vorgegeben, sie werden innerhalb solcher Erwartungen freiwillig eingegangen. Sie sind deshalb anfälliger gegenüber Enttäuschungen, das heißt, sie drohen zu erodieren, wo sie (auch in Einzelfällen) einseitig aufgekündigt oder ausgebeutet werden. Daher kommt ihnen nur eine schwache Bindungswirkung zu.

Rollenerwartungen etwa zwischen Mann und Frau oder zwischen Eltern und Kindern treffen den Sinn von Reziprozität nicht genau, weil solche Beziehungen, zumindest in vormodernen Gesellschaften, asymmetrisch gestaltet sind. Deshalb bietet es sich an, zwischen Komplementarität und Reziprozität zu unterscheiden. *Komplementarität* ist mit der Asymmetrie vereinbar, dass dem Recht von A die Pflicht von B bzw. der Pflicht von B das Recht von A entspricht. Dagegen bedeutet *Reziprozität*, dass Rechte und Pflichten geteilt sind, so dass das Recht von A, dem die Pflicht von B entspricht, zugleich das Recht von B, dem die Pflicht von A entspricht, darstellt. Es ist einsichtig, dass ein System der Reziprozität grundsätzlich stabiler ist als ein System der Komplementarität. In Gesellschaften freilich, die nach gleichen oder ungleichen Einheiten differenziert sind (gemeint sind damit segmentäre bzw. stratifizierte Gesellschaften), können auch komplementäre Verhältnisse starke Bindungswirkungen entfalten, im Fall der Differenzierung von Segmenten nach innen, im Fall der Differenzierung von Schichten nach außen. Insofern sollen ungleiche Beziehungen dem Begriff der Komplementarität

---

[1] Die Unterscheidung von starker und schwacher Bindungswirkung innerhalb reziproker Verhältnisse lehnt sich an A. W. Gouldner, The Norm of Reciprocity: A Preliminary Statement, in: American Sociological Review 25 (1960), 161–178, 170, an.

zugewiesen werden. Dagegen werden gleiche Beziehungen zwischen Segmenten oder innerhalb von Schichten nach dem Prinzip der Reziprozität verstanden.[2] Es ist naheliegend, dass der Gedanke der Reziprozität innerhalb von ungleichen Verhältnissen eine moralisierende Wirkung entfalten kann, die weniger auf eine Veränderung der gesellschaftlichen Strukturen als vielmehr auf eine freiwillige Selbstbindung abzielt.

Wenn wir für die biblische Gesellschaft diese modifizierte Terminologie anwenden, können wir von stark komplementären (zwischen Schichten) und schwach reziproken (innerhalb einer Schicht) Verhältnissen ausgehen. Wir identifizieren die „soziale Welt der Bibel" somit im Wesentlichen als stratifizierte Gesellschaft, auch wenn in ihr segmentäre Verhältnisse eingelagert sind. Einerseits existieren innerhalb ungleicher Schichten gleiche Segmente, andererseits weist die Peripherie eher den Charakter einer segmentär differenzierten Gesellschaft auf, die jedoch vom stratifikatorisch differenzierten Zentrum beeinflusst wird. Gerade in „segmentären Verhältnissen", sei es außerhalb (Peripherie), sei es innerhalb (Zentrum) stratifizierter Strukturen, existieren Beziehungen der Gegenseitigkeit, Beziehungen von Hilfeleistung und Dankbarkeit in Form eines zeitversetzten nachbarschaftlichen oder freundschaftlichen Bedarfsausgleichs. Die Hilfeleistung kann selbstverständlich erwartet werden, wobei diese Erwartung unabhängig von der – ebenfalls erwartbaren – Gegenleistung besteht, die dann zu erbringen ist, wenn sich die Bedarfsverhältnisse umkehren, und die nur insofern als von der Vorleistung abhängig erscheint. Deshalb verpflichtet die Vorleistung zur Dankbarkeit und gegebenenfalls zur Gegenleistung. Eine solche lose, weil nur im Bedarfsfall aktivierte Koppelung von Hilfe und Dank unterscheidet sich von der strikten Koppelung des Vertrags. Reziprozität in Form nachbarschaftlicher oder freundschaftlicher Solidarität funktioniert in Kontexten wechselseitiger Abhängigkeit selbstverständlich. Die Hilfeleistung, die unabhängig von einer Gegenleistung erwartet werden kann, verweist über die dadurch begründete Dankbarkeit hinaus auf eine Erwiderung allein im Bedarfsfall, weshalb dieses Verhältnis der Gegenseitigkeit im Kontrast zur Vertragspflicht nicht nur als freiwillig stilisiert wird, sondern auch freiwillig ist. Reziprozität muss nicht durch eine vertragliche Spezifizierung von Rechten und Pflichten gesichert werden, wo sie lebensweltlich, also von ihrem sozialen Sinn her einleuchtet. Wer sich bewusst ist, dass er

---

[2] Gegenseitige Hilfeleistungen können, je nach lokaler Kultur, sparsam oder großzügig gehandhabt werden. Entscheidend ist, dass die sparsame Gabe nur eine sparsame Gegengabe, eine großzügige Gabe hingegen eine großzügige Gegengabe fordert (wobei faktisch Dynamiken entstehen können, die zur Folge haben, dass sich die Akteure gegenseitig übertreffen). Die großzügige Gabe ist in einem System der Reziprozität keineswegs weniger „vernünftig", weil eine großzügige Gegengabe etwa im Fall einer außerordentlichen Notsituation erwartet werden kann.

in dieselbe Notlage, in der ein anderer sich befindet, geraten kann, wer sich solchermaßen in den anderen hineinzuversetzen vermag, sollte zur Hilfe bereit sein – wie das so genannte Gleichnis vom barmherzigen Samariter (Lk 10,25–37) bereits mahnen muss. Der dadurch ausgelöste Dank ist sozusagen das Gedächtnis für die gegenläufige Hilfsbereitschaft.

Auch wenn es in diesem System des zeitverschobenen und notfallbezogenen Bedarfsausgleichs beträchtliche Unterschiede in sozialer, zeitlicher und sachlicher Hinsicht geben kann, wird Reziprozität doch als Symmetrie dargestellt.[3] Weil soziale, zeitliche und sachliche Asymmetrien nur fall- bzw. notfallmäßig auftreten, muss kein ausgleichender Maßstab genannt werden. Ein derartiger Ausgleich ist nur für Verträge erforderlich, die regelmäßig in Anspruch genommen werden. Zwar mag praktizierte Reziprozität störungsanfälliger sein als die vertragliche Bindung, sie funktioniert aber doch in der Regel. Freiwilligkeit und Symmetrie stellen Stilisierungen einer annähernd störungsfreien Reziprozität dar.

Die Gebote der Nächsten- und Feindesliebe reflektieren bereits regelmäßige Ungleichheiten, die überwunden werden sollen, weshalb ein allgemeingültiger, moralisch, nicht rechtlich bindender Maßstab benannt wird, der für einen gerechten Ausgleich sorgen soll: Du sollst den Nächsten lieben wie dich selbst! Auch die so genannte „Goldene Regel" stellt eine Reflexion sowie eine Generalisierung des lebensweltlich funktionierenden Rollentauschs dar, nämlich für Lagen, in denen Reziprozität nicht mehr selbstverständlich funktioniert. Wer dem Gebot, den Nächsten zu lieben wie sich selbst, den Maßstabscharakter eines gerechten Ausgleichs abspricht, tut ihm Unrecht. Wer dem Gebot unterstellt, es verpflichte, ohne dass der zu einer Leistung Aufgeforderte auf eine Gegenleistung spekulieren dürfe, verkennt den Hintergrund eines Systems, das Freiwilligkeit *und* Symmetrie als Stilisierung des selbstverständlich Erwartbaren behandelt.

Man kann Reziprozität als „Maß-für-Maß-Strategie" bezeichnen, die nicht der passiven Anpassung an das Handeln anderer Akteure, sondern der aktiven Einflussnahme dient. Im Fall positiver Reziprozität kann daraus der Versuch der Etablierung von Kooperation bzw. Freundschaft entstehen, im Fall negativer Reziprozität der Versuch der Überwindung von Defektion bzw. Feindschaft. Die „Goldene Regel", also das Prinzip „Wie du mir, so ich dir!", lässt sich daher als reziproke Verhaltensweise mit Maßstabscharakter interpretieren, die mit einem Vorteilskalkül einhergeht, wenngleich eine motivational begründete Reziprozität nicht ausgeschlossen werden kann.[4] Daher ist diese Strategie „in der Regel" stabil, belastbar und störungsfrei; sie kann

---

[3] Vgl. N. Luhmann, Rechtssoziologie, Wiesbaden [4]2008, 152–155.
[4] Zur Maß-für-Maß-Strategie aus spieltheoretischer Sicht vgl. R. Selten, Eingeschränkte Ra-

jedoch auch enttäuscht werden, etwa wenn die Erwartungen an zeitversetzte Kooperation zu hoch angesetzt oder zu weit nach oben getrieben werden. Ob die Handlung eines Akteurs als freundlich oder feindlich eingestuft wird, entscheidet sich deshalb auch am Kooperationsideal: Wird es zu hoch angesetzt, kann es durch scheinbar „feindliche" Handlungen leichter enttäuscht werden. Von diesem Blickwinkel aus verschmelzen die Gebote, den Nächsten wie sich selbst sowie den Feind zu lieben, genauer, sie markieren die Standpunktabhängigkeit des Urteils: Wo von Feindesliebe die Rede ist, wurde das Ideal des Bedarfsausgleichs zu hoch, wo von Nächstenliebe gesprochen wird, zu niedrig angesetzt.

Das System des reziproken Bedarfsausgleichs wird mehr und mehr abgelöst durch rechtlich, das heißt vertraglich abgesicherte Instrumente der Kreditvergabe, die neue Chancen ebenso wie Risiken nach sich ziehen. Jedenfalls zeigt sich biblisch ein Bild, in dem Ungleichheit kritisiert und die Rückkehr zu Gleichheit empfohlen wird. Es verwundert deshalb auch nicht, dass moralische Normen sich auf komplementäre Verhältnisse beziehen, die wieder im Sinn der Reziprozität ausgestaltet werden sollen. Die Reichen sollen ihre Position gegenüber den Armen, die Mächtigen gegenüber den Ohnmächtigen nicht ausnützen, sondern so gestalten, dass auch den weniger Privilegierten ein ein- und erträgliches Leben möglich ist. Gleiches gilt innerhalb einer Familie in Bezug auf das Verhältnis von Mann und Frau oder von Eltern und Kindern. Diese moralische Selbstbindung wird in der Bibel durch den affektiv geprägten Begriff der Liebe zum Ausdruck gebracht. So liegt es nahe, den Begriff der Liebe für die Normierung prekärer Verhältnisse, die nur eine schwache Bindungswirkung entfalten kann, zu verwenden: Eltern, die sich ihren Kindern, oder Kinder, die sich ihren Eltern (im Alter) liebevoll zuwenden, obgleich ihre Rolle bzw. Position dies nicht erfordert oder gar erzwingt, sie sich dieser Erwartung also straflos entziehen könnten, sind Beispiele dafür. Man könnte auch sagen, Reziprozität als Norm sei dazu angetan, komplementäre Verhältnisse im Sinn gegenseitiger Achtung auszugestalten, also die Würde des Individuums zu wahren, um typisch moderne Formulierungen zu bemühen. Der Begriff der χάρις steht für eine Atmosphäre von Wohlwollen und Wohltat, für einen Resonanzraum, in dem Bitte und Gnade, Gabe und Dank aufeinander eingehen. „Das Prinzip der Gegenseitigkeit ist darauf angelegt, durch Beziehungsaufnahme Einfluss auf das Gegenüber zu nehmen – darin liegt im Kern der Begriffsgehalt von χάρις und gratia."[5]

---

tionalität und ökonomische Motivation, in: Zeitschrift für Wirtschafts- und Sozialwissenschaften 120 (2000), 129–157, 151.

[5] M. Adrian, Mutuum date nihil desperantes (Lk 6,35). Reziprozität bei Lukas, Göttingen 2019, 114.

Diese Praxis der Reziprozität erstreckt sich nicht allein auf mundane, sondern auch auf transmundane Interaktionspartner, auf Ahnen, Geister oder auf Gott. Gerade wenn Gott als Schöpfer der Welt gesehen wird, dem die Güter, die der Mensch braucht und gebraucht, gehören, ist die Opfergabe Voraussetzung, um von den Gütern dieser Welt leben zu können. Hier erscheint die *Gabe* als *Tausch*, weil eine – im buchstäblichen Sinn notwendige – Gegengabe erwartet werden kann: Gott wird etwas von dem, was er gab, zurückgegeben, damit er wieder gibt.[6] Es ist eine Gabe, die, wie wir noch ausführlicher sehen werden, und zwar mit Blick auf menschliche Schuld, quasi verpflichtet und quasi erwidert werden muss. Allerdings wäre diese Form der Reziprozität missverstanden, würde sie als ein *Handel* begriffen werden. (1) Zum einen spielt der – zumindest imaginierte – Aspekt der Freiwilligkeit von Gabe und Gegengabe eine bedeutende Rolle: Die Gottheit, die des Opfers – zumindest wenn man aufgeklärt dachte – ja gar nicht bedarf (weshalb die Gabe als frei erscheinen kann), erweist demjenigen, der ihr Verehrung entgegenbringt, ebenfalls aus freien Stücken einen Gefallen; sie ist, so könnte man höchstens sagen, moralisch dazu verpflichtet, es sei denn, es existiert (etwa in Form eines durch einen Menschen begangenen Vergehens) ein Grund, ein solches Anliegen abzuweisen. (2) Zum anderen werden Statusunterschiede berücksichtigt: Die Gabe, die ein Mensch einer Gottheit erweist, kann – gemessen an dem, was die Gottheit als Gegengabe aufzubieten vermag – nur symbolisch sein, wie das Beispiel jener Witwe zeigt, die alles und nichts in den Opferstock legt, also viel gibt, obwohl bzw. weil sie nur wenig hat (Mk 12,37–44) – eine in der damaligen Welt übliche Sichtweise (so wie die Wohltaten eines Reichen bei den beschenkten Armen nur loyale Dankbarkeit evozieren können). Hier wird die Symmetrie von Gabe und Gegengabe imaginiert. Der moralischen Verpflichtung der Gottheit, die es ihr nicht erlaubt, willkürlich zu reagieren, also ein Opfer einfach zu ignorieren, steht die ebenfalls moralische Verpflichtung des Menschen gegenüber, der ein an einem Menschen begangenes Unrecht nicht einfach durch ein Gott gewidmetes Opfer aus der Welt schaffen darf bzw. kann.

Am ehesten ist die Gleichzeitigkeit von Freiwilligkeit und Verpflichtung einer moralisierten Reziprozität im Muster der Freundschaft verstehbar: Freunde lassen einander niemals im Stich, doch nicht aus Berechnung. Obwohl sie kein Kalkül verbindet, können sie sich jederzeit aufeinander verlassen. Und so wie die an eine Gottheit gerichtete Gabe als überflüssig, luxuriös erscheint, so ist insbesondere Freundschaft von der gegenseitigen Hilfeleis-

---

[6] Die Zerstörung der Gabe bzw. des Opfers, etwa durch Verbrennen, macht die Schenkung faktisch unwiderruflich, weshalb sie „notwendig vergolten wird", wie M. Mauss, Die Gabe – Form und Funktion des Austauschs in archaischen Gesellschaften, Frankfurt am Main 1990, 43, bemerkt.

tung abgehoben, auch wenn sie sich gerade in der Not bewährt.[7] Damit soll
natürlich nicht behauptet werden, die Beziehung zwischen Gott und Mensch
sei nach dem Muster der Freundschaft verstanden worden. Denkbar ist übrigens auch, dass Ahnen oder Dämonen von einem schädigenden Handeln
durch eine Art Abstandszahlung abgebracht werden. Schließlich können
mundane und transmundane Sphäre ineinander geschoben sein: Schon im
Alten und ebenso im Neuen Testament (und auch in der paganen Welt) ist
die Vorstellung ausgeprägt, dass jene Güter, die durch ein Opfer nutzlos zerstört werden würden, den Armen zu geben sind, denen sie Nutzen stiften.
Wenn also die Reichen gehalten sind, den Armen zu geben, ohne dafür einen
Lohn zu erwarten, entspricht dies der gängigen Vorstellung, dass die Gabe,
die Armut mildert, ein Opfer darstellt, das Reichtum zu rechtfertigen vermag. Auf diese Weise wird die göttliche Großzügigkeit, wiederum nicht nur
in der biblischen, sondern auch in der paganen Welt, in menschliche Verhältnisse hinein assimiliert: Gottes- und Menschenliebe schlagen ineinander
um.[8] Darin erreicht das Opfer seinen sozialen Sinn: Der Dienst an Gott
wird zum Dienst am Menschen. Die so hergestellten Verhältnisse werden
mit dem Begriff der Gerechtigkeit bezeichnet. Somit trifft die Alternative
von „himmlischem" oder „irdischem" Lohn die Verhältnisse nicht. Wenn
der Reiche dem Armen gibt, ist dadurch für seinen Reichtum Dank abgestat-
tet, ohne dass die Armut zugunsten ausgeglichener Verhältnisse strukturell
verschwinden müsste; sie wird nur gelindert, wobei die biblischen Texte
deutlich solidarischer als die paganen verfahren, wie wir noch genauer sehen
werden. Wer dieses Opfer verweigert, muss womöglich befürchten, seines
Wohlstands oder sogar seines Lebens verlustig zu gehen.

So wird das Opfer in die basalen Interaktionen des Nehmens, Zerstörens
und Gebens „in symbolischer Reduktion"[9] eingelassen: Er nahm das Brot,
brach es und gab es seinen Jüngern (Lk 22,19). Das Opfer ist weniger Herstellung als Darstellung reziproker Verhältnisse. Kooperation und Gerechtigkeit, intentionale und strukturelle Bezüge sind engstens miteinander verwoben. Deshalb kann sich das Opfer nicht anders als in gerechten
Verhältnissen verwirklichen, müssen Liebesmahl und Fußwaschung in eins
fallen. Von Schuld ist hier nur implizit die Rede, wenn nämlich versäumt
wird, das Opfer zu bringen bzw. wenn gerechte Verhältnisse ge- oder sogar

---

[7] Vgl. D. Konstan, Reciprocity and Friendship, in: C. Gill/N. Postlethwaite/R. Seaford (eds.),
Reciprocity in Ancient Greece, Oxford 1998, 279–301, 298f.

[8] Vgl. R. Parker, Pleasing Thighs: Reciprocity in Greek Religion, in: C. Gill/N. Postlethwai-
te/R. Seaford (eds.), Reciprocity in Ancient Greece, Oxford 1998, 105–125, 118f.

[9] W. Burkert, Anthropologie des religiösen Opfers – Die Sakralisierung der Gewalt, München
[2]1987, 27. Und weiter: „Gerade in dieser Sicht ist der ‚Sündenbock' Ausgestoßener und Retter
zugleich".

zerstört werden. Eben da verläuft die natürlich nur abstrakt zu denkende Trennlinie zwischen positiver und negativer Reziprozität. Dabei kann das Phänomen der Stellvertretung nicht einfach auf die Seite des Opfers geschoben werden. Vielmehr muss differenziert und der konkrete Zusammenhang, nämlich die Bearbeitung von Schuld (und nicht die Herstellung von Gerechtigkeit) benannt werden (obwohl ein und derselbe Akt, nämlich das Opfer, kontextlos beides bedeuten könnte). Es ist nicht der Affekt der Ehre, die es (in der gerechten Verteilung) zu wahren, sondern der Affekt der Furcht, der es zu wehren gilt. Jedes Mal geht es um die Rettung des Menschen, ob nun Schuld überwunden oder Gerechtigkeit hergestellt werden soll – mundan wie transmundan. Deshalb wird der „eigentliche"[10] Sündenbock in Lev 16 nicht getötet, sondern in die Wüste weggeführt und einer rettenden Macht überlassen – ein Schema, das auch zur Deutung des Todes Jesu herangeführt werden kann, womit nicht die Opferung, sondern die Rettung betont wird.[11]

Nun gilt es, die Phänomene der Freundschaft bzw. der Reziprozität noch weiter zu präzisieren, indem Unterschiede zwischen biblischem und paganem Verständnis benannt werden. Die auffälligste Differenz besteht darin, dass Freundschaft nach paganem Verständnis nur innerhalb annähernd gleicher Status möglich ist. So lässt sich Freundschaft zwischen Göttern und Menschen, Freien und Sklaven, Ehemännern und Ehefrauen sowie Eltern und Kindern kaum denken, obwohl Ausnahmen zumindest diskutiert werden. Der Grund für diese Zurückhaltung ist einsehbar, soll Freundschaft doch von Beziehungen, die dem Nützlichen oder dem Angenehmen dienen, die also einem rationalen Kalkül unterstehen, abgehoben werden können. Freunde sind füreinander da, doch ist ihr Verhältnis nicht von Berechnung geprägt, weshalb sie füreinander das Gute um seiner selbst willen und nicht

---

[10] W. Burkert, Anthropologie des religiösen Opfers – Die Sakralisierung der Gewalt, München [2]1987, 34. Und weiter, 26f.: „Damit aber steht von Anfang an Blutvergießen und Töten im Zentrum der Grundordnung menschlicher Gesellschaft, die auf Kooperation und Reziprozität beruht. Dies ist freilich nur ein bildhafter Hintergrund, der aber verständlich, erlebbar, vielleicht sogar genetisch festgeschrieben ist: wie beliebt ist das Erzählmotiv von dem von Wölfen verfolgten Schlitten; einer muß ‚zum Opfer fallen'." Auf Gerechtigkeit bzw. Reziprozität bezogen, erläutert Burkert: „Der universale Akt des ‚Gebens' auf Grundlage der Reziprozität ist zurückführbar auf die Grundsituation der Fleischverteilung nach der Jagd. Noch im Griechischen bezeichnet géras die Ehre und zugleich konkret das Fleischstück, und das allgemeinere Wort moîra, das die Weltordnung überhaupt bezeichnet, heißt gleichfalls von Hause aus Fleisch-‚Portion'. Kurzum: die ‚hunting hypothesis' führt auf ein Grundmuster des Funktionierens menschlicher Gesellschaft in Kooperation und gegenseitigem Austausch, mit der Sequenz Erjagen – Töten – Verteilen; zwischen dem ‚Nehmen' und dem ‚Geben' steht das Schlachten".

[11] Womit die These von R. Girard, Das Heilige und die Gewalt, Zürich 1987, neu akzentuiert bzw. modifiziert werden könnte. Die christliche Verdrehung eines Sühnetodes, der einen rachsüchtigen Gott voraussetzt, müsste auf diese Weise rückabgewickelt werden.

eines anderen Zwecks wegen vorsehen. Aspekte des Nützlichen und Angenehmen fließen in die Freundschaft natürlich ein, sie bestimmen dieses Verhältnis jedoch nicht. Bei stark ungleichen Verhältnissen nun ist zu befürchten, dass sie eines rationalen Kalküls wegen gepflegt werden,[12] während
Freundschaften von Erwägungen nach Nutzen und Genuss unberührt bleiben sollen. Freundschaft zwischen Ungleichen würde, so könnte man auch
sagen, den Ordnungssinn gesellschaftlicher Schichtung stören. Auffällig ist
allerdings, dass ein quasi-freundschaftliches Verhältnis der Reziprozität zwischen Menschen und Göttern vorgesehen ist und vorgesehen werden kann,
weil die Götter ohne Bedürfen existieren und deshalb dem Streben nach Nutzen und Genuss (es sei denn, ihnen werden menschliche Züge attestiert) ent-
hoben sind. Auffällig ist zudem, dass die göttlich garantierte auf die menschlich geübte Reziprozität durchschlagen soll: Wer sie einem Menschen
gegenüber nicht übt, kann sie auch von Gott nicht erwarten. Damit wird –
zumindest fiktiv – die Reziprozität im Verhältnis zu Gott mit der Reziprozität im Verhältnis zwischen Menschen verknüpft. Die biblische Sicht dagegen lässt ein Verhältnis der Liebe zwischen Gott und Mensch zu, ein Verhältnis, das nicht rational, sondern affektiv geprägt ist und sich in ähnlicher,
egalitärer Weise auf das Verhältnis unter Menschen auswirkt.

   Wir wollen uns bei unseren Überlegungen zum biblischen Verständnis
von Vergebung nicht nur von den Begriffen, die einen Akt der Vergebung
anzeigen, leiten lassen, sondern auch die jeweiligen Kontexte berücksichtigen.[13] Auf dem Hintergrund der geschilderten Verschränkung von göttlicher

---

[12] Vgl. D. Konstan, Reciprocity and Friendship, in: C. Gill/N. Postlethwaite/R. Seaford (eds.),
Reciprocity in Ancient Greece, 279–301, 290f.

[13] Eine wichtige Rolle unter den – übrigens nicht besonders häufig auftretenden – Begriffen
im Umfeld der Vergebung spielt das Wort ἀφίημι, das mit „wegschicken", „entsenden", „los-
lassen" oder „zulassen" übersetzt werden kann, so in Mt 5,23f.: „Wenn du deine Opfergabe
zum Altar bringst und dir dabei einfällt, dass dein Bruder etwas gegen dich hat, so lass deine
Gabe dort vor dem Altar liegen; geh und versöhne (ἄφες) dich zuerst mit deinem Bruder,
dann komm und opfere deine Gabe!"; Mt 6,12: „Und erlass (ἄφες) uns unsere Schulden,
wie auch wir sie unseren Schuldnern erlassen (ἀφήκαμεν)!"; Mt 6,14f.: „Denn wenn
ihr den Menschen ihre Verfehlungen vergebt (ἀφῆτε), dann wird euer himmlischer Vater
auch euch vergeben (ἀφήσει). Wenn ihr aber den Menschen nicht vergebt, dann wird euch
euer Vater eure Verfehlungen auch nicht vergeben."; Mt 18,32: „Da ließ ihn sein Herr rufen
und sagte zu ihm: Du elender Knecht! Deine ganze Schuld habe ich dir erlassen (ἀφῆκά σοι),
weil du mich angefleht hast." Das Wort καταλλάσσω bzw. καταλλαγή meint das Herstellen oder Wiederherstellen des ursprünglichen Einvernehmens und wird in 1 Kor 7,10f. im
Kontext der Versöhnung eines getrennten Paares verwendet: „Den Verheirateten gebiete nicht
ich, sondern der Herr: Die Frau soll sich vom Mann nicht trennen – wenn sie sich aber trennt,
so bleibe sie unverheiratet oder versöhne (καταλλαγήτω) sich wieder mit dem Mann – und
der Mann darf die Frau nicht verstoßen". Das Wort χαρίζομαι bedeutet soviel wie „schenken" oder „gütig spenden" im Sinn von „Schulden erlassen", so in Lk 7,41f.: „Ein Geldverlei-

und menschlicher Reziprozität soll nun überlegt werden, inwiefern die Vergebung des Menschen Bedingung für die Vergebung Gottes ist.

3.1 Wer vergibt hier wem?

Instruktiv für diese Diskussion ist dabei zunächst die Bitte: „Und erlass uns unsere Schulden, wie auch wir sie unseren Schuldnern erlassen haben!" (Mt 6,12) bzw. „Und erlass uns unsere Sünden; denn auch wir erlassen jedem, was er uns schuldig ist" (Lk 11,4). Bei Matthäus werden die Begriffe ὀφείλημα und ὀφειλέτης, bei Lukas die Begriffe ἁμαρτία und ὀφείλω verwendet. Während der Begriff ἁμαρτία vornehmlich als Sünde, das heißt als Verfehlung, die durch die Verletzung eines göttlichen Gebots zustande kommt und nur von Gott vergeben werden kann, gefasst ist, verweist der Begriff ὀφείλημα eindeutig auf eine Schuld, und zwar in einem vertragsrechtlich geregelten Kontext, vielleicht auch auf Schulden und die damit verbundenen moralischen Verpflichtungen.[14] Rikard Roitto unterscheidet zwischen zwei Modellen, die uns bereits bekannt sind, und zwar einem älteren, das Vergebung allein durch Gott vorsieht (substance-frame), und einem jüngeren, das göttliche und menschliche Vergebung miteinander verschränkt sieht (debt-frame), wobei das jüngere das ältere Modell nicht einfach ablöst, doch zurückdrängt, eine Entwicklung, die, wie wir bemerkten, schon im Alten und dann auch im Neuen Testament greifbar wird. Auffällig ist in diesem Zusammenhang, dass in Mt 6,14 der Begriff παράπτωμα verwendet wird, möglicherweise um den Begriff ἁμαρτία zu vermeiden und damit auf die Verschränkung von menschlicher und göttlicher Vergebung, nicht auf rein göttliche Vergebung hinzuweisen.[15] Moral und Recht treten in der

---

her hatte zwei Schuldner; der eine war ihm fünfhundert Denare schuldig, der andere fünfzig. Als sie ihre Schulden nicht bezahlen konnten, schenkte (ἐχαρίσατο) er sie beiden. Wer von ihnen wird ihn nun mehr lieben?"; es kann auch das „Beenden von Feindschaft" oder allgemeiner „Versöhnung" bedeuten, so in 2 Kor 2,7–11: „Deshalb sollt ihr jetzt lieber verzeihen (χαρίσασθαι) und trösten, damit ein solcher nicht von allzu großer Traurigkeit überwältigt wird. Darum bitte ich euch, ihm gegenüber Liebe walten zu lassen. Gerade deswegen habe ich euch ja auch geschrieben, weil ich wissen wollte, ob ihr wirklich in allen Stücken gehorsam seid. Wem ihr aber verzeiht (χαρίζεσθε), dem verzeihe auch ich. Denn auch ich habe, wenn hier etwas zu verzeihen war (κεχάρισμαι), im Angesicht Christi um euretwillen verziehen (κεχάρισμαι), damit wir nicht vom Satan überlistet werden; wir kennen seine Absichten nur zu gut."

[14] Vgl. F. Crüsemann, „… wie wir vergeben unseren Schuldigern". Schulden und Schuld in der biblischen Tradition, in: M. Crüsemann/W. Schottroff (eds.), Schuld und Schulden. Biblische Traditionen in gegenwärtigen Konflikten, München 1992, 90–103, 92.

[15] Vgl. R. Roitto, The Polyvalence of ἀφίημι and the Two Cognitive Frames of Forgiveness in

Unterscheidung von Schuld und Schulden auseinander, wie wir noch näher sehen wollen.

Auch die Erzählung von der Frau, die zu Füßen Jesu Vergebung von ihren Sünden erhält (Lk 7,36–50), arbeitet mit der Analogie von Schuld (Lk 7,47f.) und Schulden (Lk 7,41–43), wobei sie sich auf zwischenmenschliche Verhältnisse bezieht, ohne freilich eine Vergebung, die allein von Gott kommt, aus den Augen zu verlieren. Der Begriff ἀφίημι nimmt in Lk 7,47f. sowohl auf Sünde (substance-frame) als auch auf Schuld (debt-frame) Bezug, daneben wird der Begriff χαρίζομαι verwendet (ausschließlich im debt-frame).[16] Möglicherweise soll auch hier darauf angespielt werden, dass die Gemeinde die Vollmacht hat, Sünden zu vergeben, eine Vollmacht, die eigentlich nur Gott zusteht bzw. durch den Ritus und seine Repräsentanten geleistet werden kann. Dabei wird der Akt des Vergebens in zweifacher Weise moralisiert: die Gemeinde darf in ihrer Vergebungsbereitschaft nicht nachlassen (Liebe will Vergebung), doch ist Umkehr Voraussetzung für den Akt der Vergebung (Vergebung will Liebe). Alles spricht auch hier für die Wiederherstellung von Gerechtigkeit im Sinn der Reziprozität, also für eine nur bedingungs-

---

the Synoptic Gospels, in: Novum Testamentum 57 (2015), 136–158, 154. Freilich darf nicht übersehen werden, dass der Begriff παράπτωμα im Neuen Testament sonst nur für Verfehlungen Gott gegenüber verwendet wird, zumindest handelt es sich um schwerwiegende sittliche Verfehlungen.

[16] Vgl. R. Roitto, The Polyvalence of ἀφίημι and the Two Cognitive Frames of Forgiveness in the Synoptic Gospels, in: Novum Testamentum 57 (2015), 136–158, 156f.: „I have no intention to solve the problem here, but if we concentrate on how ἀφίημι is used, we find an interesting contribution to this scholarly debate, which also at the same time might explain why Luke mixes two different ways of talking about forgiveness. In the dialogue, where forgiveness causes love, the text evokes the debt-frame (ἀμφοτέροις ἐχαρίσατο, 7:42; ᾧ τὸ πλεῖον ἐχαρίσατο, 7:43). The verb χαρίζομαι is used here rather than ἀφίημι, probably because the parable that Jesus tells is about real monetary debt. In 7:47a, where love causes forgiveness, the text uses ἀφίημι with a syntax that evokes the substance frame (ἀφέωνται αἱ ἁμαρτίαι αὐτῆς αἱ πολλαί). Then, in 7:47b, which returns to the idea that forgiveness causes love, he also returns to the syntax typical of the debt-frame (ᾧ δὲ ὀλίγον ἀφίεται). Finally, in 7:48–50, where the text seems to return to the idea that acts of love causes forgiveness, the syntax of forgiveness changes again to that typical of the substance-frame (ἀφέωνταί σου αἱ ἁμαρτίαι, 7:48; ἁμαρτίας ἀφίησιν, 7:49). That is, the idea that love causes forgiveness is consistently paired with the substance-frame of forgiveness, but the idea that forgiveness causes love is consistently paired with the debt-frame of forgiveness. This gives reason to suggest that Luke does indeed intertwine material from at least two sources. When Luke attempts dialectic integration of two understandings of the relation between love and forgiveness, he also intertwines two different linguistic constructions for forgiveness. Controversial is whether the linguistic observations of this paper can be used to argue that God's power to forgive the substance of sin was considered to be extended to the church in the Johannine and Matthean tradition (John 20:23; Matt 9:8), but the results of our attention to verb valence support this interpretation."

weise Vergebung, die allerdings insofern einen Akt bedingungsloser Liebe darstellt, als das Bemühen der Gemeinde um Vergebung kein Ende und keine Grenze finden darf.

Folgt man dem erwähnten Ineinander der Reziprozität zwischen Gott und Mensch sowie zwischen Menschen, müsste man erwarten, Gott vergebe erst dann, wenn der Täter sein Opfer um Vergebung bittet, ihm gegenüber Reue zeigt und Buße tut. Man würde dann die der Bitte um Vergebung folgende Wendung mit „wie auch wir vergeben haben" oder „wie auch wir vergeben" übersetzen: Erst nachdem das Opfer vergeben hat bzw. indem das Opfer vergibt, kann dem Täter auch von Gott vergeben werden. Dass es der Täter ist, dem von Gott vergeben werden soll, wird in unserer Deutung vorausgesetzt, obwohl es dafür im Wortlaut keinen Anhalt gibt. Doch nur so wird der Abschnitt einigermaßen plausibel. Denn warum sollte Gott den Opfern vergeben? Das „vergib *uns*" würde sich dann auf die Täter beziehen, das „wie auch *wir* vergeben" auf die Opfer, die den Tätern vergeben. Allerdings lässt der Text auch noch ein anderes, überraschendes Verständnis zu, auf das wir zurückkommen werden.

Ob die göttliche Vergebung der menschlichen folgt oder mit ihr vollzogen wird, kann aus ethischer Sicht dahingestellt bleiben. Entscheidend ist, dass die zwischenmenschliche Vergebung erfolgt, bevor die göttliche Vergebung ins Spiel kommt, oder dass die göttliche Vergebung sich mit der menschlichen ereignet.[17] Mt 6,12 zielt von seiner Zeitform her wohl eher auf ein konsekutives Verhältnis von menschlicher und göttlicher Vergebung, während Lk 11,4 eine Koinzidenz von göttlicher und menschlicher Vergebung nahelegt. Man kann, folgt man diesem Verständnis, nicht um Vergebung bitten bzw. auf Vergebung hoffen, wenn man selbst nicht zu vergeben bereit ist, wie auch Mk 11,25, Mt 6,14f. oder Mt 18,35 in kaum zu bezweifelnder Klarheit statuieren. Mit diesen Stellen wird die göttliche Vergebung nicht nur als Folge der menschlichen, sondern ausdrücklich auch die menschliche als Voraussetzung für die göttliche Vergebung bezeichnet.[18] Die

---

[17] Man kann bei Mt 6,12 auch von einer Analogie zwischen menschlicher und göttlicher Vergebung sprechen, während Lk 11,4 einen Grund oder ein Motiv Gottes beschreibt, der menschlichen Vergebung zu entsprechen. Vgl. R. Roitto, The Polyvalence of ἀφίημι and the Two Cognitive Frames of Forgiveness in the Synoptic Gospels, in: Novum Testamentum 57 (2015), 136–158, 153: „In Matthew and the *Didache* ὡς indicates that divine and human forgiveness are analogous. The καὶ γάρ in Luke signals that interpersonal forgiveness is a reason for God's forgiveness … That is, wherever God's forgiveness motivates interpersonal forgiveness, the process of forgiveness is described as remission of debt."

[18] Aufschlussreich ist, welche Begriffe in Mt 6,12, Mt 6,14f. und Mt 18,23–35 verwendet bzw. nicht verwendet werden, wie R. Roitto, The Polyvalence of ἀφίημι and the Two Cognitive Frames of Forgiveness in the Synoptic Gospels, in: Novum Testamentum 57 (2015), 136–158, 154, ausführt: „Moreover, Matthew chooses the word παράπτωμα – a word that is used only

menschliche Vergebung wird eindeutig zur Bedingung für die göttliche Vergebung. Im Fall gelungener Vergebung, die nicht nur das Opfer, sondern
auch und vor allem den Täter herausfordert, ist es überflüssig, über das Verhältnis von Bedingung und Anspruch, von Voraussetzung und Folge nachzudenken. Nur für den Fall, dass Vergebung nicht zustande kommt, wird
man, allerdings auf Seiten des Täters, von einer (dann natürlich fehlenden)
Bedingung für göttliche Vergebung, auf die man gleichwohl keinen Anspruch
erheben kann (wenn zwischenmenschliche Vergebung doch noch erreicht
wird), oder von einer notwendigen Voraussetzung für göttliche Vergebung,
die der menschlichen Vergebung in kontingenter Weise auf dem Fuß folgt,
sprechen.

Wird die Bitte zwischenmenschlich reziprok verstanden, was sich nahelegt, wenn das Opfer dem Täter vergeben soll (wird es dann doch selbst,
sollte es jemals zum Täter geworden sein, auf die Vergebung durch das Opfer
hoffen können), kann die Bereitschaft zu vergeben als ungeschuldet, bedingungslos und frei stilisiert werden.[19] Vergebung wird dann, wie unter Freunden üblich, aus Liebe, das heißt aus biblischer Sicht: fair, geübt, also – zwar
zeitversetzt, aber doch erwartbar – wechselseitig gewährt. Ebenso kann die
von Gott gewährte Vergebung als ungeschuldet, bedingungslos und frei stilisiert werden und so als Ausdruck seiner Liebe gelten.[20] Wie wir sahen, wäre
es für die zeitgenössische Vorstellung eines Ineinanders von göttlicher und
menschlicher Reziprozität unangemessen, einen menschlichen Anspruch auf
göttliche Vergebung, die gleichwohl erwartbar ist, erkennen zu wollen, so wie
menschliche Vergebung kein Verdienst darstellt. Von einer Bedingung lässt
sich, wie gesagt, höchstens dann sprechen, wenn Vergebung zwischen-

---

here in Matthew – probably in order to avoid the word ἁμαρτία. (All passages in Matthew
that expresses some kind of connection between divine and human forgiveness use the debt-
frame and avoid the term ἁμαρτία, 6:12, 14–15; 18:23–35.)".
[19] Vergebung kann durch den Zusatz „παντί" als ausnahmslos und zusammen mit dem Prä-
sens als bedingungslos verstanden werden. Der Aorist lässt in der umgekehrten Richtung dieselbe Deutung zu.
[20] Unnötig umständlich und dabei gänzlich unverstanden wird dieser Zusammenhang bei R.
Pesch, Das Markusevangelium, II. Teil, Kommentar zu Kapitel 8,27–16,20, Freiburg i. Br.
³1984, 207: „Die ‚Bedingung' der eigenen Verzeihung gegenüber dem Mitmenschen ist iden-
tisch mit der Bedingung der eigenen Freiheit, der sich Gottes Liebe frei verpflichtet. Wer seinem Bruder nicht verzeiht, macht sich unfrei, Gottes Vergebung zu empfangen: Gott ‚kann'
und wird ihm nicht vergeben, da er nicht gegen seine Liebe, die ungeschuldet vergibt, und
gegen die Freiheit des Menschen, die ohne Verdienst empfängt, handelt." Der Grundsinn
der biblischen Bitte wird im Grund zynisch verdreht, das Opfer zum Täter gestempelt, weil
nicht bedacht wird, dass der Urheber des Unrechts um Vergebung zu bitten und Reue sowie
Buße zu leisten hat (es sei denn, das Opfer verzichtet darauf, wie wir noch genauer sehen
werden).

menschlich nicht gewährt wird: Dann wird auch Gott keine Vergebung gewähren.

Allerdings bleiben in dieser Diskussion zwei wichtige Sachverhalte unberücksichtigt: (1) In der Bitte um Vergebung wird auf die Bereitschaft des Opfers zu vergeben und nicht auf die Bereitschaft des Täters, Reue zu zeigen und Buße zu tun, Bezug genommen. (2) Warum sollte einem Menschen, der einem anderen Menschen vergibt, von Gott vergeben werden? Möglicherweise ist, so lautete unsere Deutung, im vergebenden Opfer, wenn wir an reziproke Verhältnisse denken, zeitversetzt schon ein der Vergebung bedürftiger Täter gegenwärtig. Der Täter bleibt freilich in den genannten biblischen Aussagen auffällig unterbelichtet. Man würde in diesem Modell voraussetzen, der Täter bitte sein Opfer um Vergebung und leiste Wiedergutmachung, wo dies möglich ist, weshalb vom Opfer erwartet werden könne, dass es dem Täter vergibt. Wenn dies allseitig geschieht, wird eine Gemeinschaft realisiert, die immer wieder zu konstruktiven Interaktionen zurückfindet. Das Opfer würde also davon ausgehen, dass es sich der durch den Täter geäußerten Bitte um Vergebung nicht verschließt, also die Restitution von Kooperation nicht verweigert, weil es solcher Vergebung in einer Situation, in der es Täter wäre, selbst teilhaft werden würde. Allerdings müsste die Hauptlast in diesem Prozess der Vergebung beim Täter liegen, so dass ergänzt werden könnte: „Vergib uns unsere Schuld, wenn wir unser Opfer um Vergebung gebeten sowie Reue gezeigt und Buße getan haben." Dann würde das Opfer Vergebung schulden, um zu einer störungsfreien Gemeinschaft zurückzufinden. Würde diese Vergebung nicht gewährt, würde Schuld im Sinn destruktiver Beziehungen verstetigt werden, ja neue Schuld durch die Verweigerung von Vergebung entstehen.

Entschließt man sich zu dieser Deutung, muss man unterstellen, es sei dem biblischen Kontext ganz einfach selbstverständlich, dass die Bedingung für Vergebung auf Seiten des Opfers auf Seiten des Täters die Bitte um Vergebung sowie die Bereitschaft zur Wiedergutmachung, soweit eben möglich, ist, weshalb, was schlichtweg selbstverständlich ist, nicht eigens betont werden muss – ein Sachverhalt, auf den wir zurückkommen werden.[21] Darin wäre dann die unaufgebbare Voraussetzung für Vergebung zu sehen. Außerdem entfaltet diese Deutung nur dann Sinn, wenn sich die Rollen von Täter und Opfer auch vertauschen können, so dass der Vergebungsbereitschaft die Vorstellung einer Gesellschaft zugrunde liegt, die sich selbst empfiehlt, zu konstruktiven Beziehungen zurückzufinden. Nicht oder zumindest nicht

---

[21] Vgl. K. Metzler, Der griechische Begriff des Verzeihens. Untersucht am Wortstamm συγγνώμη von den ersten Belegen bis zum vierten Jahrhundert n. Chr., Tübingen 1991, 244. Dies kann auch für die pagane Antike angenommen werden.

gleichermaßen selbstverständlich im Vergleich zur Bereitschaft des Täters,
um Vergebung zu bitten und Wiedergutmachung zu leisten, erschiene hier
die Bereitschaft zur Vergebung. Das ist freilich, wie gesagt, für reziproke Verhältnisse wenig plausibel, profitiert doch jeder bzw. die Gemeinschaft von
gegenseitig gewährter Vergebung, was lebensweltlich auf der Hand liegt.[22]

3.2 Von Schuld und von Schulden

Wenden wir uns einer alternativen Lesart zu, die zumindest dem Wortlaut
der Vergebungsbitte Sinn abgewinnt und den Zusammenhang von Schuld
und Schulden durch den Zusammenhang von Recht und Gerechtigkeit deutet. Im Hintergrund könnte nämlich das Kredit-, Zins- und Pfandrecht eine
entscheidende Rolle spielen. In Israel nahmen Kleinbauern beispielsweise bei
einem in der Stadt lebenden Grundherren, der dann häufig der tatsächliche
Eigentümer des Landes war, Geld auf. Bei nicht fristgerechter Rückzahlung
des Zinses erfolgte eine Pfandnahme. Musste ein Israelit also Kredit aufnehmen und war dann nicht in der Lage, den Kredit zurückzahlen, konnte der
Kreditgeber nicht nur auf Grund und Boden des Schuldners, sondern auch
auf diesen selbst und seine Familie zugreifen.[23] So konnte ein Acker bzw.

---

[22] J. Gnilka, Das Matthäusevangelium. I. Teil, Freiburg i. Br. 1988, 225, und U. Luz, Das Evangelium nach Matthäus. 1. Teilband Mt 1–7, Düsseldorf/Zürich/Neukirchen-Vluyn [5]2002, 452,
deuten das „wie auch wir vergeben" in einem begründenden Sinn, der allerdings keinen Anspruch formuliert. J. M. Ford, The Forgiveness Clause in the Matthean Form of the Our
Father, in: Zeitschrift für die Neutestamentliche Wissenschaft 59 (1968), 127–131, 130, statuiert, zwischenmenschliche Sünden werden nur dann von Gott vergeben, wenn der Täter sein
Opfer versöhnlich gestimmt hat. Wenn man die Versöhnungsbereitschaft des Täters zur
selbstverständlichen Voraussetzung erklärt, wird die Vergebungsbereitschaft des Opfers als
nicht selbstverständlich behandelt. Allerdings bleibt bestehen, dass hier das Opfer um göttliche Vergebung bittet, so dass ein reziproker Zusammenhang angenommen werden muss.
Diskutiert werden auch Zeitdimensionen, die allerdings mit den Sozialdimensionen eng verknüpft sind: Eine präsentische Bedeutung, die J. Jeremias, Neutestamentliche Theologie. Erster Teil. Die Verkündigung Jesu, Gütersloh 1971, 195, vorschlägt, würde eine Korrespondenz
von göttlicher und menschlicher Vergebung insinuieren und damit die Diskussion um Ursache und Wirkung, von Verdienst und Anspruch, von erwartbar und ungeschuldet umgehen,
dabei jedoch den Aspekt einer zeitversetzten Reziprozität unterschlagen. Immerhin können
damit unangemessene eschatologische Deutungen ausgeschlossen werden.
[23] Vgl. K. Metzler, Der griechische Begriff des Verzeihens. Untersucht am Wortstamm
συγγνώμη von den ersten Belegen bis zum vierten Jahrhundert n. Chr., Tübingen 1991,
238, zur Verschuldung und Verarmung breiter Schichten: Die Gewährung eines Kredits
brachte für den Kreditgeber einen Nutzen durch „erstens die hohen Zinsen, die vereinbart
wurden; zweitens den Erwerb des Landes, das oft als Sicherheit für den Fall der Insolvenz
eingesetzt wurde; schließlich die persönliche Haftung des Schuldners bei Insolvenz, sei es
durch Schuldknechtschaft, bei der er oder Familienangehörige von ihm die Schuld abarbeiten

ein Teil der zu erwartenden Ernte verpfändet werden, oder ein Israelit verkaufte Familienangehörige bzw. sich selbst in die Schuldknechtschaft, um für den Kreditgeber so lange zu arbeiten, bis die Schulden beglichen waren.[24] Eine Alternative dazu war, dass man sich in eine Art von Dauersklaverei begab oder als Tagelöhner sein Dasein fristete. Die Forderung, für ein gewährtes Darlehen bei der Rückzahlung Zins zu bezahlen, ist also so selbstverständlich wie die Pfandnahme zur Sicherung des Darlehens und die Haftung durch Personen oder Sachen für den Fall, dass das Darlehen nicht zurückbezahlt werden kann.

Tatsächlich übernahmen Gläubiger zunehmend die Verfügungsgewalt über das Land von Kleinbauern. Das Bestreben, sich immer mehr Eigentum zu verschaffen und sich, auf welche Weise auch immer, fremdes Eigentum, selbst wenn es sich um das Erbe, von dem eine Familie leben musste, handelte, anzueignen, war durchaus an der Tagesordnung. Schon in der frühen Königszeit ist eine Differenzierung in arme und reiche Schichten in der israelitischen Gesellschaft dokumentiert. Das Verbot, nach dem Eigentum des „Nächsten" zu greifen, wird deshalb wohl auf dem Hintergrund einer Entwicklung formuliert, in der Grundbesitzer in Schulden geraten und Probleme des Kredits auftreten, die sich nicht mehr im Rahmen nachbarschaftlicher Solidarität lösen lassen. Die Problematik entsteht ja gerade, weil die alten dörflichen Formen nachbarschaftlicher Hilfe ersetzt werden können durch den finanziellen Kredit, womit neuartige Handlungschancen generiert werden, die allerdings auch mit höheren Handlungsrisiken verbunden sind. Wo sich der Kredit nicht mehr als Funktion der nachbarschaftlich-solidarischen Hilfe versteht, muss er durch rechtliche Bestimmungen abgesichert werden. Denn in dem Maß, in dem eine Geldwirtschaft sich zu entwickeln und zu etablieren beginnt, wird die wirtschaftliche Dimension mehr und mehr isoliert, sie kann sich verselbstständigen und innerhalb der Grenzen der Legalität zu sozialen Verwerfungen führen, dann nämlich, wenn der Kreditnehmer in Not gerät.

Nun könnte man, um den Gedanken einer alternativen Deutung wieder aufzugreifen, die Perspektive umdrehen und im Opfer, das vermeintlich vergeben soll, den Täter identifizieren, der Gott um Vergebung seiner Schuld bitten kann, weil er nämlich selbst Schulden erlässt oder erlassen hat. Seine Schuld bestand dann darin, anderen ihre Schulden nicht erlassen zu haben. In dieser Deutung wäre die bereits angesprochene Vermengung von Tätern

---

mußten, sei es als Schuldgefangenschaft, durch die die Angehörigen zur Auslösung des Schuldners erpreßt wurden."
[24] Vgl. M. Goodman, The First Jewish Revolt: Social Conflict and the Problem of Debt, in: Journal of Jewish Studies 33 (1982), 417–427, 425f.

und Opfern in der Formulierung „vergib *uns* unsere Schuld, wie auch *wir*
vergeben unseren Schuldigern" entflochten: Gott kann den bittenden Tätern
Schuld dann vergeben, wenn sie ihren Opfern Schulden erlassen (haben).
Diese Deutung legt sich also nahe, wenn Schuld im wörtlichen Sinn von
Schulden verstanden wird, worauf, wie schon angedeutet, der Wortlaut
„ὀφείλημα" bei Mt 6,12 hinweist, der auf vertraglich vereinbarte Rechte
bzw. Pflichten verweist. Dann bestünde die moralische Forderung darin, gerechte, also reziproke Verhältnisse wiederherzustellen, indem Schulden erlassen werden.

Plausibel wird diese Deutung durch den Hinweis, dass in Dtn 15,1–5 alle
sieben Jahre ein Schuldenerlass vorgesehen war. Im Hintergrund steht die
Überzeugung, dass jeder Israelit von den Früchten der Erde leben können
soll. Gott ist der Herr der Erde, und es liegt deshalb am Menschen, gerechte
Verhältnisse zu etablieren. Der Sinn dieser Regelung besteht darin zu verhindern, dass Kredite mit dem Ziel verliehen werden, Menschen in Abhängigkeit
zu bringen. Kredite sollen als Notdarlehen gewährt werden.[25] Allerdings hatte
die Institution des Schuldenerlasses eine beachtliche Folge: Je näher dieser
Termin rückt, desto eher wird der Kredit verweigert, weil der Kreditgeber absehen kann, dass die Schulden nicht zurückgezahlt werden. Die Konsequenz
dieser Konstruktion wird zum Schaden für den Kreditgeber, ihre Antizipa-
tion zum Schaden für den (potentiellen) Kreditnehmer. Modern würde man
von einer Dilemmasituation sprechen. Zugespitzt wird diese Situation, wenn
man bedenkt, dass es im Rahmen nachbarschaftlicher Solidarität nicht nur
geboten war, Schulden zu erlassen, sondern zuvor, Kredite zu gewähren. Sowohl die Verweigerung des Schuldenerlassens wie auch des Kreditgebens
wäre Sünde, weil das Gebot nachbarschaftlicher Solidarität verletzt werden
würde.

Um diese Dilemmasituation zu überwinden, wurde die Regel, Schulden
in definierten Zeitabständen zu erlassen, durch das zur Zeit Jesu eingeführte
Prosbol unter Vorbehalt gestellt, genauer, die Vorschrift wurde faktisch außer
Kraft gesetzt. Dies geschah durch eine Bescheinigung, die bei Gericht hinter-
legt wurde, um die Verjährung von Forderungen durch das Erlassjahr zu ver-

---

[25] Vgl. F. Crüsemann, Die Tora. Theologie und Sozialgeschichte des alttestamentlichen Gesetzes, München 1992, 263–269; ders., „… wie wir vergeben unseren Schuldigern". Schulden
und Schuld in der biblischen Tradition, in: M. Crüsemann/W. Schottroff (eds.), Schuld und
Schulden. Biblische Traditionen in gegenwärtigen Konflikten, München 1992, 90–103, 98:
„Wichtiger als die Frage, wer dann noch leihen wird, war den Autoren offenbar die Frage,
wozu und warum überhaupt geliehen wird. Wer mit dem (versteckten) Ziel leiht, Abhängigkeit zu erzeugen, und das wird die Regel gewesen sein, verliert durch das Gesetz seine Grundlage. Nur wer so großzügig leiht, daß innerhalb der Frist bis zum nächsten Sabbatjahr wirklich
eine effektive Lageänderung eintritt, die dem Verschuldeten eine Rückzahlung erlaubt, hat
Aussicht auf Rückzahlung."

hindern. Der Gläubiger konnte die Schulden also jederzeit zurückfordern.[26] Man könnte dann die Bitte um göttliche Vergebung so verstehen, dass Schuld vergeben werden soll, die auf Seiten des Kreditgebers entsteht, wenn er die Schulden seines Kreditnehmers nicht nachlässt, weil auch und vor allem Schuld entstünde, wenn ein Kredit, der voraussichtlich nicht zurückbezahlt werden müsste, nicht gewährt werden würde. Immerhin wird der Begriff des Erlassjahres griechisch mit ἄφεσις übersetzt.[27] Der Kreditgeber hofft mit dieser Bitte auf göttliche Vergebung der Schuld auch dann, wenn er die Schulden des Kreditnehmers aus nachvollziehbaren Gründen, nämlich gemäß der Regelung des Erlassjahres, nicht nachlässt. Allerdings wird in dieser Deutung der Zusatz „wie auch wir vergeben unseren Schuldigern" nicht plausibel. Man könnte deshalb die Vergebungsbitte auch so deuten, dass das Nachlassen der Schulden freiwillig erfolgen soll, also auch dann, wenn das Recht dies nicht erzwingt, wie das ja beim Prosbol der Fall ist, durch das der Sinn des nun flexibel gestaltbaren Erlassjahres unterlaufen werden kann. Wir hätten es also mit einer Forderung der Moral zu tun.

Im Angesicht existenzgefährdender Abhängigkeitsverhältnisse hätte die Bitte „Vergib uns unsere Schuld, wie auch wir vergeben unseren Schuldigern" deshalb insgesamt einen einsichtigen Sinn: Der Großgrundbesitzer soll den in Not geratenen Kleinbauern die Schulden erlassen, weil ihm der Reichtum, der andere in Armut treibt, gar nicht zusteht, er also dadurch, dass er Menschen in den Ruin treibt, Schuld auf sich lädt. Hier können die Zeitmodi der Bitte oder auch die Abhängigkeitsverhältnisse zwischen menschlicher und göttlicher Vergebung neu aufgerollt werden. Eine präsentische Deutung würde auf dem geschilderten Hintergrund eine Koinzidenz von menschlicher und göttlicher Vergebung nahelegen: In dem Moment, in dem der Betende seinen Schuldnern ihre (monetären, rechtlich verfassten) Schulden vergibt, vergibt auch Gott ihm seine (moralische) Schuld. Faktisch ist mit der Bitte selbst ein futurischer Sinn verbunden, sofern sich der Betende motiviert sieht, von ungerechten zu gerechten Verhältnissen zurückzufinden. Eine perfektivische Deutung würde den Schuldennachlass durch den Menschen als schon vollendet ansehen, womit der Schuldnachlass durch Gott erwartbar wird, auch wenn damit, wie wir sahen, kein Anspruch verbunden sein kann.

---

[26] Vgl. F. Crüsemann, „… wie wir vergeben unseren Schuldigern". Schulden und Schuld in der biblischen Tradition, in: M. Crüsemann/W. Schottroff (eds.), Schuld und Schulden. Biblische Traditionen in gegenwärtigen Konflikten, München 1992, 90–103, 101: So wurde angeordnet, „daß die Schuldscheine entpersönlicht, d. h. einem Gerichtshof übergeben werden können. Damit war ein vorgängiger Verzicht der Schuldner auf die Wirkung des siebten Jahres verbunden."

[27] Vgl. K. Metzler, Der griechische Begriff des Verzeihens. Untersucht am Wortstamm συγγνώμη von den ersten Belegen bis zum vierten Jahrhundert n. Chr., Tübingen 1991, 238.

Um also den sozialen Sinn der Vorschrift eines regelmäßigen Schuldenerlasses, die ja verhindern soll, dass Existenzen gefährdet werden, normativ
aufrechtzuerhalten, wurde, so könnte man nun schlussfolgern, die Bitte um
göttliche Vergebung in ein Gebet gefasst.[28] Dies lässt sich zweifach verstehen.
(1) Einer naheliegenden Deutung zufolge mag sich darin ein Appell der Moral artikulieren, Schulden zu erlassen, wo das veränderte Recht diese Pflicht
nicht mehr vorsieht. Idealerweise wird also ein Kredit als Notdarlehen unabhängig vom Rhythmus der Erlassjahre gewährt und das Recht des Schuldenerlasses als Forderung der Moral freiwillig akzeptiert. (2) Eine weitere Deutung gesteht dem Gläubiger göttliche Vergebung zu, obwohl oder besser
formuliert: weil er dem Schuldner nicht vergeben kann (sofern dies nämlich
die bereits verselbstständigte Logik des Kreditwesens nicht zulässt), was zu
einer spiritualisierenden Deutung führt, wobei jedoch der Zusatz „wie auch
wir vergeben unsern Schuldigern" eine eschatologisierende Perspektive im
Sinn einer endgültigen Überwindung aller Schuld und aller Schulden am
Ende aller Zeit erzwingt – was wenig wahrscheinlich ist.

Eher dürfte sich in den Vergebungsbitten, die uns in Mt 6,12 und Lk
11,4 überliefert sind, der Begriff der Schuld allmählich vom Begriff der
Schulden abgelöst haben, womit dann tatsächlich eine spiritualisierte und
eschatologisierte Deutung in den Vordergrund tritt. Die bis heute vorgebrachte Suggestion, es sei für Gläubige Pflicht, Schuld bedingungslos zu
vergeben, weil auch Gott ihnen vergeben hat oder vergeben will, verliert auf
diesem Hintergrund jegliche Plausibilität. Beide Sphären der Vergebung
sind nämlich an Bedingungen gebunden: Die zwischenmenschliche Vergebung von Schulden führt soziale Asymmetrien auf symmetrische Verhältnisse zurück, und erst wo das geschehen ist, ist auch Gott bereit zu vergeben. Die erwähnte Suggestion verkehrt also die zweifache Bedingtheit in
eine zweifache Unbedingtheit.[29]

---

[28] Vgl. M. L. Frettlöh, „Der Mensch heißt Mensch, weil er … vergibt"? Philosophisch-politische und anthropologische Vergebungs-Diskurse im Licht der fünften Vaterunserbitte, in: J.
Ebach/H.-M. Gutmann/M. L. Frettlöh/M. Weinrich (eds.), „Wie? Auch wir vergeben unsern
Schuldigern?" Mit Schuld leben, Gütersloh 2004, 208, formuliert dann allerdings rätselhaft
feierlich: „Die Weisung des Schuldenerlasses ist damit in jeder Konnotation des Wortes aufgehoben: juristisch unter Vorbehalt gestellt wird sie durch Aufnahme ins Gebet bewahrt und
erhöht – zur bedingenden Entsprechung göttlichen Schuldenerlasses."
[29] Vgl. R. Swinburn, Responsibility and Atonement, Oxford 1989, 88.

3.3 Vom Suchen und Finden – und von einer Umkehr

Auch die Erzählung in Lk 15,11–32 lässt sich in diesem Rahmen deuten. Sie handelt in Wirklichkeit nicht oder zumindest nicht vordergründig davon, dass ein Sohn verloren geht und vom Vater gefunden wird (er wird von ihm übrigens auch nicht gesucht – während das verlorene Schaf bei Lk 15,4–7 und die verlorene Münze bei Lk 15,8–10, von denen unmittelbar zuvor gehandelt wird, gesucht und gefunden werden),[30] sondern davon, dass der Sohn umkehrt, nachdem er sich vom Vater emanzipiert hat und in falsche Gesellschaft geraten ist. Beides setzt Entschluss und Plan voraus: Der Sohn lässt sich das Erbe, das ihm zusteht, zunächst ausbezahlen und überlegt sich später eingehend, was er tun muss, um vom Vater wieder aufgenommen zu werden. Im Vordergrund dieser Trennung vom Vaterhaus, die vom Erzähler mit einem Vorwurf bedacht wird, steht „die Zerstörung der eigenen Lebensgrundlage, die Absage an die eigene Herkunft, die auch keine Zukunft mehr offenlässt".[31] Möglicherweise ist damit über den Zusammenhalt einer Familie hinaus das Auftrennen solidarischer Bindungen gemeint. Denn die Bezeichnung „Bruder" mag nicht auf familiäre Verpflichtungen beschränkt sein, sondern darüber hinausgehende Reziprozitätsnetze im Rahmen einer Gemeinschaft oder Gemeinde im Auge haben, hier wiederum in einem offensichtlich monetären, das heißt rechtlich gefärbten Kontext.[32]

Dass der äußeren Distanz des jüngeren die innere des älteren Bruders folgt, wird dadurch zum Ausdruck gebracht, dass der Ältere den Jüngeren seinem Vater gegenüber als „dein Sohn" bezeichnet und ihm einen unsittlichen Lebenswandel andichtet. Tatsächlich kann keine Handlung des „verlorenen Sohnes" als Sünde bezeichnet werden: weder das Ansinnen, sich das Erbe auszahlen zu lassen, noch das verschwenderische Leben, das er führt. Wenn bemerkt wird, er habe sein Vermögen verschleudert, wird damit zwar ein Leben in Saus und Braus konnotiert, ein Vorwurf könnte aber nur mit einer präzisen Zielrichtung formuliert werden, wenn nämlich, wie wir noch sehen wollen, durch ein solches Verhalten Solidarstrukturen untergraben werden (der Vorwurf, jemand verschleudere sein Geld, wird uns übrigens im Gleichnis vom ungerechten Verwalter bei Lk 16,1 erneut begegnen). Die

---

[30] Vgl. J. Kilgallen, The Parable(s) of the Lost Sheep and Lost Coin, and of the Ressurected Son in Luke 15, in: Proceedings of the Irish Biblical Association 32 (2009), 60–73.

[31] H.-J. Klauck, Heil ohne Heilung? Zu Metaphorik und Hermeneutik der Rede von Sünde und Vergebung im Neuen Testament, in: H. Frankemölle (ed.), Sünde und Erlösung im Neuen Testament, Freiburg i. Br. 1996, 18–52, 45.

[32] Tatsächlich bezeichnet der ältere Bruder den jüngeren gegenüber seinem Vater als „dein Sohn" (Lk 15,30), nicht als seinen Bruder.

Tatsache, dass er das Erbe, das ihm nach Recht und Gesetz zusteht, durchbringt, gibt also keinen Anlass, von Sünde zu sprechen. Dass er in ein heidnisches Umfeld gerät, wird dadurch angedeutet, dass er zum Schweinehüter wird, doch isst er nicht einmal das Futter, geschweige denn das Fleisch der Schweine: Er befolgt also die jüdischen Vorschriften genau.[33] Kritisiert wird vielmehr – sogar in der Selbstbezeichnung dessen, der weiß, dass er gesündigt hat (ἁμαρτάνειν) – der intime Kontakt zu einer fremden Kultur, der dazu führt, angestammte, lebensförderliche Verpflichtungen hinter sich zu lassen und dadurch sein Ziel zu verfehlen: Angesichts seiner Herkunft hat er das tragende Ethos seiner Kultur verlassen und seine Zukunft verspielt. Für die Familie oder Sippe, der er entstammt, ist er tatsächlich „verloren": für sie ist er „tot".[34] Anders als beim Verschwenden des Erbes ist hier an eine gemeinschaftsschädigende Handlung gedacht, deren Wirkung auf den Verursacher zurückfällt. Hier wird der Zusammenhang von Sünde und Tod deutlich, den Paulus abstrakt fasst, ohne freilich den konkreten lebensweltlichen Hintergrund dieser Verbindung zu vergessen.

So wird der Zusammenhang von Tun und Ergehen dargestellt, und zwar in der Weise gestörter Reziprozität, die auf den Täter zurückfällt, der Opfer seiner eigenen Handlungen wird. Genauer noch versündigt er sich – ganz im Sinn der Verschränkung mundaner und transmundaner Reziprozität – gegen den Vater und gegen den Himmel (Lk 15,15.21). Und bemerkenswerterweise konzentriert sich die Erzählung auf die lebensmindernde Wirkung, die das Weggehen aus dem Vaterhaus mit sich bringt: der Sohn ist „zu weit" gegangen. Er beschädigt auch sein eigenes Wohlergehen. Kehrte er um, käme ihm das konsequent zugute, wie dann ja weiter ausgeführt wird. Sein Bruder war in solche Existenznot nie geraten, er besitzt keinen Grund zur Klage, hat er doch die familiären oder verwandtschaftlichen Reziprozitätsnetze nie verlassen (und somit natürlich auch nie beschädigt). Genau genommen geht jedoch der Gemeinschaft ein Mitglied verloren. Gerade deshalb spricht nichts dagegen, den „verlorenen Sohn" wieder aufzunehmen und die gestörte Reziprozität – zum gegenseitigen Vorteil – wiederherzustellen. So herrscht zu

---

[33] So M. Ebner, Von Sünde und Umkehr – und einem Hörexperiment mit offenem Ausgang. Narratologische, rezeptionsästhetische und redaktionsgeschichtliche Überlegungen zu Lk 15, in: J. Flebbe/M. Konradt (eds.), Ethos und Theologie im Neuen Testament, Neukirchen-Vluyn 2016, 82–102, 88. Im Text wird bemerkt, dass er die Futterschoten gerne gegessen hätte, ihm allerdings niemand davon gab (Lk 15,16), faktisch übertritt er also tatsächlich die entsprechende Vorschrift nicht.

[34] Eindrucksvoll klar beschreibt K. H. Rengstorf, Die Re-Investitur des Verlorenen Sohnes in der Gleichniserzählung Jesu Luk. 15,11–32, Köln/Opladen 1967, 21–27, die Abtrennung des „verlorenen Sohnes" von seiner Familie bzw. Sippe, für die er „tot" ist und die durch den Vater, der eine besondere Verantwortung und Sorge für die Existenzgrundlage der Gemeinschaft trägt, repräsentiert wird.

Recht Freude über die Rückkehr des verlorenen Sohnes – auch im Himmel. Nimmt man die Erzählung vom verlorenen Schaf und von der verlorenen Münze, über die kurz davor gehandelt wird, noch einmal auf, so werden das Suchen Gottes und die Umkehr des Sohnes nach der Vorstellung der Verschränkung von göttlicher und zwischenmenschlicher Reziprozität eindrucksvoll ins Bild gesetzt.[35] Wer aktiv und wer reaktiv ist, lässt sich dabei gar nicht mehr sagen: Nach der Invisibilisierung des Tauschcharakters kann die menschliche Aktion keine göttliche Reaktion erheischen, was ja im Bild des Suchens zum Ausdruck kommt. Umgekehrt ist die göttliche Reaktion von der menschlichen Aktion „nicht unabhängig" (in der schon erörterten Bitte „vergib uns unsere Schuld, wie auch wir vergeben unseren Schuldigern" wird dies durch die Abfolge von menschlicher Vorleistung und göttlicher Anerkennung dieser Vorleistung kenntlich): Die heilsgeschichtliche Wende stellt das Netz der Reziprozität wieder her.

Die Realität wird genau umgekehrt gewesen sein. Bedenkt man nämlich den Rahmen, der schildert, wie Jesus wegen seiner wohlwollenden Haltung Sündern gegenüber angegriffen wird, dürften im Hintergrund die Gruppe der Zöllner und erneut der Zusammenhang von Schuld und Schulden stehen: Sie, die sich der römischen Macht andienen und von ihr profitieren, werden gescholten, sie sollen umkehren! Sie verschleudern, was sie ihren Brüdern – zu Recht aus der Perspektive des Landesfeindes, doch zu Unrecht aus der Perspektive der solidarischen Kultur, der sie entstammen – weggenommen haben, nämlich durch die Steuern, die sie aus Israel herauspressen, um „die vereinbarte Pachtsumme nach Rom fließen zu lassen – und den Rest in die eigene Tasche zu stecken".[36] Ziemlich wahrscheinlich führt ihre Tätigkeit dazu, dass Menschen in Schulden geraten und sogar ihr Vermögen verlieren, dass sie verarmen, weshalb sie sich selbst Nahrungsmittel

---

[35] Vgl. dazu subtil Martin Ebner, Überwindung eines „tödlichen" Lebens. Paradoxien zu Leben und Tod in den Jesusüberlieferungen, in: Jahrbuch für Biblische Theologie 19 (2005), 79–100, 98: „Wenn nun in der Erzählung vom verlorenen Sohn genau umgekehrt die *aktive* Umkehr als ein *Gefunden werden* interpretiert wird, soll dadurch ‚Umkehr' offensichtlich als ein dialektischer Vorgang von aktivem menschlichen Tun und göttlicher Initiative vor Augen gestellt werden. Gott sucht den Menschen, bis er ihn findet. Der Mensch seinerseits lässt sich finden. Erkennen kann man das daran, dass er umkehrt und anders lebt. Dieses Ineinandergreifen von göttlicher Aktion und menschlicher Reaktion, die mit menschlichen Augen betrachtet aber nur als Eigeninitiative wahrgenommen werden kann, bringt die kommentierende Sentenz des Vaters als Übergang vom Tod zum Leben bzw. vom Verloren-Sein zum Gefunden-Werden (V. 24.32) zum Ausdruck."

[36] M. Ebner, Von Sünde und Umkehr – und einem Hörexperiment mit offenem Ausgang. Narratologische, rezeptionsästhetische und redaktionsgeschichtliche Überlegungen zu Lk 15, in: J. Flebbe/M. Konradt (eds.), Ethos und Theologie im Neuen Testament, Neukirchen-Vluyn 2016, 82–102, 93.

nicht mehr leisten können[37] und sich als Lohnarbeiter verdingen müssen
(Lk 15,15f.), was, wie gesagt, im Zusammenhang von Tun und Ergehen formuliert wird: Dass sie reich und andere arm werden, dass sie das Sicherungsnetz der Solidarität zerreißen, darin besteht ihre Schuld. Folgt man
der Parabel, so ist der Sohn zu Umkehr, zu Reue und Buße bereit – obwohl
er sein Schuldbekenntnis nur zum Teil ablegt, weil er vom Vater daran ge-
hindert wird, jenen Teil vorzutragen, mit dem er sich als Lohnarbeiter anbietet. Er hat kein Recht mehr auf den alten Status, weil er seinen Anteil
bereits erhalten hat und sich den neuen Status als Lohnarbeiter erst verdienen muss. Mag die Bekleidung mit der ursprünglichen Position, die ihm
sein Vater in der Erzählung zugesteht, „gegen Recht und Gesetz"[38] sein, so
ist sie doch Ausdruck einer bewährten solidarischen Kultur und Akt der Gerechtigkeit. Die Empörung der Pharisäer und Schriftgelehrten (Lk 15,2), denen dies alles ans Herz gelegt wird (sie korrespondiert mit dem Zorn des
Sohnes, der dem Vater immer treu ergeben war), artikuliert sich vermutlich
in dem Vorwurf, Jesus nehme Sünder in die Gemeinschaft der Gerechten
auf, ohne von ihnen eine Vorleistung zu fordern – was offenbar falsch ist,
denn das Geld wird – zumindest von einem ist es bezeugt (Lk 19,1–10) –
zurückgegeben, die Schulden werden beglichen, die Schuld ist somit getilgt
und Gerechtigkeit wiederhergestellt.[39] Doch möglicherweise ist es den religiösen Autoritäten wichtiger, Schuld zu vergeben als sich darüber zu freuen,
dass Schulden erlassen werden, das zurückgegebene Geld also letztlich denen zugute kommt, die es nötig haben: Die Moral siegt über den Ritus.
Diese Deutung kann auf die Heiden ausgeweitet werden.[40] Wenn Pharisäer

---

[37] Vgl. M. Wolter, Das Lukasevangelium, Tübingen 2008, 532: „Das Problem ist also nicht,
dass es prinzipiell nichts zu essen gibt, sondern dass die Nahrungsmittel für ihn zu teuer geworden sind."

[38] M. Ebner, Von Sünde und Umkehr – und einem Hörexperiment mit offenem Ausgang. Narratologische, rezeptionsästhetische und redaktionsgeschichtliche Überlegungen zu
Lk 15, in: J. Flebbe/M. Konradt (eds.), Ethos und Theologie im Neuen Testament, Neukirchen-Vluyn 2016, 82–102, 93. Das lässt sich wohl so verstehen, dass, indem der jüngere Bruder wieder in seine ursprüngliche Position gebracht wird, die Ansprüche des älteren Bruders
gemindert werden.

[39] Vgl. M. Ebner, Von Sünde und Umkehr – und einem Hörexperiment mit offenem Ausgang. Narratologische, rezeptionsästhetische und redaktionsgeschichtliche Überlegungen zu
Lk 15, in: J. Flebbe/M. Konradt (eds.), Ethos und Theologie im Neuen Testament, Neukirchen-Vluyn 2016, 82–102.

[40] Vgl. Martin Ebner, Überwindung eines „tödlichen" Lebens. Paradoxien zu Leben und Tod
in den Jesusüberlieferungen, in: Jahrbuch für Biblische Theologie 19 (2005), 79–100, 99:
„Konkret dürfte bei dem jüngeren ‚verlorenen' Sohn, der den Weg zurück ins Vaterhaus findet, an die Heiden gedacht sein. Das ergibt sich vor allem aus der Anlage des lukanischen
Doppelwerkes. Denn parallel zu den Gleichnissen von ‚den Verlorenen' in der Mitte des Evangeliums findet sich die Erzählung vom Apostelkonzil, die über die Aufnahme der Heiden in

und Schriftgelehrte dagegen protestieren, dass Heiden bedingungslos in die Gemeinschaft der Glaubenden aufgenommen werden, dürfte an rituelle, nicht an moralische Vorleistungen gedacht sein: Das Fest findet ohne den älteren Bruder statt, die Umkehr oder hier besser: die Aufnahme in Netze der Solidarität genügt dazu.

3.4 Positive Reziprozität: Den Nächsten lieben wie sich selbst

Viel spricht dafür, die biblische Weisung, den Nächsten zu lieben wie sich selbst, in normativer Hinsicht ähnlich wie das Konzept der antiken Freundschaftsliebe zu behandeln, das von reziproken Interaktionsverhältnissen ausgeht (ein Verhältnis negativer Reziprozität wird damit ausgeschlossen). Weiteren Aufschluss über die Verschränkung von Schuld und Schulden sollen auf diesem Hintergrund Beispielgeschichten geben, also normative Muster, die exemplarisch vorbildliches Handeln vor Augen stellen und deshalb, wie Normen überhaupt, kontrafaktisch formuliert sind.[41] Ihrer Existenz ist zu entnehmen, dass die Realität anders aussah.

3.4.1 Von Helden sozialer Gerechtigkeit

Bei der Deutung der Beispielgeschichten in Mt 25,14–30 bzw. Lk 19,12–27 überwiegen in der Literatur eschatologische Aussagen von der Ankunft Jesu Christi am Ende der Zeit, wo diejenigen, die die Chancen der Zwischenzeit zu nutzen wussten, in das messianische Freudenmahl eingehen, also be-

---

das Gottesvolk berät, genau in der Mitte der Apostelgeschichte (Apg 15). Der ältere Sohn (im Gleichnis) sowie die Pharisäer und Schriftgelehrten (in dessen Rahmenhandlung), die sich auf unterschiedlichen Erzählebenen über das Fest empören, das der Vater mit dem verlorenen Sohn feiert (V. 29f) bzw. Jesus mit den Zöllnern und Sündern (V. 2), entsprechen den Pharisäern in Apg 15,5, die sich dagegen sträuben, Heiden ohne Bedingung in das Gottesvolk aufzunehmen, und entsprechende Einwände erheben. Längst bevor der tatsächliche Ausgang der Beratungen auf dem Apostelkonzil in Apg 15 erzählt wird, sollte den Lesern von Lk 15 her klar sein, dass über die Aufnahme der Heiden in das Gottesvolk bzw. über präzise Konditionen für das Zusammenleben eigentlich überhaupt nicht diskutiert werden sollte. Denn diejenigen, die um Eintritt bitten, sind von Gott gefunden worden und kehren in ihr Vaterhaus zurück. Schon deshalb können sie gar nicht abgewiesen werden. Und auch das sollte von der Lektüre der Gleichnisse im Zentrum des Evangeliums her klar sein: Das Fest im Vaterhaus hat bereits stattgefunden – ganz unabhängig von der Reaktion des älteren Sohnes, der innerhalb des Gleichnisses die Pharisäer und Schriftgelehrten verkörpert und wiederum für die Rolle der Pharisäer auf dem Apostelkonzil Pate steht."

[41] Ich folge in der Interpretation dieser Beispielgeschichten M. Ebner, Inkarnation der Botschaft – Kultureller Horizont und theologischer Anspruch neutestamentlicher Texte, Stuttgart 2015, 25–46.

lohnt, während diejenigen, die die Risiken scheuten, bestraft werden.[42] Somit ist der Gemeinde und ihren Mitgliedern je nach ihrem Vermögen, also entsprechend den anvertrauten Talenten, welche vermehrt werden sollen, eine Verantwortung in der Welt zugewiesen, die es einzulösen gilt.[43] Innerhalb dieser Deutung ist allerdings der Satz des Herrn, der auf Reisen geht, unverständlich, er ernte auch dort, wo er nicht gesät, und sammle auch da ein, wo er nicht ausgestreut habe. Irritierend, ja schockierend ist zudem die Bemerkung, nach der demjenigen, der hat, gegeben, ja Überfluss zuteil wird, während demjenigen, der nichts oder nur wenig hat, auch noch weggenommen wird, was er besitzt.[44] Der Herr wirft sogar den in seinen Augen

---

[42] Der zum König promovierte Herr vertraut in Lk 19,12–27 dem erfolgreichen Diener die Kontrolle über zehn Städte an. Handelte es sich nicht um eine Belohnung, hätte der Diener keinen Anreiz, erfolgreich zu wirtschaften (das gilt sowohl für die Vergangenheit, in der er seine Fähigkeiten schon bewiesen hat, als auch für die Zukunft, in der er die Hoffnung des Königs wiederum erfüllen soll). Allerdings bedeutet die Beförderung vor allem für den König die Aussicht, seinen erfolgreichsten Mitarbeiter mit einem noch größeren Anreiz auszustatten, noch mehr Vermögen für ihn zu erwirtschaften. Verwirrend unlogisch ist die Deutung von F. Bovon, Das Evangelium nach Lukas (Lk 15,1–19,27), Neukirchen-Vluyn 2001, 297f.: „Aber die Theologen haben mit Recht darauf hingewiesen, daß in der Welt des Glaubens die Belohnung mit einer neuen Aufgabe einhergeht. Lukas denkt an eine Mitregentschaft im messianischen Reich … Auf die harte Gleichbehandlung fixiert, verschließt sich der dritte Diener der liebenden Beziehung. Großzügigkeit, Verzeihen und Liebe werden unmöglich, wenn – so die Schlußfolgerung, die ich daraus ziehe – allein die strikte Belohnung triumphiert."
[43] U. Luz, Das Evangelium nach Matthäus (Mt 18–25), Neukirchen-Vluyn 1997, 505, bemerkt zwar die Diskrepanz zwischen skrupellosem Kapitalismus und liebevoller Nachfolge, schiebt dies aber auf die Schwäche der Parabel, mit der Folge einer spiritualisierten und eschatologisierten, nicht auf Gesellschaftsstrukturen abhebenden Deutung: „Zugleich aber läßt diese Formulierung etwas von der Schwäche der Parabel deutlich werden. Zwischen der Liebe und dem entschlossenen, riskanten Handeln von Kleinkapitalisten gibt es so viele Unterschiede, daß der Berührungspunkt zwischen Bildhälfte und Leben nur ein formaler ist: der Mut, die Risikobereitschaft, das Schauen auf den möglichen Ertrag. Das ist die erste Schwäche dieser Parabel. Sie läßt auch offen, warum die Liebe keine Angst zu haben braucht. Der Mut der Liebe ruht für Jesus darin, daß sie vor Gott keine Angst zu haben braucht und sich von ihm getragen weiß, gerade auch in der Abrechnung im kommenden Gericht. Aber die Parabel läßt die Frage nach dem Gottesbild offen. Sie läßt es letztlich unentschieden, ob Gott nicht doch profitgierig und hart ist, wie der dritte Sklave denkt. Das ist ihre zweite Schwäche."
[44] Vgl. J. Gnilka, Das Matthäusevangelium, II. Teil, Freiburg i. Br. 1988, 356–364: Die Unterscheidung von fünf bzw. zwei Talenten bzw. einem Talent wird als Hinweis auf die unterschiedlichen Bedeutungen der Gemeindemitglieder für das Gemeindeleben und die Realisierung der Verantwortung der Christen aufgefasst. Die Vermehrung der Talente steht hier für die Früchte, die die Arbeit desjenigen erbringen soll, der den Weisungen der Bergpredigt und überhaupt den Weisungen Jesu gehorsam ist. Die Zwischenzeit bis zur Wiederkunft Christi ist also eine Zeit für das verantwortete Risiko. Damit wird das Verhältnis von Gabe und Aufgabe tangiert. Die Talente sind Geschenke. Wer ungeteilt Jesus nachfolgt, wer sein Wort hört und tut, kann darauf bauen, dass die Gabe ihn trägt. Es ist also die Aufforderung zu Arbeit und Treue, die als Bedingungen dafür genannt sind, zu den Auserwählten gerechnet zu werden.

unnützen Knecht hinaus in die Finsternis, wo er heulen und mit den Zähnen knirschen wird, obwohl doch bei Mt 25,14–30, anders als bei Lk 19,12–27, gar kein Auftrag bestand, Geschäfte, also Gewinn zu machen und der Knecht sein Talent zwar nicht vermehrt, aber doch immerhin sorgfältig aufbewahrt hat. Er wird offensichtlich zu Unrecht bestraft.

Berücksichtigt man die Struktur der damaligen Gesellschaft, so handeln die Erzählungen von einem widerständigen Mitarbeiter, der sich, anders als die „treuen" Untergebenen seines Herrn, nicht schamlos bereichert, mit der Folge, dass die Reichen immer reicher und die Armen immer ärmer werden (bei diesen, wie bei den folgenden Beispielgeschichten, orientieren wir uns weitgehend an der Deutung von Martin Ebner). Beide Male geht es um einen Herrn, der außerordentlich lukrative Geldgeschäfte zu tätigen scheint, obwohl doch in der biblischen Welt ein Zinsverbot existiert (ob es verwirklicht wurde oder nur Programm blieb, ist nicht mehr eindeutig feststellbar).[45] Die Vergabe von Krediten durch Großgrundbesitzer und das Einstreichen von Zinsen kann nämlich, wie wir schon sahen, dazu führen, dass Kleinbauern in finanzielle Not und Abhängigkeit geraten, ja dass sie ihre freie Existenz verlieren.[46] Ein Kredit soll als reines Notdarlehen gewährt werden. Damit wird eine biblische Überzeugung, nach der die Güter dieser Welt von Gott kommen, weshalb jeder von ihnen soll leben können, verraten. Weil das, was der eine hat, dem anderen fehlt, darf keiner zu viel besitzen. Alle sollen als freie Menschen leben können. Es kann sogar vorkommen, dass ein Großgrundbesitzer einen Bauern vorsätzlich in den Ruin treibt, indem er einen Kredit gewährt, in der Hoffnung, dass dieser Kredit mit aller Wahrscheinlichkeit nicht zurückgezahlt werden kann (eine Missernte, damals keine Seltenheit, mag dafür ausreichen), so dass der Grundbesitz an ihn fällt. Diese Spekulation ist ein besonders schändliches Verhalten. Um eine solche Spekulation also, nicht nur um Zinsnehmen, dürfte es in dem Gleichnis bei Mt 25,14–30 gehen. Bei Lk 19,12–27 ist die Ausbeutung durch die römische Herrschaft im Blick: Der Mann, der in ein fremdes Land reist, um ein Königtum zu empfangen bzw. zu erwerben, entfacht einen Wettbewerb unter seinen Steuersklaven, um die Kosten, die auf ihn zukommen, durch Steuereintreibung zu kompensieren. Entsprechend wird der Abgabendruck von oben

---

Gnilka nimmt zwar den Einwand auf, dass hier ein krasses Leistungsdenken forciert wird, tut diesen Einwand aber mit dem Hinweis ab, dass die Grundlage für die Leistung ja Geschenk ist: Der Sklave lebt nicht zuerst von der eigenen Leistung, sondern von der Gabe seines Herrn. Wer sich als Jünger oder Christ nicht für das Reich Gottes engagiert, versagt.

[45] Vgl. E. Otto, Theologische Ethik des Alten Testaments, Stuttgart/Berlin/Köln 1994, 108.

[46] Vgl. R. Kessler, Das hebräische Schuldenwesen. Terminologie und Metaphorik, in: ders., Studien zur Sozialgeschichte Israels, Stuttgart 2009, 31–45.

nach unten weitergeleitet.[47] Es ist jedenfalls kein Wunder, wenn ein rück-
sichtsloser Ausbeuter von den Menschen gehasst wird (Lk 19,14).

Die beiden in Mt 25,14–30 zuerst genannten Sklaven beteiligen sich an den
Finanzgeschäften ihres Herrn, der selbst nicht arbeitet, sondern das Geld arbeiten lässt und deshalb auch dort erntet, wo er nicht gesät hat.[48] Für diesen
Reichen trifft tatsächlich zu, dass ihm, der hat, gegeben wird, und zwar in rei-
chem Überfluss, während den Armen, die unter seinen Spekulationen leiden,
auch noch das wenige, was sie haben, weggenommen wird. Sie werden
schlichtweg ihrer Existenzgrundlage beraubt. In den Augen des Herrn ist der
Sklave, der sich auf dieses Spiel nicht einlässt, in der Tat ein nichtsnutziger
Knecht, der hinausgeworfen, das heißt entlassen werden muss. Für den Autor
dieser Beispielerzählung (nicht für den Redaktor, der davon keine Ahnung zu
haben scheint) hingegen ist genau dieser Sklave ein leuchtendes Vorbild, weil
er sich am „kapitalistischen Treiben" des Herrn nicht beteiligt, will er doch offenbar nicht schuld daran sein, dass Menschen um ihre Existenz gebracht und
somit ihrer Freiheit beraubt werden. Etwas technischer ausgedrückt: Der zuletzt genannte Sklave kooperiert nicht mit Regeln, die eine „hierarchische Defektion" begünstigen, er kooperiert imaginär, zumindest in dem hervorgeho-
benen Beispiel, mit Regeln, die Kooperation gegen Defektion, nämlich die
Ausbeutung der gesellschaftlich Benachteiligten, schützen sollen, und er wird
so zum Vorbild. Man könnte auch sagen, er defektiert von einer – zumindest
aus moralischer Sicht – nicht rechtfertigbaren Defektionsstrategie. Asymmetrie soll zu Symmetrie hin überwunden werden.

Der Anachronismus dieser normativ wirkenden Erzählung, und zwar in
ihrem ursprünglichen, solidarische Reziprozität beschwörenden Sinn, besteht
darin, dass die alten Formen nachbarschaftlicher Hilfe ersetzt werden kön-

---

[47] Auch ein Blick auf die römische Herrschaft, zu der Zwangsabgaben, die in Naturalien abge-
liefert werden konnten, sowie der Wettbewerb unter aufstiegswilligen Kandidaten gehörten,
ergibt Sinn. Vgl. dazu M. Ebner, Face to face-Widerstand im Sinn der Gottesherrschaft. Jesu
Wahrnehmung seines sozialen Umfeldes im Spiegel seiner Beispielgeschichten, in: Early
Christianity 1 (2010), 406–440, 420f.; ders., Widerstand gegen den „diskreten Charme der
sozialen Distanz" im Lukasevangelium, in: Theologisch-praktische Quartalschrift 155 (2007),
123–130, 129f.

[48] Dass sich der erste Knecht die übermäßige Vermehrung des Vermögens seines Herrn selbst
nicht als Verdienst anrechnet, wie J. Ernst, Das Evangelium nach Lukas, Regensburg ⁶1993,
393, mit Blick auf die Verzehnfachung des eingesetzten Vermögens andeutet, steht zwar in
Lk 19,16 nicht geschrieben, könnte aber durch den Sachverhalt insofern als plausibel angenommen werden, als hinter dem Geschäft keine persönliche Leistung, sondern allein Ausbeutung steckt. Absurd ist allerdings die hier gegebene Deutung: „Der Leser erkennt darüber hinaus, daß ohne Gottes Hilfe nichts gelingt (1 Kor 3,6f.)." Die Bemerkung, dass die Leistung
des zweiten Knechts noch deutlicher zurückgestellt wird, offenbar weil er aus einer Mine nur
fünf Minen zu erwirtschaften wusste, widerspricht der oben genannten Logik, nach der die
Verzehn- und nicht nur die Verfünffachung Ausweis einer besonderen Verdienstlosigkeit ist.

nen durch die Institution des Kredits, womit neue Interaktionschancen entstehen, die allerdings wiederum mit höheren Handlungsrisiken gepaart sind. Wo sich der Kredit nicht mehr als Mittel nachbarschaftlicher Solidarität versteht, muss er durch rechtliche Bestimmungen abgesichert werden, da in dem Maß, in dem eine Geldwirtschaft sich zu etablieren und zu entwickeln beginnt, die wirtschaftliche Funktion gesellschaftlicher Kommunikation sich verselbstständigt und *innerhalb* der Normen von Recht und Gesetz zu sozialen Verwerfungen führen kann. Die Moralisierung des Rechts und die Theologisierung der Moral ist ein typisches Phänomen der biblischen Reflexion auf gesellschaftliche Umbrüche: Wo das geltende Recht ungerechte Verhältnisse schafft, wird es moralisiert, wo die Moralisierung nur schwache Verbindlichkeiten zu erzeugen in der Lage ist, versucht die Theologisierung, zusätzliche Bindungskräfte zu mobilisieren.[49] In der Erzählung ist jenes Solidarethos aufbewahrt, das in segmentären Strukturen Sinn entfaltet, in stratifizierten Kontexten jedoch zunehmend funktionslos wird. Schon Matthäus spiritualisiert und eschatologisiert diese Erzählung offensichtlich zu einer Gerichtsparabel: Die erfolgreichen Verwalter werden mit der Freude ihres Herrn belohnt (Mt 25,21.23), während der dann als erfolglos dargestellte Verwalter in die Finsternis geworfen wird, wo nach der Auskunft des Evangelisten Heulen und Zähneknirschen herrschen (Mt 25,30). Wie ist diese Entwicklung zu erklären? Generell kann sich ein normativer Anspruch von der Praxis oder eine Praxis von einem normativen Anspruch so weit emanzipieren, dass der normative Anspruch keinen Beitrag zum Beschreiben der Praxis bzw. die Praxis keinen Beitrag zum Vorschreiben eines normativen Anspruchs leistet. In der Beispielgeschichte hat sich die kapitalistische Praxis gegenüber den Erwartungen eines Solidarethos verselbstständigt. Die im Gleichnis vorgebrachten normativen Ansprüche erweisen sich als welt- und somit wirkungslos, was ihre Spiritualisierung und Eschatologisierung begünstigt.

Eine andere Erzählung (Lk 16,1–7) handelt von einem Verwalter, der zwischen einem Großgrundbesitzer und seinen Pächtern so vermittelt, dass im Grunde beide Seiten ein er- und einträgliches Leben führen können, und der sich in dem Moment, da diese ausgleichende Strategie denunziert wird, mit den Pächtern, und zwar mit allen (Lk 16,5), gegen den Großgrundbesitzer solidarisiert, obwohl doch das hierarchische Gesellschaftssystem die gegenteilige Strategie, nämlich die Loyalität mit der Spitze, nahegelegt hätte. Die Pächter sind nicht selbstständig, sondern abhängig, weil sie, je nach Vertrag, eine fest-

---

[49] Zur von E. Otto entwickelten These der Moralisierung des kasuistischen Rechts und der Theologisierung der Moral vgl. C. Breitsameter, Nur Zehn Worte. Moral und Gesellschaft des Dekalogs, Freiburg i. Br./Fribourg 2012, 52–61.

gesetzte Summe oder, wie in diesem Fall, einen bestimmten Teil ihres Ertrags an den Großgrundbesitzer abgeben müssen. Der Verwalter arbeitet somit gegen seinen Herrn, der ihn folgerichtig absetzen will. Doch nutzt der Verwalter seine Vollmacht, Schuldscheine zu verändern, um Pachtschulden zu senken, die in schlechten Erntejahren entstehen können, obwohl er eingesetzt wurde, um seinem Herrn, der Abgaben gegenüber seinem Territorialherrn (und der wiederum nach Rom) zu liefern hat, möglichst hohe Erträge zu sichern. Obwohl der Verwalter den Gewinn seines Herrn steigern soll, stärkt er ein System der Reziprozität, in dem kooperative Sicherungsnetze aufgebaut werden bzw. eingebaut sind.[50] Insofern ist es verständlich, dass der Verwalter nicht die Schulden insgesamt nachlässt, sondern nur so weit, als es für einen Ausgleich von Geben und Nehmen erforderlich ist (weshalb der Schuldenerlass je nach Pächter auch unterschiedlich ausfällt). Er, dem vorgeworfen wurde, er verschleudere das Vermögen seines Herrn, womit, wie bei Lk 15,13, ein Leben in Saus und Braus oder auch nur eine großzügige Einstellung, die nicht auf maximalen Gewinn schielt, gemeint sein kann, besinnt sich jetzt eines Besseren bzw. setzt seine konziliante Haltung ungeachtet der Denunzianten fort. Aus der Sicht des Herrn, dem an einer Symmetrie der Verhältnisse nicht gelegen sein kann, stellt sich das Handeln des Verwalters natürlich als ungerecht dar. Doch ist diese scheinbare Ungerechtigkeit in Wirklichkeit Gerechtigkeit, sofern der Verwalter gesellschaftlich den Ausgleich asymmetrischer Verhältnisse anzielt.[51] Nur so wäre es auch sinnvoll, von ungerechtem Mammon (Lk

---

[50] Vgl. M. Ebner, Face to face-Widerstand im Sinn der Gottesherrschaft. Jesu Wahrnehmung seines sozialen Umfeldes im Spiegel seiner Beispielgeschichten, in: Early Christianity 1 (2010), 406–440, 425, und weiter, 426, zu den Kommentaren, die sich angelagert haben: „Kann der Gutsherr diesen Verwalter loben? … Auf dem skizzierten Hintergrund – syntaktische, semantische und formgeschichtliche Gründe können hinzugefügt werden – wohl kaum. V. 8a dürfte als erster Kommentar zu unserer Erzählung gedacht sein, der Jesus als dem Herrn in den Mund gelegt wird. Damit wird der subversive Charakter der Erzählung unterstrichen. In den weiteren Kommentaren, die sukzessive angelagert wurden, … differenziert sich das Bild." Die „Kinder des Lichtes' sollen sich wie der Verwalter durch Geldgeschenke …, aber ohne Betrug Freunde machen, damit sie am Ende ihres Lebens – analog zur Entlassung des Verwalters – auf Reziprozitätsmechanismen vertrauen können (V. 9). In den Versen 10–12 wird der Verwalter zum Negativbeispiel: Anders als der Verwalter sollen die Hörer des Evangeliums zuverlässig mit fremdem Gut umgehen. V. 13 schließlich zieht einen prinzipiellen Trennstrich zwischen Gott und Mammon."
[51] Die Deutung von F. Bovon, Das Evangelium nach Lukas (Lk 15,1–19,27), Neukirchen-Vluyn 2001, 77, wirft dem Verwalter vor, die Güter seines Herrn zu verschwenden und zu diesem Zweck Dokumente zu fälschen. Auch wenn ein Verwalter üblicherweise in seine eigene Tasche wirtschaftete, geht es kaum darum, dass er auf seinen eigenen Gewinn verzichtet, weshalb ihn ja kaum jemand anzeigen würde, sondern darum, dass er seinen Herrn schädigt. Dass sich der Herr, wie Bovon weiter vorschlägt, als guter Verlierer vor seinem klugen Verwalter verbeugt, ist wenig glaubhaft.

16,9), das heißt von in ungerechtfertigter Weise gefordertem Geld zu sprechen, eine Ungerechtigkeit, die allerdings durch den Herrn, nicht durch den
Verwalter verursacht wird. Der Verwalter verringert den Schuldendruck der
Pächter, und zwar aus dem Motiv bzw. *Vorteilskalkül* heraus, in das reziproke
Netz gegenseitiger Absicherung eingebunden zu werden, damit sie ihn im Fall
seiner Entlassung in ihre „Häuser" (Lk 16,4) aufnehmen. Zwar ist sein Ziel
nicht die Entschuldung der Pächter, sondern die eigene Absicherung; weil
das Netz solidarischer Existenzsicherung *wechselseitig* funktioniert, ist dieses
Ziel aber nur durch die Verminderung des Schuldendrucks auf Seiten der
Pächter zu erreichen, die andernfalls in Existenznöte geraten und dann auch
dem Verwalter keine Hilfe mehr sein könnten. Das vollständige Nachlassen
der Schulden ist zu diesem Zweck, wie gesagt, nicht nötig. Auch diese Erzählung wird spiritualisiert und eschatologisiert.[52] Die „Kinder des Lichtes" (Lk
16,8) sollen, anders als der Verwalter, zuverlässig mit fremdem Gut umgehen,
um am Ende ihres Lebens in die „ewigen Wohnungen" (Lk 16,9) aufgenommen zu werden, was angesichts des baldigen Anbrechens der Herrschaft Gottes geraten erscheint. Der Verwalter mutiert somit vom positiven zum negativen Beispiel, der monetäre Hintergrund verblasst vollständig und die schon
mit dem monetären Hintergrund verbundene moralische Forderung nach
Solidarität wandelt sich in die vergleichsweise banale Forderung, in Alltags-
dingen zuverlässig zu agieren.

3.4.2 Der Umgang mit Verfehlungen: göttliche oder menschliche Vergebung?

Alles scheint in diesen Beispielgeschichten also auf eine versöhnte Gemeinschaft hinauszulaufen, wobei die Gemeinschaft mit Gott und die Gemeinschaft zwischen Menschen ineinander geschoben sind. Man könnte noch
weiter zuspitzen und sagen, alles komme auf die Versöhnung unter Menschen an, werde sie doch zur Bedingung für die Versöhnung mit Gott – ein
Gedanke, der sich nicht umkehren lässt. Solange der imaginierte Kreislauf
von göttlichem und menschlichem bzw. von zwischenmenschlichem Geben
und Nehmen funktioniert, wird er nicht thematisiert. Erst wo er abbricht,
wird der Eindruck erweckt, ein Mensch habe Gott und damit einem anderen
Menschen bzw. einem anderen Menschen und deshalb Gott nicht gegeben,
worauf Gott bzw. ein Mensch Anspruch hätte. Wo ein Mensch etwas schuldig
bleibt, wo auf diese Weise Schuld entsteht, kommt Gott ausdrücklich ins
Spiel, womit erneut der Zusammenhang von Tun und Ergehen beschworen,
sozusagen als Kreuzungspunkt von Gottes- und Nächstenliebe etabliert,

---

[52] M. Ebner, Inkarnation der Botschaft – Kultureller Horizont und theologischer Anspruch
neutestamentlicher Texte, Stuttgart 2015, 25–46, 33f.

jedoch auf den Begriff der doppelten Reziprozität, der auch rechtliche Verhältnisse in sich begreift, gebracht wird. Von einem Eigensinn des Kultisch-
Rituellen kann daher höchstens sofern gesprochen werden, als der kultisch-
rituelle Überhang im moralischen Gleichgewicht aufzugehen, also solange
kontrafaktisch-normativ zu wirken hat, bis die Regel der Reziprozität wieder
in Kraft gesetzt ist. Freilich besteht die Gefahr, dass kultisch-rituelle Bestandteile sich verselbstständigen und als Surrogat für ihren moralischen Impetus
dienen, Gottesliebe somit ohne Nächstenliebe auskommen will.

Vor diesem normativen Hintergrund der Abweichung wirkt die Reziprozität zwischen Gott und Mensch zeitversetzt, so wie die Erwartung von Reziprozität zeitversetzt kontinuiert: Wo ein Mensch in Not gerät, hilft der Nächste, um, sollte er selbst einmal in Not geraten, ebenso Hilfe zu erfahren. Wo
dieser zwischenmenschlich-solidarische Kreislauf aus dem Takt gerät, wird
auch der Kreislauf zwischen Gott und Mensch diskontinuiert. Gott kann den
Abbruch von Reziprozität bestrafen und ihre Wiederaufnahme belohnen. Dabei bleibt der Abstand zwischen Mensch und Gott gewahrt, was sich in der
Nützlichkeit oder Nutzlosigkeit von Gabe und Gegengabe bzw. in der Darstellung der Bedürftigkeit oder Unbedürftigkeit der Gebenden und Nehmenden
manifestiert (die vereinfachende Deutung, die von einem Tausch spricht,
übersieht, wie gesagt, dass eine Gottheit keine Bedürfnisse hat und darum
auch keine Nützlichkeiten kennt). Beispielhaft für diesen Rangunterschied
steht ja, wie wir gesehen haben, jene Witwe, die wenig hat und viel gibt und
der Gottheit, der man alles geben müsste, obwohl sie nichts braucht, trotzdem
zugleich nicht genug tun kann und doch genug tut. Die Gabe des Menschen
kann keinen Anspruch begründen, denn es liegt an der Gottheit zu bestimmen, ob der kultisch-rituelle Akt mit dem geforderten moralischen, das heißt
aus freien Stücken zu leistenden Handeln des Menschen übereinstimmt oder
nicht. Daher muss die Reaktion der Gottheit ebenso wie die Aktion des Menschen als freiwillig stilisiert werden.[53] Und deshalb kann bei einem Gelübde,
das ja eine freiwillige Selbstbindung darstellt, vom Menschen gleichzeitig eine
Bedingung formuliert werden und die Freiheit der Gottheit gewahrt bleiben.
Auch wenn der Rangunterschied zwischen Mensch und Gottheit im paganen

---

[53] Vgl. R. Parker, Pleasing Thighs: Reciprocity in Greek Religion, in: C. Gill/N. Postleth-
waite/R. Seaford (eds.), Reciprocity in Ancient Greece, Oxford 1998, 105–125, 119f.: „A simi-
lar response can be made to a famous accusation brought by Plato in the *Republic* against
traditional religion, as thought by the poets. The poets, declares the outraged philosopher,
subvert morality by suggesting that the unjust rich can buy off punishment for their crimes
by cultivating the gods with offerings (364b–366b, 390e). No doubts such hopes were some-
times cultivated, and, if must be allowed, may have found some sustenance in the vocabulary
of *kharis*. But Plato's too is a drastically over-simplified picture of traditional belief, as if all
offerings secured a given amount of divine favour automatically and no other factor influenced the attitude of the gods than mortals' record as bringers of sacrifice."

Umfeld ein Verhältnis der Freundschaft verbietet, kann sie doch in analoger Weise behauptet werden, zumal der Begriff der Liebe im Sinn von Loyalität und Hilfsbereitschaft zu verstehen ist (dies gilt auch und insbesondere für die biblische Welt): Eine menschliche Gabe kann daher nur als Geste verstanden werden. In einer Freundschaft ist Verlässlichkeit selbstverständlich, ohne dass es eines Vertrags, der spezifische Verbindlichkeiten festlegt, bedarf.[54] Man wird deshalb eine Freundschaft stets als freiwillig betrachten, obwohl man sich der Verpflichtungen, die mit ihr einhergehen (sie sind, im Gegensatz zum Vertrag, unspezifisch), bewusst ist. Auch wenn oder besser: gerade weil man um Nützlichkeit und Annehmlichkeit einer Freundschaft (wie auch um ihre Verlässlichkeit) weiß, wird sie doch, wie schon betont, als eine Verbindung angesehen, die über das Nützliche und Angenehme hinausgeht, wie ja auch die klassische Bestimmung lautet.

Kommen wir von daher mit Blick auf die biblischen Texte noch einmal auf die beiden Grundbedeutungen von Vergebung zu sprechen, die sich auf zwei Modelle konzentrieren lassen. Mit dem ersten Modell ist das Wegtragen einer Last (oder das Wegwischen einer Befleckung) durch Gott gemeint, mit dem zweiten Modell das Nachlassen einer Schuld durch Gott *und* den Menschen. Der kultisch-rituelle Aspekt wird betont, wenn an Gott appelliert wird, eine Sünde dort zu beseitigen, wo menschliches Bemühen versagt. In einer Situation, in der Menschen keine Kontrolle über eine Sünde, die ihre Gemeinschaft belastet, gewinnen können, liegt es an Gott, Gemeinschaft wiederherzustellen. Es ist eine imaginierte Amnestie, die die Wiederaufnahme gestörter Interaktionen ermöglicht. Der moralische Aspekt wird dagegen angesprochen, wenn es am Menschen liegt, Vergebung zu gewähren und Versöhnung zu stiften, um dann Vergebung durch Gott zu erlangen – beide Aspekte sollen im Gleichgewicht zueinander bleiben. Vergebung ist in keinem der beiden Modelle von Gott lösbar. Gott nimmt nur unterschiedliche Funktionen im Prozess der Schuldbewältigung ein. Die kultisch-rituell geprägte Vergebung der Sünden ist an den Tempel gebunden und hat durch einen Priester in Verbindung mit einem Sündopfer zu erfolgen. Alle diese Bedingungen werden in Mt 9,2 einem Gelähmten gegenüber außer Kraft gesetzt: Hier erfolgt die Vergebung von Schuld nämlich ohne Sündenbekenntnis, ohne Opfer, ohne Ritual und ohne Bevollmächtigung, also ohne die Autorität des Tempels bzw. eines Amtes.[55] Offenbar kommt alles darauf an, wieder nach den Weisungen Gottes zu leben. Die Erzählung arbeitet mit der Vorstellung, Krankheit sei durch Sünde ver-

---

[54] Vgl. dazu ausführlich J.-M. Bremer, The Reciprocity of Giving and Thanksgiving in Greek Worship, in: C. Gill/N. Postlethwaite/R. Seaford (eds.), Reciprocity in Ancient Greece, Oxford 1998, 127–137, 133.

[55] Vgl. J. D. G. Dunn, Jesus Remembered. Christianity in the Making, Volume I, Grand Rapids 2003, 788: Vergebung findet außerhalb des Kults und ohne Beziehung zum Kult statt.

ursacht – diese Logik ist zwar ganz im Zusammenhang von Tun und Ergehen
gedacht, wird nun aber disponibel. Die Pointe lautet: Wenn Jesus die Krankheit heilen kann, dann hat er auch die Vollmacht, Sünden zu vergeben. Wo
auf diese Weise Sünden nachgelassen werden, ist Gott am Werk, der „solche
Vollmacht den Menschen gegeben hat" (Mt 9,8).[56] Damit können nur die Mitglieder einer Gemeinde gemeint sein. Die Gemeinde hat also die Vollmacht,
menschliche Vergebung zu erwirken und göttliche Vergebung zu vermitteln.
Hier ist offenbar der Fokus weg vom Kultisch-Rituellen hin zum Moralischen
verschoben oder vollzieht sich Kultisch-Rituelles im Einklang mit dem Moralischen.[57] Eine Gemeinderegel legt denn auch ein dreistufiges Verfahren fest,
wenn ein Mitglied der Gemeinde sich verfehlt hat (Mt 18,15–17). Zunächst

---

[56] Nur in Mt 9,8, nicht hingegen in Mk 2–12 und Lk 5,17–16 wird die Übertragung der Vollmacht, Sündern zu vergeben, auf die Mitglieder einer Gemeinde bezogen. Während bei Matthäus der „substance-frame" konsequent vermieden und der „debt-frame" in Anspruch genommen wird, verwendet Mk 2,1–12 eher die Vorstellung, eine Last wurde (von Gott)
wegbewegt, als die Vorstellung, es werde einem Menschen durch die Gemeinde Schuld nachgelassen, was vermutlich mit der Vorstellung, Krankheit sei eine Folge von Sünde, besser kor-
reliert. Damit kann die Interpretation von T. Hägerland, Jesus and the Forgiveness of Sins: An
Aspect of his Prophetic Mission, Cambridge 2011, abgewiesen werden, Jesus stelle lediglich
das Medium der göttlichen Vergebung dar, was das „passivum divinum" in der Formulierung: „deine Sünden sind dir vergeben" betrifft. Auch die Deutung von B. Pascut, The So-
Called Passivum Divinum in Mark's Gospel, Novum Testamentum 54 (2012), 313–333, greift
zu kurz, sofern sie die Übertragung der Vollmacht zur Vergebung von Sünden, die mit einem
„passivum divinum" tatsächlich nicht vereinbar ist, allein auf Jesus bezieht. Natürlich ist, wie
Pascut richtig bemerkt, die Vollmacht zur Vergebung von Sünden letztlich auf Gott bezogen,
sie bleibt also auch dann von ihm abhängig, wenn Menschen einander vergeben.

[57] Vgl. R. Roitto, The Polyvalence of ἀφίημι and the Two Cognitive Frames of Forgiveness in
the Synoptic Gospels, in: Novum Testamentum 57 (2015), 136–158, 154f., über Joh 20,23:
„Having breathed the Spirit over the disciples in the preceding verse, Jesus promises that ἄν
τινων ἀφῆτε τὰς ἁμαρτίας ἀφέωνται αὐτοῖς, ,If you forgive the sins of any, they are forgiven to them.' In the conditional clause, which is about human forgiveness, the evangelist
mentions the patient but not the beneficiary. Moreover, the patient is ἁμαρτία. This construction is otherwise only used when God is the agent. As argued above, this syntax evokes
the cognitive frame of forgiveness as removal of substance, which normally only God is able to
effectuate. Many scholars have tried to avoid the theologically difficult conclusion that the
Johannine community actually considered itself authorized to remove sin. In this scholarly
discussion, a syntactical problem has been debated: Does the perfect tense of ἀφέωνται in
the main clause mean that God's forgiveness comes first so that the community only con-
sents, or does the just mentioned reasoning not apply in relation to conditional clauses? The
results of this paper add another syntactic argument to the discussion: The valence of the
clause about human forgiveness fits perfectly into the substance-frame, which is usually only
used when God is the agent. The linguistic construction is therefore unique in early Christian
literature. This indicates that the statement is precisely as theologically provocative as it seems
to be." Wenn man allerdings Mt 18,15–17 als Vergleich heranzieht, ist Joh 20,23 nicht besonders geheimnisvoll, geht es doch in der Gemeinderegel darum, was auf der Erde „gebunden"
oder „gelöst" werde, sei auch im Himmel „gebunden" bzw. „gelöst", so dass in der Gemeinde

ist ein Gespräch unter vier Augen vorgesehen. Können sich die beiden nicht versöhnen, werden ein oder zwei Zeugen hingezogen.[58] Bleibt auch dieser Schritt ohne Erfolg, kommt der Fall vor die ganze Gemeinde. Hört der Schuldige auch nicht auf die Gemeinde, soll er ausgeschlossen werden. Der Ernst dieser Verpflichtung zur Versöhnung wird zweifach betont: Zunächst dadurch, dass, was die Gemeinde auf Erden bindet, auch im Himmel gebunden, und was sie auf Erden löst, auch im Himmel gelöst sein wird (Mt 18,18), sodann durch die Ermahnung, nichts unversucht zu lassen, um Versöhnung zu bewirken, was allerdings einschließt, dass der Schuldige zur Einsicht kommt und zu Reue und Umkehr bereit ist – sonst könnte man ihm ja umstandslos vergeben. Zwar wird der Ausschluss aus der Gemeinde als letzte Möglichkeit diskutiert, aber gerade mit dem Ziel, diesen radikalen Schnitt zu verhindern. Streng genommen gibt es also innerhalb der Gemeinde weder eine Pflicht zur Vergebung noch die Aufforderung, bedingungslos zu vergeben, sieht die Möglichkeit des Ausschlusses doch vor, dass der Prozess der Vergebung scheitert, wenn nämlich der Täter nicht zu Reue und Buße bzw. zur Umkehr bereit ist. Vor allem jedoch wäre, wie gesagt, ein so mühevoller Prozess sonst gar nicht sinnvoll.

Ähnlich zu deuten ist das Gleichnis vom verirrten Schaf, das so lange gesucht werden soll, bis es gefunden wird, und das nicht vorzeitig aufgegeben werden darf, gäbe es doch sonst keinen Grund zur Freude (Mt 18,12–14), oder die Antwort auf die Frage des Petrus nach einem Ende der Vergebungsbereitschaft, die jedoch nicht siebenmal, sondern siebzigmal siebenmal, also unendlich oft, aufzubringen ist (Mt 18,21–22), sowie das so genannte Schalksknechtsgleichnis, demzufolge eine Gemeinde in der Bereitschaft zu vergeben nicht kleinlich sein darf, wenn Gott großherzig ist (Mt 18,23–34). Dass hier die göttliche Vergebungsbereitschaft Modell für die menschliche sein soll, wird an der unfassbar hohen Schuldensumme deutlich, die gar nicht rückzahlbar ist. Obwohl also in der Vergebungsbitte bei Mt 6,12 und Lk 11,4 zumindest noch ein Restgehalt der Vorstellung lebendig ist, Schuld werde von Gott dann vergeben, wenn ein Gläubiger seinem Schuldner bzw. Schuldiger existenz-

---

Vergebung mit Vollmacht geschieht. Sollte darin eine Provokation liegen, teilen sich beide Texte diese Intention.

[58] Das Gebet, das „zwei oder drei in meinem Namen versammelt", kommt, so M. Ebner, Die Vergebungsbitte des Vaterunsers – erklärt vom Evangelisten Matthäus, in: heute.glauben.leben, Würzburg 2016, 10–15, 15, dann zum Zug, wenn derjenige, der sich verfehlt hat, auch „auf das Gespräch mit einem Zeugen nicht gehört hat. Dann sollen diese beiden für den Sünder beten, dass Gott ihn zur Umkehr bringe; ein Gebets-Ritardando, damit … die Verhandlung des Falls vor der gesamten Gemeinde – mit der Gefahr des Ausschlusses – auf jeden Fall vermieden wird … Überall dort, wo zwei darum beten, dass ein uneinsichtiger Mitbruder doch noch einsichtig wird, wo zwei die Suche nach einem verirrten Schaf nicht aufgeben, da ist Christus mitten unter ihnen. Und erst recht, wenn sie den ‚Dritten im Bunde' zurückgewinnen – und Gott ihre Bitten erhört."

bedrohende Schulden nachlässt, also auf ihre Rückzahlung verzichtet, oder
wenn er, wie im Schalksknechtsgleichnis, Schulden erlässt, wo der ganzen Familie Schuldknechtschaft und Versklavung drohen, werden Schuld und Vergebung zunehmend abstrakt gefasst und somit alltagsweltlich praktikabel.
Wenn die Gemeinde als Ort der Versöhnung instituiert wird, ist die Vergebung
der Sünden offenbar nicht mehr an den Tempel oder an ein Amt gebunden.
Damit tritt der Aspekt der (stellvertretenden) Sühne im Ritual zugunsten der
moralischen Dimension zurück. Auf diese Weise erschließt sich auch der Sinn
der Mahnung, das Gebet möge von der Bereitschaft, selbst zu vergeben, begleitet werden (Mk 11,25). Vergebung ereignet sich also gerade nicht im Ritual, in
Gebet und Opfer, sie kann demnach auch nicht einseitig von Gott gewährt
werden, sondern nur wechselseitig, also zunächst unter Menschen und dann
zwischen Gott und Mensch stattfinden. In Mt 5,23 begegnet sogar die Anwei-
sung, das Opfer im Tempel zu unterbrechen und sich mit dem Opfer, dessen
Groll sich der Tempelbesucher zugezogen hat, weshalb er sich nun plötzlich
seiner Schuld zu erinnern scheint, zu versöhnen. Hier ist offenbar von einem
Täter die Rede, der das Unrecht, das er begangen hat, nicht als Hinderungs-
grund auf dem Weg zu Gott sieht, bis er eines Besseren belehrt wird. Die Über-
spitzung der Situation – eine Rückreise des Täters zum Opfer sowie eine
Rück-Rückreise zum Tempel, die mehrere Tage in Anspruch nehmen würde,
und das Unrealistische der Forderung wie auch ihrer Erfüllung, will der Ver-
wunderung darüber Ausdruck geben, dass ein Mensch, der Unrecht auf sich
geladen hat, den Weg zum Tempel und nicht zu seinem Bruder oder: an seinem Bruder vorbei zum Tempel findet. Der Tempelkult kann die Bereitschaft,
um Vergebung zu bitten, nicht substituieren. Der soziale Kontext der Weisung
wird auch in der rabbinischen Vorschrift deutlich, nach der es erlaubt bzw. an-
gezeigt war, eine Opferhandlung zu unterbrechen, wenn ein geraubter Gegenstand noch nicht zurückgegeben oder ein verursachter Schaden noch nicht
wiedergutgemacht ist. Die Schlussfolgerung, hier werde keine „Kultkritik, sondern Kritik an seiner Durchführung"[59] geübt, will nicht wirklich überzeugen.
Kritisiert wird die Missachtung einer Verpflichtung, die dann vorliegt, wenn
„dein Bruder berechtigte Klage gegen dich hat". Auf diesem Hintergrund ist
es erstaunlich, wie spiritualisierende und eschatologisierende Deutungen dieses Textes entstehen konnten.[60]

---

[59] J. Gnilka, Das Matthäusevangelium I. Teil, Freiburg i. Br. 1988, 156, der dann mit der Bemerkung auch weiter präzisiert, es werde dem „Unversöhnlichen … die Berechtigung abge-
sprochen, einen sinnvollen Gottesdienst zu feiern."

[60] U. Luz, Das Evangelium nach Matthäus. 1. Teilband Mt 1–7, Düsseldorf/Zürich/Neukir-
chen-Vluyn [5]2002, 344, sieht „eine kategorische, hyperbolisch zugespitzte exemplarische Forderung, die auf eine neue Grundeinstellung zum Mitmenschen zielt und insofern mehr will

Wenn Vergebung in der Gemeinde stattzufinden hat, ist das korporative Verständnis von Schuld und Strafe, von Vergeltung und Vergebung aufgenommen, wie es im Zusammenhang von Tun und Ergehen beschrieben ist, der die Folge eines Vergehens in den Blick nimmt. Liegt die Aufmerksamkeit hingegen auf der Ursache für ein Vergehen, steht (zunehmend) das Individuum im Vordergrund, Schuld und Strafe werden also, wo möglich, individuell bemessen. Dies gilt grundsätzlich auch für den Akt der Vergebung, der innerhalb der geschädigten Gemeinschaft zwischen Individuen stattfindet.[61] Vermutlich ist die Gemeinde, wie schon bemerkt, auch deshalb zur Versöhnung angehalten, um nach außen keine Konflikte sichtbar werden zu lassen, was ihrer Reputation schaden und ihre Duldung durch den Staat schwächen würde. In diesem Sinn entfaltet die Aufforderung zur Vergebung pragmatisch die Außenwirkung, die Gemeinde für die Gesellschaft nicht als Ort von Konflikten erscheinen zu lassen.

3.5 Negative Reziprozität: Wie steht es mit der Feindesliebe?

Das so genannte Gebot der Feindesliebe intendiert reziproke Verhältnisse und zielt dabei auf die Wiederherstellung kooperativer Strukturen ab (so wie auch die Weisung, den Nächsten zu lieben wie sich selbst, eine Rekonstruktion kooperativer Beziehungen erreichen will). Da sich Reziprozität nicht nur positiv, im Ethos nachbarschaftlicher Solidarität oder im Gestus der Freundschaft, sondern auch negativ auszuprägen vermag, nämlich durch den Abbruch produktiver Sozialbeziehungen bis hin zum Aufbau von Feindseligkeiten, kann das Gebot, Feindschaft zu überwinden, seinen Sinn gegenüber persönlichen Gegnern entfalten: Gestörte Beziehungen sollen geheilt werden, und zwar zum gegenseitigen Vorteil. Diskutieren wir deshalb die Weisung, nicht nur den Nächsten, sondern sogar den Feind zu lieben.[62] In

---

als ihre wörtliche Erfüllung. Sie lautet: ‚Versöhnung, und das heißt: Liebe hat an die Stelle jeder Regung des Zornes zu treten, welche die Wurzel des menschlichen Mordens ist'.“

[61] Korrigiert werden soll mit dem Hinweis auf individuelle Zurechnung (der sich übrigens auch in der paganen Literatur findet) die Bemerkung von A. Bash, Forgiveness and Christian Ethics, Cambridge 2009, 114f.: „In contrast, the New Testament refers to repentance and forgiveness only in personal terms (though judgement is understood both individually and corporately). This is odd, since in the period of the New Testament identity and personality were understood in collective terms (Malina: 2001, 58–80). It is perhaps significant for our discussion below that the New Testament appears to assume that groups *cannot* forgive or be forgiven, even though it was written in an era when identity was understood so strongly in collective terms.“

[62] Der Sache nach finden wir die Feindesliebe im Alten Testament in der Forderung nach Vergebung angesprochen, dem Begriff nach begegnet sie ausdrücklich im Neuen Testament in Mt

Lk 6,29 sind vermutlich Wanderprediger gemeint, die mit einem Schlag auf
die Wange beleidigt und abgewiesen werden, denen also die Gastfreundschaft
versagt bleibt und die durch das Hinhalten der anderen Wange provokativ
beglaubigen, dass sie es mit ihrer Friedensbotschaft auch im Angesicht solcher Feindseligkeit ernst meinen. Im gleichen Atemzug wird wohl die Situation eines Raubüberfalls geschildert, in die die Wanderprediger leicht geraten
konnten. Es soll keine Gegenwehr geleistet, dem Räuber vielmehr mit der
Dreingabe des Untergewands (entwaffnend) beschieden werden, dass nicht
mehr zu holen ist. Möglicherweise sind jedoch auch die „zum Bitten Ernied-
rigten" gemeint, Bettelarme, die „dann, wenn sie das, worum sie betteln,
nicht freiwillig bekommen, zu schlagkräftigeren Methoden greifen: einfach
zuschlagen, einen Überfall durchführen (Lk 6,29) bzw. die Reichen brutal
ausrauben (Lk 6,30). Und dann, so die lukanische Feindesliebe, sollen die
Reichen ‚die andere Wange hinhalten' und nicht einmal einen Prozess an-
strengen: ‚… von dem, der das Deine wegnimmt, fordere nicht zurück!' (Lk
6,30). Die Armen, die sich mit Gewalt holen, was sie brauchen, sind von
vornherein entschuldigt. Die wirklichen Sünder, so Lukas, sind die anderen:
all diejenigen, die auch als Jünger Jesu (als solche stehen sie nämlich unter
den Zuhörern: Lk 6,17) das … Verhalten der Reichen praktizieren".[63] Mt
5,39 weiß hingegen von einer drohenden Pfändung, in der der Schuldner seinem Gläubiger nicht nur das weniger wertvolle Untergewand, auf das dieser
einen rechtmäßigen Anspruch hat, sondern auch den Mantel, der jenem
nachts zurückzugeben ist, weil es das Einzige ist, womit der so Gepfändete
sich im Schlaf bedecken kann (Ex 22,25f.), anbietet, um ihn dadurch vielleicht aus der Fassung und zur Vernunft zu bringen, bevor sich der Gläubiger
gerichtlich zusprechen lässt, was ihm legal zusteht. Mt 5,41 beschreibt die Situation militärischer Überlegenheit, die es erlaubt, von der einheimischen
Bevölkerung Dienstleistungen wie Transport, Unterkunft oder Verpflegung
in Anspruch zu nehmen – worauf ein vertraglich geregeltes Recht besteht.
Auch hier soll, vermutlich erneut von den Wanderpredigern, die Beanspru-
chung einer Leistung durch die Militärmacht nicht einfach tatenlos hingenommen, sondern vielmehr durch eine demonstrativ provokative Wehr-

---

5,44 und Lk 6,27. Vgl. G. Fischer/K. Backhaus, Sühne und Versöhnung, Würzburg 2000, 12
(mit dem bestreitbaren Hinweis, dass das Alte Testament als Subjekt für Vergebung ausdrücklich nur Gott, nicht den Menschen nennt, so dass der Umgang mit Sünde und Schuld den
Menschen unausweichlich vor Gott bringt), und 23. Zur Feindesliebe in der nichtchristlichen
Antike vgl. etwa L. Schottroff, Gewaltverzicht und Feindesliebe in der urchristlichen Jesustradition (Mt 5,38–48; Lk 6,27–36), in: G. Strecker (ed.), Jesus Christus in Historie und Theologie, Tübingen 1975, 197–221, 204–213.
[63] M. Ebner, Widerstand gegen den „diskrete Charme der sozialen Distanz" im Lukasevangelium, in: Theologisch-praktische Quartalschrift 155 (2007), 123–130, 124f.

losigkeit beschämt werden. Man könnte jeweils von einer Logik gewaltlosen Widerstands sprechen.[64]

Auffällig ist bisher, dass die Situation eines Raubüberfalls oder die Situation einer Pfändung, die beide die Existenz eines Menschen bedrohen, einmal illegal und einmal legal, einmalige Situationen darstellen, ebenso die Aufforderung, die Militärmacht logistisch zu unterstützen. Sie sind, so eigenartig es klingt, durchschaubar und deshalb in ihrer moralischen Qualität berechenbar, weshalb nicht zu befürchten ist, dass die Gutmütigkeit eines Menschen durch versteckte Bösartigkeit ausgenützt wird. Der gewaltlose Widerstand kann auch nur ein Mal wirken:[65] In Mt 5,39–41 gibt es nur eine zweite Wange; zum Hemd kommt der Mantel; von einer dritten Meile ist nicht die Rede. Somit kann hier keinesfalls die Weisung vorliegen, sich systematisch und dauerhaft ausbeuten zu lassen (läge eine solche Weisung vor, wäre sie als unethisch abzuweisen). Im Gegenteil: Es wird ein Widerstand empfohlen, der die Situation entschärfen hilft, nicht eskalieren lässt, den Gegner verblüffen, nicht zusätzlich reizen und ihn vielleicht sogar zum Einlenken bringen soll. Wenn in Mt 5,39 und Lk 6,29 vom Hinhalten der zweiten Wange gesprochen wird, soll die instinktive Reaktion, nämlich zurückzuschlagen, durch provokative Wehrlosigkeit gerade überwunden werden.[66] Auf diesem Hintergrund kann auch die Empfehlung, dem Kaiser zu geben, was des Kaisers ist, Gott jedoch, was Gottes ist (Mk 13,17) verstanden werden: Wäre an die Verweigerung der Steuerzahlung gedacht, die eine militärische Intervention der Römer zur Folge haben könnte, müsste der Sinn dieser Empfehlung wiederum in der vorsorglichen Deeskalation des Konflikts verstanden und daran erinnert werden, dass Konflikte innerhalb der eigenen Gemeinschaft die staatliche Toleranz gefährden. Der Sinn der Empfehlung bestünde also darin, sich dieses Wohlwollens durch ein friedliches Zusammenleben zu versichern. Das Ziel der Weisung, den Feind, also den Gegner innerhalb der eigenen Gemeinschaft – es ist nicht von der Situation des Krieges die Rede – zu lieben, lautet dann konkret, aus der Reziprozität feindseliger Akte heraus (oder gar nicht erst in sie hinein) und zu freund-

---

[64] Diese gerade im Detail überzeugende Deutung vertritt M. Ebner, Feindesliebe – Ein Ratschlag zum Überleben? Sozial- und religionsgeschichtliche Überlegungen zu Mt 5,38–47 par Lk 6,27–35, in: J. M. Asgeirsson/K. De Troyer/M. W. Meyer (eds.), From Quest to Q, Leuven 2000, 119–142, 121–130. Von provokativer Wehrlosigkeit spricht auch U. Luz, Das Evangelium nach Matthäus (Mt 1–7), Düsseldorf/Zürich/Neukirchen-Vluyn 2002, 295.

[65] Vgl. dazu M. Ebner, Inkarnation der Botschaft – Kultureller Horizont und theologischer Anspruch neutestamentlicher Texte, Stuttgart 2015, 62, 66f.

[66] Vgl. J. Gnilka, Das Matthäusevangelium, I. Teil, Freiburg i. Br. 1986, 182: „Die erforderte Reaktion – Darreichung der linken Wange – ist mehr als passives, geduldiges Ertragen. Sie ist die den ‚Gegner‘ überraschende, entwaffnende Reaktion, die seine Bosheit, nicht ihn selbst, überwinden und ein friedliches Einvernehmen herbeiführen will."

schaftlichen Verhältnissen (zurück) zu finden. Dies erfordert die Durchbre-
chung der destruktiven Logik durch einen Akt schutzloser Liebe, der freilich
mit dem Ziel ausgeführt wird, erwidert zu werden, also in konstruktive soziale Beziehungen zu münden. Insofern kann die so genannte Feindesliebe
sinnvoll nicht einseitig, nur gegenseitig, nämlich durch das Schaffen von
Strukturen, die destruktive Beziehungen zu überwinden und konstruktive
Verhältnisse aufzubauen erlauben, gefordert werden. Dabei ist der schutzlos-
liebende Gestus, auf einen Gegenschlag zu verzichten, eine Handlung, die
auch demjenigen, der auf einen Gegenschlag verzichtet (von „Feindesliebe"
ist bei den Sprüchen von der Wange, der Meile und dem Gewand nicht die
Rede), zugute kommt. Selbstliebe und Nächstenliebe (hier im Gewand nicht
des Auf- oder Ausbaus positiver, sondern der Überwindung negativer Reziprozität) gehen Hand in Hand, verwirklichen also Reziprozität. Es handelt
sich um Klugheitsregeln, die auf Gewaltverzicht aus sind und auch in der paganen Umwelt bekannt waren.

In Lk 6,27–28.35 sowie Mt 5,44–45 wird nun auch ausdrücklich davon
gesprochen, die Feinde zu lieben. Allerdings handelt es sich bei diesen Feinden wohl um jene Menschen, die die Botschaft Jesu ablehnen und ihre Über-
bringer verunglimpfen. Diese verbale Aktion soll eine spirituelle Reaktion
nach sich ziehen, die im Gebet für die Feinde der Botschaft Jesu besteht.
Wirkliche und wörtliche Feindesliebe wird somit nur in relativ harmlosen
Situationen der Ablehnung, in denen die Worte der Missionare zurückgewiesen werden, gefordert. „Die ausgesprochene Feindesliebe verlangt zunächst
größere Güte. Dafür verspricht sie denen, die so handeln, unabhängig vom
Erfolg ihres spirituellen Tuns einen kalkulierbareren Gewinn: Sie dürfen
sich von vornherein auf der moralisch und theologisch besseren Seite wissen. Ihre Nachsicht wird spätestens im göttlichen Gericht kompensiert."[67]
Daher ist es auch plausibel, dass sich für die Adressaten innerhalb der Gemeinde die Parusieverzögerung in der Betonung spiritueller und eschatologischer Motive bemerkbar macht – wir haben auf diesen Umstand bereits
reflektiert. Bemerkenswert sind die Pointen einer solchen „echten" Feindesliebe: Nicht Leib und Leben, sondern spirituelle Bedürfnisse werden angesprochen; kritisiert werden nicht die Hörer, die sich der Botschaft der Missionare gegenüber ablehnend verhalten, sondern die Boten, die auf die
Ablehnung mit dem Gestus der Überlegenheit, des Hochmuts, ja der Missachtung reagieren; und schließlich muss sich die bessere Lehre im besseren

---

[67] M. Ebner, Feindesliebe – Ein Ratschlag zum Überleben? Sozial- und religionsgeschicht-
liche Überlegungen zu Mt 5,38–47 par Lk 6,27–35, in: J. M. Asgeirsson/K. De Troyer/M. W.
Meyer (eds.), From Quest to Q, Leuven 2000, 119–142, 140. Von Feindschaft im eigentlichen
Sinn kann hier keine Rede sein.

Leben bewähren, pointiert gesagt: die unterlegene Theorie in der moralisch überlegenen Praxis bewahrheiten.[68]

Mt 5,43 bezieht sich auf das Gebot der Nächstenliebe in Lev 19,18, allerdings mit einem Zusatz, der im Alten Testament nicht zu finden ist: „Du sollst deinen Nächsten lieben und deinen Feind hassen." Damit wird die Haltung, Nächstenliebe nur innerhalb der eigenen Gruppe bzw. Glaubensgruppe zu praktizieren, abgelehnt. Wenn in Mt 5,44 gefordert wird, die Feinde zu lieben, nämlich im Gebet bzw. durch Segen, so ist, wie gesagt, an Menschen gedacht, die sich über die Jünger Jesu abfällig äußern, also an verbale Feindseligkeiten, nicht an körperliche Misshandlungen. In beiden Fällen werden die Selbstachtung des Gläubigen, der Missachtung äußert oder erfährt, und damit das Gelingen des eigenen Lebensentwurfs thematisiert: Es ist mit dem Glauben nicht vereinbar, auf Andersgläubige herabzusehen, und es entspricht der Überlegenheit der eigenen Position, einer Schmähung nicht auf gleicher Ebene zu begegnen, sich also auf das Niveau verbaler Entgleisungen hinabziehen zu lassen. Die Nichtschmähung anderer bzw. die Nichterwiderung einer Schmähung entspricht der Selbstachtung, so dass die Achtung anderer und die Selbstachtung im Sinn positiver Reziprozität in Einklang gebracht werden, und sei es erst im göttlichen Gericht.

Bei Lk 6,32–34 scheint das Prinzip der Reziprozität außer Kraft gesetzt: Wenn ihr nur denen Gutes tut, die euch Gutes tun, und nur denen leiht, von denen ihr das Geliehene wahrscheinlich wieder zurückerhalten werdet, welcher Dank ist dafür zu erwarten?[69] Zunächst könnte diese Stelle so verstanden werden, dass in der Reziprozität, genauer noch in gelingenden Interaktionen selbst ausreichender Dank (χάρις) beschlossen liegt. Tatsächlich ist der soziale Ausgleich zwischen Häusern bzw. Familien durch Hilfeleistung und Dankbarkeit institutionalisiert. Dies müsste allerdings nicht eigens Erwähnung finden. Wie schon bemerkt, findet der Austausch von Gefälligkeiten oder Hilfestellungen häufig unter Gleichgestellten statt: Eine symmetrisch-reziproke Verpflichtung entfaltet ihren Sinn etwa in einer bäuerlichen Kultur, die sich auf diese Weise gegen natürliche Kontingenzen abzusichern vermag.[70] Solche Unterstützungs-

---

[68] Vgl. M. Ebner, Inkarnation der Botschaft – Kultureller Horizont und theologischer Anspruch neutestamentlicher Texte, Stuttgart 2015, 77f.
[69] Tatsächlich bemerkt H. Schürmann, Das Lukasevangelium (1,1–9,50), Freiburg i. Br. 1969, 343–348, dass sich diese Verse nach einem Seitenblick auf abwesende Reiche und Geachtete wieder den entbehrungsbereiten Jüngern zuwenden, die das Böse dadurch überwinden, dass sie sich bis zum Letzten ausbeuten lassen und sich liebend selbst aufgeben. Krasser kann der biblische Bestand im Umkreis der so genannten Feindesliebe eigentlich nicht missverstanden werden.
[70] Vgl. Th. W. Gallant, Risk and Survival in Ancient Greece: Reconstructing the Rural Domestic Economy, Cambridge 1991, 98 und 143.

Netzwerke können jedoch auch der Absicherung gegen soziale Abhängigkeiten dienen, was bereits eine Schichtung der Gesellschaft voraussetzt. Freundschaft schafft innerhalb von geschichteten Verhältnissen einen Raum, der frei ist von Über- und Unterordnung, dabei freilich – wie wir bereits gesehen haben – Aspekte des Angenehmen und Nützlichen bergen kann, die so selbstverständlich reziprok ausgestaltet sind, dass sie keine Erwähnung finden müssen. Auch Aristoteles zielt im Begriff der Freundschaft keinen einseitigen, sondern einen gegenseitigen Altruismus, eben Kooperation, an.[71] Neben dem Ethos der Freundschaft, das in den antiken Diskursen dominiert und ein Verhältnis der Reziprozität beschreibt, ist Komplementarität, also eine Beziehung unter Ungleichen, nicht ausgeschlossen.[72] Dies gilt, wie schon angedeutet, für die Liebe der Eltern zu ihren Kindern und für die Beziehung der Menschen zu den Göttern. Und dies gilt (etwa für den Tausch von Schutz und Loyalität) zwischen Mitgliedern unterschiedlicher sozialer Schichten, also für eine asymmetrische Beziehung.

Sozial niedriger Gestellte können sich an diesem Tausch dadurch beteiligen, dass sie eine Wohltat, die ihnen durch einen sozial höher Gestellten erwiesen wird, durch Dank- und Ehrerweisungen erwidern. Wenn freilich als Adressaten von Lk 6,32–34 die Reichen und Mächtigen der Gemeinde gelten (die sich wohl im Sinn des in der Antike verbreiteten Euergetismus Dank verschaffen können),[73] entfaltet die Logik der Reziprozität wieder Sinn, weil in der Forderung, auch denen Gutes zu tun, die nicht in der Lage sind, das Gute, das ihnen erwiesen wird, zu erwidern,[74] die Asymmetrie zwischen Armen und Reichen, Ohnmächtigen und Mächtigen thematisiert wird. Tatsächlich wird der Euergetismus in der Antike nicht als Ausdruck „herrscherlicher Huld" betrachtet, sondern als eine Haltung, die man „den Mitbürgern schuldig"[75] ist.

---

[71] Vgl. D. Konstan, Reciprocity and Friendship, in: C. Gill/N. Postlethwaite/R. Seaford (eds.), Reciprocity in Ancient Greece, 279–301.

[72] Vgl. P. C. Millett, Patronage and its Avoidance in Classical Athens, in: A. Wallace-Hadrill (ed.), Patronage in Ancient Society, London 1989, 15–48, 43.

[73] Vgl. S. Silverman, Patronage as Myth, in: E. Gellner/J. Waterbury (eds.), Patrons and Clients in Mediterranean Societies, London 1977, 7–19, 12f.; J. Scott, Patronage or Exploitation, in: E. Gellner/J. Waterbury (eds.), Patrons and Clients in Mediterranean Societies, London 1977, 21–39, 27.

[74] Nach W. Stegemann, Kontingenz und Kontextualität der moralischen Aussagen Jesu, in: W. Stegemann/B. J. Malina/G. Theissen (eds.), Jesus in neuen Kontexten, Stuttgart 2002, 167–184, 183, sind die „Undankbaren und Bösen" entweder jene, die nichts zurückgeben können oder nichts zurückgegeben haben und denen dennoch Gutes zu tun ist (obwohl sie aus der Sicht des Gebenden als böse, weil undankbar gelten müssen). Vielleicht ist die Erklärung jedoch noch viel einfacher: Warum sollten die Beschenkten sich für etwas dankbar erweisen, was ihnen doch zusteht?

[75] M. Adrian, Mutuum date nihil desperantes (Lk 6,35). Reziprozität bei Lukas, Göttingen

Die Wohltäter sollen auf den Dank, den sie üblicherweise erwarten können, verzichten. Sie sind ja, so könnte man argumentieren, schon aufgrund ihrer gesellschaftlichen Stellung privilegiert.[76] Die Logik dieser Empfehlung zielt darauf, einen sozialen Ausgleich zu schaffen, wobei die biblischen Texte deutlich egalitärer verfahren als die paganen Schriften – wir waren auf diesen Unterschied schon zu sprechen gekommen: Ein komplementäres Verhältnis, das asymmetrisch gestaltet ist, soll zu einem reziproken Verhältnis, das symmetrisch gestaltet ist, überwunden werden. Es handelt sich daher nicht um einen Akt der Supererogation, geht es doch darum, nicht rechtfertigbare Asymmetrien wieder zu Symmetrien zurückzubilden. Deshalb ist es auch absurd, hier die Forderung zu erkennen, die Jünger Jesu sollten „nichts auf Gegenseitigkeit tun, sondern in dem, was sie tun, sich selbst einseitig dem Nächsten ganz hingeben bzw. ausliefern"[77]. Zum einen wird die Forderung nur an die Privilegierten gerichtet, die zum anderen nur geben sollen, was den Empfängern ohnehin zusteht.

Der Kontrast, den die religiöse gegenüber der profanen Begründungsstruktur aufmacht, ist nicht leicht zu verstehen: Wenn die Jünger Jesu gehalten sind, es nicht den „Sündern" (Lk 6,32–34) gleichzutun, die nur leihen, wenn sie hoffen können, das Geliehene auch wieder zurückzubekommen, wird verkannt, dass diese vorbildliche Praxis auch in der griechisch-römischen Welt Gegenstand des moralischen Diskurses bzw. Gegenstand moralischer Appelle war. Der Begriff der χάρις bezeichnet generell die Atmosphäre gegenseitiger Unterstützung und Hilfeleistung, ein selbstverständliches Geben und Nehmen, einen Kreislauf, der von keinerlei Verzerrung bedroht ist. Zu denken ist wieder an das Ideal der Freundschaft, das zwar ohne die Realität nützlicher und ange-

---

2019, 35. Und: „Die vermögenden unter ihnen wurden teilweise unter Androhung von Gewalt an die Sozialpflichtigkeit ihrer Güter erinnert."

[76] Vgl. wiederum M. Ebner, Inkarnation der Botschaft – Kultureller Horizont und theologischer Anspruch neutestamentlicher Texte, Stuttgart 2015, 62 und 68f.

[77] So etwa U. Wilckens, Theologie des Neuen Testaments, Bd. I, Geschichte der urchristlichen Theologie, Teilband 1, Geschichte des Wirkens Jesu in Galiläa, Neukirchen-Vluyn 2002, 260, der dann weiterfährt: „Das entspricht dem Gesichtspunkt der Nachfolge, um derentwillen der Jünger das Eigene aufgeben und verlassen muß, um ganz nur von der Gottesherrschaft zu leben wie Jesus selbst. Wie der ‚Lohn' der Nachfolge in den himmlischen ‚Schätzen' des künftigen Gottesreiches besteht (Mk 10,21; vgl. Mt 6,19–21), so auch der ‚Lohn' für diese selbstlose Nächstenliebe: Nicht auf den ‚Dank' oder die ‚Gunst' vonseiten derer, denen sie Gutes tun, sollen Jünger Jesu aus sein, sondern auf den reichen Lohn, der darin besteht, daß sie – durch die ihnen geschenkte Teilhabe am endzeitlichen Heil der Gottesherrschaft – Gottes Söhne sind (vgl. Lk 6,20 mit Mt 5,9)." Die Absurdität dieser Lohnvermeidungsstrategie liegt auf der Hand. Zudem dient der Nächste in diesem Kalkül allein als Mittel zum Zweck der eigenen Glückseligkeit. Schließlich und vor allem wird Selbstlosigkeit durch das Gebot, den Nächsten zu lieben wie sich selbst, gar nicht gefordert.

nehmer Gaben und Gegengaben nicht auskommt, sich aber über reine Zweck-
dienlichkeit gerade erhebt. Man kann diese Praxis unter Gleichen vermuten,
sie muss jedoch nur angemahnt werden, wo sie durch Ungleichheiten verzerrt
zu werden droht oder verzerrt ist. Am ehesten lässt das pagane Ethos die Empfehlung einer egalitären Einstellung noch innerhalb von nichtegalitären Strukturen plausibel werden, eine Haltung, die sich freilich in Taten zu manifestieren hat: Es gilt, auch in ungleichen Verhältnissen nicht „von oben herab" zu
agieren, sondern durch ein Auftreten „auf Augenhöhe" sozialen Zusammenhalt zu stiften und zu stärken.[78] Auf diese Weise kann ein Ethos der Egalität
motiviert werden, so dass individuelle Motivation und soziale Funktion ineinander greifen. Allerdings geht der biblische Appell über die pagane Erwartung an eine freiwillige Selbstbeschränkung hinaus: Weil innerhalb der Logik
reziproker Beziehungen eine Gabe erwidert werden musste, standen „Bettelarme außerhalb der normalen Austauschverhältnisse".[79] Von daher wird in
der paganen Umwelt kaum ein sozialer Ausgleich zwischen Armen und Reichen, zwischen Ohnmächtigen und Mächtigen angezielt, was für die biblische
Welt wahrscheinlicher ist, jedenfalls wenn man Lk 6,32–34 argumentatives Niveau unterstellen will: Wenn den Reichen und Mächtigen, die sich den Armen
und Ohnmächtigen gegenüber symmetrisch verhalten, also bereit sind, Asymmetrien aufzulösen, Lohn im Himmel angeboten wird, so ist vermutlich daran
gedacht, einem moralischen Motiv, das sich gegen den Anschein von Recht
stellt, Geltung zu verleihen, indem es mit göttlicher Autorität ausgestattet
wird. Da die Herstellung oder Wiederherstellung dessen, was ohnehin gerecht
ist (auch wenn dies durch die bestehenden Verhältnisse nicht gedeckt wird) zu
keinem zusätzlichen Vorteil, auch nicht im Jenseits führen darf, was die gesamte Logik dieser wohl eschatologisch-spiritualisierten Empfehlung zur
Selbstbeschränkung Lügen strafen würde, bietet sich eine Lesart an, die eine
Rettung im Gericht in Aussicht stellt, also jenseitige Strafe vermeiden hilft. Allerdings werden diejenigen, die ihre Position im Diesseits nicht ausnützen,
vielleicht schon im Diesseits, zumindest jedoch im Jenseits „Söhne des Höchsten" (Lk 6,35) genannt.[80] So kommt ihnen ein Ehrenrang zu. Der Verzicht auf

---

[78] So finden sich beispielsweise in Senecas Abhandlung *De beneficiis* entsprechende Empfeh-
lungen. Vgl. T. Engberg-Pedersen, Giving and Doing. The Philosophical Coherence of the
Sermon on the Plain, in: F. W. Horn/R. Zimmermann (eds.), Jenseits von Indikativ und Imperativ, Tübingen 2009, 267–287, 277.

[79] M. Adrian, Mutuum date nihil desperantes (Lk 6,35). Reziprozität bei Lukas, Göttingen
2019, 143. Doch wird biblisch von den Reichen gefordert, auch und gerade den ganz am
Rand Stehenden zu helfen.

[80] Vgl. auch M. Adrian, Mutuum date nihil desperantes (Lk 6,35), 2019, 166f.: „Die Positio-
nierung im Kontext von Wohltätigkeits- und Darlehenssemantik vermittelt den impliziten
Lesern, die in gesellschaftlichen Geberrollen zu verorten sind, ein ambivalentes Signal: Wohltätigkeit erweist man idealiter nicht gegen Belohnung. Sich in die Rolle des Lohnempfängers

Schmeichelei und Ehrerbietung bringt einen Ehrentitel ein, der als Kompensation für diesen Verzicht gedacht ist.[81] Ein vollständiger Ausgleich wird somit nicht erreicht, höchstens in einer gebrochenen Weise: Zwar passt die Rede vom „Sohn", nicht aber die Rede vom „Lohn" zur Wohltätigkeit, das heißt, der Gedanke des Lohns wird gewissermaßen eingeklammert; zudem wird der Wohltätige zum „Lohnempfänger" gegenüber dem Höchsten. Eher ist an eine religiöse Motivation für moralisches Handeln gedacht. Die eschatologisch-spiritualisierte Sicht wirkt in der Logik einer ausgleichenden Reziprozität vielleicht inkonsequent. Doch verrät der kompensatorische Realismus etwas über den moralischen Idealismus, der hinter der Forderung nach einem sozialen Ausgleich steckt.

Immerhin wird das Modell der Reziprozität nicht einfach ins Jenseits verschoben, sondern so erweitert, dass der Ausblick auf das Fernste die Aussicht des Nächsten verbessert. Eine fortgeschrittene moralische Semantik ist darin erkennbar, dass die Liebe zu denen, die eine Gabe nicht erwidern können, durch die erwartbare himmlische Gegengabe motiviert wird. Man reflektiert somit, dass die Rückkehr zur Reziprozität, also die Überwindung einseitiger Schlechterstellung, zugleich die Überwindung einseitiger Besserstellung bedeutet, ein Schritt, der eigens motiviert werden muss. Auf der irdischen Ebene soll das Gleichgewicht wiederhergestellt werden; zählte man die himmlische Perspektive dazu, würde die einseitige Besserstellung nicht ganz überwunden werden. Das Besondere an dieser „Eschatologie" besteht darin, dass sie die Wende nicht für die Zukunft erwartet, sondern davon überzeugt ist, dass sie bereits stattgefunden hat – jedenfalls in der entscheidenden Ebene, nämlich im Himmel, der auf Erden realisiert werden soll. Auch die Einladung der Armen in Lk 14,1–24 stört die Regel der Reziprozität, den Kreislauf von Geben und Nehmen, nicht.[82] Genau genommen wird nur die einseitige Defektion durch die Gruppe der Reichen, die zu Lasten der Gruppe der Armen geht, gestört und zu einem gesamtgesellschaftlichen Gleichgewicht bzw. zu allseitiger Kooperation zurückgeführt. Diesseitige und jensei-

---

zu begeben, scheint allenfalls einer unzweifelhaften Autorität gegenüber legitim. Diese Autorität ist wohl ‚der Höchste', zu dessen Söhnen man ernannt wird, wenn man sich im erläuterten Sinne verhält." Dass die Anrede als Sohn und generell eine familiale Terminologie zur Ehrung euergetischer Verdienste verwendet wurde, ist durch viele Ehrendekrete bezeugt.

[81] Vgl. M. Ebner, Neutestamentliche Ethik zwischen weisheitlichen Alltagsratschlägen und sozialethischen Visionen, in: H. Schmidinger/G. M. Hoff (eds.), Ethik im Brennpunkt, Innsbruck/Wien 2005, 57–95, 81f.

[82] Vgl. dazu M. Ebner, Symposion und Wassersucht, Reziprozitätsdenken und Umkehr – Sozialgeschichte und Theologie in Lk 14,1–24, in: D. C. Bienert/J. Jenka/Th. Witulski (eds.), Paulus und die antike Welt – Beiträge zur zeit- und religionsgeschichtlichen Erforschung des paulinischen Christentums, Göttingen 2008, 115–135, 118f.

tige Welt bilden hier einen besonders akzentuierten Zusammenhang, sofern
diesseitiges Tun sich auf den Verbleib im Jenseits auswirkt. Dies ist keineswegs
selbstverständlich. Während zuvor Gott den Zusammenhang von Tun und Ergehen, so er sich nicht von selbst einstellte, herstellen sollte, wird dies nun zunehmend dem Menschen aufgetragen. Die Eingriffsmöglichkeit Gottes verblasst mit der Zunahme der Moralisierung der Jenseitszustände. Dahinter
steht offenbar die Enttäuschung der Erwartung, Gott könne vollbringen, was
dem Menschen nicht gelingt. Die mit der Eschatologisierung der Moral notwendig verbundene Moralisierung der Eschatologie zeigt also eine Entwicklung der Semantik sowie der Struktur der damaligen Gesellschaft an, die dem
menschlichen Handeln einen bevorzugten Stellenwert zumisst.

Im Umgang mit Gegnern oder Feinden, so kann man bilanzieren, reichen
die Verhältnisse in physische oder psychische Bereiche hinein, die Unver-
sehrtheit des eigenen Lebens kann ebenso wie der persönliche Lebensentwurf
angegriffen werden. Gilt es, sich einer lebensbedrohlichen Überlegenheit zu
erwehren, dann, um zunächst selbst Überlegenheit (zurück) zu gewinnen.
Die Position der Unterlegenheit, in der etwa einem Schuldner alles genommen wird, was dem Gläubiger legal zusteht, soll durch demonstrative Überlegenheit ins Gleichgewicht gebracht werden, wodurch sich die Differenz von
Armen und Reichen, Ohnmächtigen und Mächtigen möglichst auflösen soll.
Wo sich die Reichen und Mächtigen generös zeigen, um dafür Dank ein-
zuheimsen, wird daran erinnert, dass die Position der Überlegenheit dazu
motivieren sollte, sich der Position der Unterlegenheit zuzuwenden, ohne
von daher irgendeine Gegenleistung, und sei es auch nur Dank, zu erwarten.
Die Position der Überlegenheit, die dazu verführt, andere nicht zu grüßen,
droht zu einer Position der Unterlegenheit zu werden, weil sie dem eigenen
Glauben widerspricht, ihn also verkehrt. Die Position der Unterlegenheit
hingegen, in die unfreiwillig gerät, wer seines Glaubens wegen verspottet
wird, soll in eine Position beispielhafter moralischer Überlegenheit transformiert werden: Die Spiritualisierung der Moral zieht die Moralisierung der
Spiritualität nach sich. In beiden Fällen wird gefordert, aus einem Ungleichgewicht ein Gleichgewicht zu kreieren, keinesfalls wird ein Ungleichgewicht
beschönigt oder gar dazu aufgefordert, die Position der Überlegenheit freiwillig in eine Position der Unterlegenheit zu verkehren.

Wie können diese Einsichten der so genannten Feindesliebe modern reformuliert werden? Nach einer weit verbreiteten Auffassung – auch vieler
ethischer Theorien – hat jeder Mensch eine Reihe von Überzeugungen und
Wünschen, welche die Ursache seines Handelns sind. Eine andere Erklärung
orientiert sich an Eigenschaften einer Person, die für eine bestimmte Handlung verantwortlich gemacht werden. Entscheidend ist, dass jede dieser Er-
klärungen die Ursache für das Verhalten in der Person sucht: Persönlichkeits-

theorien konzentrieren sich auf Eigenschaften, kognitive Theorien auf Überzeugungen und Wünsche. Die Tendenz, menschliches Handeln ohne Berücksichtigung der Umwelt zu erklären, bezeichnet man als „fundamentalen Attributionsfehler".[83] Anders formuliert: Die Annahme von festen Eigenschaften, Überzeugungen oder Wünschen vernachlässigt die adaptive Natur des Menschen. Das heißt wiederum: Wer das Verhalten eines Akteurs verstehen will, muss herausfinden, was nach dessen Meinung die übrigen Akteure vorhaben und umgekehrt.

Wenn eine allseitige Kooperationsbereitschaft herrscht, kann das Ergebnis eine lange, harmonische Zusammenarbeit sein; wenn eine allseitige Defektionsbereitschaft herrscht, ist das Gegenteil der Fall. Das Verhalten von Akteuren ist nach diesem Verständnis nicht das Spiegelbild einer Eigenschaft, einer Überzeugung oder eines Wunsches, sondern eine adaptive Reaktion auf die Umwelt. Steht einseitiger Kooperationsbereitschaft einseitige Defektionsbereitschaft gegenüber, ist wahrscheinlich, dass Kooperation ab- und Defektion zunimmt. Deshalb stellt sich Reziprozität in anonymen Kontexten, die die moderne Gesellschaft charakterisieren, nicht automatisch ein. Es mag zwar Verzögerung oder Stillstand des Sinnes geben, dass die Bereitschaft zur Kooperation nur allmählich nachlässt oder trotz massiver Erosion auf einem niedrigen Niveau verharrt. Dennoch dürfte es bei einseitiger Bereitschaft zu Kooperation bzw. Defektion eher eine Tendenz zum Ab- anstatt zum Aufbau von Kooperation, zu negativer statt zu positiver Reziprozität, geben, was für die Etablierung von Strukturen spricht, die geeignet sind, Defektion zu überwinden und Kooperation zu fördern. Innerhalb räumlich und zeitlich überschaubarer Interaktionen ist es wahrscheinlich, dass sich stabile positiv-reziproke Verhältnisse ausbilden. In solchen Kontexten mag allerdings auch die Verweigerung von Vergebung, die möglicherweise Schuldgefühle auslöst, dazu angetan sein, wiederholte Verletzungen kooperativer Strukturen zu verhindern.[84] Innerhalb räumlich und zeitlich unüberschaubarer Interaktionen ist es hingegen wahrscheinlich, dass sich stabile negativ-reziproke Verhältnisse ausbilden.[85] Vermutlich sind zudem asymmetrische Verhältnisse all-

---

[83] G. Gigerenzer, Bauchentscheidungen. Die Intelligenz des Unbewussten und die Macht der Intuition, München 2008, 59–63. Die Berücksichtigung der adaptiven Natur menschlichen Handelns geht auf H. A. Simon, A behavioral model of rational choice, in: Quarterly Journal of Economics 69 (1955), 99–118, zurück.

[84] Vgl. dazu R. F. Baumeister/H. T. Reis/P. A. E. G. Delespaul, Subjective and experiential correlates of guilt in daily life, in: Personality and Social Psychology Bulletin 21 (1995), 1256–1268; R. F. Baumeister/J. J. Exline/K. L. Sommer, The victim role, grudge theory, and two dimensions of forgiveness, in: E. L. Worthington (ed.), Dimensions of forgiveness: Psychological research and theological perspectives, Philadelphia 1998, 79–104.

[85] Auch in anonymen Kontexten kann sich allmählich Vertrauen ausbilden bzw. wird Miss-

gemein instabiler, irritierbarer und gefährdeter als symmetrische, also reziproke Verhältnisse.

Greifen wir zur Klärung der adaptiven Logik menschlichen Handelns auf eine spieltheoretische Analyse zurück.[86] Wer das Verhalten von Akteur A verstehen will, muss herausfinden, was Akteur B tut und umgekehrt. Betrachten wir zunächst eine Regel, der man den Namen „Tit-for-Tat", also „Wie du mir, so ich dir" gegeben hat: „Sei zuerst freundlich, beschränke dein Gedächtnis auf die Größe eins, und ahme das zuletzt gezeigte Verhalten deines Partners nach!" Damit soll zum Ausdruck gebracht werden, dass nur das zuletzt gezeigte Verhalten (freundlich oder unfreundlich) erinnert und nachgeahmt wird. Nehmen wir an, Akteur A, der diese Faustregel unbewusst anwendet, löst zum ersten Mal eine Aufgabe gemeinsam mit Akteur B. Beide sind bei dieser ersten Gelegenheit freundlich zueinander. Beim nächsten Mal ahmt B das kooperative Verhalten von A nach, A ahmt das von B nach und so fort. Das Ergebnis kann eine lange, harmonische Zusammenarbeit sein. Wenn A jedoch einen Interaktionspartner hat, der grundsätzlich nach der Maxime handelt: „Sei stets unfreundlich!", wird er sich umgekehrt genauso verhalten. Klar wird dabei noch einmal: Verhalten ist nicht das Spiegelbild einer Eigenschaft oder einer Einstellung, sondern eine adaptive Reaktion auf die Umwelt.

Variieren wir dieses Beispiel und nehmen an, A und B haben sich intuitiv auf Tit-for-Tat verlassen. Sie waren verlässliche Partner, doch A hat einmal etwas Feindseliges gesagt, und seither nehmen die Auseinandersetzungen kein Ende. Wie können die beiden dieses Handlungsmuster überwinden? Sie könnten, und das ist eine Erweiterung der zitierten Regel, die versöhnlichere Variante, nämlich Tit-for-two-Tats, anwenden. Sie lautet: „Sei zuerst freundlich, beschränke dein Gedächtnis auf Größe zwei, und sei nur unfreundlich, wenn dein Partner es zweimal war; ansonsten sei freundlich!" Hier bekommt A, wenn er B ungewollt beleidigt hat, eine zweite Chance. Nur wenn es zweimal hintereinander passiert, revanchiert B sich. Tit-for-two-Tats ist das bessere Prinzip bei Interaktionspartnern, die sich etwas unberechenbar verhalten, ohne bösartig zu sein. Allerdings kann diese Nachsicht ausgenutzt werden. Stellen wir uns vor, A neige zu Jähzorn und beleidige B, bereue das jedoch am folgenden Tag tief und zeige sich dann wieder freundlich und rücksichtsvoll. Wenn beide das Prinzip Tit-for-two-Tats befolgen, wird B gegenüber A freundlich bleiben. Ein gerissener Interaktionspartner könnte dieses Spiel allerdings – bewusst oder unbewusst – für lange Zeit fortsetzen und

---

trauen nicht allgegenwärtig sein. Um Vertrauen zu etablieren, müssen berechenbare Interaktionszusammenhänge entstehen, die allerdings störungsanfällig bleiben.

[86] Vgl. R. Axelrod, Effective choice in the Prisoner's Dilemma, in: Journal of Conflict Resolution 24 (1980), 3–25; R. Axelrod, More effective choice in the Prisoner's Dilemma, in: Journal of Conflict Resolution 24 (1980), 379–403.

die Bereitschaft zu versöhnlichem Verhalten ausbeuten. Stiege B auf Tit-for-Tat um, könnte A ihn nicht mehr ausnutzen.[87]

Der allmähliche Umschlag von Kooperation auf Defektion könnte somit durch eine geduldigere Strategie eines Akteurs oder eines Teils der Akteure aufgehalten werden: Man gesteht dem defektierenden Interaktionspartner eine weitere Gelegenheit zur Kooperation zu, um zu einer konstruktiven Beziehung zurückzufinden. Diese Verhältnisse begegneten uns in der Deutung der so genannten Feindesliebe, also in der Empfehlung demonstrativer Wehrlosigkeit, allerdings in einmaligen Situationen und asymmetrischen Beziehungen, in denen ein überraschender oder überwältigender Effekt erzielt werden kann, während die moderne Deutung auf wiederholte Situationen und symmetrische Beziehungen abzielt: Hier ist es, sobald die Nachsichtigkeit eines Akteurs ausgenutzt werden kann, rational und auch ethisch legitim, Defektion mit Defektion zu beantworten, auch auf die Gefahr hin, dass Kooperation unmöglich wird und sich somit alle Interaktionspartner schlechter stellen.

Es gibt keine Garantie dafür, dass Feindesliebe funktioniert, der Täter sich also dauerhaft ändert. Die richtige Strategie ist somit kontextabhängig, das heißt relativ zu Eigenschaften oder Einstellungen der Interaktionspartner. Es gibt keine Empfehlung, die absolut gelten kann.[88] Im so genannten Gebot der Feindesliebe eine kontextlos-kategorische Forderung zu sehen, erweist sich damit als unbiblisch.[89] Eine Feindesliebe, die nicht auf eine Gegengabe aus ist und sich systematisch und dauerhaft ausbeuten lässt, könnte höchstens als freiwilliger Akt der Supererogation und somit als rein altruistisch gelten. Allerdings ist Kooperation dem reinen Altruismus überlegen, weil dadurch mehr Akteure bessergestellt werden. Wenn ethisch nicht gefordert werden kann, sich systematisch und dauerhaft ausbeuten zu lassen, muss unser Gefühl für Fairness oder Reziprozität durch die Vernunft präzisiert werden, wollen wir nicht bei ruinösen sozialen Beziehungen landen. Es

---

[87] Vgl. G. Gigerenzer, Bauchentscheidungen. Die Intelligenz des Unbewussten und die Macht der Intuition, München 2008, 59–63; J. J. Exline/R. F. Baumeister, Expressing Forgiveness and Repentance. Benefits and Barriers, in: M. E. McCullough/K. I. Pargament/C. E. Thoresen (eds.), Forgiveness. Theory, Research, and Practice, New York 2000, 133–155, 144–146.

[88] Zu Theorien über die Beziehung zwischen Geist und Umwelt vgl. L. Cosmides/J. Tooby, Cognitive adaptions for social exchange, in: J. H. Barkow/L. Cosmides/J. Tooby (eds.), The adapted mind: Evolutionary psychology and the generation of culture, New York 1992, 163–228; K. Fiedler/P. Juslin (eds.), Information sampling and adaptive cognition, New York 2006.

[89] Das Gebot der Feindesliebe wird als kategorische ethische Forderung interpretiert etwa von H. Merklein, Die Gottesherrschaft als Handlungsprinzip – Untersuchungen zur Ethik Jesu, Würzburg 1997, 235; G. Theissen, Gewaltverzicht und Feindesliebe (Mt 5,38–48/Lk 6,27–38) und deren sozialgeschichtlicher Hintergrund, in: ders., Studien zur Soziologie des Urchristentums, Tübingen ³1983, 160–197, 195f.

geht einer Ethik dieser Form um die Struktur menschlicher Interaktionen. Interaktionen funktionieren häufig unbewusst, weil wir ein Gefühl für das richtige Verhalten entwickelt haben. Wo sie nicht funktionieren, muss die Vernunft zu einer Situationsanalyse kommen. Deshalb kann die biblische Weisung, einen zweiten – und keine weiteren – Versuch, Feindschaft zu überwinden, in Erwägung zu ziehen, modern in offenkundig bösartigen oder anonymen Kontexten nicht individualethisch, sondern nur sozial-ethisch, nämlich als Heuristik zur Überwindung Feindschaft begünstigender und zur Schaffung friedensstiftender Strukturen, die als Restriktionen des Handelns wirken können, gelesen werden.[90]

Die „Feinde der Gläubiger sind", so könnte man Lk 6,35 bilanzieren, „die Schuldner", und es liegt an den Gläubigern, „diese Feindschaft zu beenden, wofür ihnen (und nur ihnen) eine Gegenleistung in Aussicht gestellt wird".[91] Feinde sind, generalisierend interpretiert, die einseitig und zu Unrecht Schlechtergestellten: die Armen, denen, freilich auf Kosten der Reichen, mehr Wohlstand zustünde, als sie im Augenblick besitzen, die Ohnmächtigen, denen, jedoch auf Kosten der Mächtigen, mehr Einfluss zustünde, als sie im Moment haben. Feinde mögen, je nach Deutung, auch die Bessergestellten sein, die hartherzigen Gläubiger, gefühllosen Soldaten oder gewaltbereiten Nachbarn – oder die Adressaten einer Botschaft, die davon nichts hören wollen. Feindschaft meint dann eine einseitige Besserstellung sowie ihre Minderung oder Bedrohung. All jenen, denen etwas fehlt, soll gegeben werden, worauf sie eigentlich Anspruch und wofür sie deshalb auch kein Dank zu erstatten haben. In den Beispielen vom Mantel, von der Meile und von der Wange ist es der Schlechtergestellte, der die Initiative zum Ausgleich ergreift, natürlich zu seinem eigenen Vorteil (nur wenn derjenige, der die Wange hinhalten soll, der Bessergestellte ist, wird von ihm verlangt, das, was ihm nicht zusteht, bereitwillig herzugeben). Der Bessergestellte soll in den Kreislauf der Reziprozität wieder eingegliedert werden, zu seinem Nachteil, weshalb dieser Schritt motiviert werden muss und gelegentlich sogar eschatologisch-spirituell motiviert wird. Allerdings zeigt das Beispiel des Zachäus (Lk 19,1–10), wie

---

[90] Vgl. W. Korff, Der Christ und der Frieden. Grundsätze einer christlichen Friedensethik, in: ders. (ed.), Den Frieden sichern, Düsseldorf 1982, 120–143, 136: „In jedem Fall wäre es völlig verfehlt, Feindesliebe als rein individualethische Gesinnung anzusetzen und ihre aufbrechende und befreiende Kraft ausschließlich zwischenmenschlich geltend zu machen. Denn nicht nur ‚personale‘, sondern auch gesellschaftlich organisierte, über gesetzte Ordnungen verfügte ‚strukturelle‘ Gewalt hat ihre Ursache beim Menschen und kann nur durch Menschen geändert werden. Gerade weil aber Feindesliebe nicht Unterwerfungsmoral, sondern zutiefst innovatorisch ausgerichtetes, auf Überwindung jeglicher Menschenfeindlichkeit zielendes Ethos ist, legt sie sich damit zwangsläufig auch mit Strukturen an."
[91] M. Adrian, Mutuum date nihil desperantes (Lk 6,35). Reziprozität bei Lukas, Göttingen 2019, 148f.

die Initiative auch vom Bessergestellten ausgehen kann, der von sich aus und aus eigener Einsicht die Position der Schlechtergestellten verbessert (man würde, da er freiwillig handelt und daher entsprechend motiviert sein muss, nicht sagen können, er verschlechtere dadurch seine eigene Position). Das Gebot der Nächstenliebe, so könnte man bilanzieren, fordert Reziprozität in der Verteilung von Gütern ein. Hier geht es insbesondere darum, in eine einseitige Verteilung von Gütern gar nicht erst einzusteigen bzw. eine entstandene Schieflage wieder zu beseitigen. Der Unterschied zwischen den Geboten der Nächsten- und der Feindesliebe besteht also darin, dass im einen Fall an Freundschafts- bzw. Loyalitätsverpflichtungen appelliert wird, um Schieflagen gar nicht erst aufkommen zu lassen, während es im anderen Fall gilt, soziale Verwerfungen zu überwinden.

3.6 Spiritualisierung und Eschatologisierung

Elaboriertere eschatologische Vorstellungen treten auf, wenn diesseitige Kontingenzen zwar durchaus mit göttlicher Notwendigkeit verknüpft sein können, die Linien aber zu jenseitigen Kontingenzen ausgezogen werden, weshalb der Mensch im Gericht bestehen oder nicht bestehen kann, je nachdem, wie er gelebt hat. Beide Zustände, diesseitige und jenseitige Existenz, werden somit als kontingent behandelt: Der Mensch kann das Diesseits gut oder schlecht bestreiten, und ihm kann es dafür im Jenseits gut oder schlecht ergehen, er kann belohnt oder bestraft werden. Nur die Verknüpfung ist nicht-kontingent gestaltet: Wer hier gut lebt, dem kann es dort nicht schlecht ergehen, wer hier schlecht lebt, dem kann es dort nicht gut ergehen. Insgesamt ist eine Providenzerwartung, natürlich nicht auf der Seite Gottes, sondern auf der Seite des Menschen zu konstatieren, und dies vermutlich als Folge von Kontingenzerfahrung. Genauer müsste man formulieren, jede Providenzerwartung sei ein auf Kontingenzerfahrung beruhender Wunsch, der an Gott gerichtet wird, er möge für das Jenseits vorsehen, was der Mensch im Diesseits dafür vorgesehen hat, weil die Reaktion eines guten Gottes für ihn vorhersehbar ist. Damit wird Jenseitsunsicherheit, die es ja erst mit eschatologischen Vorstellungen, die alternative Zustände bereitstellen, geben kann, reduziert. Was die Vorstellung eines göttlichen Gerichts betrifft, so ist die Aufspaltung von gegenwärtiger Handlung einerseits und zukünftigem Urteil andererseits für das biblische Denken unzutreffend. Jeder Augenblick kann zum Gericht Gottes werden, weshalb der Mensch sich selbst richtet, indem er – ganz im Sinn der paganen Philosophie gedacht – sein gegenwärtiges Handeln auf das Gesamt seines Lebens bezieht und deshalb im Gericht besteht, oder sein Leben fragmentiert und damit im Gericht scheitert.

In der Durchsicht des relevanten biblischen Materials, das sich mit Schulden und Schuld sowie mit positiver wie negativer Reziprozität befasst, zeigt sich mit Blick auf das, was wir gewöhnlich Eschatologie nennen, eine durchaus vielschichtige Textlage: (1) Die Gleichnisse Jesu lassen vermuten, das Reich Gottes sei gegenwärtig, wenn nicht auf Erden, so doch im Himmel. Das lässt die Sicht zu, die himmlische Verhältnisse könnten sich den irdischen nach und nach einprägen, womit das Reich Gottes zwar schon angebrochen, aber noch nicht ganz angekommen ist. (2) Später weitet sich diese Sicht mit der Erwartung der Parusie. So erhofft man das Anwesen von Gottes Reich wohl noch zu Lebzeiten der Gemeindemitglieder, was den Spalt zwischen „schon" und „noch nicht" weiter öffnet. (3) Als diese Erwartung enttäuscht wird, richtet man sich mit einer Verzögerung der Ankunft des Reiches Gottes ein. Hier treten nun, wie die Deutung der Gleichnisse Jesu unter dem Blickwinkel der Reziprozität zeigt, die fernsten und die nächsten Dinge deutlich auseinander – mit weitreichenden Folgen für die Verbindlichkeit von Normen. Die Gleichnisse Jesu sind sicher so zu interpretieren, als sei der von ihnen bevorzugte gesellschaftliche Zustand hier und jetzt umzusetzen – je früher desto besser. Die Schwäche einer solchen Erwartung liegt darin, dass ihr normativer Sinn an Kraft verliert, je länger seine Umsetzung ausbleibt. Generell können Normen oder Normsysteme bestimmen, wann mit ihrer Befolgung zu rechnen ist, sie können die Umsetzung später als ihre Begründung vorsehen, ohne deswegen als schlechter oder schwächer bewertet werden zu müssen. Was passiert jedoch, wenn eine Norm bzw. ein Normsystem möglichst sofort befolgt werden soll, doch nicht sofort befolgt wird? Verliert die Norm bzw. normative Ordnung dann ihre Kraft und damit ihre Verbindlichkeit? Zumindest muss der Blick in die Zukunft gelenkt und die Erfüllung der Erwartung verschoben werden. Ist die Erfüllung dann auf einen weiteren Termin, der in der Zukunft liegt, zu datieren, oder kann sie unterminiert bleiben? Die enttäuschte Naherwartung reagiert jedenfalls biblisch damit, keinen Termin zu bestimmen.[92] Dennoch darf die Erwartung der Parusie nicht verblassen, und erst recht dürfen die damit verbundenen normativen Vorstellungen nicht an Kraft verlieren. Eine Ertüchtigung von Normen wird durch die Theologie nach und nach erreicht, indem man die jenseitigen Folgen diesseitigen Handelns plastischer und drastischer ausmalt.[93] Zuvor führt, wie bereits angedeutet, die geschichtlich gewendete Soteriologie

---

[92] Diese Verweigerung erhält bemerkenswerterweise ein christologisches Gewand, indem sie nämlich Jesus selbst in den Mund gelegt wird. Dadurch wird jeder weitere Versuch, einen Zeitpunkt für das Kommen des Messias zu bestimmen, (definitiv) blockiert.
[93] Zur Zuspitzung in der Ausmalung der Sündenstrafen vgl. ausführlich C. Breitsameter, Die Sünde und das schöne Leben – zu Wandel und Bedeutung eines moraltheologischen Begriffs, in: Theologie der Gegenwart 52 (2009), 55–64.

zu einer Zukunftsorientierung der Zeitreihe, und möglicherweise werden
Kreuzigung und Auferstehung schon als die motivierende heilsgeschichtliche
Wende betrachtet, weshalb das Ausbleiben des Gottesgerichts sich weniger
demotivierend auswirkt. Die vergangene Erfahrung hat somit Auswirkungen
auf die zukünftige Erwartung. Immerhin wird durch die Schaffung eines
Zeitraums spiritueller Bewährung sowie eine Verzahnung von Sicherheit
und Unsicherheit zelotischer Glaubenszwang unterbunden, womit zur eschatologisierenden auch eine spiritualisierende Tendenz tritt.

Generell wird man für die Normen der biblischen Schriften nicht annehmen können, sie seien durch eschatologische Aussichten begründet. Eher ziehen eschatologische Vorstellungen als Normverstärker ein. Dabei geht es weniger um die Begründung als vielmehr um die Umsetzung von Normen, die
durch die Idee eines Endes von Welt und Zeit forciert werden soll. Grundsätzlich lassen sich zwei Bewegungen denken: Einmal führt eine Krise der
Normen zur Vorstellung einer letzten Krise, die die gegenwärtige Krise zu
überwinden, also die Normen wieder in Kraft zu setzen hat; sodann führt
das Ausbleiben einer solchen letzten Krise (die für die Naherwartung ja beobachtbar werden kann), zur Krise der Normen. Die eine Bewegung kann,
nun außerordentlich grob formuliert, für das Alte Testament, die andere für
das Neue Testament angenommen werden. Was das Neue Testament betrifft,
so vergrößert sich jedenfalls der Abstand zwischen „schon" und „noch nicht"
merklich: Die Wahrnehmung des „schon" wird durch die Spiritualisierung
der Begründung von Normen, nämlich durch die Idee der Naherwartung
der Parusie, gestärkt, die Wahrnehmung des „noch nicht" durch die Eschatologisierung der Durchsetzung von Normen, nämlich durch die Idee einer
Verzögerung der Parusie, geschwächt. Paradox wird die Gewissheit des Gerichts, die ja normativ wirken soll, durch die Ungewissheit, wann und – später auch – wie es eintreten wird, stabilisiert bzw. genauer: restabilisiert. Diese
Entwicklung wird durch den Kontakt mit der paganen Umwelt in zweifacher
Weise befördert: Einmal durch die Existenz prekärer sozialer Verhältnisse
(ökonomisch) sowie durch die Auseinandersetzung mit einer Macht, von deren Duldung man zu leben hatte (politisch).

Die Spiritualisierung des „schon" kann sich auf das Geschehen von Kreuz
und Auferstehung, das Erlösung bringen soll, stützen, um die Eschatologisierung des „noch nicht" nicht vollkommen utopisch erscheinen zu lassen.
Wäre das Normsystem des Neuen Testaments allein auf die Zukunft und
nicht auch auf die Vergangenheit gestellt (gestärkt werden ja sowohl die soteriologische Erfahrung, die den Verlaufssinn der Geschichte nur nach vorne
erlaubt, als auch die eschatologische Erwartung), verlöre es jede Wirkung.
Hätte das Normsystem des Alten Testaments (dem die jesuanischen Beispielgeschichten verpflichtet sind und bleiben) nur auf die Vergangenheit, nicht

auch auf die Zukunft gesetzt, wäre es ebenso wirkungslos geblieben. Einige normative Texte des Alten Testaments beschwören (wie die Botschaft Jesu) innerhalb einer stratifizierten Gesellschaft Solidarverhältnisse, die für die segmentäre Gesellschaft (bzw. auch für die segmentären Strukturen innerhalb der stratifizierten Gesellschaft) bestimmend sind.[94] Normative Ausführungen der neutestamentlichen Gemeinde-Theologie reagieren auf diesen Anachronismus weitgehend durch die spiritualisierende und eschatologisierende Figur der Parusieerwartung bzw. Parusieverzögerung.

3.7 Fazit

Wir haben den bereits eingeführten Begriff der doppelten Reziprozität am biblischen Material überprüft: Die Rede von der χάρις steht dabei, so zeigte sich, für eine Atmosphäre von Wohlwollen und Wohltat, für einen Resonanzraum, in dem Bitte und Gnade, Gabe und Dank aufeinander eingehen. In der Deutung der Vergebungsbitte bei Mt 6,12 bzw. Lk 11,4 sowie des Gleichnisses bei Lk 15,11–32 ergab sich erneut der Begriff der Schuld (debt-frame), nicht dagegen der Begriff der Sünde (substance-frame) als entscheidende Rahmung. Diese Feststellung wurde dann noch einmal an den Geboten der so genannten Nächsten- bzw. Feindesliebe durchgespielt. Zunächst erwies es sich bei der Vergebungsbitte in Mt 6,12 bzw. Lk 11,4 als ethisch unerheblich, ob die göttliche Vergebung der menschlichen folgt oder mit ihr vollzogen wird. Entscheidend ist, dass die zwischenmenschliche Vergebung zu erfolgen hat, bevor die göttliche Vergebung ins Spiel kommen kann, oder dass die göttliche Vergebung sich mit der menschlichen ereignet. Die menschliche Vergebung wird eindeutig als Bedingung für die göttliche Vergebung bezeichnet. Im Fall gelungener Vergebung ist es, so könnte man formulieren, überflüssig, über das Verhältnis von Bedingung und Anspruch, von Voraussetzung und Folge nachzudenken. Nur für den Fall, dass Vergebung nicht zustande kommt, wird man, allerdings auf Seiten des Täters, von einer Bedingung für göttliche Vergebung, auf die man gleichwohl keinen Anspruch erheben kann (wenn zwischenmenschliche Vergebung doch noch erreicht wird), oder von einer notwendigen Voraussetzung für göttliche Vergebung, die der menschlichen Vergebung in kontingenter Weise auf dem Fuß folgt, sprechen. Wird die Bitte bei Mt 6,12 bzw. Lk 11,4 zwischenmenschlich reziprok verstanden, was sich nahelegt, wenn das Opfer dem Täter vergeben soll (wird es dann doch selbst, sollte es jemals zum Täter geworden sein, auf die

---

[94] Vgl. C. Breitsameter, Nur Zehn Worte. Moral und Gesellschaft des Dekalogs, Freiburg i. Br./Fribourg 2012, 48–52.

Vergebung durch das Opfer hoffen können), kann die Bereitschaft zu vergeben als ungeschuldet, bedingungslos und frei stilisiert werden. Vergebung wird dann, wie unter Freunden üblich, aus Liebe, das heißt aus biblischer Sicht: fair, geübt, also – zwar zeitversetzt, aber doch erwartbar – wechselseitig gewährt. Ebenso kann die von Gott gewährte Vergebung als ungeschuldet, bedingungslos und frei stilisiert werden und so als Ausdruck seiner Liebe gelten. Wie wir sahen, wäre es für die biblische Vorstellung eines Ineinanders von göttlicher und menschlicher Reziprozität unangemessen, einen menschlichen Anspruch auf göttliche Vergebung, die gleichwohl erwartbar ist, erkennen zu wollen, so wie menschliche Vergebung kein Verdienst darstellt. Von einer Bedingung lässt sich höchstens dann sprechen, wenn Vergebung zwischenmenschlich nicht gewährt wird: Dann wird und darf auch Gott keine Vergebung gewähren. Entschließt man sich zu dieser Deutung, muss man unterstellen, es sei dem biblischen Kontext ganz einfach selbstverständlich, dass die Bedingung für Vergebung auf Seiten des Opfers auf Seiten des Täters die Bitte um Vergebung sowie die Bereitschaft zur Wiedergutmachung, soweit eben möglich, ist, weshalb, was schlichtweg selbstverständlich ist, nicht eigens betont werden muss. Eine alternative Lesart, die zumindest dem Wortlaut der Vergebungsbitte Sinn abgewinnt, deutet den Zusammenhang von Schuld und Schulden durch den Zusammenhang von Recht und Gerechtigkeit. Diese Deutung dreht die Perspektive einfach um und identifiziert im Opfer, das vermeintlich vergeben soll, den Täter, der Gott um Vergebung seiner Schuld bitten kann, weil er nämlich selbst Schulden erlässt oder erlassen hat. Seine Schuld bestand darin, anderen ihre Schulden nicht erlassen zu haben. In dieser Deutung wäre die Vermengung von Tätern und Opfern in der Formulierung „vergib *uns* unsere Schuld, wie auch *wir* vergeben unseren Schuldigern" entflochten: Gott kann den bittenden Tätern Schuld dann vergeben, wenn sie ihren Opfern Schulden erlassen (haben). Tatsächlich dürfte sich in der Vergebungsbitte, die uns in Mt 6,12 und Lk 11,4 überliefert ist, der Begriff der Schuld allmählich vom Begriff der Schulden abgelöst haben, womit eine spiritualisierte und eschatologisierte Deutung in den Vordergrund tritt. Die bis heute vorgebrachte Suggestion, es sei für Gläubige Pflicht, Schuld bedingungslos zu vergeben, weil auch Gott ihnen vergeben hat, verliert auf diesem Hintergrund jegliche Plausibilität. Beide Sphären der Vergebung sind nämlich an Bedingungen gebunden: Die zwischenmenschliche Vergebung von Schulden führt soziale Asymmetrien auf symmetrische Verhältnisse zurück, und erst wo das geschehen ist, ist auch Gott bereit zu vergeben. Die erwähnte Suggestion verkehrt also die zweifache Bedingtheit in eine zweifache Unbedingtheit. Generell sind mit dem Begriff der (doppelten) Reziprozität gesellschaftliche Verhältnisse im Spiel, die so komplex und differenziert sind, dass sie vertragliche Bindungen

evozieren, was durch den Begriff der Schuld zum Ausdruck kommt. Dieses
Modell unterscheidet sich somit von überschaubaren gesellschaftlichen Verhältnissen, die normativ durch den Zusammenhang von Tun und Ergehen
stabilisiert werden, was im Begriff der Sünde reflektiert wird (3.1).

Auch die Erzählung in Lk 15,11–32 verweist auf den Begriff der Schuld
(debt-frame), nicht auf den Begriff der Sünde (substance-frame). Bedenkt
man nämlich den Rahmen, der schildert, wie Jesus wegen seiner wohlwollenden Haltung Sündern gegenüber angegriffen wird, dürften im Hintergrund
die Gruppe der Zöllner und der Zusammenhang von Schuld und Schulden
stehen: sie, die sich der römischen Macht andienen und von ihr profitieren,
werden gescholten, und sie sollen umkehren. Sie verschleudern, was sie ihren
Brüdern – zu Recht aus der Perspektive des Landesfeindes, doch zu Unrecht
aus der Perspektive der solidarischen Kultur, der sie entstammen – weggenommen haben, nämlich durch die Steuern, die sie aus Israel herauspressen, um die vereinbarte Pachtsumme nach Rom fließen zu lassen – und
den Rest in die eigene Tasche zu stecken. Ziemlich wahrscheinlich führt ihre
Tätigkeit dazu, dass Menschen in Schulden geraten und sogar ihr Vermögen
verlieren, dass sie verarmen, weshalb sie sich Nahrungsmittel nicht mehr leisten können (Lk 15,16) und sich als Lohnarbeiter verdingen müssen. Dass sie
reich und andere arm werden, dass sie das Sicherungsnetz der Solidarität zerreißen, darin besteht ihre Schuld. Folgt man der Parabel, so ist der Sohn zu
Umkehr, Reue und Buße bereit, obwohl er sein Schuldbekenntnis nur zum
Teil ablegt. Er hat kein Recht mehr auf den alten Status, hat er doch seinen
Anteil bereits erhalten, und auch der neue Status als Lohnarbeiter muss erst
verdient werden (3.2).

Die Gleichnisgeschichten in Mt 25,14–30 und Lk 19,12–27 sowie Lk
16,1–7 werden im Sinn positiver Reziprozität oder des Gebotes, den Nächsten zu lieben wie sich selbst, gedeutet: Sie alle laufen auf das Ideal einer ver-
söhnten Gemeinschaft hinaus, wobei die Gemeinschaft mit Gott nicht von
der Gemeinschaft zwischen Menschen abgelöst werden kann (und natürlich
auch umgekehrt). Dieser Gedanke lässt sich zuspitzen: Alles kommt auf die
Versöhnung unter Menschen an, wird sie doch zur Bedingung für die Versöhnung mit Gott – ein Gedanke, der sich nicht umkehren lässt. Wo ein
Mensch etwas schuldig bleibt, wo auf diese Weise Schuld entsteht, kommt
Gott ausdrücklich ins Spiel, womit im Grunde erneut der Zusammenhang
von Tun und Ergehen beschworen, sozusagen als Kreuzungspunkt von Got-
tes- und Nächstenliebe etabliert wird. Von einem Eigensinn des Kultisch-Rituellen kann daher nur insofern gesprochen werden, als der kultisch-rituelle
Überhang im moralischen Gleichgewicht aufgehen sollte, also auch solange
kontrafaktisch-normativ wirkt, bis die Regel der Reziprozität wieder in Kraft
gesetzt ist, selbst wenn sich kultisch-rituelle Bestandteile verselbstständigen

und als Surrogat für ihren moralischen Impetus dienen, Gottesliebe also ohne Nächstenliebe auskommen soll (3.3).

Vor diesem normativen Hintergrund der Abweichung wirkt die Reziprozität zwischen Gott und Mensch zeitversetzt, so wie auch die Erwartung von Reziprozität zeitversetzt kontinuiert: Wo ein Mensch in Not gerät, hilft der Nächste, um, sollte er selbst einmal in Not geraten, ebenso Hilfe zu erfahren. Wo dieser zwischenmenschliche Kreislauf aus dem Takt gerät, wird der Kreislauf zwischen Gott und Mensch diskontinuiert. Gott kann den Abbruch von Reziprozität bestrafen und ihre Wiederaufnahme belohnen. Dabei bleibt der Abstand zwischen Mensch und Gott gewahrt, was sich in der Nützlichkeit oder Nutzlosigkeit von Gabe und Gegengabe bzw. in der Darstellung der Bedürftigkeit oder Unbedürftigkeit der Gebenden und Nehmenden manifestiert (die vereinfachende Deutung, die von einem Tausch spricht, übersieht, dass eine Gottheit keine Bedürfnisse hat und darum auch keine Nützlichkeiten kennt). Die Gabe des Menschen kann keinen Anspruch begründen, denn es liegt an der Gottheit zu bestimmen, ob der kultisch-rituelle Akt mit dem geforderten moralischen Handeln des Menschen übereinstimmt oder nicht. Daher muss die Reaktion der Gottheit ebenso wie die Aktion des Menschen als freiwillig stilisiert werden. Auch wenn der Rangunterschied zwischen Mensch und Gottheit im paganen Umfeld Freundschaft verbietet, kann sie doch in analoger Weise behauptet werden, zumal der Begriff der Liebe im Sinne von Loyalität und Hilfsbereitschaft zu verstehen ist (dies gilt auch und insbesondere für die biblische Welt). Eine menschliche Gabe kann daher nur als Geste verstanden werden. In einer Freundschaft ist Verlässlichkeit selbstverständlich, ohne dass es eines Vertrags mit spezifizierten Pflichten bedürfte. Sie kann als freiwillig angesehen werden, obwohl man sich der Verpflichtungen, die mit ihr einhergehen (sie sind, im Gegensatz zum Vertrag, unspezifisch), bewusst ist. Auch wenn oder besser: gerade weil man um den Nutzen und die Annehmlichkeiten einer Freundschaft weiß, wird Freundschaft als eine Verbindung angesehen, die über das Nützliche und Angenehme hinausgeht, wie die klassische Formulierung lautet. Wenn Vergebung in der Gemeinde stattzufinden hat, ist das korporative Verständnis von Schuld und Strafe, von Vergeltung und Vergebung aufgenommen, wie es im Zusammenhang von Tun und Ergehen beschrieben wird, wenn die Folge eines Vergehens im Blick ist. Liegt die Aufmerksamkeit hingegen auf der Ursache für ein Vergehen, steht (zunehmend) das Individuum im Vordergrund, Schuld und Strafe werden also, wo möglich, individuell bemessen. Dies gilt grundsätzlich auch für den Akt des Vergebens, der innerhalb der geschädigten Gemeinschaft stattfindet und sich an Individuen richtet. Vermutlich ist die Gemeinde zur Versöhnung angehalten, um nach außen keine Konflikte sichtbar werden zu lassen, was ihrer Reputation schaden und ihre Duldung durch den Staat schwächen würde. In diesem Sinn entfaltet die Aufforderung zur Vergebung pragmatisch die Außenwirkung, die Gemeinde für die Gesellschaft nicht als Ort von Konflikten erscheinen zu lassen (3.4).

Da sich Reziprozität nicht nur positiv, im Ethos nachbarschaftlicher Solidarität oder im Gestus der Freundschaft, sondern auch negativ auszuprägen vermag, nämlich durch den Abbruch produktiver Sozialbeziehungen bis hin zum Aufbau von Feindseligkeiten, kann das so genannte Gebot der Feindesliebe seinen Sinn gegenüber persönlichen Gegnern entfalten: Gestörte Beziehungen sollen geheilt werden, und zwar zum gegenseitigen Vorteil. Entsprechend diskutierten wir die Weisung, nicht nur den Nächsten, sondern sogar den Feind zu lieben. In dieser Weisung eine kontextlos-kategorischer Forderung zu sehen, erweist sich allerdings als unbiblisch. Eine Feindesliebe, die nicht auf eine Gegengabe aus ist und sich systematisch und dauerhaft ausbeuten lässt, könnte höchstens als freiwilliger Akt der Supererogation und somit als rein altruistisch gelten. Allerdings ist Kooperation dem reinen Altruismus überlegen, weil dadurch mehr Akteure bessergestellt werden. Wenn ethisch nicht gefordert werden kann, sich systematisch und dauerhaft ausbeuten zu lassen, muss unser Gefühl für Fairness oder Reziprozität durch die Vernunft präzisiert werden, wollen wir nicht bei ruinösen sozialen Beziehungen landen. Es geht einer Ethik dieser Form um die Strukturanalyse menschlicher Interaktionen. Interaktionen funktionieren häufig unbewusst gut, weil wir ein Gefühl für das richtige Verhalten entwickelt haben. Wo sie nicht funktionieren, muss die Vernunft zu einer Situationsanalyse kommen. Deshalb kann die biblische Weisung, einen zweiten – und keine weiteren – Versuch, Feindschaft zu überwinden, in Erwägung zu ziehen, modern in offenkundig bösartigen oder anonymen Kontexten nicht individualethisch, sondern nur sozialethisch, nämlich als Heuristik zur Überwindung Feindschaft begünstigender und zur Schaffung friedensstiftender Strukturen, die als Restriktionen des Handelns wirken können, gelesen werden (3.5).

Elaboriertere eschatologische Vorstellungen treten auf, wenn diesseitige Kontingenzen zwar durchaus mit göttlicher Notwendigkeit verknüpft sein können, die Linien aber zu jenseitigen Kontingenzen ausgezogen werden, weshalb der Mensch im Gericht bestehen oder nicht bestehen kann, je nachdem, wie er gelebt hat. Beide Zustände, diesseitige und jenseitige Existenz, werden somit als kontingent behandelt: Der Mensch kann das Diesseits gut oder schlecht bestreiten, und ihm kann es dafür im Jenseits gut oder schlecht ergehen, er kann belohnt oder bestraft werden. Nur die Verknüpfung ist nicht-kontingent gestaltet: Wer hier gut lebt, dem kann es dort nicht schlecht ergehen, wer hier schlecht lebt, dem kann es dort nicht gut ergehen. Insgesamt ist eine Providenzerwartung, natürlich nicht auf der Seite Gottes, sondern auf der Seite des Menschen zu konstatieren, und dies vermutlich als Folge von Kontingenzerfahrung. Genauer müsste man formulieren, jede Providenzerwartung sei ein auf Kontingenzerfahrung beruhender Wunsch, der an Gott gerichtet wird, er möge für das Jenseits vorsehen, was der Mensch im Diesseits dafür vorgesehen hat, weil die Reaktion eines guten Gottes für ihn vorhersehbar ist. Damit wird Jenseitsunsicherheit, die es ja erst mit eschatologischen Vorstellungen, die alternative Zustände bereitstellen, geben kann, reduziert. Was die Vorstellung eines göttlichen Gerichts betrifft, so ist die Aufspaltung von gegenwärtiger Handlung einerseits und zukünftigem Urteil andererseits für das biblische Denken unzutreffend. Jeder Augenblick kann zum Gericht Gottes werden, weshalb der Mensch sich selbst richtet, indem er – ganz im Sinn der paganen Philosophie gedacht – sein gegenwärtiges Handeln auf das Gesamt seines Lebens bezieht und deshalb im Gericht besteht, oder sein Leben fragmentiert und damit im Gericht scheitert. Generell wird man für die Normen der biblischen Schriften nicht annehmen können, sie seien durch eschatologische Aussichten begründet. Eher ziehen eschatologische Vorstellungen als Normverstärker ein. Dabei geht es weniger um die Begründung als vielmehr um die Umsetzung von Normen, die durch die Idee eines Endes von Welt und Zeit forciert werden soll. Grundsätzlich lassen sich zwei Bewegungen denken: Einmal führt eine Krise der Normen zur Vorstellung einer letzten Krise, die die gegenwärtige Krise zu überwinden, also die Normen wieder in Kraft zu setzen hat; sodann führt das Ausbleiben einer solchen letzten Krise (die für die Naherwartung ja beobachtbar werden kann), zur Krise der Normen. Was das Neue Testament betrifft, so vergrößert sich der Abstand zwischen „schon" und „noch nicht" merklich: Die Wahrnehmung des „schon" wird durch die Spiritualisierung der Begründung von Normen, nämlich durch die Idee der Naherwartung der Parusie, gestärkt, die Wahrnehmung des „noch nicht" durch die Eschatologisierung der Durchsetzung von Normen, nämlich durch die Idee einer Verzögerung der Parusie, geschwächt. Paradox wird die Gewissheit des Gerichts, die ja normativ wirken soll, durch die Ungewissheit, wann und wie es eintreten wird, stabilisiert bzw. genauer: restabilisiert. Dabei kann sich die Spiritualisierung des „schon" auf das Geschehen von Kreuz und Auferstehung, das Erlösung bringen soll, stützen, um die Eschatologisierung des „noch nicht" nicht vollkommen utopisch erscheinen zu lassen. Wäre das Normsystem des Neuen Testaments allein auf die Zukunft und nicht auch auf die Vergangenheit gestellt (gestärkt werden ja sowohl die soteriologische Erfahrung, die den Verlaufssinn der Geschichte nur nach vorne erlaubt, als auch die eschatologische Erwartung), verlöre es jede Wirkung. Hätte das Normsystem des Alten Testaments (dem die jesuanischen Beispielgeschichten verpflichtet sind und bleiben) nur auf die Vergangenheit, nicht auch auf die Zukunft gesetzt, wäre es ebenso wirkungslos geblieben. Einige normative

Texte des Alten Testaments beschwören (wie die Botschaft Jesu) innerhalb einer stratifizierten Gesellschaft Solidarverhältnisse, die für die segmentäre Gesellschaft (bzw. auch für die segmentären Strukturen innerhalb der stratifizierten Gesellschaft) bestimmend sind. Normative Ausführungen der neutestamentlichen Gemeinde-Theologie reagieren auf diesen Anachronismus weitgehend durch die spiritualisierende und eschatologisierende Figur der Parusieerwartung bzw. Parusieverzögerung (3.6).

4. Vergebung

Wir sahen, wie die Bibel Ansätze dafür entwickelt, Vergeltung einzuhegen, indem sie die Zuweisung von Schuld rationalisiert und Strafe vernünftig beschränkt, wie insbesondere das Rechtsprinzip der Talion zeigt, das maßlose Rache eingrenzen soll. Auch die biblische Zuordnung von Tun und Ergehen oder von göttlicher und menschlicher Reziprozität zielt auf einen Ausgleich von Geben und Nehmen, auf eine Gerechtigkeit, die nicht verletzt werden darf und da, wo sie verletzt wurde, wiederherzustellen ist. Damit unterscheidet sich die biblische von Ausformungen der christlichen Theologie, die eine bedingungslose Vergebungsbereitschaft favorisieren.[1] Die Einschränkung von Vergeltung durch das *Recht* ist im Grund schon institutionalisierte Voraussetzung für Vergebung. Das gilt erst recht von der biblischen Weisung, Feindschaft zu überwinden, destruktive in konstruktive soziale Verhältnisse zu verwandeln. Eine solche Empfehlung ist Ausdruck der *Moral*: Sie kann nicht erzwungen werden, man muss ihr freiwillig gehorchen. Vergebung bewirkt den Übergang von Vergeltung im Sinn negativer zu Vergeltung im Sinn positiver Reziprozität und ist, diese These soll begründet werden, nur dann statthaft – wobei die genauen Bedingungen dafür noch zu klären sind. Das Erfordernis zu vergeben wird immer dort auf den Plan gerufen, wo die Regel positiver Reziprozität (allseitige Kooperation) durchbrochen wurde. Vergebung soll vermeiden, mittels Vergeltung in einen Zustand negativer Reziprozität (allseitige Defektion) zu gelangen, bzw. erreichen, aus einem solchen Zustand wieder herauszufinden. Als Formen der Vergeltung behandelten wir mit Blick auf die biblische Welt insbesondere die Phänomene der Rache und der Talion, womit mehr oder weniger geregelte Verfahren von Strafe, die auf mehr oder weniger genau bestimmbare Schuld reagieren, angesprochen sind, als repräsentative Formel für die Überwindung negativer Reziprozität die Aufforderung, den Feind zu lieben, und als repräsentative Formel für den Er-

---

[1] Bemerkenswerterweise werden bis heute aus jüdischer Sicht Buße und Reue (repentance and atonement) tendenziell als Voraussetzungen für Vergebung angesehen: S. J. Levine, Teshuva: A Look at Repentance, Forgiveness and Atonement in Jewish Law and Philosophy and American Legal Thought, in: Fordham Urban Law Journal 27 (2000), 1677–1693; S. Schimmel, Wounds not Healed by Time: The Power of Repentance and Forgiveness, New York 2002, während Christen eher zu der Auffassung neigen, Vergebung solle voraussetzungslos geübt werden: M. S. Rye/K. I. Pargament/M. A. Ali/G. L. Beck/E. N. Dorff/C. Hallisey/V. Narayanan/J. G. Williams, Religious perspectives on forgiveness, in: M. E. McCullough/K. I. Pargament/C. E. Thoresen (eds.), Forgiveness: Theory, research, and practice, New York 2000, 17–40. Wir werden zu den beiden Modellen einen Vermittlungsvorschlag formulieren.

halt positiver Reziprozität die Aufforderung, den Nächsten zu lieben wie sich selbst.

Wir grenzen vom Begriff der Vergebung zunächst den der *Nachsicht* ab und bestimmen nachsichtiges Handeln als Verzicht auf eine Reaktion, mag sie vom Täter (mittels Entschuldigung oder Wiedergutmachung) oder vom Opfer (mittels Vergeltung) kommen. Nachsicht kann da geübt werden, wo es übertrieben erschiene, eine Entschuldigung oder Wiedergutmachung zu fordern, weil der Anlass dafür als zu geringfügig eingeschätzt wird, oder wo Verständnis für Vergehen, die dann fast wie Versehen behandelt werden, geäußert wird. Wir werden demgegenüber dafür plädieren, den Begriff der Vergebung auf Vergehen zu beschränken, die so schwerwiegend sind, dass die Selbstachtung einer Person beschädigt wird, selbst wenn diese Verständnis für die sie schädigende Handlung aufbringt. Weiter unterscheiden wir vom Begriff der Vergebung den Begriff der *Versöhnung*. Während Vergebung auf einseitige Schuld reagiert, geht es Versöhnung um gegenseitige Schuld (wir werden diese Unterscheidung noch präzisieren). Solche Versöhnung geschieht im Innewerden von Situationen, in denen Schuld geteilt wird. Dabei beschuldigen sich alle gegenseitig, allerdings in dem Bewusstsein, dass keiner verpflichtet war bzw. ist, einseitig aus diesem Schuldzusammenhang auszubrechen.

Eine Definition des Begriffs der Vergebung ist mit zahlreichen Schwierigkeiten behaftet. Wir setzen deshalb einfach voraus, dass dabei (1) Groll, der eine rechtfertigbare Reaktion auf eine nicht rechtfertigbare Handlung darstellt, überwunden und (2) eine vormals ge- oder zerstörte Beziehung wiederhergestellt wird. An dieser Stelle kommen zwei Prämissen ins Spiel, die bestritten werden können: (1) Einem Akt der Vergebung muss ein Gefühl von Groll vorausgehen;[2] (2) mit dem Akt der Vergebung muss der vollständige Verlust allen Grolls einhergehen.[3] Wir arbeiten mit der Unterstellung, dass beide Prämissen in der Regel zutreffen, Fälle, bei denen es sich nicht so verhält, demnach als Ausnahmen behandelt werden können. Was die erste Prämisse betrifft, wird man über Situationen, in denen Vergebung ohne vorausgehenden Groll stattfindet, wenigstens sagen können, in vergleichbaren Situationen hätten von einem Unrecht betroffene Personen mit Groll reagiert; was die zweite Prämisse betrifft, wird man in der Regel zumindest mit einer deutlichen Reduktion von Groll rechnen müssen, um von Vergebung sprechen zu können, man wird jedoch kaum voraussetzen wollen, dass nur dann von Vergebung gesprochen werden darf, wenn jeglicher Groll vollkommen überwunden ist. Außerdem muss mit Vergebung wenigstens im Ansatz

---

[2] Dies statuiert etwa C. Griswold, Forgiveness: A Philosophical Exploration, Cambridge 2007, 40.

[3] So argumentiert etwa G. Pettigrove, Forgiveness and Love, Oxford 2013, 3–9.

der Aufbau einer konstruktiven Beziehung bzw. Einstellung einhergehen:[4] Das Gefühl von Groll kann ja verschwinden, ohne dass wir zwangsläufig von Vergebung sprechen. Für unsere Diskussion genügt es, davon auszugehen, dass Vergebung dort erforderlich ist, wo eine destruktive Einstellung zu einer beachtlichen Schädigung führt, die nicht oder nicht vollständig wiedergutgemacht werden kann, weshalb es am Opfer liegt, mittels eines Akts der Vergebung zu einer konstruktiven Beziehung zum Täter zurückzufinden.

Noch deutlicher als die Überwindung von Groll kann freilich als Voraussetzung für Vergebung der Verzicht auf bzw. die Eingrenzung von Rache plausibilisiert werden. Allerdings bedeutet Vergebung nicht, dass von berechtigten Folgen jenseits persönlichen Grolls, also von legitimer Vergeltung, abgesehen werden muss.[5] Dabei wird zu klären sein, wer wie bestimmt, ob eine Handlung aus ethischer Sicht nicht rechtfertigbar ist, so dass die Reaktion, die sie hervorruft und die wir mit dem Begriff des Grolls bzw. auch dem der Vergeltung erfassen, gerechtfertigt werden kann.[6] Denkbar ist ja eine Handlung, die vom „Täter" als gerechtfertigt angesehen wird, weshalb man die Reaktion des „Opfers", die sich als Groll artikuliert, als nicht rechtfertigbar einstufen müsste. Die Überwindung einer ungerechtfertigten Reaktion auf eine rechtfertigbare Handlung würden wir jedenfalls nicht mit dem Begriff der Vergebung bezeichnen. Komplizierter wird dieser Sachverhalt dadurch, dass auch der Akt der Vergebung je nach den Begleitumständen gerechtfertigt oder nicht gerechtfertigt sein kann. Vergebung scheint von daher ein Akt zu sein, der immer einem ethischen Urteil unterworfen werden

---

[4] Spielarten konstruktiver Beziehungen bzw. Einstellungen werden etwa diskutiert bei M. Hughes, Forgiveness, in: Analysis 35 (1975), 113–117, 113; M. Holmgren, Forgiveness and the Intrinsic Value of Persons, in: American Philosophical Quarterly 30 (1993), 341–352, 342; E. Garrard/D. McNaughton, In Defence of Unconditional Forgiveness, in: Proceedings of the Aristotelian Society 103 (2003), 39–60, 44; D. Novitz, Forgiveness and Self-Respect, in: Philosophy and Phenomenological Research 58 (1998), 299–315, 311; A. Kolnai, Forgiveness, in: Proceedings of the Aristotelian Society 74 (1973–1974), 91–106, 105; J. North, Wrongdoing and Forgiveness, in: Philosophy 62 (1987), 499–508.

[5] Damit weichen wir erkennbar von der Definition ab, die P. Lauritzen, Forgiveness: Moral Prerogative or Religious Duty?, in: The Journal of Religious Ethics 15 (1987), 141–154, 144, vorschlägt: „Forgiveness is the elimination of the retributive response of resentment in the face of moral injury and the restauration of a broken relationship following the elimination of resentment". Wir werden noch diskutieren, ob eine Person Groll gegenüber sich selbst hegen kann, was dann die Überlegung auslöst, ob sie sich, sollte sie sich in ihrer Selbstachtung selbst geschädigt haben, auch selbst vergeben kann.

[6] Was wir „Groll" nennen, kann in unterschiedliche Beschreibungen der Einstellung einer geschädigten Person aufgefächert werden, beispielsweise Verstimmung, Ärger, Wut, Hass, Furcht, Selbstmitleid, Bitterkeit. Wir könnten in Bezug auf einen Akt der Vergebung allgemeiner auch von der Überwindung eines Gefühls, das eine spezifische und für angemessen erachtete Reaktion auf die Verletzung der Selbstachtung einer Person hin darstellt, sprechen.

muss. Viel spricht somit dafür, die Festlegung dessen, was als nicht rechtfertigbare Handlung und als (nicht) rechtfertigbare Reaktion angesehen werden
soll, in den Raum der Gesellschaft zu verlegen, wobei das Individuum nicht
außer Acht bleiben darf: Eine Person, die sich des Unrechtsgehalts einer
Handlung nicht bewusst ist und die deshalb keinen Groll empfindet, kann
zwar nicht vergeben, was, wie wir noch diskutieren werden, die Gesellschaft
aber nicht von ihrer Verpflichtung befreit, Unrecht, wo immer das möglich
und sinnvoll ist, zu ahnden und das „Opfer" gegebenenfalls sogar auf die Untat des „Täters" aufmerksam zu machen. Die Gesellschaft bildet jedoch auch
jenen Raum, in dem Täter wie Opfer Personen bleiben können, was nicht
selbstverständlich ist.

Versuchen wir auf diesem Hintergrund, eine moderne Theorie der Vergebung zu entfalten. Dabei soll nicht diskutiert werden, ob Menschen vergeben sollen, sondern ob sie vergeben dürfen, genauer, ob Vergebung an
Bedingungen geknüpft sein muss. Wir setzen dabei voraus, dass Schuld
vorliegt, das heißt die Schädigung eines Akteurs, für die ein anderer Akteur
verantwortlich gemacht werden kann: Eine Person könnte ja, wie gesagt,
auch auf ungerechtfertigte Weise als Opfer angesehen oder als Täter behandelt werden.[7]

Doch warum sollte es nicht erlaubt sein, eine Schuld bedingungslos zu vergeben? Jeffrie Murphy entwickelt folgendes Argument: Wenn Person A sich
entschließt, Person B, durch die sie in irgendeiner Form geschädigt wurde, zu
vergeben, ohne dass Person B sich von ihrer schädigenden Handlung durch
irgendeine Form der Entschuldigung oder Entschädigung distanziert, lässt es
Person A an der nötigen Selbstachtung sich selbst als moralischem Akteur gegenüber fehlen.[8] Dabei geht Murphy von zwei Arten schädigender Handlungen aus: Person B schädigt Person A, wenn sie deren Rechte verletzt oder von
ihr eine Leistung in Anspruch nimmt, ohne selbst den Beitrag zu leisten, zu
dem sie verpflichtet wäre.[9] Nach der Unterscheidung von individueller und dividueller Schuld ist für die folgenden Überlegungen nur die Rechtsverletzung

---

[7] Zu denken ist an Fälle, in denen eine Person eine schädigende Handlung nicht oder nicht
allein verursacht hat bzw. Schuldminderung oder Schuldausschluss geltend gemacht werden
kann. Dies wurde von uns als „individuelle" und „dividuelle Schuld" auch in Form von
„Schuldausschluss und Schuldminderung" behandelt.

[8] Damit wird die verbreitete Intuition bestritten, es gehe einer Person im Akt der Vergebung
um eine andere Person und nicht um sie selbst. Vgl. J. North, The „Ideal" of Forgiveness: A
Philosopher's Exploration, in: R. D. Enright/J. North (eds.), Exploring Forgiveness, Madison,
Wisconsin 1998, 15–34, 19: „Forgiveness is not something we do for ourselves, but something
that we give or offer to another."

[9] Vgl. J. Murphy, Forgiveness and Resentment, in: J. Murphy/J. Hampton, Forgiveness and
Mercy, Cambridge 1988, 14–34, 16. Die Verweigerung einer Leistung kann, muss jedoch
nicht eine Missachtung geltenden Rechts bedeuten.

relevant.[10] Außerdem nimmt Murphy an, es handle sich bei schädigenden Handlungen um kommunikative Akte oder besser: um eine symbolische Kommunikation.[11] Seiner Auffassung nach besitzen alle schädigenden Handlungen diesen kommunikativen Aspekt. In solchen Fällen ist Groll auf den Schädiger eine Reaktion, die darauf abzielt, die Selbstachtung zu verteidigen oder wiederherzustellen. Eine Person, die auf eine Schädigung nicht entsprechend reagiert, lässt es daher an Selbstachtung vermissen, zumindest wenn ihr diese Schädigung auch bewusst ist oder bewusst wird. Vergebung, so Murphy, mag gestörte Beziehungen wiederherstellen, doch darf dies nicht auf Kosten der Selbstachtung geschehen. Dabei ist zu unterscheiden, ob eine Tat die Selbstachtung einer Person schädigt oder die Schädigung der Selbstachtung im Verzicht auf Groll bzw. in der bedingungslosen Vergebung dieser Tat besteht. Beides kann auch zusammenhängen: Der Verzicht auf Groll oder die bedingungslose Vergebung einer Tat, die die Selbstachtung eines Menschen beschädigt, ist dann Ausdruck eines Mangels an Selbstachtung.

4.1 Selbstachtung

Doch wird ein Opfer, das auf Groll verzichten kann bzw. bedingungslos vergeben will, nicht zu einer Art Täter gestempelt, wenn von ihm eine vergeltende Einstellung als angemessene Reaktion auf eine Demütigung nicht erbracht wird? Tatsächlich bewegen wir uns hier in der Vorstellung, Selbstachtung sei eine *Leistung*, die es zu erbringen gilt und einer Person nicht allein durch die *Zugehörigkeit* zur Menschheitsfamilie zukommt. Ist diese Forderung jedoch berechtigt? Gewöhnlich wird doch eher empfohlen, Groll generell zu vermeiden und Vergebung generell zu bevorzugen, weil durch Groll Nachteile für die Gesellschaft (wie für den Einzelnen) entstehen, die durch Vergebung vermieden werden können.[12] Es ist allerdings nicht ausgeschlossen, dass durch Groll auch Vorteile für die Gesellschaft insofern entstehen, als Regeldefekte oder Regellücken (dividuelle Schuld) offenbar wer-

---

[10] Der Geschädigte wäre an seiner Schädigung insofern mitschuldig, als er versäumt hätte, seinen Beitrag zur Etablierung einer geeigneten Regel zu leisten. Der Schädiger ist nicht schuldlos, doch trifft ihn ausschließlich dividuelle Schuld, ebenso wie den Geschädigten.

[11] Vgl. J. Murphy, Forgiveness and Resentment, in: J. Murphy/J. Hampton, Forgiveness and Mercy, Cambridge 1988, 14–34, 25.

[12] Groll und Hass können beispielsweise unterschieden werden, insofern man Groll über eine Handlung empfindet (natürlich auf eine Person bezogen) und eine Person hasst (natürlich einer Tat wegen). Alle Schattierungen, die eine Reaktion auf eine Schädigung annehmen kann, also alle denkbaren Gefühle der Feindseligkeit, sollen im Folgenden in dieser Weise typisiert werden.

den. Groll vermag die Aufmerksamkeit der geschädigten Person ebenso wie die Aufmerksamkeit der Gesellschaft zudem auf nicht geahndete Verstöße gegen geltende Regeln bzw. generell auf begangenes Unrecht zu lenken (individuelle Schuld). Neben dieser vorteilhaften besitzt Groll allerdings die – wiederum für die Person wie für die Gesellschaft – nachteilige Wirkung, die Wiederherstellung ge- oder zerstörter Beziehungen zu be- oder verhindern. Sinnvoll ist Vergebung natürlich auch, wenn man sich persönlich von Groll befreien möchte, unabhängig von gesellschaftlichen Belangen. Wir haben dann eher zu überlegen, ob sich eine Person von Groll befreien darf und wie sie sich von Groll befreien kann, außerdem, ob der Prozess der Vergebung erst dann an sein Ende kommt, wenn aller Groll überwunden bzw. das erlittene Unrecht vergessen ist. Ist nämlich das Gefühl des Grolls verschwunden, mag doch das Wissen um das Unrecht bzw. auch das Unrecht als ein Faktum bestehen bleiben. Vergebung muss also nicht, kann jedoch Komplizenschaft mit begangenem Unrecht beinhalten. Es kann ja die Strategie eines Täters sein, Reue nur vorzugeben und Geduld zu missbrauchen, um das Opfer wieder (und wieder) schädigen zu können, wie wir in den Überlegungen zur so genannten Feindesliebe sahen. Neben der sozialen Bedeutung von Groll und Vergebung werden wir die individuelle Bedeutung ihrer Vor- und Nachteile eigens behandeln. Zunächst sei lediglich darauf hingewiesen, dass Vergebung nicht nur Ausdruck eines Mangels an Selbstachtung, sondern auch Ausdruck eines Mangels an Achtung gegenüber gesellschaftlicher Normativität sein kann.

Vergebung ist zu unterscheiden von *Wiedergutmachung*. Einem Menschen, der schuldig geworden ist und einen Schaden wiedergutmacht, muss nicht vergeben werden bzw. er bedarf dieser Vergebung in einem moralischen Sinn gar nicht, er ist, um sich als moralischer Akteur verstehen zu können, nicht von ihr abhängig. Vergebung ist dort von Bedeutung, wo Wiedergutmachung nicht geleistet werden kann. Daraus leitet sich die Überlegung ab, welche Formen eine solche Wiedergutmachung annehmen kann. Die angemessene Form wird in aller Regel mit der Art des Schadens korrelieren: Eine Beleidigung kann gemeinhin mit einer Entschuldigung beantwortet werden, eine seelische oder körperliche Verletzung nicht (hier wäre unter Umständen die Verbindung von ideellen und materiellen Aspekten der Wiedergutmachung angemessen). Dennoch bleibt in Fällen psychischen und physischen Leids wohl ein unabgegoltener und unabgeltbarer Rest, der höchstens durch Vergebung überwunden werden kann.[13]

---

[13] Wir werden beim Versuch, eine ethische Eschatologie zu skizzieren, auf die Überlegung zurückkommen, inwieweit zur menschlichen Vergebung eine göttliche Kompensation treten muss.

Auf diese Vergebung hat der Schuldige kein Recht und auch keinen moralischen Anspruch. Wir müssen allerdings, wie schon gesagt, diskutieren, ob es moralische (und auch rechtlich relevante) Gründe geben könnte, diese Vergebung zu verweigern. Eine solche Verweigerung findet dann ihre genaue Bestimmung darin, dass ein Individuum nicht weniger, sondern mehr tun will, als ihm moralisch zugestanden werden kann. Und wieder ist zu überlegen: Darf ein Individuum vergeben, wenn in Gefahr steht, dass dadurch seine Selbstachtung oder die Achtung gesellschaftlicher Normativität beschädigt wird, und welche Bedingungen müssen erfüllt sein, damit Vergebung als moralisch legitim gelten kann?[14] Und zuletzt: Was könnte unter diesen Voraussetzungen Vergebung meinen?

Es würde bedeuten, erlittenes Unrecht oder zugefügtes Leid nicht länger nachzutragen. Wir verzichten damit nicht unbedingt auf eine Reaktion anderen gegenüber. So kann Unrecht, das einer Person zugefügt wurde, mit der Bestrafung der schädigenden Person beantwortet werden. Gleichzeitig können wir darauf verzichten, den uns zugefügten Schaden als einen Groll in uns präsent zu halten. Groll ist eine Haltung, die ja individuell zunächst als Vor- oder als Nachteil ausgelegt werden kann, als Vorteil nämlich, den man mit dem Groll, den man pflegt, selbst verbindet, als Nachteil, insofern man eine Einstellung, die das eigene Wohlbefinden schmälert, nicht loswird, solange man nicht vergibt. Dabei können wir, wie schon gesagt, Vergebung entweder an Voraussetzungen knüpfen, beispielsweise an die Bedingung, dass sich der Betroffene bei uns entschuldigt oder uns entschädigt, also irgendwie Reue artikuliert oder Buße tut und zumindest um Vergebung bittet; oder wir können voraussetzungslos vergeben.

4.2 Kriterien der Herabwürdigung

Gehen wir weiter auf die These ein, voraussetzungsloses Vergeben verletze die Selbstachtung immer dann, wenn der Akt der Schädigung – implizit oder explizit – mit einem Akt der Herabwürdigung verbunden ist. Das meint Murphy, wenn er von einer symbolischen Kommunikation spricht. Anders gesagt: Eine voraussetzungslose Vergebung lässt sich ethisch dann nicht rechtfertigen, wenn der Akt der Schädigung gleichzeitig Symbol einer Herabsetzung des Geschädigten ist. Wie schon bemerkt, versteht Murphy alle schädigenden Akte zugleich als Akte der Herabwürdigung. Allerdings

---

[14] Die Überlegung, ob ein Individuum auch für die Achtung gesellschaftlicher Normativität, die durch Vergebung möglicherweise geschädigt wird, verantwortlich sein kann, wird vorläufig zurückgestellt. Sie wurde mit dem Hinweis auf den Begriff der dividuellen Schuld bereits behandelt und wird unter diesem Stichwort noch einmal aufgegriffen werden.

lassen sich auch schädigende Akte denken, die nicht herabwürdigend wirken. Doch wie lassen sich Fälle einer „reinen Schädigung" von Fällen einer herabwürdigenden Schädigung unterscheiden? Statuieren wir zunächst, dass eine schädigende Handlung die Würde einer Person dann nicht verletzt, wenn sie Regeln, denen die betreffende Person mit guten Gründen zustimmen kann, beachtet. Gibt es jedoch einen *objektiven* Maßstab, nach dem gelten kann, dass eine Person nicht nur geschädigt, sondern zudem in ihrer Würde herabgesetzt wird? Es lassen sich sicher Fälle benennen, bei denen plausibel gezeigt werden kann, dass die Würde einer Person verletzt wurde. Die Schwierigkeit liegt allerdings darin, die Grenzen zu bestimmen, durch die Fälle, in denen eine Person „nur" geschädigt wurde, von Fällen, in denen zudem ihre Würde beschädigt wurde, unterschieden werden können. Am ehesten wird man daher einen *subjektiven* Maßstab zulassen, weil jede Person am besten weiß, wann ihre Würde auf dem Spiel steht und wann nicht. Die Schwierigkeit dieses Zugangs besteht darin, dass willkürliche Ansprüche formuliert werden können, was, wenn man diese Willkür als Regel instituiert, keiner wollen kann, weil es bedeuten würde, dass andere Akteure wiederum Ansprüche an denjenigen, der solche Ansprüche adressiert, richten könnten. Zudem kann eine Person, die sich gegenwärtig nicht als gedemütigt begreifen will, obwohl allgemein anerkannte Kriterien dafürsprechen, nicht ausschließen, dass sie sich dieser Einschätzung zu einem späteren Zeitpunkt anschließen wird. Man wird deshalb anstelle einer objektiven oder subjektiven Bestimmung, wann die Würde eines Menschen verletzt wird, eine intersubjektiv zustimmungsfähige Regel wählen. Argumentiert man auf diese Weise, lässt man noch präziser zu bestimmende Fälle zu, in denen eine Person, die in ihrer Würde herabgesetzt wurde, will sie ihre Selbstachtung nicht verletzen, nur vergeben kann, wenn der Schädiger zuvor wenigstens ein Zeichen der Reue gesetzt oder sogar Buße getan hat, indem er versucht, den zugefügten Schaden wiedergutzumachen.

Will man die Bestimmung dieser Fälle weder subjektiv noch objektiv, sondern intersubjektiv, also im Raum geteilter oder wenigstens teilbarer Gründe ansetzen, ist zwischen der Regelbefolgung und der Regelsetzung zu unterscheiden. Die Würde eines Menschen kann nur dann herabgesetzt werden, wenn ein Akteur nach einer Regel handelt, der derjenige Akteur, der von dieser Handlung betroffen ist, mit guten Gründen nicht zugestimmt hat bzw. nicht zustimmen kann, weil sie in seinen Augen eine nicht zu rechtfertigende Schädigung zulässt. Es ist also, genau genommen, der Ausschluss von der Regeletablierung, der eine Würdeverletzung nach sich ziehen kann. Der Einschluss eines (aufgeklärten) Akteurs in den Prozess der Regelbildung sieht umgekehrt vor, dass die Regelbefolgung, selbst wenn sie die Schädigung eines Akteurs nach sich zieht, als gerechtfertigt zu gelten hat. So kann ein und dieselbe Handlung einmal eine gerechtfertigte und einmal eine ungerechtfertigte Schädigung darstellen.[15]

Weshalb sollte es also vernünftig sein zu statuieren, dass ich eine solche Herabsetzung nicht bedingungslos vergeben darf? Weil ich dann unterhalb des Niveaus einer möglichen Besserstellung (exakter: einer gegenseitigen Besserstellung) mit Hilfe der Etablierung oder Reform von Regeln handle, womit individuelle und dividuelle Aspekte der Legitimität von Vergebung verknüpft werden. Eine bedingungslose Vergebung kann im Grunde auch für den Schädiger nicht wünschenswert sein, weil damit ein Schritt zur Verbesserung von Regeln versäumt wäre, von der er möglicherweise selbst profitieren würde. Eine Vergebung an Bedingungen zu knüpfen, würde dann bedeuten, gegenseitige Achtung zu üben. Allerdings käme es dann nicht auf Reue, also innerliche Umkehr, sondern auf die Etablierung bzw. Reform von Regeln, also äußerliche Veränderung, an (wobei die Reue notwendige Bedingung, die Regeländerung hinreichende Bedingung für Vergebung sein kann). Jenseits von Vergebung vermag, wenn man in der klassischen Terminologie bleiben will, Buße in Form von Strafe geübt zu werden, jedoch nur nach erfolgter Regeletablierung bzw. -reform (falls erforderlich) und dann in der Weise der Befolgung legitimierter Regeln. Insofern eine Wiedereingliederung des Täters in Strukturen gegenseitiger Kooperation angezielt wird, wird Vergebung (die sich natürlich in Form von Einsicht und in Zeichen von Reue und Buße sowie Umkehr einstellen kann) nicht als Intention des Opfers, sondern als Resultat der Befolgung einer Regel realisiert. Falls es jedoch auch Handlungen gibt, die zwar moralisch nicht gerechtfertigt werden können, aber die Selbstachtung einer Person nicht beschädigen, verlöre das Erfordernis der Vergebung seinen Grund. Hier gilt das zur Unterscheidung von individueller und dividueller Schuld Gesagte.

Wenn wir eine gegenseitige Verpflichtung begründen können, nach der Personen einander Respekt zu erweisen haben (was immer darunter im Einzelfall zu verstehen ist), ist zu überlegen, ob eine Person auch sich selbst gegenüber zu diesem Respekt, eben zu Selbstachtung, verpflichtet ist (und was das im Einzelfall bedeuten kann). Diskutiert wird also, ob es eine Pflicht des

---

[15] Klassischerweise würde man darunter medizinische Interventionen rechnen, die freilich mit dem Ziel, das Wohl eines Patienten zu befördern, unternommen werden und deshalb in aller Regel mit der Zustimmung des Patienten rechnen dürfen. Man mag auch an spezifische Eingriffe wie Enteignung oder an generelle Eingriffe wie Steuern denken. Man könnte auch die Formulierung wählen, dass eine Schädigung der Selbstachtung einer Person immer dann vorliegt, wenn eine Regel befolgt wird, der der Betroffene nicht zugestimmt hat. Damit werden jedoch Fälle eines instrumentellen oder prudentiellen Irrtums ausgeblendet, die den Betroffenen veranlassen, einer Regel zuzustimmen, der er nicht zustimmen würde, wäre er über die Konsequenzen informiert.

Respekts gegen sich selbst gibt. Dabei ist vorausgesetzt, dass auf die Wahrnehmung eines Rechts nicht um eines künftigen Vorteils willen verzichtet (mithin eine prudentielle Haltung eingenommen) wird, was sich, falls sich der Ursache-Wirkungs-Zusammenhang auch instrumentell plausibilisieren lässt, nahelegen könnte (ob ein zukünftiger Zustand erreicht werden kann, lässt sich nur mit Wahrscheinlichkeit belegen, und es ist dem individuellen Urteil anheimgegeben, auch eine geringe Wahrscheinlichkeit als zureichenden Grund für eine bestimmte Handlung anzusehen). Es könnte sich ja eine Person etwa aus Klugheitsgründen heteronom bestimmen lassen wollen, um die Last der Autonomie von ihren Schultern wälzen zu können. Sie begäbe sich damit, zumindest potentiell, ihrer Selbstachtung (dies könnte auch kollektiv geschehen).

Nun müsste man umgekehrt überlegen, welche Gründe es für eine Person geben könnte, im Angesicht solcher Überlegungen auf einen derartigen Schritt zu verzichten. Es handelte sich somit nicht um eine Unkenntnis bezüglich der Begründung bzw. Umsetzung des eigenen moralischen Status, sondern um einen freiwilligen Verzicht darauf, als moralisches Wesen behandelt zu werden. Das heißt, ein Akteur misst dem eigenen moralischen Status keinerlei Wert zu. Man könnte auch von einem Mangel an Respekt der eigenen Person gegenüber sprechen.[16] Diese Missachtung muss sich nicht direkt äußern, also darin, dass ein Akteur die Rechte, die er nach ethischem Dafürhalten besitzt, verletzt; sie kann sich auch indirekt darin manifestieren, dass die Verletzung des eigenen moralischen Status durch andere Akteure hingenommen, das Recht, als Person anerkannt zu werden, also verleugnet oder nicht in Anspruch genommen wird. Wir sprechen dabei abgekürzt von moralischen Rechten oder besser vom moralischen Recht, als Person behandelt zu werden. Im Unterschied zu davon abgeleiteten (juridischen) Rechten, die verhandelbar sind, ist das moralische Recht, als Person geachtet zu werden, nicht verhandelbar, jedenfalls wenn man dem zu diskutierenden Argument, von dem unsere Überlegungen ihren Ausgang nahmen, folgt, Vergebung dürfe keine Beschädigung der Selbstachtung nach sich ziehen. Man darf dieses moralische Recht deswegen keiner Person (und damit auch nicht sich selbst) absprechen.

Warum soll man jedoch über das moralische Recht, als Person anerkannt zu werden, nicht verfügen dürfen? Hier ist auf Kants vollkommene Pflichten gegenüber sich selbst zu verweisen. Eine vollkommene Pflicht liegt vor, wenn sie durch keinen Grund erledigt zu werden vermag. Wenn eine solche Plicht nicht dem Bereich des Rechts, sondern dem der Moral zugewiesen wird, ist damit gesagt, dass es keine Berechtigung dafür gibt, eine Person dazu zu

---

[16] Vgl. ausführlicher Th. E. Hill, Servility and Self-Respect, in: The Monist 57 (1973), 87–104.

zwingen, sie zu erfüllen. Wir können etwa die Pflicht beschreiben, Personen als Autoren des moralischen Gesetzes zu respektieren, und diese Pflicht mit Gründen ausstatten. Wenn wir darunter verstehen, dass nur Regeln des Zusammenlebens als ethisch legitim gelten können, die allgemeine Zustimmung finden (können), wäre diese Begründung des Respekts vor dem moralischen Status anderer Personen plausibel. Ist sie jedoch auch dann plausibel, wenn sich eine Person zu sich selbst bzw. zu ihrem eigenen moralischen Status verhält? Sie könnte ja, wie gesagt, einer Regel zustimmen, die ihr eine respektlose Behandlung einbringt, die also erlaubt, ihr gegenüber den Respekt, der Personen üblicherweise entgegengebracht wird, zu versagen. Formal gefasst ist es das moralische Recht auf Selbstbestimmung, das nicht aufgegeben werden darf, auch nicht von der Person selbst, die durch dieses Recht geschützt werden soll (womit sich die Selbstbestimmung dann material entfalten kann). Eine Person kann demnach nicht in Ausübung dieses Rechts eben dieses Recht aufgeben. Genauer gesagt entspringt dieses Verständnis eines moralischen Rechts einer Struktur der Verpflichtung, ohne die eine gegenseitige Verpflichtung zwischen Personen nicht denkbar wäre. Die Struktur der Verpflichtung geht also der gegenseitigen Verpflichtung voraus. Anders formuliert: Jede gegenseitige Verpflichtung, die wir eingehen, nimmt, so argumentiert Kant, unabweisbar eine Struktur der Verpflichtung in Anspruch. Die Möglichkeit, in dieser Weise, also moralisch verpflichtet zu sein, ist insofern indifferent gegenüber der Individualität des bzw. der Verpflichteten. In dieser Hinsicht werden Selbstachtung und Selbstbestimmung aneinander gebunden. Nehmen wir an, es verhalte sich so: Jede Person habe eine Pflicht des Respekts gegenüber sich selbst, und es werde vorausgesetzt, jede Person könne ein Recht, als sie selbst respektiert zu werden, auch in Anspruch nehmen. Selbst wenn es sich so verhält, ist zu klären, ob und gegebenenfalls inwiefern diese Selbstachtung von Fremdachtung abhängig ist.[17] Wir wollen dieses Verhältnis daher eingehend diskutieren.

---

[17] Man könnte dieser Argumentation eine strukturanalytische Wendung insofern geben, als Handlungsbedingungen daraufhin untersucht werden, ob sie die Achtung, die eine Person sich selbst gegenüber aufbringt (oder nicht aufbringt), zu stärken vermögen oder nicht. Wenn unter diesen Umständen der vollständige und irreversible Verlust der Autonomie droht, ist eine Person auch auf der Grundlage der vorgestellten Argumentation berechtigt, sich ihrer Autonomie zu begeben.

4.3 Sind Selbst- und Fremdachtung voneinander abhängig?

Colin Bird diskutiert die These Avischai Margalits, der Respekt vor sich selbst sei abhängig vom Respekt durch andere.[18] Demnach erfüllen bestimmte Formen, von anderen behandelt zu werden, den Tatbestand der Demütigung bzw. der Schädigung der Selbstachtung, unabhängig von den Einstellungen, die die Betroffenen dazu einnehmen (man müsste hinzufügen, dass bestimmte Formen, von anderen behandelt zu werden, den Tatbestand der Fremdachtung erfüllen, ebenfalls unabhängig von den Einstellungen, die die Betroffenen dazu einnehmen). Wenn wir also wissen wollen, ob ein Mensch gedemütigt und auf diese Weise in seiner Selbstachtung geschädigt wird oder nicht, genügt es, so lautet Margalits Argument, die Umstände zu betrachten, in denen er sich vorfindet. Wir setzen voraus, dass eine jede Demütigung zugleich eine Schädigung der Selbstachtung der betroffenen Person darstellt.[19] Die Intentionen sowohl des Täters als auch des Opfers werden dabei nicht berücksichtigt. Nach Margalits Auffassung sollte man den Tatbestand der Demütigung nicht an eine Intention binden, weil eine vom Täter intendierte Demütigung vom vermeintlichen Opfer möglicherweise nicht als solche empfunden wird. Zudem können wir uns umgekehrt eine Handlung denken, die zwar nicht als Demütigung intendiert ist, aber als demütigend empfunden wird. Denkbar ist auch eine despektierliche Behandlung, die weder vom „Täter" als Demütigung beabsichtigt noch vom „Opfer" als solche empfunden wird. Und schließlich kann eine intendierte Demütigung womöglich nicht von der Person, der sie gelten soll, sondern von einer anderen Person als solche empfunden werden, weshalb die Demütigung auch das nichtintendierte Resultat einer intentionalen Handlung oder die Nebenfolge einer solchen Handlung darzustellen vermag.

---

[18] Vgl. C. Bird, Self-respect and the Respect of Others, in: European Journal of Philosophy 18 (2007), 17–40.

[19] Diese These kann in zweifacher Hinsicht angezweifelt werden, zum einen deskriptiv, zum anderen präskriptiv. Aus *deskriptiver* Sicht kann geltend gemacht werden, dass eine demütigende Handlung keine Schädigung der Selbstachtung bewirkt. Am plausibelsten ist die Darstellung einer solchen kausalen Relation bzw. Nicht-Relation, wenn empirisch spezifiziert wird, welche Handlungen gewöhnlich eine Schädigung der Selbstachtung bewirken und welche Kriterien aus einer solchen Beobachtung erhoben werden können, um nicht nur von einer Demütigung, sondern auch von einer Schädigung der Selbstachtung zu sprechen. Aus *präskriptiver* Sicht ist zu überlegen, ob eine Demütigung generell oder nur in spezifischen Fällen als Schädigung der Selbstachtung behandelt werden soll und welche Gründe dafür jeweils ins Spiel gebracht werden können. Es muss also, wie gesagt, nicht jeder Akt der Demütigung auch eine Schädigung der Selbstachtung nach sich ziehen, wir unterstellen diesen Zusammenhang nur des Argumentes willen.

Man kann höchstens mit der Unterstellung arbeiten, eine jede Demütigung beabsichtige die Schädigung der Selbstachtung (oder nehme sie wenigstens in Kauf), auch wenn sie dieses Ziel nicht erreicht, und sollte auch so behandelt werden. Der Täter, der solchermaßen auf ein Opfer einwirkt, könnte, über diesen Umstand aufgeklärt, die Handlung entweder unterlassen bzw., wenn sie schon erfolgt ist, einen Akt der Reue und der Buße folgen lassen oder diese Handlung trotzdem ausführen und sich zu ihr bekennen. In beiden Fällen führt die Unterstellung einer demütigenden Intention somit zu sinnvollen Resultaten. Das spräche für die These, die Selbstachtung *abhängig* von Fremdachtung ansieht. Die gegenteilige Sichtweise, die Selbst- und Fremdachtung als voneinander *unabhängig* behandelt, berücksichtigt die Rolle der Intention überraschenderweise beim Opfer. Entscheidend ist nicht nur, ob eine Person eine demütigende Handlung auch als solche empfindet, sondern ob sie in die Wirkung einer solchen Tat, nämlich in die Demütigung, einwilligt, sich also, vor allem wenn sie beim Täter ein Motiv dafür ausmachen und somit eine Intention unterstellen kann, davon beeindrucken lässt. Wer einer Demütigung stattgibt, so die These, verletzt seine innere Freiheit, weil er die Kontrolle über sein Leben äußeren Umständen überlässt. Somit ist es Ausdruck moralischer Schwäche, wenn auf eine respektlose Behandlung durch andere ein Mangel an Selbstachtung folgt. Zu überlegen ist daher, ob man sich allein auf objektivierbare kausale Verhältnisse oder auch auf subjektivierbare Gründe beziehen sollte, um den Tatbestand der Demütigung zu erfassen. Wir werden auf dieses Problem noch ausführlicher zu sprechen kommen.

Es liegt in der Verantwortung einer Person sich selbst gegenüber, die Umstände, denen sie sich ausgesetzt sieht, so zu deuten, dass ihre Selbstachtung gewahrt bleibt. Die *Zugehörigkeit* (belonging) zur Menschheitsfamilie, die einer Person eine respektvolle Behandlung einträgt, kann durch keine Instanz bestritten werden, würde man damit doch eine *Leistung* (achievement) einfordern und sich von der Einschätzung anderer abhängig machen. Allerdings würde man genau dadurch darauf verzichten, despektierliche Einflussnahmen zu beeinflussen, die es in unserer Welt nun einmal gibt. Das Zugehörigkeits-Konzept zielt darauf ab, persönliche Unabhängigkeit durch das Vermeiden eines falschen Bewusstseins zu wahren, das Leistungs-Konzept, unvermeidliche Abhängigkeit durch angemessene Strukturen zu gestalten.

Wir wollen versuchen, die Stärken beider Positionen herauszuarbeiten. Die Betonung der inneren Unabhängigkeit stellt zu Recht darauf ab, dass die Wertschätzung, die uns durch andere Menschen entgegengebracht wird, bei aller persönlichen Leistung fragil bleibt und zu stützen ist. Doch auch die Betonung struktureller Abhängigkeiten ist darauf aus, die äußeren Umstände, unter denen wir leben, so zu gestalten, dass möglichst stabile Strukturen

der Anerkennung entstehen. Stellen wir Anerkennungsverhältnisse zur Debatte, erkennen wir unsere geteilte Verletzlichkeit, nehmen wir die Verantwortung uns selbst gegenüber durch die Gestaltung der Rahmenbedingungen, innerhalb derer wir leben wollen, wahr, setzt die Aufrechterhaltung der
Selbstachtung eine respektvolle Behandlung durch andere Personen voraus.
Unser Selbstverständnis und Selbstverhältnis kann also gar nicht unabhängig
von sozialen Bedingungen, vor allem von den Einstellungen anderer uns gegenüber, gedacht werden. Denken wir uns den Fall, eine Person verstehe ihre
(moralischen) Rechte, respektvoll behandelt zu werden, nicht und nehme
deswegen eine despektierliche Behandlung hin: Sie müsste, was wohl niemand leugnen würde, über ihre Rechte aufgeklärt werden. Stellen wir uns
vor, eine Person kümmere sich nicht um ihre (moralischen) Rechte, obwohl
sie um sie weiß: Sie müsste strukturell ermutigt werden, ihre Rechte auch
auszuüben.

Ist es deshalb nur unklug oder auch unmoralisch, sich seiner Rechte, als
Person respektiert zu werden, zu begeben? Die These, die von der Unabhängigkeit der Selbstachtung von Fremdachtung ausgeht, würde einen moralischen Mangel nur im falschen Bewusstsein sehen, das sich eine Person
aneignet, um die Umstände, der sie sich ausgesetzt sieht, zu deuten. Von
(moralischen) Rechten ist hier nicht die Rede. Man kann dieser Argumentation die schon erwähnten vollkommenen Pflichten sich selbst gegenüber vor-
halten, die zwar rechtlich nicht erzwungen werden können, aus moralischer
Sicht aber nicht abgewiesen oder durch ein Klugheitsargument überstimmt
werden dürfen. Das Argument, das Kant entwickelt, lautet: Der Respekt vor
Menschen ist zugleich der Respekt vor dem moralischen Gesetz. Eine Person,
die sich, ohne Widerstand zu leisten, despektierlich behandeln lässt, missachtet dann ihre (moralischen) Rechte, weil sie nicht versteht, was ihr normativ
zusteht, oder nicht motiviert ist, das ihr Zustehende auch einzufordern.
Kants Argument unterscheidet sich in seinem werthaften Zuschnitt von einem Klugheitskalkül, das lauten könnte, eine Person, die sich unterwürfig
verhalte und eine respektlose Behandlung dulde, sei weniger glücklich als
eine Person, die eine solche Haltung ablehne. Umgekehrt mag, so könnte
man erwidern, eine Person, die es aufgegeben hat, ihre Autonomie zu behaupten, vielleicht ein bequemeres Leben führen als eine Person, die auf
Selbstbestimmung beharrt. Intrapersonal mag ein solches Kalkül auf eine
abwägende Verteilung von selbst- und fremdbestimmten Momenten hinauslaufen, interpersonal führt es zu unserer werthaften Betrachtung zurück.
Nehmen wir an, eine Person ermutige eine andere Person, Schritte zu unternehmen, um Kenntnis über ihre (moralischen) Rechte zu erlangen und sie
auch einzufordern. Sie gewinnt dadurch immerhin ein autonomiebetontes
Gegenüber, was, zumindest wenn diese Haltung reziprok verwirklicht wird,

vorteilhafter sein mag als eine (gegenseitige) autonomiehemmende Behandlung.

Bird wendet gegen Margalit ein, eine tatsächliche Demütigung erfordere die Mitschuld des Opfers, das sich der Demütigung ergeben müsse, indem es sie billige. Es müsse im potentiell demütigenden Verhalten anderer einen Grund erkennen und anerkennen, ein Konzept des Selbst auszubilden, das es wert erscheinen lasse, gedemütigt zu werden. Aus dieser Sicht sind und bleiben wir immer frei, unsere Situation in einer Art und Weise zu beschreiben bzw. zu behandeln, dass wir einen inneren Sinn für unsere Unabhängigkeit von äußeren Umständen stärken. Kürzer gefasst: Die demütigende Behandlung stellt die notwendige, die freiwillige Selbstaufgabe die hinreichende Bedingung für die Schädigung unserer Selbstachtung dar. Für Margalit dagegen hängt die Frage, ob wir gedemütigt werden oder nicht, letztlich nicht von der Einstellung ab, die wir unserer Situation gegenüber einnehmen. Eher hängt die Einstellung unserer Situation (und damit uns selbst) gegenüber in vielen Fällen davon ab, ob wir von anderen gedemütigt werden oder nicht.[20] Die Gegenposition betont, wie gesagt, die gedankliche Autarkie, weshalb die Selbstachtung eines Menschen durch die Weise, wie andere über ihn denken, nicht beeinflusst werden muss (natürlich kann sich ein Mensch dadurch beeinflussen lassen, wenn er will). Diese Position behauptet, es gebe keine Handlung, die an und für sich den Tatbestand der Demütigung erfüllt, also unabhängig von einer Person, die sich gedemütigt fühlt: Das Opfer muss in die Demütigung einwilligen, womit eine Komplizenschaft mit dem Täter zu konstatieren ist. Jede Person kann daher ihre Situation unabhängig von den Umständen, in denen sie sich befindet, beschreiben und behandeln. Auch wenn die Umstände eigentlich keinen Zweifel daran lassen, dass eine Person gedemütigt wird, liegt es an der Person selbst, sich von dieser Bewertung zu distanzieren.

Diese Unterscheidung von „kann" und „muss" ist immerhin dazu angetan, *Selbstachtung* (self-respect) und *Selbstwertschätzung* (self-esteem) auseinanderzuhalten.[21] Selbstachtung ist Resultat der Zugehörigkeit zur Menschheitsfamilie. Sie kann nicht graduiert werden, weil sie ausnahmslos allen Menschen zukommt bzw. zugeschrieben wird.[22] Selbstwertschätzung hingegen ist ein Resultat der innerhalb gesellschaftlicher Interaktionen erreichten Position (die sowohl erarbeitet als auch ohne jedes Zutun, etwa qua Geburt, einfach zugewiesen werden kann, jedoch in irgendeiner Weise

---

[20] Vgl. zu dieser Modellierung A. Margalit, The Decent Society, Cambridge, Massachusetts/ London 1996.

[21] Vgl. D. Sacks, How to Distinguish Self-Respect from Self-Esteem, in: Philosophy & Public Affairs 10 (1981), 346–360.

[22] Dabei wird vorausgesetzt, dass die Zugehörigkeit zur Menschheitsfamilie unumstritten ist.

behauptet werden muss, also eine individuelle oder kollektive Leistung darstellt). Sie kann, abhängig von der jeweiligen Position, graduell gegeben
sein.[23] Der Sinn der Unterscheidung leuchtet ein, doch ist die Beziehung zwischen Selbstachtung und Selbstwertschätzung ungeklärt: Ist Selbstachtung
Voraussetzung für Selbstwertschätzung oder umgekehrt, oder handelt es
sich tatsächlich jeweils um autarke Einstellungen?

Diskutieren wir noch einmal: Reicht reine Zugehörigkeit zur Menschheitsfamilie aus, um für sich Selbstachtung reklamieren zu können? Dieser
Gedanke würde die Autarkie-Position stützen. Denken wir erneut an einen
Menschen, der aus irgendeinem Grund diskriminiert wird und sich dieser
demütigenden Geste auch bewusst ist, der daran jedoch keinerlei Anstoß
nimmt, sondern sich mit dieser Behandlung einverstanden erklärt und sogar zufriedengibt. Der potentielle Leistungsaspekt dieser Situation, der die
Autonomie-Position stärken würde, besteht darin, dass dieser Mensch, über
die Umstände sowie Folgen und vor allem über die Alternativen aufgeklärt,
sich vermutlich dafür entscheiden würde, dagegen zu protestieren. Hier
hilft die strukturanalytische Betrachtung von Autonomie weiter, die vorsieht, die Umwelt eines Menschen so zu gestalten, dass sie jeden Anhalt
dafür gibt, eine Demütigung nicht nur als solche zu durchschauen, sondern
sie auch abzulehnen bzw. sich dagegen aufzulehnen (etwa mit Hilfe von
Institutionen). Aus diesen Gründen wird ein reines *Zugehörigkeitsargument*
(ich kann kraft meiner Zugehörigkeit zur Menschheitsfamilie gar nicht gedemütigt werden) abgelehnt.[24] Um das *Leistungsargument* auf den Prüf-

---

[23] Vgl. A. Margalit, The Decent Society, Cambridge, Massachusetts/London 1996, 24: „Why
then should your self-respect be determined or influenced by what others think about you or
the way they act toward you? In particular, why should the way one is treated by anonymous
social institutions affect the self-respect of persons who are autarchic in their thoughts? Why
should other people's recognition be important to one's self-respect? After all, we are not talking about self-esteem, which must be validated through interaction with others. Self-respect,
in contrast to self-esteem, is the honor a person grants herself solely on the basis of the awareness that she is human. So why should it be affected by the evaluation of others?"
[24] Vgl. A. Margalit, The Decent Society, Cambridge, Massachusetts/London 1996, 26f.:
„‚Slave morality' is the result of this vengeful internalization. The end result of slave morality
is the Christian view that turns humiliation into a formative experience fostering humility.
The Christian attitude toward humiliation is a continuation of the Stoic attitude by other
means – perverse means, to be sure, in Nietzsche's view – which turn humiliation into an
instrument for training saints. The Christian saint is intended to be the heir of the Stoic
wise man, but there is a marked difference between the Christian truly humble man and the
Stoic ‚internal' man. The Christian humble person is supposed to pay no regard to himself
while being constantly preoccupied with himself, especially with the purity of his own moti-
ves. This seems to be a logical impossibility. In contrast, the Stoic ‚internal' man is supposed
to ignore the outside social world – not an easy task, but not a logical impossibility. Nietzsche
does indeed believe that there is a difference between the Stoic and the Christian views in the

stand zu stellen, wollen wir die Diskussion noch einmal in eine andere Richtung vorantreiben.

Wenn wir annehmen, der Wert, den wir Menschen einander (und Menschen sich selbst) zugestehen, werde als gesellschaftliches Artefakt, mithin als gegenseitiges Zugeständnis, und nicht als intrinsischer Wert verstanden, kann argumentiert werden, dass auch noch bei demjenigen Menschen, der einen anderen Menschen herabwürdigt, eine Vorstellung von menschlicher Würde vorhanden sein muss. Jeder Akt der Demütigung setzt eine kollektiv geteilte Annahme darüber voraus, dass Menschen achtenswert sind. Anders formuliert: Im Hintergrund einer demütigenden Handlung teilen Täter wie Opfer ein Konzept menschlicher Würde, weil eine Demütigung als solche sonst keinen Sinn hätte: Derjenige, der einen anderen Menschen demütigt, verhält sich zum gemeinsamen Bestand geteilter Würdeannahmen unabweisbar parasitär. Man könnte nun weiter argumentieren, dass jeder demütigende Akt, so parasitär er sich gegenüber dem gemeinsamen Bestand an Hintergrundannahmen bezüglich der Würde eines jeden Menschen auch verhalten mag, eben diesen Bestand, von dem er ja selbst zehrt, erodieren lässt, was einer potentiellen Selbstschädigung gleichkäme. Doch selbst wenn solche Erosionsprozesse zu befürchten oder gar zu beobachten wären, gäben sie doch höchstens Anlass dafür, auf die Einhaltung von *Menschenwürde-Standards* zu bestehen, nicht unbedingt, auf den demütigenden Akt selbst zu verzichten. Denn an normativen Vorstellungen kann auch kontrafaktisch festgehalten werden, ja es ist sogar der Sinn von Normen, gegen Enttäuschungen durchgehalten werden zu können.

Jede Demütigung, so könnte man bilanzieren, zehrt von geteilten Annahmen über Humanität, wäre sie doch sonst nicht als inhumaner Akt identifizierbar; zugleich lässt sie diese Hintergrundannahmen erodieren. Wenn Selbst- und Fremdachtung nun miteinander verknüpft sind, schädigt die Verweigerung von Fremdachtung, die in einer respektlosen Behandlung ihren Ausdruck findet, auch die Selbstachtung. Im Fall einer Demütigung teilen also Täter und Opfer ein und dasselbe Konzept menschlicher Würde: Jeder Mensch sei es wert, als Mensch geachtet zu werden, jeder Mensch verdiene Respekt, ohne ihn sich verdienen zu müssen. Grundsätzlich gilt diese Logik auch im Modus der Unterstellung, wenn die Demütigung also nicht

---

way the evaluate humiliation. The Stoic sage, whose thoughts are free, is truly capable of such reevaluation – that is, of seeing himself as free and as not humiliated by his master – whereas the Christian, in Nietzsche's view, is not truly capable of it. This is because the Christian is full of *ressentiment*. He may be capable of ‚loving‘ even the humiliator who strikes his cheek, but he also makes sure to inwardly send the perpetrator to hell. Hell is the resentment-saturated revenge of the humiliated Christian.“

intendiert wird, sondern sich als nichtintendierte Folge bzw. als Nebenfolge einer Handlung einstellt.

Die Tatsache der Demütigung könnte, folgt man dieser Überzeugung, Menschen Gründe dafür geben, sich weniger wertvoll als ihre Mitmenschen zu fühlen, weil die Basis, auf der die gegenseitige Wertschätzung aufruht, geschwächt wird. Dagegen könnte eingewendet werden, es werde im Akt der Demütigung nur die Verletzung einer Erwartung sichtbar, an der kontrafaktisch, also über den Enttäuschungsfall hinweg, festgehalten werden kann, etwa in Form einer entsprechenden Norm. Warum sollte die Verletzung der Erwartung selbst schon das Vertrauen einer Person erschüttern, Anspruch auf eine respektvolle Behandlung zu haben (wie gesagt nicht aufgrund einer Leistung, sondern allein aufgrund der Zugehörigkeit zur Menschheitsfamilie), gerade wenn dieser Respekt doch mit Hilfe von Regeln eingefordert werden kann? Allerdings ist dieses zugespitzte Konzept nicht wirklich realistisch. Auch wenn ein Konzept von Humanität noch in einer jeden demütigenden Handlung unabweisbar vorausgesetzt ist, kann eine Demütigung, wenn man terminologisch so verfahren will, zwar nicht die Basis unserer Selbstachtung (self-respect), wohl aber unseres Selbstwertgefühls (self-esteem) beschädigen. Wir unterscheiden dann wiederum konsequent zwischen der Zugehörigkeit (belonging) zur Menschheitsfamilie und der Leistung (achievement), die wir zu erbringen haben, um uns einer respektvollen Behandlung zu versichern.

Diese Überlegung gilt nicht nur für Täter, sondern auch für Opfer. Wenn eine Person bemerkt, dass sie gedemütigt wird, erodiert dadurch nicht der Grund für die Annahme, einen Anspruch auf eine würdevolle Behandlung zu haben. Ein Akt der Demütigung würde Menschen höchstens Gründe dafür geben, sich weniger achtenswert als andere Menschen zu fühlen bzw. weniger Vertrauen in die moralischen Intuitionen sowie Institutionen, denen gemäß Menschen ohne Ausnahme achtenswert sind, zu setzen, weil jede Demütigung die Grundlage, auf der eine solche *Menschenwürde-Annahme* gründet, erodieren ließe. Letztlich ist fraglich, ob die Verletzung einer Erwartung, die von konventionellen Hintergrundannahmen ausgeht, das Vertrauen eines Menschen, Anspruch auf Achtung zu haben, erschüttern kann. Ist es nicht eher so, dass diese Erwartung durch die Setzung von Standards stabilisiert und damit gegen Erosion geschützt werden kann? Außerdem würde nicht jede einzelne Demütigung auch das Vertrauen in die Geltung eines Anspruchs auf menschenwürdige Behandlung erschüttern können. Vielmehr würde man von einer Schwelle ausgehen, die überschritten werden muss, damit dieses Vertrauen nachhaltig beeinträchtigt wird.

Der Hinweis, dass die erwähnten Hintergrundannahmen robuster sind, als vermutet werden mag, schwächt somit die These einer Abhängigkeit der

Selbstachtung von Fremdachtung. Eine Alternative zur Vorstellung einer Erosion bildet das Argument, ein Mensch, der einen anderen Menschen demütigt, habe die Macht, die Selbstachtung dieses Menschen zu beschädigen. Opfer stehen Tätern, so gesehen, schutzlos gegenüber. Dennoch behauptet Margalit ja, dass sowohl Opfer wie auch Täter es nicht vermeiden können, Täter bzw. Opfer als Menschen anzusehen. Jede Vorstellung der Dehumanisierung gehe noch von einem Konzept von Humanität aus. Gerade deshalb greife jede Form der Dehumanisierung unabweisbar in das Bild ein, das wir von Menschlichkeit entwickeln. Wir können uns dieser Einwirkung nicht entziehen, indem wir sie als eine Perspektive begreifen, die mit uns nichts zu tun hat und die uns deshalb unberührt zu lassen vermag. Doch warum können, so mag ein Einwand lauten, die Opfer eine solche Bedrohung nicht abfangen, indem sie sich einfach an diese unerschütterliche Voraussetzung erinnern, ganz abgesehen davon, dass die Täter durch einen Akt der Demütigung ihre eigene Selbstachtung beschädigen?

Immerhin kann man mit Margalit behaupten, dass, obgleich eine Demütigung vielleicht nie das Selbstwertgefühl eines Opfers vollständig zerstören, sie doch immerhin einen begründeten Zweifel bezüglich des eigenen Werts nähren kann. Das Selbstwertgefühl scheint sich freilich nicht einfach dadurch herstellen zu lassen, dass man sich der Zugehörigkeit zur Gattung Mensch inne wird. Umgekehrt scheint eine Demütigung nicht erst dann als Demütigung zu wirken, wenn sie als Demütigung akzeptiert wird. Selbstachtung ist somit nicht allein eine bestimmte *Einstellung*. Man wird jedoch nicht abstreiten können, dass Selbstachtung immer auch eine *Leistung* ist, die freilich nicht unabhängig von einer bestimmten *Zugehörigkeit* gedacht werden kann. Tatsächlich formuliert jede Gesellschaft (sei es implizit oder explizit) Bedingungen, unter denen Personen (mehr oder weniger) Achtung oder Missachtung entgegengebracht wird. Auf der Basis dieser *Bedingungen* kann ja, wie gesagt, eine demütigende Handlung überhaupt erst ihre Wirkung entfalten. Damit ist einerseits behauptet, dass wir zu unserer Selbstdeutung keinen privilegierten Zugang besitzen, andererseits, dass wir einer Fremddeutung nicht schutzlos ausgeliefert sind. Selbst- und Fremddeutung können zwar auseinandergehen, sie sind aber nicht einfach unabhängig voneinander. Unsere Selbstachtung ist also nicht einfach davon abhängig, was andere über uns denken, sondern auch, wie wir uns dazu verhalten, ob wir uns von der demütigenden Einstellung anderer beeinflussen lassen oder nicht. Dennoch haben Individuen, wie gesagt, keine Deutungshoheit, und zwar weder über sich noch über andere.

An dieser Stelle bietet es sich an, einen externalen und einen internalen Zugang zum Thema der Selbstachtung bzw. ihrer Schädigung zu unterscheiden. (1) Der externale Zugang identifiziert eine Demütigung anhand der

Umstände einer bestimmten Handlung und verweist gleichzeitig auf die Bedingung der Möglichkeit einer jeden demütigenden Einstellung; dadurch wird die Vorstellung befördert, die Einstellungen, die Demütigende wie Gedemütigte zu einer solchen Handlung einnehmen können, seien extrem isoliert, was im Grunde eine internale Konzeption begünstigt. (2) Der internale Zugang schreibt die Macht, die eine demütigende Handlung über einen Menschen gewinnen kann, der deutenden Einstellung des Opfers zu, das die deutende Einstellung des Täters zurückzuweisen imstande ist. Damit wird fiktiv auf einen externalen Standpunkt abgehoben, der eine demütigende Handlung als unangemessen zurückzuweisen vermag. Es wird also deutlich, dass externale und internale Gesichtspunkte verschwimmen. Dennoch ist die Unterscheidung sinnvoll.

Die Ursache für Achtung oder Missachtung kann systematisch auf zwei Ebenen gesucht werden: auf der Ebene der *Einstellungen* angesichts gegebener Bedingungen sowie auf der Ebene der *Bedingungen* angesichts gegebener Einstellungen. Ebenso kann, wenn Missachtung hin zu Achtung überwunden werden soll, bei den Einstellungen sowie bei den Bedingungen angesetzt werden. Auch wenn einer Perspektive faktisch der Vorzug vor der anderen gegeben werden mag, sind beide Perspektiven grundsätzlich gleich wichtig. Wenn die Bedingungen, unter denen Akteure eine Behandlung als demütigend empfinden, legitimiert werden können, kann das Empfinden der Demütigung als ungerechtfertigt zurückgewiesen werden. Andernfalls sind die Bedingungen so zu ändern, dass demütigende Handlungen durch entsprechende Anreize entmutigt werden. Insofern können *Leistungs-* und *Zugehörigkeitsaspekte* auf *Einstellungen* sowie *Bedingungen* verteilt werden. Sind die Bedingungen richtig, kann eine Leistung gefordert werden (würde diese nicht erbracht werden, wäre eine Behandlung legitim, die dann, wie gesagt, ungerechtfertigterweise als demütigend empfunden werden könnte). Sind die Bedingungen nicht richtig, kann der bloße Verweis auf Zughörigkeit, die den Gedemütigten das demütigende Ereignis überstehen lassen soll, nicht legitimiert werden.

Schuld ist, so gesehen, entweder auf der Seite der Handlungen oder auf der Seite der Bedingungen zu suchen. Insofern kann auch hier die schon mehrfach erwähnte Unterscheidung von individueller und dividueller Schuld aufrechterhalten werden. Diese theoretische Strategie entgeht dem Fehler, eine Handlung zwar als demütigend zu erkennen, die gedemütigte Person aber auf einen fiktiven Punkt der Humanität zu verweisen, derer sie sich ja immer noch als einer Art von Anker zu versichern vermöge, um das demütigende Ereignis überstehen zu können. In der Zurechnung auf falsche Bedingungen mag auch auf das individuelle Kalkül des Demütigenden abgehoben werden, vernünftigerweise auf die demütigende Handlung zu verzichten. Individuen sind also nur unter richtigen Handlungsbedingungen auch dafür verantwortlich, ihre Selbstachtung durchzusetzen, sofern sie nämlich demütigende Handlungen zurückzuweisen imstande sind.[25] Die Durchsetzung von Selbstachtung ist daher mit der Durchsetzung von Fremdachtung verknüpft.

Wenn es sich so verhält, dann muss eine Demütigung nicht in der Form eines Schadens an Selbstachtung auftreten. Wenn sie jedoch in dieser Form auftritt, kann es sein, dass eine Person erst in den Stand gesetzt werden muss, einer solchen Demütigung zu widerstehen. Wir setzen dabei voraus, dass die Bedingungen so gestaltet sind, dass sie eine leichtfertige Demütigung nicht zulassen, so dass es legitimerweise an der Person selbst liegt, sich solchen Versuchen zu widersetzen,[26] womit eine kognitive (eine Person weiß, dass sie berechtigt ist, einer Demütigung zu widerstehen) sowie eine verhaltensbasierte (eine Person besitzt die Disposition dafür, einer Demütigung zu widerstehen) Komponente angesprochen ist.[27] Es ist Sache der Empirie zu klären, wann eine Person sich zu Unrecht gedemütigt fühlt, das heißt, eine Handlung als Demütigung empfindet, während dieses Empfinden bei anderen Personen normalerweise nicht ausgelöst wird, oder wann eine Person nicht in der Lage ist, einer Demütigung zu widerstehen, obwohl das normalerweise erwartet werden kann. Zweifellos kann die Pflicht der Gesellschaft begründet werden, eine Person dazu zu ermächtigen, ihr Recht, als Person geachtet zu werden, auch auszuüben.[28]

Nun kann eine Person intellektuell ihren Wert als Person erkennen (oder erkennen, dass ihr der Respekt, auf den sie als Person ein Anrecht hat, verweigert wird). Gleichzeitig mag sie emotional Zweifel an ihrer intellektuellen Einschätzung haben, indem sie ihren Wert als Person nicht auch empfindet, sich mithin wertlos fühlt, oder indem sie eben keine Empfindung dafür aufbringt, dass ihr der Respekt, auf den sie eigentlich Anspruch hat, nicht entgegengebracht wird. Intellektuelle „Wahrnehmung" und emotionale „Wertnehmung" können somit differieren. Gegen ein „falsches" Gefühl kann man

---

[25] Die stoische Haltung argumentiert, so führt C. Bird, Self-respect and the Respect of Others, in: European Journal of Philosophy 18 (2007), 17–40, an, (a) dass Individuen gänzlich dafür verantwortlich sind, ihre eigene Selbstachtung durchzusetzen, und (b) dass die Durchsetzung der eigenen Selbstachtung für das Glück einer Person ausreicht. Da unter der erwähnten Annahme die Durchsetzung der Selbstachtung Fremdachtung mit einschließt, insofern Individuen eben nicht allein als verantwortlich angesehen werden, wird dies auch als ausreichend für das Glück dieser Person angesehen.

[26] Der Zusatz „leichtfertig" zielt lediglich darauf ab, dass eine Demütigung durch Rahmenbedingungen nie ausgeschlossen, höchstens strukturell entmutigt werden kann.

[27] Vgl. C. Bratu, Self-Respect and the Disrespect of Others, in: Ergo 13 (2019/2020), 357–373, 360.

[28] Dies kann, muss jedoch nicht den Anstoß zu einer Reform bestehender Regeln geben. Ein Urteil darüber wird kaum ohne empirische Daten möglich sein.

nicht intellektuell ankommen, auch weil nicht auszuschließen ist, dass die Bedingungen, unter denen eine Person lebt, so beschaffen sind, dass ihrem Gefühl auch intellektuell stattgegeben werden kann, obwohl die Konventionen die Lebensumstände der betreffenden Person als angemessen erscheinen lassen.

Wenn *Emotionen als Heuristiken für Handlungen* fungieren, dann können sie gegebenenfalls eine Haltung des Widerstands gegen die etablierten gesellschaftlichen Verhältnisse begründen. Dienen *Werte als Heuristiken für Regeln*, kann die Artikulation des Gefühls der eigenen Wertlosigkeit in einen Regeldiskurs münden, der allerdings unter rationalen Gesichtspunkten verhandelt werden muss.[29] Emotionen bzw. Werte ersetzen nicht den rational geführten Diskurs über die Begründung von Handlungsrestriktionen. Erst unter diesem Blickwinkel kann eine Emotion auch als unangemessen (und in diesem zugespitzten Sinn als irrational) bezeichnet werden.[30] Von diesen Überlegungen her kann nicht nur der Gedemütigte hinsichtlich seines Gefühls, sondern auch der Demütigende bezüglich der Erlaubtheit oder Nichterlaubtheit seiner Handlung im Irrtum sein. Zwar können Gefühle nicht einfach als richtig oder unrichtig klassifiziert werden, sie lassen sich aber auf der Ebene von Werten „behandeln", indem die Handlungsbedingungen überdacht werden.

Wenn von Zugehörigkeit im Unterschied zu Leistung die Rede ist (wir kamen darauf bereits mehrfach zu sprechen), ist nicht gesagt, die Umstände, unter denen Menschen handeln, seien irreversibel: Sie können nur nicht durch die betreffende Person allein, also individuell, verändert werden, weshalb es eine kollektive Leistung sein kann, diese Bedingungen in der Weise zu gestalten, dass sie eine respektvolle Behandlung erlauben. Zudem ist zwischen moralischen und nicht-moralischen Fehlern zu unterscheiden. Nicht-moralische Fehler bestehen in der Verletzung von Recht. Solche Fehler können nicht einfach vergeben werden, weil das Recht regelt, wie damit zu verfahren ist. Ein Grund für Vergebung könnte höchstens sein, dass der Schuldige etwa ermutigt wird, aus seiner Schuld herauszufinden, mit dem Ziel, dass es für ihn einfacher wird, Reue zu zeigen und Buße zu tun, so dass das Recht dann nicht mehr einzuspringen hätte. Dies müsste allerdings empirisch mit Wahrscheinlichkeit ausgestattet werden, und die Frage ist, was passiert, wenn nichts passiert, der Schuldige also nicht bereit ist, Reue zu zeigen und Buße zu tun. Mo-

---

[29] Zur Behandlung von Emotionen als Heuristiken von Handlungen und Werten als Heuristiken von Regeln vgl. ausführlicher C. Breitsameter, Die Semantik „moralischer Gefühle" zwischen Aktion, Reaktion und Interaktion, in: Münchener Theologische Zeitschrift 66 (2015), 243–256.
[30] Zur Unterscheidung zwischen „intellektuell" und „experientiell" vgl. R. S. Dillon, Self-Respect: Moral, Emotional, Political, in: Ethics 107 (1997), 226–249, 239–241.

ralische Fehler werden durch das geltende Recht nicht erfasst. Sie regen, zumindest was die Verletzung der Selbstachtung einer Person betrifft, zur Reform des Rechts an. Natürlich ist auch da, wo das Recht sich bewährt, Vergebung sinnvoll. Ein Grund dafür könnte darin bestehen, dass wir selbst der Vergebung bedürfen. Die Parabel vom Herrn, der seinem Diener vergibt, der wiederum seinem Untergebenen nicht zu vergeben bereit ist (Mt 18,21–35), ist ein Lehrstück moralischer Demut: Da alle auf Vergebung angewiesen sind, insofern jeder schuldig werden kann, ist es nicht sinnvoll, Vergebung zu verweigern. Dies ist freilich reziprok gedacht und steht dem, was wir Recht nennen, nahe. Modern formuliert bedeutet das: Der Knecht, der seinem Knecht nicht vergibt, kann auch sich selbst nicht vergeben. Der Herr wirft ihn in eben das Gefängnis, in das der Knecht all jene geworfen hat, die er verurteilt bzw. denen er nicht vergibt. Tatsächlich wollen wir vernünftigerweise in einer Welt leben, in der es Vergebung für uns gibt. Es ist dieselbe Welt, in der es auch Vergebung für andere gibt.

Denkbar ist in dieser Welt, wie schon erwähnt, dennoch, dass die Gesellschaft einen Täter, dem Vergebung durch das Opfer gewährt wird, zugleich bestraft, um geltende Normen durchzusetzen (so wie man auf Strafe verzichten kann, ohne dass dem Täter durch das Opfer vergeben wird). Doch stellt sich die Frage, was Vergebung dann bewirken soll, was das Recht nicht bewirken kann. Eine Person darf, so soll daher bilanziert werden, erlittenes Unrecht vergeben, sie muss jedoch nicht vergeben. Möglicherweise entsteht ihr ein Vorteil, weil sie Groll und Hass aus ihrem Leben verbannt. Der Gefahr einer persönlichen Vergebung, die sich für die Durchsetzung des Rechts einer Gesellschaft hemmend auswirkt, ist durch die Etablierung geeigneter Regeln vorzubeugen. Vermutlich war diese Gefahr in der biblischen Gesellschaft nicht gegeben, weil es weitgehend um persönliche Feindschaften innerhalb robuster gesellschaftlicher Verhältnisse ging, die durch solche Konflikte nicht gefährdet waren.

Wenn ich ein Unrecht nicht nachtrage, mag darin, so könnte man die bisherigen Überlegungen zusammenfassen, die Menschheit in meiner Person, also meine Würde verletzt sein, womit individuelle und kollektive Aspekte (allerdings in trennbarer Weise) miteinander verbunden sind. Somit wäre ein Mangel an Sorge um den moralischen Wert, der in meiner Person inkarniert ist, zu kritisieren, weshalb eben darin ein Mangel an Sorge um das moralische Gesetz erkennbar sein könnte. Wenn es sich so verhält, kann bedingungslose Vergebung nicht zur moralischen Pflicht gemacht werden. Es kann jedoch als moralische Pflicht statuiert werden, Vergebung in die Etablierung bzw. Reform von Regeln einfließen zu lassen, sofern dies sinnvoll ist. So gesehen ist die bedingungsweise Vergebung im Sinn der Veränderung von Handlungsbedingungen als moralische Pflicht anzusehen. Persönliche Vergebung, die dann bedingungslos sein kann, liegt vor, wenn Groll gegenüber einer Person, die mir Unrecht getan hat, überwunden wird.

4.4 Vergeben und Vergessen?

Hier könnte man natürlich einwenden, dass eine Person, die vergibt, nur ihr Gefühl von Groll überwindet, während sie aus vernünftigen Gründen nüchtern daran festhalten kann, dass sie mit der Person, die ihr Unrecht getan hat, nichts mehr zu tun haben möchte. Würden wir dann sagen, das Opfer habe seinem Täter vergeben? Tatsächlich muss die Vergebung in einer neuen oder anderen Beziehung münden, als sie zuvor bestand. Vergebung kann deshalb kein rein innerlicher Akt sein, der nicht auch äußerliche Konsequenzen mit sich bringt. Sie muss sich also an den Täter richten, genauer: sie muss ihm durch das Opfer angeboten werden, und zwar unter den genannten Bedingungen. Wenn man eine Handlung, die unmoralisch ist, billigt, untergräbt man sein eigenes Selbstwertgefühl. Eine Billigung würde eine unmoralische Handlung nicht als unmoralisch ansehen; Vergebung jedoch würde eine unmoralische Handlung zugleich als unmoralisch ansehen können. Deshalb kann man, wie gesagt, ein Unrecht nur vergeben, wenn der Täter das Unrecht seiner Tat der Gesellschaft bzw., wenn gefordert, dem Opfer gegenüber auch einsieht, also zumindest Reue zeigt oder sogar Buße tut. Wenn ein Täter jedoch seine Tat bereut und seine Beziehung zur Gesellschaft erneuert, also deren Regeln wieder vollständig befolgt, was Buße im Sinn der vollständigen Wiedergutmachung eines Schadens einschließen kann bzw. muss, bedarf es keiner Vergebung mehr, es sei denn, sie befreit, wie schon erwähnt, das Opfer von der Belastung des Grolls. Persönliche Vergebung mag, traditionell gesprochen, als Akt der Supererogation, modern gesprochen, als rein altruistische Handlung angesehen werden (wir werden noch überprüfen, ob dies auch für eine ethische Eschatologie gilt). Aus Sicht der Gesellschaft wäre die Gewährung bedingungsloser Vergebung ebenso wie die Verweigerung bedingungsweiser Vergebung (natürlich, wenn man diesen Gedanken so exzentrisch formulieren will, auch sich selbst gegenüber) Ausdruck dividueller Schuld. Wir wollen auf die Unterscheidung von bedingungsloser und bedingungsweiser Vergebung noch ausführlicher zurückkommen.

Margaret R. Holmgren nennt als unverzichtbare Schritte des Opfers auf dem Weg der Versöhnung (1) die Wiederherstellung der Selbstwertschätzung (self-esteem), (2) die Einsicht in den Unrechtsgehalt einer Rechtsverletzung, (3) die Anerkennung der Berechtigung der eigenen Gefühle, (4) die Gelegenheit für das Opfer, seine Gefühle dem Täter gegenüber zum Ausdruck zu bringen, (5) die Trennung von Vergeben und Vergessen, die verhindert, dass das Opfer wiederholt zum Opfer bzw. der Täter wiederholt zum Täter (auch anderen Akteuren gegenüber) wird und (6) die Entscheidung darüber, ob die Forderung nach einer Wiedergutmachung erhoben werden soll.[31] Damit sind die aus moralischer Sicht unverzichtbaren Voraussetzungen für Vergebung beschrieben, und zwar allein aus der Sicht des Opfers, also unabhängig von dem, was der Täter denkt oder fühlt, getan oder erlitten hat. Holmgren spricht überraschenderweise von einer „bedingungslosen" Vergebung, obwohl vorausgesetzt wird, dass die genannten Bedingungen erfüllt sind.[32] Gemeint ist, dass sich die Vergebung des Opfers vollkommen unabhängig vom Täter verstehen kann. Dies ist jedoch für die letzte Forderung nicht plausibel, es sei denn, der Täter ist zu einer Wiedergutmachung nicht oder nicht mehr in der Lage; ob es dann sinnvoll erscheint, die Forderung nach Wiedergutmachung dennoch expressiv zu artikulieren und als Absicht ohne Folge zu isolieren, mag dahingestellt bleiben. Sieht man von dieser letzten Forderung ab, kann ein Opfer zumindest unabhängig von seinem Täter und in diesem Sinn bedingungslos vergeben. Nimmt man den Täter hinzu, kann auch eine an Bedingungen geknüpfte Vergebung als bedingungslos insofern betrachtet werden, als die Zukunft unbekannt ist. Dies gilt freilich auch für die vergebungswillige Person, die von ihrem Groll wieder eingeholt wird oder ihn trotz bester Absicht nicht überwinden kann – wir werden auf diesen Gedanken zurückkommen.[33] Allerdings können auch hier Forderungen aufgestellt werden, die etwa einen Rückfall des Täters unwahrscheinlich machen. Doch sollte ein Opfer auch dann vergeben, wenn sich der Täter zu einer Wiedergutmachung, die er leisten kann, nicht entschließen will? Außerdem muss die Formel vom „Vergeben, nicht Vergessen" in Institutionen Eingang finden, die verhindern, dass der Täter erneut zum Täter wird. Innerhalb von persönlichen Beziehungen und erst recht bei nur marginalen Vergehen mag

---

[31] Vgl. M. R. Holmgren, Forgiveness and the Intrinsic Value of Persons, in: American Philosophical Quarterly 30 (1993), 341–351, 343–345.

[32] C. Griswold, Forgiveness: A Philosophical Exploration, Cambridge 2007, 49–51 und 58f., etwa argumentiert dafür, Vergebung verpflichtend an Bedingungen zu binden und nennt, dabei auf den Täter blickend (so zitiert von G. Pettigrove, Forgiveness and Love, Oxford 2012, 124): (1) „accepting responsibility for the action", (2) „repudiating that action", (3) „experiencing and" (4) „expressing regret for one's misdeed", (5) „acknowledging the harm that one's wrongdoing has (or might have) caused the other"; (6) „convincing the other that one is capable of and committed to doing better in future".

[33] Damit wird die Bereitschaft zu vergeben von dem Prozess, Groll zu überwinden, abgehoben. Eine Person kann bereit sein zu vergeben, auch wenn sie weiß, dass die Überwindung des Grolls Zeit brauchen wird. Nur die vollkommene Überwindung von Groll als Vergebung zu bezeichnen, scheint nicht angeraten, denn die Artikulation der Bereitschaft zu vergeben, kann für denjenigen, der vergeben will, einen wichtigen Schritt zur vollkommenen Vergebung darstellen.

eine solche institutionelle Umsetzung nicht sinnvoll, also entbehrlich sein. Doch soll, wie wir am Beispiel der Feindesliebe sahen, auch innerhalb persönlicher Beziehungen, die als absichtsvoll gestört gelten müssen, im Sinn der Selbstachtung nur einmal, innerhalb persönlicher Beziehungen, die als absichtslos gestört gelten können, nur zweimal vergeben werden. Im ersten Fall darf man also vergessen, im zweiten Fall nicht. Wobei Vergessen Vergeben nicht einfach überflüssig macht: Auch für den Täter ist es in der Regel ein Unterschied, ob ihm seine Tat vergeben oder ob seine Tat einfach vergessen wird.[34] Außerdem muss, wie gesagt, das Vergessen eher legitimiert werden als das Vergeben, soll künftiges Unheil möglichst verhindert werden. Unter geeigneten institutionellen Bedingungen gibt es somit für das Opfer ein Recht zu vergessen (selbstverständlich besteht keine Pflicht zu vergessen). Ein Opfer muss erlittenes Unrecht nicht präsent halten, es kann nicht darauf verpflichtet werden, sich an die Untat wieder und wieder zu erinnern. Würde man genau das fordern, würde das Opfer, das vergisst, für die Gesellschaft unter der Hand zu einer Art Täter werden und für sich selbst immer Opfer bleiben. Die Gesellschaft hat die Verpflichtung, eine Untat nicht zu vergessen, es sei denn, es gibt dafür gute Gründe, wenn nämlich davon auszugehen ist (sicherstellen wird man es nie können), dass vom Täter kein Unrecht mehr ausgehen wird. Um Selbstachtung zu gewährleisten, müssen unter geeigneten institutionellen Voraussetzungen die von Holmgren vorgeschlagenen Schritte nicht durchlaufen werden. Ja, im Grunde kann das Opfer auf alle Schritte verzichten, also bedingungslos vergeben.

Holmgren vertritt die Ansicht, es sei moralisch immer geboten zu vergeben, unabhängig davon, welches Unrecht der Täter begangen hat und unabhängig davon, ob er zu Reue und Buße bereit ist. Wer nicht bereit ist zu vergeben, gestehe dem Täter nicht zu, ein neuer Mensch werden zu können, und verkenne damit seine Würde als Person. Zudem erlange das Opfer durch den Akt der Vergebung seine Selbstachtung wieder. Diese Position übersieht, dass der Täter die moralische Asymmetrie initiiert hat und nun seinen Beitrag dazu leisten muss, die verlorengegangene Symmetrie wiederherzustellen, wodurch auch die Selbstachtung des Opfers wiederhergestellt wird. Die Würde des Täters wie auch des Opfers wird durch die Gesellschaft (und somit auch durch das Opfer bzw. durch den Täter) jederzeit dadurch gewahrt, dass ausnahmslos alle den Regeln von Wiedergutmachung bzw. Bestrafung

---

[34] Ist Vergeben erst mit dem Vergessen wirklich abgeschlossen? Das müsste aus der Perspektive des Opfers sowie aus der Perspektive des Täters diskutiert werden: Für das Opfer mag das so sein, es muss jedoch nicht so sein, denn die Unrechtshandlung würde dadurch nicht verschwinden, sie bleibt eine Tatsache. Denkt man in eschatologischer Perspektive, könnte das Unrecht vom Opfer zwar vergeben (und dann vergessen) werden, von Gott aber nicht. Gott kann weder vergessen noch vergeben, Letzteres jedenfalls nicht anstelle des Opfers.

zustimmen oder zustimmen können. Ist dies der Fall, bleiben Opfer wie Täter ununterbrochen Mitglied der „moral community".

Die Gesellschaft hat somit zu gewährleisten, dass durch Vergebung, die Individuen gewähren, kein (weiterer) Schaden entsteht. Unter dieser Rücksicht hat ein Opfer immer das Recht, einem Täter, wie gesagt, auch bedingungslos, zu vergeben. Biblisch betrachtet mag man reformulieren: Barmherzigkeit kann durch Personen geübt werden, wenn Gerechtigkeit durch Regeln garantiert ist. Natürlich kann und darf eine Person auch einer Person vergeben, die sie nicht erreichen kann, mag sie doch darin einen Weg erkennen, sich selbst von Groll zu befreien. Dies gilt für Fälle, in denen der Täter abwesend ist, selbst wenn er also weder Reue zeigen noch Buße tun und den Akt der Vergebung auch nicht wahrnehmen kann, und dies gilt für Fälle, in denen der Täter unbekannt ist. Eschatologisch wird sich die Situation, in der das Opfer den Täter oder der Täter das Opfer nicht kennt (bzw. sich seines Vergehens gar nicht bewusst ist) oder in der Opfer und Täter füreinander nicht erreichbar sind, allerdings auflösen.

Ein ethisch nicht legitimierbares Vergeben lässt sich unter dieser institutionellen Voraussetzung nicht sinnvoll denken, nur ein ethisch nicht legitimierbares Vergessen (wobei man anmerken mag, dass das Vergessen sich nicht leicht intendieren lässt, was bei näherem Hinsehen jedoch auch für das Vergeben gilt, weshalb das Vergeben sich faktisch wohl im Maß des Vergessens vollzieht).[35] Auch im persönlichen Umfeld bewirkt das Nicht-Vergessen nämlich Wachsamkeit gegenüber künftigen Schädigungen. Gefordert werden kann eine solche Wachsamkeit nur dividuell, individuell hingegen kann ein Ankämpfen gegen das Nicht-Vergessen nur mehr oder weniger klug und vielleicht auch entbehrlich sein. Damit wären Bedingungen für die Gesellschaft formuliert: Vergeben und vergessen werden darf, wenn eine weitere Untat nicht zu erwarten ist (man kann vielleicht früher vergeben als vergessen, etwa wenn ein Akteur wieder in gesellschaftliche Abläufe eingegliedert wird, dabei allerdings unter Beobachtung bleibt).

Gefordert werden kann somit ein „kontrolliertes Vergeben bzw. Vergessen" im Sinn gegenseitiger Besserstellung, also in der Absicht, den Täter als Kooperationspartner nicht nur für das Opfer, sondern auch für die Gesellschaft insgesamt zurückzugewinnen, ohne auf Maßnahmen zu verzichten, die verhindern sollen, dass sich das Vergehen wiederholt (durch den Täter oder andere Täter, die durch falsche Nachsicht möglicherweise ermutigt werden).[36] Des-

---

[35] Man kann natürlich Bedingungen dafür schaffen, möglichst schnell zu vergessen, so wie man auch Bedingungen dafür schaffen kann, möglichst schnell zu vergeben.

[36] Unklar bleibt bei A. Kolnai, Forgiveness, in: Proceedings of the Aristotelian Society 74 (1973), 91–106, 105, nach welchen Kriterien eine solche Unterscheidung erfolgen kann: „Fred in the supposed case ‚gambles' on this hope, which inevitably involves a risk. He may do so

halb kann die Gesellschaft nicht vergeben bzw. vergessen, ohne Evidenzen für eine wirkliche Umkehr zu besitzen.[37] Ob das Opfer gut beraten ist, dem Täter zu vergeben, weil es sich so selbst von Groll befreien kann (es kann dies ja nur Schritt für Schritt und wohl mit einem guten Stück Vergessen geschehen), obliegt, wie schon bemerkt, seiner persönlichen Einstellung: Dieser Schritt ist unter den genannten institutionellen Bedingungen selbst dann statthaft, wenn kein Zeichen für Reue oder Buße auf Seiten des Täters erkennbar ist. Andernfalls würde man das Opfer, das sich vom Groll gegenüber dem Täter nicht freimachen darf, schlechter stellen. Diese Haltung ist ohne eine Schlechterstellung der Gesellschaft möglich durch die Trennung von Intuition und Institution: Wo ein Individuum, nämlich das Opfer, vergibt, obliegt es der Gesellschaft, einen Rückfall des Täters zu verhindern. Doch hat ein Täter, der das Opfer um Vergebung bittet, kein moralisches Recht darauf bzw. das Opfer keine Pflicht zu vergeben.

Die biblischen Beispiele, die wir im Umfeld des so genannten Gebots der Feindesliebe analysierten, raten dem Opfer nur, einen ersten Schritt zu gehen, der dann jedoch nicht in der Vergebung, sondern in einer entwaffnenden Provokation besteht, mit dem Ziel, symmetrische Verhältnisse wiederherzustellen. Vergebung ist in keinem Fall eine einseitige moralische Verpflichtung, auch nicht, wenn der erste Schritt getan werden soll, auf den, als zweiter Schritt, Reue und Buße bzw. Wiedergutmachung folgen können (sie ist nur dann klug, wenn – wie wir sahen – eine einmalige Schädigung, gleichsam ein Versehen, vorliegt). Wo die Bibel fordert, siebenmal siebenundsiebzigmal zu vergeben (Mt 18,22), legen sich, schon von der Zahl her, kleine Vergehen in persönlichen Beziehungen und gegenseitiges, nicht jedoch einseitiges Vergeben nahe. Ein Gebot, einseitig zu vergeben bzw. voraussetzungslos zu vergeben, ist hier nicht erkennbar. Eher soll die Vergebungsbereitschaft auf Seiten des Opfers bzw. der Gemeinschaft unendlich prolongiert werden, gerade wenn der Täter keine Bereitschaft zeigt, um Vergebung zu bitten bzw. Wiedergutmachung zu leisten, also Reue zu zeigen und Buße zu tun. Mit dieser Logik lässt sich vereinbaren, dass diese Bereitschaft erst

---

wisely (‚calculated risk‘) and then highly morally, or in a less well founded way (still with a definitely moral intent), or frankly unwisely, which yet may not involve, but may easily blend with, immorality and deserve moral reproof. As I was saying above, where depravity and malice hold sway they may all too easily draw nurture from a good-natured approach and batten on forgiveness."

[37] Zwar können Reue und Buße eines Täters nicht garantieren, dass er nicht wieder rückfällig wird, doch kann die Gesellschaft die Chancen der Wiedereingliederung gegen die Risiken, die dadurch entstehen, zumindest auf der Basis von Empirie abwägen. Vgl. N. Richards, Forgiveness, in: Ethics 99 (1988), 77–97, 87, wo die Unterscheidung von individueller und dividueller Vergebung allerdings keine Rolle spielt.

und nur dann zu wirklicher Vergebung wird, wenn Reue und Buße geäußert werden. Das Motiv für eine solche „geduldige" Regel liegt wiederum auf der Hand: Ein „ungeduldiges" System kann, wie gesagt, auch mich treffen. In jedem Fall fördert eine potentiell unendliche Vergebungsbereitschaft die gegenseitige Besserstellung – was nicht zuletzt eine eschatologische Perspektive eröffnet. Auch in Lk 17,3f. wird die Umkehr des Täters als Bedingung für die Vergebung durch das Opfer gefordert, eine Haltung, die sich selbst durch Rückschläge nicht entmutigen lässt, dabei jedoch die Aufrichtigkeit, umkehren zu wollen, voraussetzt. Die Anzahl der Fälle, in denen Vergebung gefordert wird, ist hier auf sieben reduziert. Die deutliche Übertreibung in Mt 18,22 ist möglicherweise dadurch motiviert, dass die stärker disziplinarische Verfassung der Gemeinde eines abmildernden Korrektivs bedarf. Auch wenn den „Schwachen" durch bedingungslose Vergebung kein Ärgernis entstehen soll, und auch wenn die „Kleinen" nicht verachtet oder geschmäht werden dürfen, indem von ihnen nämlich bedingungslose Vergebung gefordert wird, anstatt sie der Anteilnahme der Gemeinde zu versichern, gilt es doch, den Verlorenen nachzugehen.

4.5 Individuelle und dividuelle Rationalität

Wir haben bislang den Versuch unternommen, Vergebung im Verhältnis von Individuum zu Individuum zu bestimmen: Keine Instanz, weder Mensch noch Gott, kann einem Täter anstelle des Opfers vergeben. Es soll nun darum gehen, noch einmal das Verhältnis von Individuum und Kollektiv in den Blick zu nehmen. Wir verwenden zusätzlich den Begriff der Institution, wodurch ein Kollektiv skalierbar auch auf Gruppen innerhalb der Gesellschaft bezogen werden kann. An das Ende dieses Abschnitts soll die Überlegung gestellt werden, ob ein Individuum sich selbst vergeben kann bzw. darf.

Zunächst ist noch einmal festzuhalten, dass ein Kollektiv nicht um Vergebung bitten kann für ein Unrecht, das durch Individuen, die diesem Kollektiv angehören, begangen wurde (ob ein Kollektiv Unrecht begehen kann, wurde bereits überlegt). Dies obliegt jeweils allein dem Täter. Eine durch das Kollektiv vorgetragene Vergebungsbitte würde dieses Erfordernis in unzulässiger Weise überspringen und für sich genommen keine Wirkung mit Blick auf künftiges Unrecht entfalten, im Gegenteil: eine Revision institutioneller Regeln könnte dadurch gerade unterbleiben. Somit liegt es, wie wir schon eingehend diskutiert haben, am Kollektiv, aus einem Unrecht zu lernen und Regeln in Kraft zu setzen, die geeignet sind, künftiges Unrecht zu verhindern. Kollektive können in Bezug auf geschehenes Unrecht zudem Wiedergutmachung leisten, etwa in Form einer Entschädigung. Um Vergebung bitten können also, wie gesagt, nur diejenigen Individuen, aus denen ein Kollektiv zusammengesetzt ist, einzeln und natürlich auch gemeinsam, doch nie in Stellvertretung. Ebenso können nur Individuen Vergebung gewähren. Es ist ja auch nicht plausibel, dass ein Kollektiv Opfer sein kann, selbst wenn durch ein Unrecht mehrere Menschen betroffen oder mitbetroffen sind.[38] Können, falls Kollektive als Täter vorstellbar sind, Individuen einem Täterkollektiv vergeben? Wir statuierten, dass Handlungen zwar Kollektiven zugeschrieben werden können, Verantwortung und Schuld sowie Strafe aber, mit Blick auf die Befolgung von Regeln, individuell zugerechnet werden müssen (Versäumnisse bei der Etablierung oder Reform von Regeln sind wiederum geteilt, möglicherweise auch gleichmäßig verteilt zuzurechnen). Deshalb können Individuen nur Individuen vergeben.

Darf eine Person sich selbst vergeben? Unterscheiden wir zwei Situationen: (1) Im einen Fall ist aus ethischer Perspektive zu überlegen, ob sich eine Person, die einer anderen Person gegenüber schuldig geworden ist, auch selbst vergeben darf bzw. muss. Sie würde sich selbst von Schuld befreien. In einer ersten Variante (a) dieses Falls wird angenommen, einem Täter, der Reue gezeigt und Buße getan hat, werde durch sein Opfer vergeben, weshalb zur Debatte steht, ob der Täter auch sich selbst gegenüber vergeben muss (man könnte selbstverständlich voraussetzen, er dürfe sich selbst vergeben, da ihm durch das Opfer bereits vergeben wurde). Hier gibt es aus ethischer Sicht keinen einsichtigen Grund für den Täter, sich selbst zu vergeben, um frei von Schuld zu werden. In einer zweiten Variante (b) zeigt der Täter zwar Reue und tut Buße, das Opfer ist aber nicht bereit, ihm zu vergeben. Ist der Täter nach den Maßgaben der Gesellschaft zur Umkehr bereit und leistet vollständige Wiedergutmachung, bedarf er aus ethischer Sicht keiner Vergebung durch das Opfer, ist dies nicht der Fall, bedarf er dieser Vergebung und kann sich deshalb nicht einfach selbst vergeben. Dies gilt auch, wenn das Opfer nicht erreichbar oder unbekannt ist. In einer dritten Variante (c) wird dem Täter vom Opfer vergeben, obwohl er zu Reue und Buße nicht bereit ist. Auch hier gibt es für den Täter keinen Grund, sich selbst zu vergeben, doch muss er durch die Gesellschaft in Form von Wiedergutmachung bzw. Strafe zur Rechenschaft gezogen werden können. In einer vierten Variante (d) ist das Opfer nicht bereit zu vergeben und der Täter nicht willens, Reue zu zeigen und Buße zu tun. Hier darf sich der Täter selbstverständlich nicht selbst vergeben. Ein Sonderfall besteht darin, dass der Täter seine eigene Tat für Unrecht hält, während das Opfer dies bestreitet

---

[38] Das Problem von so genannten „secondary" oder „tertiary victims" bzw. der so genannten „third party" kann hier ausgeklammert werden, weil dabei wieder von Individuen die Rede ist bzw. geklärt werden müsste, was es bedeutet, dieses Problem auf ein Kollektiv anzuwenden.

(oder, aufgefordert, darüber nachzudenken und Auskunft zu geben, bestreiten würde) und deshalb keinen Grund zur Vergebung sieht. Hier gibt es, wie schon bemerkt, eine gesellschaftliche, also geteilte Verantwortung. Falls dem Täter keine Schuld attestiert werden kann und er durch die Gesellschaft darüber aufgeklärt wird, müsste er sich selbst nicht vergeben (und könnte es natürlich gar nicht, selbst wenn er wollte). Würde ihm Schuld attestiert werden können, könnte und dürfte er sich nur selbst vergeben, wenn er zuvor Reue und Buße gegenüber der Gesellschaft (was vor allem Wiedergutmachung und Strafe einschließen würde) artikuliert hätte. Für das Opfer, das das Unrecht nicht als Unrecht ansieht, ist das belanglos, da es ja ohnehin keiner Verpflichtung unterliegt, dem Täter zu vergeben. (2) Im anderen Fall ist das Opfer zugleich Täter, wenn eine Person nämlich sich selbst einen Schaden zugefügt hat, weshalb zu überlegen ist, ob es aus ethischer Sicht, und zwar auf der Basis einer Missachtung von Pflichten gegen sich selbst, möglich und sinnvoll ist, sich selbst zu vergeben (der Sonderfall, in dem eine Person sich selbst schädigt, indem sie eine andere Person schädigt, kann in der normativen Analyse nach Selbst- und Fremdschädigung aufgespalten werden). Grundsätzlich ist dagegen nichts einzuwenden, wenn die Bedingungen dafür erfüllt sind, dass sich diese Selbstschädigung nicht erneut zuträgt und alles dafür getan wurde bzw. wird, um den Schaden zu heilen. Liegt Schuld vor und ist sich das Opfer dieser Schuld, die es als Täter auf sich geladen hat, auch bewusst, jedoch (noch) nicht zur Vergebung bereit, kann sich der Täter natürlich nicht selbst vergeben. Kann er den Schaden vollständig wiedergutmachen, ist er auf Vergebung, wie bereits bemerkt, in moralischer Hinsicht nicht angewiesen und hat damit auch keinen Grund, sich selbst zu vergeben (was natürlich wiederum exzentrisch gedacht ist). Gelegentlich wird diskutiert, ob eine Person überhaupt Groll gegen sich selbst hegen könne, so dass es sinnvoll ist zu sagen, sie vergebe sich selbst, und wie ein solcher Groll von anderen Formen der Selbstbezugnahme, denken wir etwa an Selbsthass, zu unterscheiden sei. Wir gehen in den folgenden Überlegungen davon aus, dass wir von „vergebungsfähigem" Groll, den eine Person gegen sich selbst hegen mag, dann sprechen können, wenn er *Folge* begangenen Unrechts ist, von Selbsthass hingegen, wenn er als *Ursache* für begangenes Unrecht geltend gemacht werden kann.[39]

Wie ist das bereits angedeutete Verhältnis von internen und externen Gründen genauer zu bestimmen? Man kann statuieren, dass interne Gründe (also Motive) eine Handlung erklären, externe (also Regeln) rechtfertigen. Externe Gründe schöpfen das, was die praktische Vernunft leisten kann, nicht

---

[39] Hier gehen wir anders vor als C. Griswold, Forgiveness: A Philosophical Exploration, Cambridge 2007, 125f.

aus, bedarf es doch der motivierenden Kraft interner Gründe, damit Regeln befolgt werden. Natürlich kann man auch sagen, dass interne Gründe eine rechtfertigende und externe eine erklärende Funktion einnehmen. Die Frage ist deshalb, ob mit Bezug auf die individuelle Rationalität überhaupt zwischen internen und externen Gründen unterschieden werden muss. Wir haben gesehen, dass interne Gründe mittels prudentieller Überlegungen über rein instrumentelle Kalküle hinausgehen. Insofern kann eine prudentielle Einschränkung von Handlungsmöglichkeiten als rechtfertigende Geste der praktischen Vernunft verstanden werden. Im werthaften Diskurs nehmen diese Stelle externe Gründe ein, insofern hier die Ebene der dividuellen Vernunft berührt ist. Somit kann man sagen, dass externe Gründe Regeln, nicht Handlungen rechtfertigen. Wir unterscheiden deshalb selbstverständlich nicht zwei Arten von Vernunft, eine individuelle und eine dividuelle, vielmehr unterscheiden wir ein individuelles und ein dividuelles rationales Kalkül.[40]

Externe Gründe vermögen interne Gründe nur dann zu übertrumpfen, wenn aus ihnen weitere interne Gründe „geboren" werden. Zunächst finden externe Gründe dann Gehör, wenn sie das Versprechen abgeben, die Akteure gemeinsam *besser* zu stellen. Sie werden schließlich dann befolgt, wenn sie das Versprechen einlösen, die Akteure *gemeinsam* besser zu stellen, indem durch Regeln die Verpflichtung instituiert wird, sich allseitig an der gemeinsamen Besserstellung zu beteiligen. Diese Regeln bergen in sich Anreize zu ihrer Befolgung. Allerdings: Auch interne Gründe folgen Anreizen. Die Präferenzen und Interessen sind die Randbedingungen, das heißt Restriktionen, unter denen Individuen entscheiden, allerdings bilden sich Präferenzen und Interessen angesichts derjenigen Randbedingungen aus, die wir Regeln nennen.[41] Die entscheidende Frage ist, ob wir Präferenzen und Interessen oder ob wir Regeln als gegeben bzw. als disponibel ansehen. Die Disponibilität von Regeln wird über gegebene Präferenzen und Interessen bestimmt (definiert), die Disponibilität von Präferenzen und Interessen über die gegebenen Regeln. Hier scheint sich die folgende Schwierigkeit aufzutun: Wenn Präferenzen bzw. Interessen als gegeben festgehalten werden, scheinen auch die Regeln, die vernünftigerweise als Handlungsrestriktionen dienen können, fest zu sein. Doch nur scheinbar: Dividuelle Rationalität vermag Interaktionsmöglichkeiten auszumachen, die erst mittels Disposition über Regeln zustande kommen. Veränderte Regeln ziehen veränderte Präferenzen und Inte-

---

[40] Vgl. C. Breitsameter, Gibt es eine Wahrheit von Normen?, in: B. Irlenborn/M. Seewald (eds.), Relativismus und christlicher Wahrheitsanspruch: Philosophische und theologische Perspektiven, Freiburg i. Br. 2020, 239–263.
[41] Wir unterscheiden Präferenzen als individuelle Bindung an Vorzugsrelationen von Interessen als individuelle Bindung über Zeitdifferenzen hinweg. Zusammengenommen können wir auch von Bedürfnissen sprechen.

ressen nach sich, doch ist die Disposition über Regeln nur sinnvoll, wenn Präferenzen und Interessen als gegeben angenommen werden.

Von daher sollte man zwischen Absicht und Verpflichtung sich selbst gegenüber unterscheiden. Eine Absicht ist eine schwache Festlegung, die straflos, also ohne Nachteil aufgekündigt werden kann. Eine Selbstverpflichtung hingegen ist eine starke Festlegung, weil die Absicht dieser Verpflichtung, ein weiterreichendes Ziel zu erreichen, durch das Brechen dieser Verpflichtung konterkariert wird. Wir haben es mit einer prudentiellen Einstellung oder mit einem Motiv bzw. einem subjektiven Grund zu tun. Wer eine Verpflichtung sich selbst gegenüber aufkündigt, hat einen Nachteil insofern zu befürchten, als er den Vorteil, den seine prudentielle Einstellung ihm verspricht, unverwirklicht lässt. Anders verhält es sich mit Verpflichtungen anderen gegenüber. Sie können aus prudentiellen Gründen, also aufgrund eines Motivs oder eines subjektiven Grundes gebrochen werden. Es ist dann rational, ein Versprechen zu brechen, wenn ein kurzfristiger Vorteil realisiert werden kann. Somit ist es gleichermaßen sinnvoll, eine Festlegung oder Verpflichtung einzugehen *und* zu brechen. Man kann, noch prägnanter ausgedrückt, diese Festlegung oder Verpflichtung eingehen, *um* sie zu brechen.

Wer den Wert eines Versprechens, also einen langfristigen Vorteil, realisieren möchte, der muss auch dafür sorgen, dass das Brechen des Versprechens mit wirksamen Anreizen, etwa Sanktionen, gegenüber jedermann verbunden ist, so dass es allseitig und stets vorteilhaft ist, das Versprechen zu halten und nicht, es zu brechen. Ergänzt werden kann, dass es neben der Selbstverpflichtung, die wir als Versprechen bezeichnen, auch eine Bindung gibt, die wir Vertrauen nennen. Nun wird man allerdings sagen müssen, dass die zwei Arten von Sollen, die Robert Brandom anführt, ein Sollen aus der Perspektive der ersten Person (shall) und ein Sollen aus der Perspektive der dritten Person (should), nicht nur Festlegungen, die jemand eingeht, von Festlegungen, die von jemandem zugewiesen werden, unterscheidet, sondern dass die beiden Arten von Sollen auf grundlegendere Weise voneinander getrennt sind, als dies von Brandom selbst zugestanden wird,[42] insofern individuelle und dividuelle Rationalität auseinanderfallen und dann nur durch Regeln eigens aufeinander zugeführt werden können.

Es ist somit nicht dasselbe Faktum praktischen Begründens, das einfach aus zwei verschiedenen Perspektiven dargestellt wird, es handelt sich vielmehr um zwei verschiedene Arten des praktischen Begründens. Auch wenn – wie Brandom vollkommen zutreffend sagt – im einen Fall von einem Akt des Überlegens, im anderen Fall von einem Akt des Beurteilens einer Handlung

---

[42] Vgl. R. B. Brandom, Expressive Vernunft. Begründung, Repräsentation und diskursive Festlegung, Frankfurt am Main 2000, 389–392.

die Rede ist, ist es keineswegs dieselbe praktische Begründung, die zur Debatte steht. Das Überlegen, also das Abwägen verschiedener Handlungsmöglichkeiten, das in der Entscheidung darüber, was jemand vernünftigerweise
tun wird (shall), mündet, ist gerade nicht die Verinnerlichung des Beurteilens im Sinne eines Abwägens, was jemand angesichts der relevanten Umstände tun soll (should).

Man kann den Akt des Überlegens natürlich als eine Selbstzuweisung von
Festlegungen behandeln, bei denen man eine Dritte-Person-Perspektive sich
selbst gegenüber einnimmt und Schlüsse zieht, worauf man durch seine
Gründe festgelegt ist. Allerdings können diese Gründe nicht als objektiv bezeichnet werden, weil andere Akteure zu anderen Urteilen darüber, was die
betreffende Person tun soll, kommen können. Und in der Tat gesteht Brandom dann auch zu, man könne sich selbst eine praktische Festlegung zuweisen, ohne sie im handlungsauslösenden Sinn anzuerkennen. Diese Diastase
kann freilich nicht einfach mit dem Hinweis auf Willensschwäche erklärt
werden: Ich weiß zwar, was ich tun sollte (should), aber ich werde es nicht
tun (shall). Es kann passieren, dass man die Konsequenzen seiner anerkannten Festlegungen selbst nicht anerkennt. Diese Abweichung spielt sich allerdings auf der Ebene prudentieller, nicht auf der Ebene werthafter Rationalität
ab. Was die Ebene der prudentiellen Einstellung betrifft, so setzt sich gegenüber der Überlegung, durch die Wahl eines bestimmten Wunsches, die einschließt, dass andere Wünsche nicht verfolgt werden, das Verfolgen weiterreichender Ziele zu ermöglichen, eine instrumentelle Perspektive durch. Das
heißt, ein Akteur kann zwar wissen, dass es klug wäre, auf bestimmte Handlungsmöglichkeiten zu verzichten, um weiterreichende Ziele realisieren zu
können, er kann aber trotzdem denjenigen Wunsch realisieren, der sich der
Realisierung des weiterreichenden Ziels entgegenstellt, ohne sich dem Vorwurf, unvernünftig zu handeln, ausgesetzt sehen zu müssen. Erweisen sich
hingegen die Ebene der prudentiellen und der werthaften Rationalität als
nicht gleichgetaktet, treten individuelle und dividuelle Rationalität auseinander (und nicht, wie bei der Unterscheidung zwischen instrumenteller und
prudentieller Ebene, innerhalb einer individuellen Rationalität zwei Perspektiven). Gründe, so Donald Davidson, können Ursachen sein, sie können
nicht nur eine normative, sondern auch eine kausale Rolle spielen.[43] Dabei
kann die normative Rolle objektiver oder besser: intersubjektiver Gründe
nicht nur durch die kausale, sondern auch durch die normative Rolle subjektiver Gründe konterkariert werden, wie auch die normative Rolle subjektiver
Gründe nicht nur durch die normative, sondern auch durch die kausale
Rolle objektiver bzw. intersubjektiver Gründe überwunden werden kann.

---

[43] Vgl. D. Davidson, Handlung und Ereignis, Frankfurt am Main ²1998, 19–42.

David Lyons führt nun an, dass der Regel-Utilitarismus in einen Akt-Utilitarismus kollabiert.[44] Angenommen, die Ausnahme von einer bestimmten Regel brächte das bestmögliche Ergebnis hervor. In diesem Fall läge ein Grund dafür vor, diese Regel so zu modifizieren, dass diese Ausnahme erlaubt wäre. Was den Akt-Utilitaristen dazu bewegt, eine Regel zu brechen, wäre für den Regel-Utilitarismus Anlass, die Regel zu verändern. Lyons folgert daraus, dass ein Regel-Utilitarismus dieses Sinnes sich extensional äquivalent zu einem Akt-Utilitarismus verhielte, was bedeutet, dass hier wie dort die gleichen Handlungen vorgeschrieben werden.[45] Allerdings ist wiederum zwischen der individuellen und der dividuellen Rationalität zu unterscheiden. Es gibt, solange der Regelbruch ungeregelt des Sinnes ist, dass dafür bzw. dagegen keine positiven oder negativen Anreize vorgesehen sind, keinen Grund, von der individuellen Rationalität abzuweichen und der dividuellen Rationalität zu folgen. Man könnte natürlich durch eine Regel bestimmen, dass die Regel eine bestimmte Anzahl von Ausnahmen verträgt. Es entsteht dann freilich das Problem, dass ungeklärt ist, wer diese Ausnahmen vollführen darf. Sollte eine Reihenfolge von Regelbrechern bis zur Erfüllung der „Menge" des erlaubten Regelbruchs etabliert werden, entsteht der Effekt, dass sich alle Akteure unter die erlaubten Regelbrecher einreihen wollen. Dies führt wiederum zum Auseinandertreten von individueller und dividueller Rationalität. Diese Beobachtung kann so zugespitzt werden, dass sich der Regel-Utilitarismus nicht nur extensional äquivalent zum Akt-Utilitarismus verhält, sondern zur gleichen Formel findet, nämlich, Nutzen zu maximieren. Festgehalten werden soll deshalb, dass ein reiner Akt-Utilitarismus keine plausible Theoriebasis bereitstellt. Der Regel-Utilitarismus macht das allgemeine Wohl nicht unmittelbar, sondern mittelbar zum Kriterium für eine Handlung: Es wird nämlich eine Regel etabliert, die allgemein als nützlich angesehen wird und an der sich die Handlungen auszurichten haben. Hier ist entscheidend, dass die Materie, nicht die Form der Handlung der Prüfung der Verallgemeinerbarkeit unterzogen wird. Wir sahen bereits, welche theoretischen Konsequenzen daraus entstehen.

---

[44] Vgl. J. J. C. Smart, An outline of a system of utilitarian ethics, in: J. J. C. Smart/B. Williams, Utilitarianism – For & Against, Cambridge 1973, 3–74, 9–12.
[45] Vgl. D. Lyons, The Forms and Limits of Utilitarianism, London 1965.

4.6 Fazit

Wir haben den Begriff der Vergebung zunächst vom Begriff der Nachsicht
abgegrenzt. Nachsicht kann auch dort geübt werden, wo es übertrieben erschiene, eine Entschuldigung oder Wiedergutmachung zu fordern, weil der
Anlass dafür als zu geringfügig eingeschätzt wird, bzw. wo Verständnis für
ein Vergehen geäußert wird, so dass es wie ein Versehen behandelt werden
kann. Mit dieser Bestimmung werden auch die Begriffe der Vergebung und
der Wiedergutmachung verknüpft: Wo eine Schädigung vollständig aus der
Welt geschafft werden kann, muss der Täter nicht um Vergebung bitten und
das Opfer entsprechend auch nicht Vergebung gewähren. Von daher soll der
Begriff der Vergebung auf Vergehen beschränkt bleiben, die so schwerwiegend sind, dass die Selbstachtung einer Person beschädigt wird, selbst wenn
sie Verständnis für die sie schädigende Handlung aufbringt, und die durch
Wiedergutmachung nicht vollständig aus der Welt zu schaffen sind. Damit
wird deutlich, dass der Begriff der Vergebung genauer bestimmt werden
muss, auch weil Täter- und Opferperspektive sowie die Sicht der Gesellschaft
auf Schuld und Strafe, Vergeltung und Vergebung auseinandergehen können.
Weiter haben wir den Begriff der Vergebung vom Begriff der Versöhnung unterschieden. Während Vergebung auf einseitige und unteilbare Schuld reagiert, geht es bei Versöhnung um die Bearbeitung gegenseitiger und geteilter
Schuld (4.1).
  Für die Bestimmung von Kriterien der Herabwürdigung sind intersubjektiv zustimmungsfähige Regeln signifikant. Setzt mal also im Raum geteilter oder wenigstens teilbarer Gründe an, ist zwischen der Regelbefolgung und
der Regelsetzung zu unterscheiden. Die Würde eines Menschen kann nur
dann herabgesetzt werden, wenn ein Akteur nach einer Regel handelt, der
derjenige Akteur, der von dieser Handlung betroffen ist, mit guten Gründen
nicht zugestimmt hat bzw. nicht zustimmen kann, weil sie in seinen Augen
eine nicht zu rechtfertigende Schädigung zulässt. Es ist also, genau genommen, der Ausschluss von der Regeletablierung, der eine Würdeverletzung
nach sich ziehen kann. Der Einschluss eines (aufgeklärten) Akteurs in den
Prozess der Regelbildung sieht umgekehrt vor, dass die Regelbefolgung, selbst
wenn sie die Schädigung eines Akteurs nach sich zieht, als gerechtfertigt gelten kann. Würden Personen sich gegenüber Achtungsbedingungen gleichgültig verhalten oder sie sogar missachten, blieben sie unterhalb des Niveaus einer möglichen Besserstellung (exakter: einer gegenseitigen Besserstellung)
mit Hilfe der Etablierung oder Reform von Regeln, womit individuelle und
dividuelle Aspekte der Legitimität von Vergebung verknüpft werden. Eine
bedingungslose Vergebung kann hier im Grunde auch für den Schädiger
nicht wünschenswert sein, weil damit ein Schritt zur Verbesserung von Re-

geln versäumt wäre, von der er möglicherweise selbst profitieren würde. Eine Vergebung an Bedingungen zu knüpfen, würde dann bedeuten, gegenseitige Achtung zu üben. Zu diskutieren ist auch, ob es eine Pflicht des Respekts gegen sich selbst gibt. Dabei muss man überlegen, welche Gründe es für eine Person geben könnte, im Angesicht solcher Überlegungen auf einen derartigen Schritt zu verzichten. Formal gefasst ist es das moralische Recht auf Selbstbestimmung, das nicht aufgegeben werden darf, auch nicht von der Person selbst, die durch dieses Recht geschützt werden soll (womit sich die Selbstbestimmung dann material entfalten kann). Eine Person kann demnach nicht in Ausübung dieses Rechts eben dieses Recht aufgeben. Genauer gesagt entspringt dieses Verständnis eines moralischen Rechts einer Struktur der Verpflichtung, ohne die eine gegenseitige Verpflichtung zwischen Personen nicht denkbar wäre. Die Struktur der Verpflichtung geht also der gegenseitigen Verpflichtung voraus. Die Möglichkeit, in dieser Weise, also moralisch verpflichtet zu sein, ist insofern indifferent gegenüber der Individualität des bzw. der Verpflichteten. In dieser Hinsicht werden Selbstachtung und Selbstbestimmung aneinander gebunden. Nehmen wir an, es verhalte sich so: Jede Person habe eine Pflicht des Respekts gegenüber sich selbst, und es werde vorausgesetzt, jede Person könne ein Recht, als sie selbst respektiert zu werden, auch in Anspruch nehmen. Selbst wenn es sich so verhält, ist zu klären, ob und gegebenenfalls inwiefern diese Selbstachtung von Fremdachtung abhängig ist (4.2).

Selbstachtung kann von Fremdachtung nicht abgetrennt werden: Jede Demütigung, die die Selbstachtung eines Menschen beschädigt, zehrt von geteilten Annahmen über Humanität, wäre sie doch sonst nicht als inhumaner Akt identifizierbar. Man kann natürlich gerade aus historischer Sicht argumentieren, dass es Zustände gibt (oder gab), die aktual nicht als inhuman betrachtet und behandelt werden (oder wurden), obwohl ein späterer Blick darauf genau dies nahelegt bzw. nahelegen würde. Sollte dieser aufgeklärte Blick eine Beförderung humaner Verhältnisse mit sich bringen, käme dies nicht nur einem potentiellen Opfer, sondern auch einem potentiellen Täter zugute, weshalb es geteilte oder zumindest teilbare Gründe gibt, einen solchen Zustand herbeizuführen. Jedenfalls gilt, dass eine Person, die eine andere Person in ihrer Selbstachtung beachtlich schädigt, jene Hintergrundannahmen von Humanität erodieren lässt, von der sie selbst zehrt. Dieser Akt der Fremdschädigung mag individuell rational sein, er ist für Individuen vernünftig jedoch nur auf dem Hintergrund jener dividuellen Rationalität, die denselben Akt als Schädigung eines gemeinsamen Bestandes von Humanität begreift, weshalb darin auch ein Akt der Selbstschädigung des Akteurs identifiziert werden kann, was eine moderne Reformulierung des Tun-Ergehen-Zusammenhangs darstellt. Wenn die Bedingungen, unter denen Akteure eine Behandlung als demütigend empfinden, legitimiert werden können, kann das Empfinden der Demütigung als ungerechtfertigt zurückgewiesen werden. Ansonsten sind die Bedingungen so zu ändern, dass demütigende Handlungen durch entsprechende Anreize entmutigt werden. Insofern können Leistungs- und Zugehörigkeitsaspekte auf Einstellungen von Individuen und Bedingungen der Gesellschaft verteilt werden: Sind die Bedingungen richtig, kann eine Leistung gefordert werden, sind die Bedingungen nicht richtig, kann der bloße Verweis auf Zugehörigkeit, die den Gedemütigten das demütigende Ereignis überstehen lassen soll, nicht legitimiert werden. Schuld ist, so gesehen, entweder auf der Seite der Handlungen oder auf der Seite der Bedingungen zu suchen. Wir greifen deshalb auf die Unterscheidung von individueller und dividueller Schuld zurück. Damit wollen wir dem Fehler entgehen, eine Handlung zwar als demütigend zu erkennen bzw. anzuerkennen, die gedemütigte Person aber auf einen fiktiven Punkt der Humanität zu verweisen, derer sie sich versichern möge, um das demütigende Ereignis überstehen zu können. In der Zurechnung auf falsche Bedingungen mag auch auf das individuelle Kalkül des Demütigenden abgehoben werden, vernünftigerweise auf die demütigende Handlung zu verzichten bzw. einer Veränderung der gesellschaftlichen Bedingungen zuzustimmen, die geeignet sind, eine solche Handlung künftig zu verhindern. Insofern müssen die Bedingungen, unter denen Täter wie Opfer handeln, als disponibel betrachtet und behandelt werden (4.3).

Die systematische Unterscheidung von Individuum und Gesellschaft stellt es dem Einzelnen anheim, nach persönlichem Gutdünken zu vergeben bzw. zu vergessen, während die Gesellschaft Vergebung an Bedingungen knüpfen kann (etwa durch das Mittel der Strafe, die retributiv wie präventiv wirken kann) und eher vergibt als vergisst, solange es nämlich gilt, künftiges Unrecht zu verhindern. Unter geeigneten institutionellen Bedingungen gibt es für das Opfer ein Recht zu vergessen (selbstverständlich besteht keine Pflicht dazu). Ein Opfer muss erlittenes Unrecht nicht präsent halten, es kann nicht darauf verpflichtet werden, sich an die Untat wieder und wieder zu erinnern, um künftiges Unrecht verhindern zu können. Würde man genau das fordern, würde das Opfer, das vergisst, für die Gesellschaft unter der Hand zum Täter werden und für sich immer Opfer bleiben. Die Gesellschaft hingegen hat die Verpflichtung, eine Untat nicht zu vergessen, es sei denn, es gibt dafür gute Gründe, wenn nämlich davon ausgegangen werden kann (sicherstellen wird man es nie können, höchstens durch Maßnahmen, deren humaner und sozialer Sinn dann eigens diskutiert werden müsste), dass der Täter kein Unrecht mehr begehen wird (4.4).

Mit der Bemerkung, keine Instanz, weder Mensch noch Gott, könne einem Täter anstelle des Opfers vergeben, wird die Unvertretbarkeit von Vergebung und die Unübertragbarkeit von Schuld bzw. Strafe festgehalten: Der Täter hat demnach Reue zu zeigen und Buße zu tun, er hat um Vergebung zu bitten und, wo irgend möglich, Wiedergutmachung zu leisten, ein Akt, der durch keine andere Instanz substituiert werden kann, während es dem Opfer obliegt, Vergebung zu gewähren – ein Sonderfall besteht in der Überlegung, ob ein Individuum sich selbst vergeben darf (4.5).

5. Gott und die Vergebung

5.1 Voraussetzungen für eine ethisch fundierte Eschatologie

Eine wichtige Voraussetzung für jede ethische Eschatologie ist die *Persistenz der Person*: Wer sie ist, wer sie war, wieso sie geworden ist, wie sie ist, wie sie gehandelt und was sie unterlassen hat, warum und unter welchen Umständen sie so und nicht anders gehandelt oder eben nicht gehandelt hat, wer sie sein und wie sie entscheiden und handeln will, all das muss fortbestehen können. Nun greifen wir mit der Bemerkung, zur Person oder, wie man genauer sagen muss, zur *Persönlichkeit* gehöre auch, „wieso sie so geworden ist, wie sie jetzt ist, warum und unter welchen Umständen sie so und nicht anders gehandelt oder nicht gehandelt hat" deutlich über das, was wir als Person zu bezeichnen gewohnt sind, hinaus: Im Grunde sind Welt und Geschichte einer Person zu berücksichtigen, um ihr Leben verstehen und auch Schuld, Mitschuld oder Unschuld bemessen zu können. All dies kann potentiell im aktualen Bewusstsein einer Person versammelt sein, das als solches zwar immer ein Aufmerksamkeitsintervall, aber nicht darüber hinausgehende Zeitspannen, geschweige denn die gesamte Lebenszeit umfasst, auch wenn natürlich Episoden erinnert oder vorweggenommen werden können. Daher beschränkt sich die *Identität* einer Person auf ein solches „gedehntes Jetzt" oder, genauer gesagt, auf die jeweilige mentale Episode. Was darüber hinausgeht, wird mit dem Begriff der Persistenz beschrieben, weshalb eine Person (bzw. Persönlichkeit) persistieren kann, auch wenn der Bewusstseinsstrom unterbrochen wurde.

Mit der Persistenz einer Person ist ebenso vereinbar, dass Ereignisse und die damit verbundenen Umstände vergessen oder falsch erinnert werden und dann nicht mehr oder nicht mehr richtig im Bewusstsein präsent gehalten sind, wie auch, dass – etwa moralisch relevante – Ereignisse zusammen mit den damit verknüpften Umständen wieder in Erinnerung gerufen werden: Sie gehören zur jeweiligen Persönlichkeit, auch wenn sie in deren Bewusstsein nicht mehr oder falsch präsent sind – sie hören ja deswegen nicht auf, Bestandteil ihrer Lebensgeschichte (gewesen) zu sein. Und selbst wenn sich eine Person an ein Ereignis, von dem ihr erzählt wird, nicht erinnern könnte oder wollte, wäre es moralisch rechtfertigbar, eine Person über Zeitdifferenzen hinweg für eine Handlung verantwortlich zu machen, ihr also Schuld zuzuschreiben, vorausgesetzt natürlich, die Zuschreibung erfolgt korrekt. Was innerweltlich in aller Regel umstritten bleiben muss und kaum abschließend geklärt werden kann, sofern und solange die Möglichkeit einer irrtümlichen

Schuldzuschreibung besteht, ist eschatologisch unabweisbar: Nehmen wir nämlich an, Gott sei allwissend, so kann kein Unrecht vergessen sein, nehmen wir an, er sei allmächtig, so darf kein Unrecht vergessen werden, gilt es doch, Gerechtigkeit wiederherzustellen.

Unter diesen Voraussetzungen kann eine zweifache Relativierung vorgenommen werden, nämlich diachron auf unterschiedliche Formen geschichtlich kontingenter und synchron auf unterschiedliche Formen gesellschaftlich kontingenter Normativität. Dies kann sich auf die Zumessung von Verantwortung und Schuld auswirken, was wir in die Formel gefasst haben, in einer geschichtlich und gesellschaftlich kontingenten Situation könne Schuld nur dann zugeschrieben werden, wenn sich für den Akteur in dieser Situation eine Handlungsalternative bot sowie ein Wissen um den Unrechtsgehalt einer Handlung bestand bzw. bestehen konnte.

Nicht nur die Identität, auch die Persistenz einer Person schließt somit *Individualität* ein: Es ist je diese Persönlichkeit, die mit ihrer Lebenswelt und mit ihrer Lebensgeschichte über Zeitdifferenzen hinweg fortbesteht, wobei, wenn die genannten Voraussetzungen konsequent weitergezogen werden, eine Identität von prä- und postmortaler Existenz nicht behauptet werden muss, so wie wir auch für die Lebenszeit einer Person nicht einfach von der Identität einer Person ausgehen können. Wir setzen somit im Folgenden voraus, dass eine Person mit ihrer Persönlichkeit in einem Jenseits persistieren kann. Jedenfalls nehmen wir an, eine postmortale Person gehe nicht in Gott auf, sondern bestehe als individuelle Person oder eben als je diese Persönlichkeit weiter. Wenn wir im Rahmen dieser knappen Überlegungen nicht umfassend begründen können, wie die transtemporale Persistenz einer Person zu denken ist bzw. welche Voraussetzungen mit dieser Position verbunden sind, sollen mit Blick auf eine ethisch fundierte Eschatologie doch einige Folgen diskutiert werden.

Blicken wir zunächst auf eine Alternative, an der gleichzeitig diskutiert werden soll, worauf Persistenz beruhen kann: Die individuelle Fortexistenz über den Tod hinaus vermag nicht nur auf Personen, sondern auch auf Menschen (die den Status der Personalität entweder gar nicht erst erworben oder ihn schon vor ihrem Tod wieder verloren haben) bezogen zu werden.[1] Um

---

[1] Der Begriff der *Fortexistenz* oder *Weiterexistenz* über den Tod hinaus, der hier mit dem Gedanken der transtemporalen Persistenz der Person verknüpft werden soll, ist weiter als der Begriff der *Auferstehung*. Wer von einer Fort- oder Weiterexistenz spricht, lässt offen, ob das Individuum den Tod des Organismus übersteht oder ob das Individuum zeitweilig zu existieren aufhört, wer von Auferstehung spricht, muss von einer Unterbrechung der individuellen Existenz, die raum-zeitlich verfasst gedacht wird, ausgehen. Die Diskussion darüber, ob die Existenz eines Individuums durch den Tod unterbrochen wird oder ununterbrochen bleibt, kann im thematischen Rahmen dieser Studie nicht geführt werden. In Bezug auf Menschen,

den Fortbestand eines individuellen Menschen zu garantieren, kann die Seele
als immaterielle Substanz gedacht werden, die mit einer materiellen Basis,
nämlich dem menschlichen Organismus, verbunden ist. Entscheidend ist
nun, ob diese Verbindung aufgelöst werden kann, ohne die Individualität
des betreffenden Menschen zu zerstören. Verhält es sich so, kann der Tod
des menschlichen Individuums als ununterbrochene Fortexistenz der imma-
teriellen Substanz verstanden werden, die sich im Tod von ihrer materiellen
Basis ablöst.[2] Wenn das Prinzip der Individuation die raum-zeitliche Verfasstheit einer Entität nicht erfordert, kann der individuelle Mensch allein
in der Weiterexistenz (genauer gesagt: der Unsterblichkeit) seiner Seele fortbestehen. Wird dagegen die raum-zeitliche Verfasstheit dieses individuellen
Menschen, mithin die materielle Basis seiner Seele, zum Prinzip der Individuation erklärt, muss gezeigt werden, wie die transtemporale Einheit dieses
Menschen den Tod des Körpers überstehen kann. In dieser Variante muss der
Mensch in seiner leib-seelischen Einheit wiedergeschaffen werden.[3]

---

die noch nicht oder nicht mehr Personen sind und für die zu diskutieren wäre, ob es eine
Überbrückung ihrer zeitweiligen Nichtexistenz geben muss, existiert für ethische Belange
eine Asymmetrie: denn wo noch keine Person und somit auch keine Persönlichkeit existiert,
kann es keine Schuld geben.

[2] Der Zeitbegriff, der die christliche Theologie mit der paganen Kosmologie verbindet, ist eng
mit der Vorstellung von Leben verknüpft. In der lateinischen Sprache wird mit dem Wort
„aeternitas" das unauslöschliche, weil ausmaßlose Leben Gottes bezeichnet, ohne Anfang
und Ende, ohne Werden und Vergehen. Dagegen meint „tempus" die geschaffene, begrenzte
Zeit des menschlichen Lebens, die (nicht durch den Leib, allein durch die Seele) Anteil am
göttlichen Leben hat. Dabei bewirkt die christliche Theologie eine Verschiebung vom Begriff
„αἰών", der auf den sterblichen Leib verweist, hin zum Begriff „aeternitas", mit dem sie sich
auf die unsterbliche Seele, die so Anteil am göttlichen Leben haben kann, bezieht.

[3] Es ist nicht unumstritten, welche Variante Thomas von Aquin verfolgt. Immerhin vertritt er
insoweit einen Dualismus, als die Seele eine Substanz darstellt und damit eine dingliche Qualität annimmt, auch wenn seine Überlegungen ebenfalls nahelegen, dass Seele und Leib sich
wie Form und Materie zueinander verhalten, also ohne einander nicht sein können. Die sub-
stanzielle Form der Seele verbindet sich mit der Materie akzidentell so, dass daraus ein
Mensch wird. Die Seele, könnte man sagen, bewirkt, dass es sich um einen menschlichen Körper handelt, der Körper wiederum setzt als dieser Körper eine menschliche Seele voraus.
Denkt man sich die Bestandteile, Seele und Körper, getrennt, wären sie keine spezifisch
menschlichen Entitäten, was eine nicht-dualistische Lesart stützen würde. Der dingliche
Aspekt hingegen kann als Individuierung beschrieben werden: Es ist jeweils dieser bestimmte
Körper, den die bereits vereinzelt gedachte Seele hervorbringt. So formt die Seele aus einem
Körper einen menschlichen Körper, der als je dieser und in diesem Sinn individuiert zu denken ist. Allerdings wird die nicht-dualistische Sicht untergraben, wenn angenommen wird,
die Seele eines Menschen werde direkt von Gott geschaffen. Denn die menschliche Seele
kann offenbar ohne materielle Ermöglichungsbedingung subsistieren, was ja im Konzept der
„anima separata" beschlossen scheint, wenn man nämlich annimmt, dass sie von Gott selbst,
sozusagen eigenhändig individuiert wird. Die Seele verbindet sich akzidentell mit dem Körper zu einer raum-zeitlichen Entität. Damit ist eine Position erreicht, in welcher der Körper

Der Vorteil der Annahme einer Seelensubstanz besteht darin, dass Selbstbewusstsein als Kriterium für die Persistenz eines Individuums (auch über den Tod hinaus) nicht verlangt ist, womit nicht nur Personen, sondern auch Menschen, also Entitäten, die nie Selbstbewusstsein besessen haben, eingeschlossen werden können (damit wird freilich nicht ausgeschlossen, dass Personen, die schon einmal Selbstbewusstsein besessen haben, das dann jedoch irreversibel erloschen ist, persistieren können, selbst wenn keine Seelensubstanz angenommen wird).[4] Der Nachteil dieser Position ist darin zu sehen, dass die Personalität eines Menschen unberücksichtigt bleibt.[5] Wird die Fortexistenz eines individuellen *Menschen* über seinen Tod hinaus gedanklich sichergestellt, ist damit noch nicht gezeigt, dass auch die Identität der individuellen *Person*, die dann die akzidentelle Äußerung der Seele darstellen würde, Unterbrechungen des Bewusstseinsstroms überstehen kann.[6] Die Annahme einer Seelensubstanz erscheint mit Blick auf die Identität einer Person nicht hilfreich, weil unklar bleibt, woran diese Identität festgemacht werden soll, wenn das Selbstbewusstsein, zu dem nicht nur kognitive, sondern auch volitionale Aspekte zählen und das als die basalste Ausdrucksform der Seele gelten kann, außer Betracht bleiben muss. Das unvertretbare und irreduzible Selbstverhältnis einer Person, dessen transtemporale Einheit – diesseitig – durch die Erinnerung oder Vorwegnahme von Ereignissen konstituiert wird, eine Einheit, die auch jenseitig gelten müsste, wäre unter diesen Voraussetzungen ohne Belang. Die Person erschiene in der Folge als Objekt, nicht als Subjekt. Letztlich spielt die Identität und damit auch die Individualität der Person, und zwar im Sinn ihrer unvertretbaren Selbstbezugnahme unter diesen Annahmen keine Rolle.

---

eine akzidentelle Äußerung der Seelensubstanz darstellt, womit das, war in unseren Überlegungen als die Persönlichkeit eines Menschen gelten soll, nicht erreicht werden kann. Der Körper wird bei Thomas von Aquin freilich nicht, wie bei Descartes, als Substanz bezeichnet, die mit der Seele, die ebenfalls als Substanz betrachtet wird, interagiert, was, je nach Betrachtungsweise, sogar eine (zumindest tendenziell) nicht-dualistische Lesart begründen könnte. Zur Diskussion einer etwas anderen Akzentsetzung vgl. B. Leftow, Souls Dipped in Dust, in: K. Corcoran (ed.), Soul, Body, and Survival. Essays on the Metaphysics of Human Persons, Ithaca 2001, 120–138, 127–136.

[4] Selbstbewusstsein wird hier nur paradigmatisch als Voraussetzung für die Selbstbezugnahme einer Person herangezogen. Natürlich müssten neben kognitiven auch volitionale Fähigkeiten, die das evaluative Selbstverhältnis einer Person zu begründen in der Lage sind, genannt werden, außerdem normative Aspekte der Natur wie der sozialen Welt.

[5] Das setzt eine Position voraus, der zufolge Menschen nicht unbedingt auch Personen sind: Personen werden Entitäten nur genannt, wenn sie über Selbstbewusstsein verfügen, das zu einer evaluativen Selbstbezugnahme befähigt.

[6] In diese Richtung, allerdings auf diesseitige Verhältnisse bezogen, argumentiert R. Swinburne, The evolution of the soul, Oxford 1986.

Auch Konzepte, die von der Weiterexistenz einer exakten Kopie des jeweiligen individuellen Körpers ausgehen, schaffen damit noch nicht die Bedingungen für die Identität der betreffenden Person.[7] Doch was sollte es eschatologisch dann schon heißen, beispielsweise von unabgegoltener Schuld zu sprechen, um Vergebung von Schuld zu bitten (bzw. dies nicht zu tun) oder Vergebung von Schuld – möglicherweise unter der Bedingung der Bitte um Vergebung – zu gewähren (bzw. nicht zu gewähren)? Wenn es an Gott liegt, die Persistenz der Person in ihrer Ganzheit über den Tod hinaus sicherzustellen, wie immer dies im Einzelnen auch gedacht werden mag, erübrigt sich die Annahme einer Seelensubstanz.[8] Es müsste die Person als vom Körper unabhängige Substanz vorgestellt werden, womit ihre Persistenz über den Tod hinaus denkbar wird.[9] All dies wird in den folgenden Überlegungen vorausgesetzt, ohne im Einzelnen begründet werden zu können, um nämlich eschatologisch über Schuld und Vergebung handeln zu können.

Wir verknüpfen das Konzept einer ethischen Eschatologie aus diesen Gründen an einige typisch neuzeitliche Theorieelemente. (1) Die von Descartes vorgenommene Unterscheidung von „res cogitans" und „res extensa"

---

[7] Dabei ist es tatsächlich ohne Belang, ob von einer Fort- oder Weiterexistenz einer solchen Kopie im strengen Sinn oder von einer Auferstehung im Sinn der Schaffung einer solchen Kopie nach einer zwischenzeitlichen Unterbrechung gesprochen wird. Bei P. van Inwagen, The Possibility of Ressurection, in: International Journal for the Philosophy of Religion 9 (1978), 114–121, ist etwa an das Duplizieren der Partikel eines Körpers gedacht. Dagegen wäre einzuwenden, dass personale nicht numerische Identität bedeuten kann, allein deshalb, weil die „Körper" eines Menschen zu verschiedenen Lebenszeiten numerisch verschieden sind und doch von personaler Identität gesprochen werden kann. Damit erübrigt sich auch die Diskussion, welche der numerisch verschiedenen Körper auferstehen sollen, was nicht nur aus einer drittpersönlichen, sondern auch aus der erstpersönlichen Sicht stets willkürlich wäre. Vgl. beispielsweise J. Hick, Death and Eternal Life, San Francisco 1976, 279.

[8] Auch wenn man mentale Ereignisse als „abstrakte Entitäten", die „keine raum-zeitlich datierbaren Einzeldinge sind", oder als „Universale, die als numerisch identische an verschiedenen Raum-Zeit-Stellen instantiiert" sein können, verstehen würde, hätte man keine Grundlage dafür, von der Identität einer Person zu sprechen. Vgl. zu dieser Diskussion M. Quante, Personales Leben und menschlicher Tod. Personale Identität als Prinzip der biomedizinischen Ethik, Frankfurt am Main 2002, 38.

[9] Damit müsste die Prämisse aufgegeben werden, die Identität des menschlichen Organismus sei die „notwendige Bedingung für die Identität der Persönlichkeit eines menschlichen Individuums". Vgl. E. J. Lowe, Identity, Composition, and the Simplicity of the Self, in: K. Corcoran (ed.), Soul, Body, and Survival. Essays on the Metaphysics of Human Persons, Ithaca 2001, 139–158, 141: „I hold this to be true on the familiar grounds that I and my body have different persistence-conditions. There are, plausibly, changes which my body could survive but which I could not survive, and vice versa." Damit wird die Position vertreten, dass menschliche Personen nicht mit ihren Körpern identifiziert werden können, weil menschliche Personen und menschliche Körper unterschiedliche Persistenzbedingungen aufweisen. Das stützt die Sicht, Personen könnten ihre körperliche Desintegration überstehen.

schafft im Selbstbewusstsein immerhin eine Basis unbezweifelbaren Wissens. Auch wenn mentale Ereignisse, die als unvermittelte und deshalb unfehlbare Erkenntnisse behandelt werden können, lediglich einen schmalen Grad von Gewissheit bilden, kann das Selbstverhältnis der Person, soweit es sich evaluativ auf diese Basis stützt, unvertretbar genannt werden. Diese epistemische Konsequenz ist nicht zwingend an die ontologische Voraussetzung, nämlich die Unterscheidung von Geist und Körper, gebunden. Ohnehin sind es mentale Ereignisse auf einer breiteren Basis, die in Form leib- und welthaltiger Erlebnisse die Identität einer Person ausmachen: Der Leib wird dann als je mein Leib und so als Medium des Weltbezugs eines jeden Ich verstanden. Eine solche erstpersönliche Selbstbezugnahme schließt die Erinnerung an Vergangenes und die Vorwegnahme von Zukünftigem mit ein. Was die Identität einer Person betrifft, ist damit die Möglichkeit des Irrtums jenseits des schmalen Grades von Selbstgewissheit gegeben. (2) Anzustreben ist daher über die von Descartes gebotene deskriptive Position ein präskriptiver Zugang, der drittpersönliche Urteile über die Korrektheit oder Inkorrektheit von Selbstzuschreibungen – eben auch und gerade eschatologisch – begründet und damit jene breitere Basis schafft, die wir Persönlichkeit oder Persistenz der Persönlichkeit nennen. Damit soll auch der bleibenden Geltung der Moral Rechnung getragen werden. Vorausgesetzt wird, dass Gott den Ermöglichungsgrund für die leibhafte, deshalb erstpersönliche und unvertretbare Existenz darstellt, ohne die die Persönlichkeit eines Menschen unzugänglich und somit auch die drittpersönliche Perspektive, die Einfluss auf Korrektheit oder Inkorrektheit normativer Zuschreibungen zu nehmen vermag, ausgeschlossen wäre.

Wir gehen deshalb im Versuch, eine ethisch fundierte Eschatologie zu skizzieren, von der individuellen Persönlichkeit und damit von der Notwendigkeit der raum-zeitlichen, das heißt körperlichen Individuiertheit der Person aus, ohne diskutieren zu können, wie diese Voraussetzungen eschatologisch realisiert sein sollen. Darüber hinaus wird an der Unvertretbarkeit der erstpersönlichen Perspektive festgehalten, allerdings so, dass soziale Anerkennungsprozesse und Bewertungsmaßstäbe zu den Ermöglichungsbedingungen personaler Autonomie zählen. Die Persönlichkeit bzw. das Persistieren der Persönlichkeit wird daher als Bedingung für jede Art von berechtigten Ansprüchen, die Personen aneinander richten, betrachtet.[10] Nur auf diese Weise können sich die Beteiligten selbst zu normativen Zuschreibungen verhalten und, wo nötig, rechtfertigen, gerade wenn sie von Gott perfekt informiert

---

[10] Vgl. M. Quante, „Die Persönlichkeit des Willens" als Prinzip des abstrakten Rechts. Eine Analyse der begriffslogischen Struktur der §§ 34–40 von Hegels Grundlinien der Philosophie des Rechts, in: L. Siep (ed.), G. W. F. Hegel, Grundlinien der Philosophie des Rechts, Berlin 2014, 73–94; D. Moyar, Hegel's Conscience, Oxford 2014.

werden. Alternativ ließe sich denken, auch Gott vertrete diese Zuschreibungen perfekt, weshalb das soziale Gefüge von erst- und drittpersönlicher Perspektive substituierbar ist, doch sind wenigstens die Bitte um Vergebung und das Gewähren von Vergebung unvertretbare Entscheidungen und Handlungen einer Persönlichkeit.[11] Vermutlich muss die Persönlichkeit, ihr Selbstbewusstsein, das, wie gesagt, nicht nur kognitive, sondern auch volitionale Aspekte umfasst, also ein evaluatives Selbstverhältnis ausbildet, als unvertretbar individuell verstanden werden, gerade weil Evaluationen in soziale Anerkennungsprozesse eingetaucht sind. Dies wäre ein Grund dafür, jene Prozesse der Anerkennung, die in der Bitte um Vergebung und im Gewähren von Vergebung münden können, nicht nur für die involvierten Personen, sondern auch für Gott als unabsehbar zu behandeln.

Es mag und wird auch so sein, dass das „Jenseits" im Diesseits als Geheimnis erscheint. Doch können wir versuchen, vernünftige Aussagen darüber zu formulieren, und zwar abhängig von den Attributen, die wir Gott zuschreiben, und den moralischen Aussagen, die sich aus einer solchen Beschreibung gewinnen lassen. Sonst verlöre der Begriff der Offenbarung ja jeglichen Sinn, zumindest wenn Offenbarung mit einem vernünftigen Anspruch auftritt – und was sollte ihr Anspruch sonst sein, als der, auch verstanden werden zu können. Ein Akt der Offenbarung, gleich ob er sich im Singular oder im Plural zeigt, ist ja nur mit Blick auf seine Versteh- und Deutbarkeit ein Akt der Offenbarung. Warum sollte also das, was vernünftig von Gott gesagt werden kann, nicht als Offenbarung gelten können? Begriffe wie Allmacht oder Allwissenheit sind für Missverständnisse in unserem Kontext nicht besonders anfällig, auch nicht Begriffe wie Gerechtigkeit und Barmherzigkeit, wenn sie aufeinander bezogen werden. Formulierungen, Gott binde sich an die Moral oder sei an „seine Moral" gebunden, werfen allerdings die Frage auf, ob die menschliche Moral auch die göttliche Moral ist. Mit „Moral" ist hier ein idealer normativer Zustand gemeint, der von faktisch geltenden Regeln abweichen kann. Wenn einem Akteur der Unrechtsgehalt einer Regel bzw. einer durch sie ermöglichten Handlung nicht bewusst ist oder war, ist für seine (auch jenseitige) Rechtfertigung ausschlaggebend, welches Wissen diesseitig vernünftigerweise gefordert werden kann (oder konnte). Vorausgesetzt werden muss schließlich, dass jenseitig Ver-

---

[11] Der Deutlichkeit halber soll zwischen *Teilnehmer- und Beobachterperspektive* sowie zwischen *erstpersönlicher und drittpersönlicher Perspektive* unterschieden werden. Die Beobachterperspektive ist für kausale Ermöglichungsbedingungen reserviert, die Teilnehmerperspektive konstituiert das soziale Feld und lässt sich in eine erstpersönliche Perspektive, die auf das Individuum bezogen wird, und eine drittpersönliche Perspektive, die sich auf die sozialen Faktoren richtet, auftrennen. Am ehesten ist die Beobachterperspektive Gott zuzuschreiben, insofern er das Persistieren von Persönlichkeiten garantiert.

änderungen möglich sind, wie etwa der Entschluss des Täters, sein Opfer um Vergebung zu bitten, oder der Entschluss des Opfers, seinem Täter Vergebung zu gewähren (oder natürlich der Entschluss des Opfers, Vergebung zu verweigern). Keine Eschatologie, die moralisierbar ist, kommt ohne die Annahme von Prozessen aus, selbst wenn Erlösung nicht aktiv betrieben, sondern passiv „erlitten" wird.[12]

5.2 Diesseitige und jenseitige Vergebung

Vergebung im Sinn einseitiger Schlechterstellung im Diesseits (Verzicht auf irdische Strafe) wird, wie wir sahen, biblisch an keiner Stelle gefordert, auch nicht einer ausgleichenden einseitigen Besserstellung im Jenseits (Erwerb von himmlischem Lohn) willen, was ja einer zeitversetzten gegenseitigen Besserstellung entspräche. Eine religiös motivierte einseitige Vergebung mag vielleicht als „übervernünftig" gekennzeichnet werden, weshalb sich Gläubige im Sinn der Supererogation oder des reinen Altruismus dazu motiviert sehen mögen. Keinesfalls kann daraus eine moralische Verpflichtung begründet werden.[13] Selbst wenn ein Gläubiger „vorläufig" die Einstellung einnimmt, nach der eine Schädigung seiner Selbstachtung für ihn kein Anlass sei, die moralische Symmetrie zum Schädigenden aufzukündigen, weil die Dinge durch den göttlichen Richter einst „endgültig" ins Lot gebracht werden, können andere Gläubige zunächst (1) auf den Verzicht einer jeglichen retributiven Einstellung nicht verpflichtet werden. Genau genommen würde mit der Forderung, auf Retribution grundsätzlich zu verzichten, eine nicht rechtfertigbare Selbstschädigung zur Pflicht erhoben werden, ist es doch der Täter, der zuvor die moralische Symmetrie aufgekündigt hat und nun die Konsequenzen tragen muss. Nicht das Opfer kann also verpflichtet werden, diese Symmetrie wiederherzustellen. Damit wird einer theologischen Position widersprochen, die die diesseitigen Verhältnisse mitsamt dem Unrecht, das Menschen angetan wird, als provisorisch ansieht, weshalb selbst Unrecht die eschatologische Gleichheit aller Menschen und daher auch die von Opfer und Täter nicht zerstören könne. In der Konsequenz wird damit nicht nur Selbstschädigung (sofern keine Wiedergutmachung gefordert werden soll),

---

[12] Auch die Vorstellung eines Purgatoriums sieht Prozesse vor. Inwieweit dann in die Ewigkeit Zeit eingelagert werden muss und welches Verhältnis der Begriff der Ewigkeit grundsätzlich zur Vorstellung von Prozessen hat, müsste eigens geklärt werden.

[13] Zu dieser Entwicklung, die einen strukturell-pragmatischen Charakter aufweist, vgl. überblicksartig D. Heyd, Supererogation: Its Status in Ethical Theory, Cambridge 1982, 113–141. Schon bald wurde diese Ausdifferenzierung zu Unrecht in das Neue Testament zurückgespiegelt.

sondern (2) auch Vergebung zur Pflicht.[14] Selbst wenn es so aussehen mag, als könne es als eine spezifisch religiöse Pflicht dargestellt werden, (bedingungslos) zu vergeben, was, weil es als moralische Pflicht säkular nicht begründet werden kann, als Akt der Supererogation oder des reinen Altruismus verstanden werde müsste, stellt diese theologische Position in Wirklichkeit eine Kapitulation vor dem Unrecht dar.

Natürlich liegt es an der Gesellschaft, Unrecht zu bearbeiten und dabei darauf zu achten, dass sowohl Opfer wie auch Täter jeweils als „Zweck an sich selbst", mithin als Personen geachtet werden. Doch liegt es ebenso an der Gesellschaft, genauer: ist es Pflicht der Gesellschaft, ein Opfer als Opfer und einen Täter als Täter zu betrachten und zu behandeln. Wenn Vergebung nicht als Pflicht statuiert werden kann, sondern als Akt der Supererogation oder des reinen Altruismus zu gelten hat, ist Vergebung als Ausdruck von Barmherzigkeit dann legitim, wenn die Gesellschaft als Medium der Gerechtigkeit auftritt. Selbst wenn das Opfer jenseits der Bereitschaft zur Vergebung auf eine Forderung dem Täter gegenüber freiwillig verzichtet, obliegt es der Gesellschaft, darüber zu entscheiden, diesem Ansinnen zu entsprechen oder nicht zu entsprechen, um nämlich dem Gedanken der Prävention Genüge zu tun: Es kann sich, wie bereits gezeigt wurde, als vernünftig erweisen, dennoch etwa an der Bestrafung des Täters festzuhalten, um die gesellschaftliche Ordnung zu schützen. Der bereits in der Bibel reflektierte Aufschub, der Strafe unter Vorbehalt stellt, ist dem Umstand geschuldet, dass in komplexen und differenzierten gesellschaftlichen Verhältnissen das moralische Urteil fehlgehen kann. Die Unsicherheit darüber, wie das Handeln eines Menschen endgültig zu beurteilen ist, wird mehr und mehr in das Innere des Menschen gelegt, wo weitgehende Sicherheit zu vermuten ist. Der Mensch soll, den richtenden Gott vor Augen, selbst über sich urteilen. Erreicht wird das Urteil des Menschen über sein eigenes Handeln somit durch die Aussicht auf ein Gericht im Jenseits. Der Gedanke, der Mensch richte sich selber, kann hier seinen Anfang nehmen – er wird

---

[14] F. S. Carney, Accountability in Christian Morality, in: The Journal of Religion 53 (1973), 309–329, charakterisiert das Reich Gottes als Umwertung aller Werte. Ähnlich P. Lauritzen, Forgiveness: Moral Prerogative or Religious Duty?, in: The Journal of Religious Ethics 15 (1987), 141–154, 152: „The believer both redefines his interests in relation to God and comes to rely on God for the provision of his interests. That is to say, a belief in the power of a God which will provide an all-sufficient and eternal good dominates the scene, and this belief, I want to suggest, underwrites a fundamental change in the character of forgiveness ... The upshot in terms of forgiveness is that what previously counted as injury and harm no longer does so; indeed, paradoxically, we might now say that forgiveness is extended before any harm is done. Because the believer is only provisionally concerned with the things of this world, he or she does not let an injury disrupt the relationship of moral equality that exists with the ,offender'."

bei Kant seine klassische säkulare Form finden: Der Mensch wird unter
dem Gesetz, das er sich selbst gibt, auch sein eigener Richter. Dadurch
wird das Recht zur Anwendung gebracht – ob der Einzelne darüber hinaus
vergibt, obliegt allein seiner Entscheidung.

5.3 Darf Gott vergeben?

Darf Gott jedoch gnädig sein und vergeben? *Innerweltlich* darf er das insofern
nicht, als hier die Kausalität des Rechts zu walten hat, aus der wir willkürliche Eingriffe, wie sie ein Gnadenakt darstellen würde, zu Recht ausschließen.
In vormodernen Kontexten mochte Gnade sinnvoll sein. Wo jedoch eine Gesellschaft über ihr Recht systematisch disponiert, wird ein Gnadenakt überflüssig, ja ungerecht. Fungiert nämlich ein Richter als Agent des Prinzipals
Bürger, kann er nicht willkürlich von den Regeln des Rechts abweichen, er
darf sich also nur innerhalb der Spielräume, die das Recht eröffnet, willkürlich bewegen. Für Gnade ist hier kein Platz, weil auch eine „gnädige" Behandlung Recht sein müsste. Gnade hat im Recht oder innerhalb des Rechts
nur Platz, wenn sie in Regeln einfließt oder sich in privatrechtlichen Relatio-
nen darin artikuliert, dass eine Person auf die Bestrafung der Person, die ihr
Unrecht angetan hat, bzw. auf Ansprüche, die sie rechtmäßig geltend machen
könnte, rechtmäßig verzichtet (private law paradigm). Dies kann auch kollektiv geschehen, indem Individuen kollektiv auf die Ausübung entsprechender Rechte verzichten.[15]
　Wenn Gott Gnade im strengen Sinn walten ließe, mit der Folge, dass man
nicht voraussehen könnte, wie er agiert, würde er damit innerweltlich keine
Fehlanreize setzen. Es müsste dann jedoch gedacht werden können, dass Gott
in einigen Fällen (oder auch nur in einem einzigen Fall) nicht auf Strafe verzichtet. Andernfalls entfaltet die Rede von Gnade keinen Sinn. Gnade ist hier
in dem bereits neuzeitlichen Sinn der Formel „sola gratia" verstanden. Vor-
modern wäre Gnade Ausdruck von Reziprozität, also Antwort auf Reue und
Buße. Auch wenn wir zugestehen würden, dass Gott aus Gerechtigkeitsgrün-
den Schuld vergibt, kann er nicht im einen Fall vergeben, im anderen Fall
nicht (zumindest wenn keine Gründe für eine Ungleichbehandlung vorliegen). Doch könnte man einwenden: Dem Menschen entstünde, wenn Gott
vergeben würde, eine Hoffnung, die moralisierend wirkt, bzw. dem Menschen wäre, wenn er keine Vergebung erhoffen könnte, jeder Anreiz, diesseitig wieder gut zu handeln, genommen, kann es für ihn dann doch jenseitig
nicht schlimmer werden. Zunächst kann diese Hoffnung überhaupt nur für

[15] Vgl. P. Twambley, Mercy and Forgiveness, Analysis 36 (1976), 84–90.

das diesseitige Leben wirksam werden. Bemäße der Mensch sein Handeln allein nach seinem Verbleib im Jenseits und wüsste zugleich, dass jede weitere gute Tat am Zustand jenseitiger Verwerfung nichts änderte, könnte er mit Blick auf das Ende „unvorsichtig" und mit Blick auf seine Mitwelt „rücksichtslos" handeln. Doch liegt es an den Regeln der Gesellschaft, gegenseitige Besserstellung zu fördern und einseitiger Besserstellung (bzw. auch gegenseitiger Schlechterstellung) zu wehren. Und dabei hat Gnade, wie schon betont, keinen Platz.

Weder die Aussicht auf jenseitige Bestrafung noch auf jenseitige Belohnung (sollte sich ein Akteur davon überhaupt motivieren lassen) kann das Fehlen oder die Fehler von Regeln kompensieren. Insofern ist der Verbleib im Jenseits ethisch nur relevant, wenn unabgegoltenes Unrecht oder Leid (wir verwenden diese Begriffe synonym) wieder gut gemacht wird, sei es durch die Bestrafung des Täters, sei es durch die Belohnung bzw. Kompensation des Opfers. Innerweltlich gilt es deshalb, Regeln so zu verfassen, dass Akteuren die Hoffnung, sich mit künftig regelgerechtem Handeln besser zu stellen, nicht genommen wird, auch das ist ja, neben der Bestrafung, ein Aspekt von Prävention. Zugleich gilt: Ein Opfer hat Recht auf Retribution durch den Täter, soweit dies möglich und sinnvoll ist. Das Rechtssystem kann, wie schon gezeigt, vernünftigerweise Bestrafung vorsehen, selbst wenn dies gegen den Willen des Opfers geschieht. Es kann auch von Bestrafung absehen, selbst wenn dies wiederum dem Willen des Opfers widerspricht. Ein Vor- oder Absehen von Strafe gegen den Willen des Opfers ist statthaft, wenn das Opfer als Regelsetzer diesem Verfahren zuvor aus guten Gründen zugestimmt hat bzw. hätte zustimmen können.

Erstaunlicherweise erlaubt erst ein autonomes Rechtssystem den Gedanken eines bedingungslos liebenden Gottes. Historisch entstand dieses Bild von Gott in dem Augenblick, da der säkulare Staat allein für Urteil und Strafe zuständig wurde. Das entlastet Gott von der Aufgabe, als urteilende und strafende Instanz für Recht und Gerechtigkeit zu sorgen. So kann Gott nicht mehr vom Menschen dafür missbraucht werden, sich von Schuld zu befreien, ohne der Reue auch die Bitte um Vergebung und eine Tat der Wiedergutmachung folgen zu lassen, also Buße zu tun: An die Stelle des göttlichen Gerichts tritt die Selbstkontrolle, an die Stelle der zurückblickenden Buße die vorausschauende Erziehung.[16]

Darf Gott *außer- oder überweltlich* gnädig sein? Er darf es zunächst wiederum nicht, wenn diese Logik innerweltlich (durch Offenbarung vermittelt)

---

[16] Vgl. H. D. Kittsteiner, Die Entstehung des modernen Gewissens, Frankfurt am Main 1995, 354–355: „Aus dem ambivalenten Gott der Reformationszeit wird allmählich der gleichmäßig-liebende Vatergott des 18. Jahrhunderts. Zugleich wächst das Vertrauen auf die natürlichen Kräfte, aus eigener Anstrengung sich im Gnadenstand erhalten zu können."

so wirkt, dass Menschen sich zu Unrecht hinreißen lassen, weil sie im Jenseits keine Bestrafung fürchten müssen. Das führt umgekehrt dazu, Strafe im Jenseits als Funktion des Rechts im Diesseits zu behandeln. Wird nun vorgebracht, ein Opfer müsse sich nicht mit der Schuld des Täters befassen, weil diese Funktion durch ein jenseitiges Gericht übernommen werde, ist dem nur unter der Rücksicht zuzustimmen, dass die Gesellschaft alles getan hat, um vergangenes Unrecht zu bewältigen und künftiges Unrecht zu verhindern. Wir werden noch überlegen, inwiefern Täter und Opfer in einem künftigen Gericht involviert sein werden. Im Augenblick unterscheiden wir göttliche Vergeltung, also Lohn und Strafe, von göttlicher Vergebung. Die Androhung von Strafe kann sich ebenso wie die Verheißung von Lohn zweifach auswirken: (1) Beziehen sie sich auf irdische Verhältnisse, ist zu überlegen, was passiert, wenn sich der potentielle Täter davon nicht beeindrucken lässt. Allerdings könnte Gott nicht nur Strafe androhen, sondern auch vollziehen. Dagegen spricht freilich jegliche Evidenz, und eine zufällige Bestrafung im Sinn einer General- und nicht Spezialprävention wäre ungerecht. Dasselbe kann, wenn man anstelle von negativen positive Anreize ins Spiel bringen will, von verheißenem Lohn für moralisches Handeln gesagt werden. (2) Beziehen sie sich auf überirdische Verhältnisse, so ist zu bemerken, dass Strafe, wenn ein Mensch jenseitig kein Unrecht mehr begehen kann, jeden präventiven Sinn verliert und auch keinen retributiven Sinn gewinnt. Die Bestrafung des Täters könnte höchstens zur Genugtuung für das Opfer und vielleicht so zur Voraussetzung für seine Vergebung werden.

Wo man sich einen strafenden Gott nicht denken will, könnte man jenseitigen göttlichen Lohn bzw. göttliche Kompensation für denjenigen vorsehen, der im Diesseits zu kurz gekommen ist. Freilich gilt es auch dann, Recht möglichst hier und jetzt durchzusetzen. Selbst wenn wir auf jenseitige Erlösung hoffen, ist es besser, Gerechtigkeit schon diesseitig zu schaffen. Gott stellte in der Gesellschaft lange Zeit eine Projektionsfläche dar, solange und insofern Lohn und Strafe diesseitig nicht wirken konnten, auch aufgrund von gesellschaftlichen Asymmetrien, also ungleicher Verteilung etwa von Macht und Reichtum. Eine moralisierende Wirkung vermochte diese Projektion allerdings nur zu entfalten, wo sich ausnahmslos alle Akteure in ihrem Handeln dadurch beeinflussen ließen. Eine solche Vorstellung von Lohn und Strafe war somit in Kontexten sinnvoll, innerhalb derer zu befürchten stand, dass Gerechtigkeitsforderungen auf andere Weise gesellschaftlich nicht durchgesetzt werden konnten. Sofern sich jedoch nur religiöse und nicht auch säkulare Bürger vor Gott verpflichtet sehen, kommt es zu einer moralischen Asymmetrie, also zu einer Schlechterstellung der kooperationsbereiten und einer Besserstellung der defektionsbereiten Akteure – was nicht Sinn der Moral sein kann. Die Begründung der Moral ist deshalb auf die Durch-

202 Gott und die Vergebung

setzung durch das Recht angewiesen. In dem Maß, in dem die Gesellschaft selbst für Gerechtigkeit sorgt und den Täter bestraft, wird diese Funktion Gottes überflüssig. Straft Gott im Diesseits nicht, ist ein Theodizee-Argument erledigt.[17] Die Funktion eines strafenden Gottes mag erhalten bleiben, sofern Täter in dieser Welt straflos davonkommen. Hier ist die theologisch relevante Überlegung, ob und wie Gott im Jenseits straft, um die verlorengegangene Gerechtigkeit wiederherzustellen (er könnte, wie schon angedeutet, alternativ die Opfer belohnen, das heißt entschädigen). Dann wäre der Gedanke der Strafe ganz aus dem Bild Gottes gestrichen.

Schalten wir an dieser Stelle eine Bemerkung dazwischen, die überfällig ist: Wir gehen schematisch davon aus, dass ein Opfer von einem Täter direkt oder indirekt betroffen sein kann. Direkt betroffen ist eine Person, wenn die Schädigung der Selbstachtung, um die es uns hier ja geht, die intendierte oder die nichtintendierte Folge einer Handlung ist. Wir behandeln beide Situationen insofern gleich, als wir eine Intention immer dort und nur dort unterstellen, wo ein Akteur nicht nur die gewollten Folgen, sondern auch die gewussten Nebenfolgen zu verantworten hat. In beiden Fällen werden Personen, wie gesagt, direkt von einer Handlung betroffen. Davon zu unterscheiden sind Situationen, in denen eine Person am Leid, das einer anderen Person zugefügt wird, indirekt leidet, also Mit-Leid empfindet. Wir gehen davon aus, dass Vergebung nur von einer Person ausgehen kann, die direkt geschädigt wurde, und dass das Mit-Leid einer Person, die nur indirekt betroffen ist, im Akt der Vergebung (oder der vollständigen Wiedergutmachung) erlischt. Wir nehmen weiterhin an (und werden auf diesen Punkt noch eigens zu sprechen kommen), dass Gott ausschließlich Mit-Leid kennt und aus diesem Grund nicht vergeben, sondern, wenn man so will, nur mitvergeben kann.[18]

Man wird also die Vorstellung von Lohn und Strafe bzw. eines Gerichts höchstens dann auf Gott beziehen, wenn diesseitige Gerechtigkeit unwiderruflich versagt und es geboten erscheint, Menschen jenseitig zu belohnen oder zu bestrafen. Isolieren wir solche Fälle, käme göttlicher Strafe die Funk-

---

[17] Vgl. C. Breitsameter, Um Gottes willen – Religion und Klimaschutz, in: A. Nassehi/P. Felixberger (eds.), Donner. Wetter. Klima – Kursbuch 202, Hamburg 2020, 164–181.

[18] Aus der Diskussion um die so genannte „third-party forgiveness" wird plausibel, dass Nicht-Opfer einem Täter nicht vergeben können. Sollte Menschen nicht mittelbar, sondern unmittelbar durch eine Tat Leid oder Unrecht zugefügt worden sein, können sie dem Täter auch nur vergeben, sofern sie von dessen Tat betroffen wurden. Keinesfalls können Menschen einem Täter eine Tat vergeben, durch die sie selbst nicht verletzt wurden, woran beispielsweise gedacht werden kann, wenn das Opfer nicht mehr lebt. Wenn diese Menschen, wie gesagt, nicht allein betroffen, sondern mitbetroffen wurden, können sie dem Täter nur den sie betreffenden Aspekt der Tat vergeben. Vgl. J. Graf Haber, Forgiveness, Savage, Maryland 1991, 44–49; P. Benn, Forgiveness and Loyalty, in: Philosophy 71 (1996), 369–383.

tion überirdischer Restregulierung zu. Darf Gott hier auf Strafe verzichten, und darf er Vergebung gewähren? Wir wollen die Frage, ob göttlicher Verzicht auf Strafe und göttliche Vergebung zwei unterscheidbare Sachverhalte bilden, einstweilen zurückstellen.

Gott bindet sich an die Geschichte: Könnte er die Vergangenheit ungeschehen machen, müsste er die Persistenz der Person und damit die Person selbst zerstören, was der schöpferischen Liebe Gottes widerspricht. Insofern spitzt die eschatologische Perspektive die Bedeutung von Strafe und Vergebung noch zu, weil gerade jenseitig kein Unrecht ungeschehen gemacht noch vergessen werden kann bzw. darf. Einem diesseitigen Gericht gestehen wir hingegen zu, dass es die Wertung der Vergangenheit gegenüber der Wertung der Zukunft abwägt und ein Unrecht dem gesellschaftlichen Vergessen anheimfallen lässt, um eine Person wieder als Kooperationspartner für die Gesellschaft zu gewinnen. Wenn Gott allwissend ist, kann es bei ihm auch keinen Irrtum geben, weshalb er sein Urteil über ein Unrecht bzw. über eine ungerechte Tat nie revidieren muss. Gott kann sich auch nicht in Bezug auf Motive bzw. Umstände, die schuldmindernd wirken könnten, irren. Er kennt alle Entschuldigungsgründe oder die gegenseitige Verflochtenheit von Menschen in Schuld, so dass sein Urteil höchstens vom menschlichen Urteil, nicht jedoch von seinem eigenen Urteil abweichen kann. Er kennt also all jene Gründe, die die Tat eines Menschen entschuldigen und zur Milderung des Strafmaßes führen könnten, vollständig, weshalb ihn kein bislang unbekannter Grund zur Revision seines Urteils zu bewegen vermag.

Tut ein Mensch Buße, beurteilen wir seine Tat anders (auch schon, wenn er Reue zeigt). Sofern Gott das voraussehen kann (was Schwierigkeiten in der Konzeption menschlicher Freiheit mit sich brächte), ist dies in seinem Urteil schon enthalten, sofern nicht, müsste er sein Urteil revidieren, sobald dieser Fall eintritt. Allerdings müssen Reue (und Buße) das Opfer erreichen, sofern es Vergebung davon abhängig machen will. Selbstverständlich darf Gott sein Urteil nicht revidieren und aus Unrecht Recht werden lassen, weil er dann der Moral, an die er gebunden ist oder besser: an die er sich selbst gebunden hat, untreu werden würde. Und er darf ein Unrecht, wie schon gesagt, nicht vergessen oder (weil ein allwissender Gott ja nicht vergessen kann) vielleicht besser: in Vergessenheit geraten lassen, was ja bedeuten würde, es (stillschweigend) zu vergeben, so wie er auch geschehenes Recht nicht vergessen bzw. in Vergessenheit geraten lassen darf, würde er damit doch Reue und Buße schwerer gewichten als die gerechte Tat, die es zu würdigen gilt. Einen Sonderfall bildet die allseitige, gleichmäßig verteilte Verflechtung von Schuld.[19]

---

[19] Die Bindung Gottes an die Moral ist verstanden als Bindung an das Gute: Sofern Gott als gut gedacht wird, ist er dem Guten auch verpflichtet. Denken lässt sich natürlich, dass Gott als

Würde Gott also auf Strafe *individuell* verzichten, würde er sich auf den ersten Blick willkürlich von moralischen Regeln lösen. Verlierer wären dann die Opfer, auch weil sie gefahrlos (zumindest im Blick auf die jenseitige Welt) hätten diesseitige Täter sein können. Gott überginge in unzulässiger Weise die Individualität der Opfer, denen Gerechtigkeit widerfahren muss, wenn Gott ein guter Gott bleiben können soll. Auf den zweiten Blick könnte Gott auf die Bestrafung des Täters, die dem Opfer Genugtuung bereiten würde, nur dann legitimerweise verzichten, wenn die Belohnung des Opfers ausreichende Kompensation schaffen bzw. wenn das Opfer auf die Bestrafung des Täters freiwillig verzichten würde. Würde Gott auf Strafe *kollektiv* verzichten, wäre dies nur im Fall allseitiger, gleichmäßiger Verflechtung von Schuld gerecht. Gott könnte vielleicht nicht individuelle, jedoch dividuelle Schuld geltend machen. Doch selbst in diesem Fall würde er seinen moralischen Grundsätzen untreu werden. Nun mag man wiederum einwenden, Gott könne zwar auf Bestrafung beharren, aber dennoch Vergebung gewähren. Wir wollen von der Schwierigkeit absehen, wie in einem Jenseits von Zeit zeitliche Strafen verstanden werden sollen. Erneut gilt dennoch: Einem Täter kann nur sein Opfer vergeben, ist Gott doch von dem Übel, das einem Menschen zugefügt wird, nicht direkt, höchstens indirekt betroffen. Wenn also Gott nicht vergeben darf, liegt es am Menschen zu vergeben.

Gelegentlich wird in voluntaristischer Manier eingewendet, Gott sei nicht an das moralische Gesetz gebunden, bringe er es doch allererst hervor. Selbst wenn wir Gott als Gesetzgeber akzeptieren (was bedeuten würde, dass der Mensch den Sinn dieser Regeln nicht hinterfragt, sondern sie einfach befolgt), wird Gott sich doch an die Regeln, die er gibt, selbst binden und bleibend gebunden wissen, und zwar ihrer Befolgung wegen. Würde sich der Mensch darauf nicht verlassen können, bräuchte Gott gar keine Regeln setzen. Umgekehrt besteht eine Schwierigkeit der kognitivistischen Position darin, dass sie vollkommenes göttliches Wissen (dann kein Pleonasmus) mit menschlicher Freiheit vereinbaren muss.[20] Nehmen wir an, Gott könne nicht wissen, ob ein Mensch seine Untaten einmal bereuen und sich bessern wird,

---

gut ansieht, was dem Menschen nicht als gut erscheint. Doch kann der Mensch nur als gut anerkennen, was er mit bestem Wissen und Gewissen als gut erkennt – was uns zu wieder zu einer intersubjektiven, jederzeit revidierbaren Verständigung über das Gute führt (auch die Deutung von Offenbarung unterliegt einem solchen Diskurs).

[20] Wir wollen und können dieses Problem im Rahmen dieser Überlegungen nicht auflösen, weisen jedoch darauf hin, dass perfekte Voraussagen auch innerhalb eines universalen Determinismus keineswegs eine Selbstverständlichkeit darstellen. Eine solche Voraussage müsste ja ihres moralischen Gewichts wegen absolut infallibel sein. Die Frage, wie ein idealer Beobachter beschaffen sein muss, um wissen zu können, wie sich die Dinge real verhalten werden, erscheint von daher als nicht beantwortbar.

dann kann er Grund haben, seine Haltung zu einem Menschen zu verändern. Bedeutet das auch, dass er ihm vergeben darf? Wir werden den Gedanken einer jenseitigen Bestrafung des Täters, sofern sie weder einen präventiven noch einen retributiven Sinn zu entfalten vermag, ganz aufgeben und allein auf die Genugtuung des Opfers beziehen, die allerdings auch in Form einer Belohnung bzw. Kompensation durch Gott eingelöst werden kann. Deshalb sollen im Folgenden die Gedanken der Vergebung und der Kompensation verknüpft werden.

5.4 Stellvertretende Vergebung?

Hält man Strafe und Vergebung bei Gott auseinander, könnte er tatsächlich vergeben, ohne auf Strafe zu verzichten. Er würde in dieser Hinsicht nicht gegen seine moralischen Regeln handeln oder diese Regeln willkürlich verändern müssen; er würde einfach nur vergeben. Dieser Gedanke soll nun in zwei Richtungen weiterverfolgt werden. (1) Zunächst ist Gott von einer Untat nur *indirekt* betroffen, weshalb er den einzigen Grund für Vergebung, sich nämlich von belastendem Groll zu befreien, nicht realisieren muss. Zudem soll gezeigt werden, dass Gott die Individualität jener Menschen, die Opfer geworden und also von Leid *direkt* betroffen sind, nicht überspringen darf. Dieses Argument hat eine deskriptive und eine präskriptive Seite. Die deskriptive Seite besteht darin, dass nur ein Opfer einem Täter vergeben kann, also nur ein von einer Schädigung direkt Betroffener. Wir werden deshalb die Vorstellung einer stellvertretenden Vergebung abweisen und für die Unvertretbarkeit von Vergebung votieren, weshalb Gott nur mit-vergeben kann. Wollte man nämlich annehmen, dass auch ein von einer Schädigung indirekt Betroffener (ob Gott oder Mensch) vergeben kann, so doch nur für das Leid bzw. Mit-Leid, das ihm selbst entstanden ist, weil ein anderer Mensch geschädigt wurde, nicht jedoch für das Leid, das einem anderen Menschen entstanden ist. Wenn Gott der Schöpfer der Welt ist, kann ihn eine demütigende Handlung an einem seiner Geschöpfe, die er liebt, weil er sie erschaffen hat, nicht unberührt lassen. Hier ist es nicht nur sinnvoll, sondern sogar geboten, davon zu sprechen, Gott leide mit jenen Menschen, denen in dieser Weise Leid widerfährt. Ebenso wurde die Aussage, dass nur ein Opfer einem Täter vergeben kann, von der präskriptiven Überlegung unterschieden, ob ein Opfer einem Täter vergeben darf bzw. vergeben soll.[21]

---

[21] Sinnlos wäre es zu fragen, ob ein Nicht-Opfer einem Täter vergeben darf bzw. soll, weil ein Nicht-Opfer einem Täter nicht vergeben kann. Die Diskussion darüber, wie die Zahl der Mit-opfer sinnvoll begrenzt werden kann, ist wiederum im Raum geteilter Gründe zu führen.

Wenn es sich freilich so verhält, muss bedacht werden, was es bedeutet,
Gott zu bitten, er möge Schuld vergeben. Er würde, wie schon bemerkt, das
dem Opfer zugefügte Unrecht bzw. genauer: die Vergebung dieses Unrechts
durch das Opfer, die wir als unvertretbar behandeln, einfach überspringen.
Muss nicht das Opfer gefragt werden, ob es vergeben will, muss nicht das
Opfer vergeben, bevor Gott dem Täter, wenn man so will, mit-vergeben darf?
Und was ist, wenn ein Mensch nicht vergeben will oder nicht vergeben kann
(und wie lässt sich, so könnte man weiterfahren, unterscheiden, ob ein
Mensch nicht vergeben will oder nicht vergeben kann)? Der Spruch „Vater,
vergib ihnen, denn sie wissen nicht, was sie tun!" (Lk 23,34) erscheint auf
diesem Hintergrund ungereimt: Wenn nämlich diejenigen, die Jesus kreuzi-
gen, nicht wissen, was sie tun, können sie nicht schuldig werden und bedürfen deshalb auch nicht der Vergebung.[22] Sind sie jedoch schuldig, ist es Sache
Jesu, ihnen zu vergeben, was er offenbar nicht tut. Er darf den Tätern, deren
Opfer er wird, vergeben, selbst wenn von ihnen kein Zeichen der Reue oder
Buße kommt. Gott darf ihnen nicht einfach vergeben, wenn sie schuldig sind,
würde er doch sonst die Individualität seines Sohnes überspringen.[23] (2)
Denken ließe sich, dass Gott, menschlich gesprochen, kompensatorisch verfährt, indem er nämlich den Opfern gegenüber Genugtuung leistet. Wendet
man den Gedanken, dass im Diesseits Strafe auch dort sinnvoll ist, wo vergeben wird, kann man darüber nachdenken, ob mit der göttlichen Kompensation die menschliche Vergebungsbitte überflüssig wird, abgesehen davon,
dass sinnvolle Strafzwecke im Jenseits ausgeschlossen werden können. Wollte
man die menschliche Bitte um Vergebung zur zwar einzigen, aber unum-
gänglichen Voraussetzung für die göttliche Kompensation erklären, würde
man den Opferstatus womöglich perpetuieren.

Schließen wir die Bemerkung von John Hick an, der im Anschluss an Ri-
chard Swinburne davon ausgeht, dass der Vergebung Reue (repentance), Abbitte (apology), Wiedergutmachung (reparation) und Buße (penance), die

---

[22] D. Konstan, Before Forgiveness. The Origins of a Moral Idea, Cambridge 2010, versucht,
diese Konsequenz dadurch zu vermeiden, dass er auf das fehlende Unrechtsbewusstsein der
Täter hinweist. Abgesehen davon, dass die Kreuzigung eine nicht unübliche Strafe darstellte
und von Agenten im Namen eines Prinzipals ausgeführt wurde, was, um ein ethisches Urteil
zu fällen, komplizierte Erwägungen zum Verhältnis von Moral und Recht sowie von Individuum und Gesellschaft herausfordert, erscheint diese Deutung, was die Aussageabsicht der
betreffenden Stelle anbelangt, übertrieben genau verfahren zu wollen.
[23] Dies ist allerdings schon aus einer modernen Sicht, die Moral und Recht auseinander treten lässt, formuliert. Im biblischen Kontext wären, wie wir sahen, Buße und Reue selbstver-
ständliche Voraussetzungen für Vergebung, wobei hier allerdings, an der Schwelle zwischen
Leben und Tod, eine Sondersituation beschrieben ist. Geht man dogmatisch von der Eigen-
ständigkeit jeweils des göttlichen und des menschlichen Willens Jesu aus und nimmt die Unterordnung des menschlichen unter den göttlichen Willen an, ist die Stelle nachvollziehbar.

über die Wiedergutmachung des entstandenen Schadens hinausreicht, vorausgehen muss. Der Gedanke einer „überschießenden Wiedergutmachung" ist attraktiv, weil das Opfer mit einem Unrecht leben muss und der Täter diesen „Verlust" nur durch einen zusätzlichen „Gewinn" aus der Welt schaffen und damit Reziprozität wiederherstellen kann. Diese Vorstellung hat Auswirkungen auf die Sicht der Vergebung, die dann, wenn der durch Unrecht entstandene Schaden überkompensiert und so aus der Welt geschafft werden könnte, keinen Akt des reinen Altruismus darstellen würde. Allerdings würden wir nach unseren Überlegungen genauer formulieren, dass ein Schaden nicht überkompensiert, sondern vollständig kompensiert werden muss und dann keine Vergebung nötig bzw. möglich ist. Vergebung ist nur da erforderlich wo ein Schaden nicht vollständig wiedergutgemacht werden kann. Nun überträgt Swinburne diese Merkmale, die der Vergebung unter Menschen (freilich nur, wenn gefordert) vorauslaufen müssen: sie seien erforderlich, um Vergebung auch durch Gott zu erlangen.

Hick widerspricht dieser These mit dem Hinweis, Gott bedürfe keiner Wiedergutmachung oder Buße (könne er doch, so müsste man hinzufügen, nicht geschädigt werden). Wenn wir dennoch annehmen, Gott werde immer dort, wo ein Mensch geschädigt wird, Mit-Leid zugefügt, kann er als Opfer (gebräuchlich dafür sind die Begriffe „third party" und „secondary victim") behandelt werden. Die Folge dieser Konzeption ist, dass immer dort, wo einem Opfer durch den Täter vollständige Genugtuung, wie Swinburne sie fordert, widerfährt, zugleich Gott auch vollständige Genugtuung erfährt – was in einer inkarnatorischen Perspektive plausibel ist, eine Perspektive, die es übrigens nicht nur verbietet, Gott aus dem Spiel zu lassen, sondern auch, die Unvertretbarkeit der zwischenmenschlichen als Voraussetzung für die göttliche Vergebung zu vernachlässigen.[24] Dies gilt freilich auch für Reue und Abbitte, die Hick Gott zugewendet wissen will: Sie sind allein dem unmittelbar betroffenen Opfer gegenüber zum Ausdruck zu bringen, wenn es darauf besteht. Denn darauf hat es ein moralisches Recht. Beispielgebend, so fährt Hick fort, sei für das Erfordernis, eine Schädigung der Selbstachtung einer Person zu überwinden, Jesu Leben und Wirken, nicht hingegen sein Tod, der somit auch nicht als Sühnopfer (atoning sacrifice) verstanden werden könne, das Gott zugutekommt und Gott erst dazu befähigt, einem Menschen oder der Menschheit zu vergeben.[25]

---

[24] Es müsste näher untersucht werden, ob genau dieser Zuschnitt, der ja auch spezifische Vorstellungen von Moral voraussetzt, die wiederum von spezifischen Annahmen über Gott abhängen, pluralismusfähig ist, wie Hick vorzuschlagen scheint.

[25] John Hick, The Metaphor of God Incarnate. Christology in a Pluralistic Age, Louisville, Kentucky ²2006, 122, führt weiter aus: „But the question that has to be asked is whether this four-fold schema – repentance, apology, reparation and penance – can be carried un-

Mit diesen Annahmen sind wir verpflichtet, mit Blick auf eine ethische Theorie ein Konzept abzuweisen, das – summarisch formuliert – in der Erlösungstat Jesu einen stellvertretenden Akt der Vergebung erblickt. Eleonore Stump spricht sich für dieses Modell aus, weil sie annimmt, nur so könne dem Leiden eines Menschen Genugtuung widerfahren. Die Erlösungstat Jesu biete für jedes menschliche Leid „mehr als genug" Kompensation.[26] Damit wird ein beachtenswerter Aspekt beleuchtet, sofern nämlich menschliche Wiedergutmachung menschliches Leid in vielen Fällen nie ganz kompensieren kann, wodurch, wie schon bemerkt, bei aller menschlichen Bemühung ein unabgegoltener Rest bleibt.[27] Doch können Täter dadurch nicht einfach davon dispensiert werden, ihr Opfer wenigstens um Vergebung zu bitten, was immer möglich ist. Unverzichtbar ist die Bitte um Vergebung dann und nur dann, wenn sie vom Opfer auch gefordert wird, wozu es ein moralisches Recht hat, wenngleich keine moralische Pflicht dazu besteht (erst recht kann keine Pflicht begründet werden, auf die Forderung nach einer Bitte um Vergebung zu verzichten). So wird Gottes Mit-Vergebung – inkarnatorisch wiederum konsequent – abhängig von erbetener wie gewährter menschlicher

---

changed into our relationship with God. Swinburne's fundamental error, in my view, is in assuming that it can. Repentance, and apology as an expression of repentance, still apply; the sinner should truly and deeply repent and ask God's forgiveness. But is there also scope, specifically in relation to God, for reparation and the extra that Swinburne calls penance? I suggest, that when we have offered reparation-plus-penance to the human beings whom we have injured, there is no further reparation-plus-penance to be made solely for God's benefit. In doing all we can to repair matters with our wronged neighbour we are doing what genuine repentance requires. For God cannot be benefitted, and thus recompensed and atoned to, by any human acts in addition to those that benefit God's creation. In relation to God the truly penitent person, genuinely resolving to do better in the future, can only accept forgiveness as a free gift of grace, undeserved and unearned. It may well be Jesus' life and teaching that prompt someone to do this. But it is not, in my view, appropriate to express that fact by depicting his death as an atoning sacrifice that benefits God and so enables God to forgive humanity."

[26] Vgl. Eleonore Stump, Atonement, Oxford 2018, 368: „If we consider the role of Christ's atonement in the moral and spiritual regeneration of every human person, it is apparent that what Christ offers to each human person is more than enough to compensate any human suffering." Und weiter, 369: „For these reasons, in addition to the other things that Christ does in his passion and death, Christ also makes vicarious satisfaction for all human sin."

[27] Der Aspekt der Unabgeltbarkeit beleuchtet den göttlichen Beitrag der Wiedergutmachung, der Aspekt der „Geschichte eines Verlustes", der eine „Geschichte des Gewinns" folgen muss, den menschlichen Beitrag: Denken wir uns eine Person, die durch einen Angriff körperlich geschädigt wurde und wieder gesund wird: Sie hat einen Verlust hinter sich, der durch einen Gewinn überkompensiert werden muss. Denken wir uns eine Person, die nicht wieder gesund wird, sie kann durch keine menschliche Bemühung vollständige Genugtuung erfahren, nur durch eine göttliche Intervention. Natürlich kann eine menschliche Kompensation nur diesseitig gedacht werden, jenseitig ist (abgesehen von der Bitte um Vergebung) eine göttliche Intervention notwendig.

Vergebung, um dann in der Tat alles Unabgegoltene kompensieren und mehr Genugtuung, als es dem Menschen (jedenfalls zumeist) möglich ist, schenken zu können. Würde Vergebung nur von Gott ausgehen und ohne menschliche Vergebung genügen, wäre dies zutiefst ungerecht, weil, wie wir in der Diskussion des moralischen Exemplarismus festgehalten haben, alles ohne jede menschliche Vermittlung einzig und allein von Gott bewältigt werden könnte.[28] Selbst wenn, besser: gerade weil also durch eine vollkommene göttliche Kompensation Vergebung als überflüssig erscheinen mag, bleibt sie unersetzlich, wenn Individualität und Geschichte einer Person nicht einfach aufgelöst oder ausgelöscht werden sollen (würde das passieren, bedürfte es ja gar keiner Kompensation mehr). In allem göttlichen Überfluss bliebe doch der Mangel, dass Menschen unversöhnt wären.

Was ist jedoch mit der Aussage gemeint, Gott habe für jeden Menschen „mehr als genug" übrig? Verbinden wir das unklare Wort „genug" mit dem für unseren Kontext angemesseneren Attribut „gerecht".[29] Nehmen wir an, vollendete Herrlichkeit bestehe in der Erlösung der gesamten Schöpfung und somit auch aller Menschen. Solange es Unversöhntes zwischen Menschen gibt, kann Gott keine vollkommene Versöhnung, also keine vollendete Erlösung wirken, vielleicht nicht einmal selbst vollendet sein.[30] Letztlich

---

[28] Vgl. Eleonore Stump, Atonement, Oxford 2018, 370: „But if the victims of Newton's slave-trading recieve the same offer of the same thing as Newton himself received, then it seems that the injustice Newton's victims suffered in consequence of Newton's slave-trading is not after all made up to them. It may be that the greatness of union with God is sufficient to defeat all the damage done to the people Newton kidnapped and enslaved; but injustice is a matter of relative standing, not just of damage. And so it can seem that something is lacking as regards satisfaction if the victims of Newton's slave-trading are offered as satisfaction the good Newton himself received."

[29] Unterscheiden wir, Gott habe weniger als genug, genug und mehr als genug für den Menschen übrig, und zwar nach Opfer und Täter getrennt. (1) Gott hat für das Opfer (a) weniger als genug übrig, das heißt, sein Leid würde nicht gewürdigt und nicht kompensiert werden; (b) Gott hat für das Opfer genug übrig, das heißt, sein Leid würde gewürdigt und kompensiert werden; (c) Gott hat für das Opfer mehr als genug übrig, das heißt, er würde sein Leid überkompensieren, entspricht es doch seiner Wesensart, verschwenderisch zu lieben. (2) Gott hat für einen Täter (a) weniger als genug übrig, das heißt, er weiß um sein Unrecht und bestraft ihn; (b) Gott hat für den Täter genug übrig, das heißt, er bestraft ihn nicht und belohnt ihn nicht; (c) Gott hat für den Täter mehr als genug übrig, das heißt, er belohnt ihn und verhält sich ungerecht gegenüber dem Opfer und, genau genommen, nämlich vom Standpunkt der Moral aus, auch ungerecht gegenüber dem Täter. Gerechtigkeit muss also relational gedacht werden. Insofern könnte man die Positionen (2a) und (2b) auch tauschen und formulieren: Gott hat für den Täter mehr als genug übrig, das heißt, er bestraft ihn nach Maßgabe der Moral, und: Gott hat für den Täter weniger als genug übrig, das heißt, er belohnt ihn gegen die Maßgabe der Moral.

[30] Wir sehen diese Annahmen als plausible Prämisse an. Es müsste also gezeigt werden, warum sich vollendete Erlösung nicht unabhängig von vollkommener Versöhnung ereignen kann.

müsste gezeigt werden, wie ohne die Aussicht auf vollendete Erlösung Gottes Schöpfung gerechtfertigt sein könnte. Unter dieser Prämisse begäbe sich ein Opfer selbst der vollendeten Herrlichkeit, würde es nicht vergeben wollen (und zwar unabhängig davon, ob der Täter um Vergebung gebeten hat, wobei „unabhängig" ja auch bedeutet, dass das Opfer, selbst wenn der Täter um Vergebung bittet, nicht vergeben muss). Dies käme einer Selbstschädigung des Opfers gleich. Der Begriff der Strafe zöge somit wieder, und zwar in einer ethisch nicht legitimierbaren Form, in die Diskussion ein, wobei wir auf eine Selbstschädigung des Täters noch zu sprechen kommen werden. Wollte das Opfer einer solchen Selbstschädigung entgehen, müsste (und dürfte) es vergeben, und zwar, wie schon bemerkt, gleich ob der Täter um Vergebung gebeten hat oder nicht. Unter dieser Voraussetzung würde Gott, der eine solche Konstellation schafft oder zumindest zulässt, dem Opfer „weniger als genug", oder besser: weniger, als gerecht ist, gewähren.

Insofern erschiene es vollkommen richtig zu denken, dass Gott dem Opfer einen solchen Überfluss schenkt, dass ihm der Akt, mit dem es dem Täter vergibt, kein Mehr an Glück bringt, es also freie und (auch sich selbst gegenüber) ungeschuldete Tat des Opfers ist, dem Täter zu vergeben. Allerdings bliebe dann der Gedanke unberücksichtigt, vollkommene Glückseligkeit könne es nicht ohne „allseitige Versöhnung" geben, wenn der Täter sich nämlich weigert, um Vergebung zu bitten, sollte dies vom Opfer gefordert werden, oder wenn das Opfer nicht bereit ist, Vergebung zu gewähren, obwohl der Täter darum bittet. Gott würde, so könnte man argumentieren, dem Opfer mehr Glückseligkeit zugestehen als dem Täter, der ja Täter bliebe und zugleich Opfer werden würde, sofern ihm weniger Glückseligkeit zukäme, obwohl er um Vergebung bittet; doch würde dem Opfer, wenn es keine Vergebung gewährt, gleich ob der Täter um Vergebung bittet oder nicht, weniger Glückseligkeit zukommen, als es durch einen Akt der Vergebung dem Täter gegenüber möglich wäre und auch Gottes Wesensart, der alle (und alles) unendlich liebt, entspräche. Somit bliebe das Opfer unter der Hand Opfer und würde zum Täter werden, zumindest sofern es selbst nicht zur Vergebung bereit wäre, wenn der Täter darum bäte. Auf diese Weise scheitert ein Ansatz, der Vergebung ohne Ansehen der unvertretbaren und einmaligen Persönlichkeit einer Person für gerechtfertigt hält.

Zwar kann das Opfer dem Täter vergeben, ohne dass der Täter eine Vergebungsbitte geäußert hat, es muss aber keine Vergebung gewähren, auch wenn der Täter darum bittet. Dieses „muss nicht" wird, wie ebenfalls schon angedeutet, erschüttert, sofern sich nämlich das Opfer dadurch schlechter stellt, dass es dem Täter erst dann vergibt, wenn dieser zuvor um Vergebung gebeten, und vor allem auch dann nicht vergibt, wenn der Täter die Bitte um Vergebung geäußert hat, wobei wiederum vorausgesetzt wird, das Opfer leide unter einer unvollständigen Versöhnung. So bleibt es ein Akt der Selbstschädigung, wenn das Opfer nicht vergibt. Der Täter würde sich freilich ebenfalls selbst schädigen, wenn er das Opfer nicht um Vergebung bäte, falls dies verlangt wäre. Denken ließe sich, dass die Bitte um Vergebung, die der Täter zu erbringen hat, genügt, um ihm volle Glückseligkeit zuteil werden zu lassen. Das Unrecht, das das Opfer erlitten hat, spielte dann keine Rolle mehr, weil dem Täter keine „verminderte Glückseligkeit" zuteilwerden würde, womit ja wiederum das Glück des Opfers gemindert wäre, besteht vollendete Erlösung doch darin, dass alle erlöst sind. Allerdings bliebe ein unerlöster Rest auch dann erhalten, wenn das Opfer nicht vergibt, selbst wenn es die Bitte um Vergebung einfordert und der Täter tatsächlich um Vergebung bittet.[31] Andererseits ist nicht zu sehen, warum ein Opfer, das vom Täter die Bitte um Vergebung fordert und empfängt, nicht auch vergeben soll. So betrachtet kann die Erlösung aller Menschen und damit auch die Gnade Gottes von den durch die Täter geäußerten Bitten um Vergebung abhängen – sie muss es jedoch nicht: Genau darin besteht die Würde (und vielleicht auch die Genugtuung) der Opfer.

5.5 Bedingungslose Vergebung?

An dieser Stelle lässt sich die Diskussion einschalten, ob es Unrecht gibt, das nicht vergeben werden kann bzw. nicht vergeben werden darf (wo Unrecht nicht vergeben werden kann, ist die Überlegung, ob es vergeben werden darf, natürlich überflüssig).[32] Verhielte es sich so, dass Unrecht zwar vergeben werden kann, nicht aber vergeben werden darf, dann wäre es in solchen Fällen unmoralisch zu vergeben. Es entstünde sozusagen die Pflicht, nicht zu vergeben (mit allen Folgen, die dem Opfer daraus entstehen könnten, etwa gehalten zu sein, der Vergebungsbitte des Täters wieder und wieder zu widerstehen oder sich eben von Groll nicht befreien zu dürfen). An diesem Punkt geht es nicht um die schon geführte Diskussion, welche Argumente allgemein gegen Vergebung sprechen könnten, sondern um die Überlegung, ob es ein spezifisches Unrecht geben kann, das nicht vergeben werden darf (bzw. vielleicht auch gar nicht vergeben werden kann). Eine gewisse Plausi-

---

[31] Denkbar ist auch, dass der Täter eine bedingungslose Vergebung zurückweist – doch warum sollte er?

[32] Vgl. M. P. Golding, Forgiveness and Regret, in: Philosophical Forum 16 (1984–1985), 121–137; B. Lang, Forgiveness, in: American Philosophical Quarterly 31 (1994), 105–117; J. North, The „Ideal" of Forgiveness: in: R. D. Enright/J. North (eds.), Exploring Forgiveness, Madison, Wisconsin 1998, 15–34; S. Wiesenthal, The Sunflower: On the Possibilities and Limits of Forgiveness, New York 1998.

bilität für die Annahme eines Unrechts, das nicht vergeben werden kann,
entsteht bei wiedergutzumachenden Schäden, denn wo vollständige Wiedergutmachung möglich ist und realisiert wird, bedarf es keiner Vergebung.[33]
Wo ein Unrecht zwar vergeben werden darf, jedoch nicht vergeben werden
kann, weil das Opfer nicht mehr lebt oder dauerhaft unerreichbar ist, ist Vergebung nur in einer eschatologischen Perspektive denkbar. Nehmen wir die
Überlegung von Jacques Derrida hinzu, Vergebung sei nur als Vergebung des
Unvergebbaren möglich und deshalb unmöglich.[34] Unklar bleibt, warum das,
was vergeben werden muss, um es aus der Welt zu schaffen, unvergebbar sein
soll. Diskutieren wir zwei Deutungsmöglichkeiten: (1) Zu bedenken wäre,
folgt man Derrida, die Schwere der Schuld, wobei es dann, so könnte man
erwidern, dem Opfer anheimgestellt sein muss zu beurteilen, ob es dem Täter vergeben will und deshalb auch vergeben kann oder nicht. (2) Wir deute-
ten bereits an, dass geschehenes Unrecht in jenen Fällen nicht (ganz) kompensiert zu werden vermag, in denen ein unabgegoltener und unabgeltbarer
Rest bleibt, „ideale Reziprozität" nach dem Muster des Tauschs also nicht
wiederherstellbar ist. Nur von daher wäre die Aussage zu plausibilisieren,
Vergebung habe es mit dem Unvergebbaren zu tun (Derrida selbst verneint
die Gleichsetzung des Nichtwiedergutzumachenden mit dem Nichtvergebba-
ren). Vergebung wäre dann Gabe (was Derrida gleichfalls bejaht).

Kann Vergebung jedoch wirklich Gabe sein? Und: soll Vergebung überhaupt Gabe sein? Gerade wenn man bedenkt, dass Vergebung die Rückkehr
zur Reziprozität besiegeln soll, doch nicht besiegeln kann, kommt in ihr ein
überschießendes Moment zum Tragen, selbst wenn der Täter Reue zeigt und
Buße tut, um Vergebung bittet und Wiedergutmachung, zumindest soweit
dies möglich ist, leistet: das Opfer hat ja eine Geschichte des Verlustes hinter
sich, die ohne eine Versöhnung zwischen Opfer und Täter nicht ausgelöscht
werden kann, nicht einmal von Gott, sofern er allmächtig ist, ist er doch zugleich allwissend. Natürlich bedeutet es auch für das Opfer einen Gewinn,
sollte der Täter wieder in die Reziprozitätskreisläufe der Gesellschaft, sei es
der irdischen, sei es der himmlischen, zurückfinden. Allein dadurch würde
freilich, wie gesagt, der entstandene Schaden in vielen Fällen nicht vollständig kompensiert werden können. Würde ein Schaden vollständig kompensiert (auch wenn man den Verlust, den eine Person für eine Zeitspanne
ertragen musste, in Rechnung stellt) und eine Schuld daher vollständig ausgelöscht, also ungeschehen gemacht werden, müssten wir, wie schon mehr-

---

[33] Man könnte natürlich sagen, das Opfer könne und dürfe vergeben. Jedenfalls hat das Opfer
keinen Grund zur Vergebung, und der Täter muss nicht um Vergebung bitten, wenn er vollständige Wiedergutmachung leistet.
[34] Vgl. Jacques Derrida, Vergeben. Das Nichtvergebbare und das Unverjährbare, Wien 2017, 29.

fach erwähnt, von Wiedergutmachung, nicht von Vergebung sprechen. Vergebung muss also, selbst wenn Gott für das Opfer genug tut, Gabe sein. Vergebung hat, so Derrida, reines, weil bedingungsloses Geschenk zu sein. Das ist, wie gesagt, nur richtig, sofern ein Unrecht unter endlichen Bedingungen nicht vollständig aufgelöst werden kann. Auch unter „unendlichen" Bedingungen bleibt diese Logik bestehen, weshalb es von Seiten des Täters der Bitte um Vergebung dem Opfer gegenüber bedarf, zumindest, wenn dies vom Opfer verlangt wird. Weil es kein göttliches Vergessen und daher auch kein göttliches Auslöschen von Schuld geben kann, wie man nun aus eschatologischer Sicht zu formulieren hat, müsste die Erinnerung an Unrecht versöhnt werden, was ohne den Akt der Vergebung nicht möglich zu sein scheint. Genauer als die Formulierung, Vergebung sei nur als Vergebung des Unvergebbaren zu denken, ist von daher die Formulierung, Vergebung sei sinnvoll nur als Vergebung des nicht Wiedergutmachbaren zu begreifen.

Derridas Argument besagt weiter, Vergebung gehe über einen Tausch hinaus: Sie enthalte ein ungeschuldetes Moment, weshalb Vergebung nicht Pflicht sein kann, sondern eben Gabe sein muss. Andernfalls entstünde, wie wir nach unseren Überlegungen hinzufügen müssen, eine einseitige Verpflichtung, die ethisch nicht rechtfertigbar ist, weil dadurch das Opfer schlechter- und der Täter bessergestellt werden würde. Diskutieren wir die These, Vergebung könne mit der Kategorie des Tausches nicht angemessen beschrieben werden ausführlicher (die Überlegung, ob solche Vergebung vorgeschrieben werden kann, wollen wir eigens noch einmal aufgreifen).[35] Historisch betrachtet hat Vergebung, wie wir gezeigt haben, vor allem mit dem Gedanken des Tauschs zu tun. Sie wird ja erst dort erforderlich, wo der Zusammenhang von Geben und Nehmen, von Bitte und Dank durchbrochen wurde. Biblisch ist diese Schicht einer „Theorie der Gerechtigkeit", die verletzte Reziprozität wiederhergestellt sehen will, gut bezeugt, sofern es um Schuld geht, die dadurch entsteht, dass Menschen ungerechterweise Schulden aufgelastet werden. Dadurch entstehen nicht rechtfertigbare Asymmetrien, die es zu überwinden gilt. Nicht der Akt des Tauschs wird problematisiert, sondern ganz im Gegenteil die Tatsache, dass der Kreislauf von Geben und Nehmen einseitig aufgekündigt wird und Tauschakte zum Erliegen kommen. Deswegen gilt es, den „Mechanismus des Tauschs", der in Wirklichkeit ein labiles Gleichgewicht darstellt, wieder in Gang zu bringen. Weil es sich um einen moralischen Appell und nicht um einklagbares Recht handelt (zumindest wenn die zu überwindende Asymmetrie durch die Befol-

---

[35] Geführt wurde diese Diskussion etwa von P. Twambley, Mercy and Forgiveness, in: Analysis 36 (1976), 84–90; B. Warmke, The Economic Model of Forgiveness, in: Pacific Philosophical Quarterly 97 (2016), 570–589; M. J. Zimmerman, An Essay on Moral Responsibility, Lanham, Massachusetts 1998.

gung geltenden Rechts zustande kommt), wird das Wiederingangsetzen des
Tauschgeschehens als Gabe bezeichnet.

Rufen wir deshalb noch einmal die Formulierung „Denn wenn ihr den
Menschen ihre Verfehlungen vergebt, dann wird euer himmlischer Vater
auch euch vergeben" in Erinnerung, so wird man im biblischen (wie ja
auch im paganen) Kontext zwischen göttlicher und menschlicher Sphäre einen Tausch und damit eine Verpflichtung annehmen müssen, zumindest,
was den Menschen betrifft. Das führte uns zu der plausibelsten Deutung dieser biblischen Aussage: Vergebung im Sinn des Erlassens von Schulden oder
Schuld obliegt dem Täter, der wiedergutmachen muss, was er dem Opfer an
Unrecht angetan hat, womit er Vergebung seiner Schuld durch die Gottheit
empfängt. Diese Deutung entspricht, wie wir eingehend diskutiert haben,
ganz dem antiken Reziprozitätsmuster. Schon die Antike mochte – allerdings
nun mit Blick auf die Gottheit – von einer Verpflichtung zur Vergebung
nicht sprechen, selbst wenn ein solcher Akt erwartet werden konnte, weshalb
man ihn als freiwillig oder gnadenhaft stilisiert, um den Tauschcharakter zu
invisibilisieren. Der Täter ist, wie gesagt, moralisch angehalten, dem Opfer
Schulden bzw. Schuld zu erlassen, dazu gezwungen werden kann er kaum,
weshalb hier Freiwilligkeit als Verpflichtung stilisiert wird.

Die zweifache Asymmetrie, nämlich zwischen Gott und Mensch sowie
zwischen Opfer und Täter, wird gerade so nicht übersehen. Die üblich ge-
wordene Deutung der Vergebungsbitte, nach der das Opfer zu vergeben habe,
setzt somit voraus, dass es zuvor schon durch den Täter, der Reue zeigt und
Buße tut, kompensiert wurde. Will man also den spezifisch schuldenrecht-
lichen Kontext verlassen und sich generell auf Schuld beziehen, würde das
bedeuten, auf Voraussetzungen für Vergebung wie Reue und Buße, Vergebungsbitte und Wiedergutmachung selbstverständlich zu bestehen. Letztlich zielt das antike Reziprozitätsdenken, wie gesagt, darauf, den allseitigen
Tausch, der durch Unrecht einseitig unterbrochen wurde, wieder in Gang
zu bringen. Das Erfordernis zur Vergebung tritt immer dort auf den Plan,
wo der Tausch stockt, sie ist also selbst tatsächlich kein Tauschakt. In der modernen Gesellschaft hat das Recht die Aufgabe, für Symmetrie nach dem
Maßstab der Gerechtigkeit zu sorgen. Deshalb erscheint es nur als recht und
billig, wenn ein Täter sein Opfer vollständig (also unter Umständen über den
entstandenen Schaden hinaus und damit der im Lauf der Zeit erlittenen
Schädigung entsprechend) entschädigt: Wir sprechen von Widergutma-
chung. Jede Wiederherstellung von Reziprozität, die auf Wiedergutmachung
freiwillig verzichtet oder die das, was durch Wiedergutmachung geleistet
werden kann, gezwungenermaßen transzendiert, sofern ein Schaden nicht
vollständig kompensiert werden kann, obliegt der Vergebung, die dann tatsächlich über die Imagination des Tauschs hinausgeht und deshalb Gabe ist.

Doch höhlt der Gedanke des Tauschs die Idee der Vergebung keineswegs aus, zum einen, weil Vergebung auch ohne Wiedergutmachung ethisch gerechtfertigt werden kann, zum anderen, weil Vergebung den Tauschaspekt, vor allem in Form einer Wiedergutmachung, zu ihrer Bedingung erklären darf (darüber entscheidet jeweils allein das Opfer).

Greifen wir noch einmal die Bemerkung auf, Vergebung habe es mit dem Unvergebbaren zu tun. Unvergebbar kann ein Unrecht nur sein, wenn es dem Opfer *subjektiv* als nicht vergebbar erscheint, kann Vergebung doch nie als Pflicht statuiert werden, weshalb das Opfer unter keinen Umständen zum Täter und der Täter unter keinen Umständen zum Opfer verweigerter Vergebung werden kann (eine *objektive* Bestimmung der Unvergebbarkeit von Unrecht, die ja ein Verbot konstituieren müsste, haben wir bereits ausgeschlossen);[36] als unvergebbar mag, wie schon mehrfach erwähnt, ein Unrecht auch gelten, weil das Opfer nicht mehr in den Ursprungszustand zurückfinden bzw. vom Täter nicht mehr dorthin zurückgebracht werden kann. Damit haben wir ein Argument für die Position formuliert, *Vergebung* könne als solche *nur Gabe* sein. Unsere Überlegung zur Frage, ob Vergebung Gabe sein *kann*, ist dann wie folgt zu beantworten: Sie *muss* sogar (immer auch) Gabe sein. Gleichwohl kann Vergebung, so unsere These, selbst wenn sie als Gabe begriffen wird, mit Bedingungen in Kontakt gebracht werden. Sie muss es allerdings nicht.

Mit dieser These wird dem von Charles L. Griswold vorgetragenen Argument widersprochen, Vergebung dürfe nicht bedingungslos gewährt werden. Er wehrt sich damit gegen die Auffassung, Vergebung an Bedingungen zu knüpfen, bedeute, als Tausch zu behandeln, was Gabe sein muss. Wer sich weigere, Vergebung an Bedingungen zu binden oder wer unilaterale und bedingungslose Vergebung zumindest für moralisch vertretbar halte, müsse, so lautet Griswolds Begründung, zugestehen, eine neutrale Partei (third party), die entsprechend informiert sowie dem Opfer oder dem Täter (oder beiden) verbunden ist,[37] sei dazu berechtigt, Vergebung zu gewähren, ja der Täter dürfe sich sogar selbst Vergebung zusprechen. Ein Motiv dafür, bedingungslose Vergebung als erlaubt oder sogar geboten zu betrachten, könnte in der Sorge bestehen, Vergebung werde andernfalls als Anwendungsfall des Prinzips der Gerechtigkeit angesehen, womit sie ihrer Eigenart entkleidet werde.[38] (1) Zunächst: Vergebung bleibt, wie wir bereits sahen, auch dann noch un-

---

[36] Allerdings würde eine objektive Bestimmung des Unvergebbaren zwar eine objektive Bestimmung des Vergebbaren begründen, aber deshalb noch keine Pflicht, das Vergebbare tatsächlich auch zu vergeben.
[37] Griswold bezieht sich nur auf die Sympathie der „third party" mit dem Täter, doch ist auch die Erweiterung auf das Opfer bzw. dann natürlich auf beide Positionen plausibel.
[38] Vgl. C. L. Griswold, Forgiveness – A Philosophical Exploration, Cambridge 2007, 65–69.

vertretbare Gabe, wenn sie an Bedingungen gebunden wird. (2) Sodann: Wenn es allein am Opfer liegt, darüber zu entscheiden, ob es Vergebung an Bedingungen knüpfen will oder darauf verzichten möchte, kann diese Entscheidung nicht durch den Täter substituiert werden. Das Opfer kann allenfalls eine neutrale Partei beauftragen, dem Täter die Entscheidung zu vergeben mitzuteilen. Ebenso kann eine neutrale Partei das Opfer dazu ermutigen, dem Täter zu vergeben (und natürlich den Täter, um Vergebung zu bitten). Erkennbar kann der Täter selbst in beiden Fällen diese Instanz sinnvollerweise nicht sein, so wie er sich, wie wir ebenfalls sahen, ein Unrecht, das er einer anderen Person angetan hat, auch nicht selbst vergeben kann. Der Hinweis, das Opfer, das auf Reue und Buße besteht, insistiere darauf, dass der Täter sich selbst demütige, und behalte vor allem einen Rest von Groll in sich,[39] übersieht zweierlei: Zum einen war es der Täter, der das Opfer zuvor gedemütigt hat, abgesehen davon, dass Reue und Buße nicht Ausdruck von Demütigung sein müssen; zum anderen muss, wer Reue und Buße fordert, keineswegs von Groll bewegt sein, kann also jeglichen Groll hinter sich gelassen haben, abgesehen davon, dass auch vergeben kann, wer noch einen Rest an Groll in sich trägt. (3) Zuletzt: Auch wenn ein Opfer seinem Täter bedingungslos vergibt, liegt es an der Gesellschaft, Gerechtigkeit, sei es vom Opfer, sei es von der Gesellschaft erwünscht, dem Täter gegenüber zu üben (und das auch für den Fall, dass das Opfer zu Vergebung nicht bereit ist oder dem Täter gegenüber Bedingungen, deren Legitimität ja nicht schon durch das begangene Unrecht allein feststeht, artikuliert). Der Täter hat kein Recht darauf, vom Opfer Vergebung zu empfangen, das Opfer keine Pflicht, Vergebung zu gewähren (so wie nur das Opfer vergeben und nur der Täter um Vergebung bitten darf). Um zu entscheiden, ob die Erfüllung artikulierter Bedingungen eine Pflicht zur Vergebung konstituiert, müssen zwei Positionen unterschieden werden. Zunächst ist es um Bedingungen zu tun, welche die Person, die an Vergebung denkt, formuliert, und dann um Bedingungen, die die Gesellschaft unabhängig von der Person, die an Vergebung denkt, vorsieht. Von daher erscheint es sinnvoll, auch bedingungslose Vergebung in Regeln eingebettet zu begreifen, die bei Bedarf geeignete Bedingungen formulieren.

Deshalb unterscheiden wir im Folgenden zwischen der Pflicht zur Vergebung und den Bedingungen für Vergebung. Die Überlegung, ob Vergebung Gabe sein soll (in einem deskriptiven Sinn ist sie schon entschieden), ist also in einem präskriptiven Sinn wie folgt zu modifizieren: Sie darf reine Gabe sein, sie muss es jedoch nicht. Auf diese Weise kann auch das von Aurel Kol-

---

[39] Vgl. E. Garrard/D. McNaughton, In Defence of Unconditional Forgiveness, in: Proceedings of the Aristotelian Society 103 (2003), 39–60, 47.

nai formulierte Paradox behandelt werden: Solange ein Unrecht besteht, *darf* es keine Vergebung geben, würde man das Unrecht damit doch akzeptieren; wenn das Unrecht durch den, der es verursacht hat, aufgelöst wurde und daher verschwunden ist, *kann* es keine Vergebung geben.[40] Zunächst wäre der zweite Teil auf Personen zu beziehen: Nur wenn ein Unrecht nicht vollständig aufgelöst werden kann, kann von Vergebung gesprochen und die Beziehung zwischen Personen durch Vergebung geheilt werden. Der erste Teil ist auf die Gesellschaft zu beziehen: An ihr liegt es, Unrecht zu bearbeiten und, wo dies möglich und sinnvoll ist, Reue und Buße, Umkehr und Wiedergutmachung zu fordern. Unter dieser Bedingung steht es dann dem Opfer frei, dem Täter zu vergeben – auch ohne jede Bedingung. So kann, wie schon bemerkt, zugleich Barmherzigkeit geübt und Gerechtigkeit gewahrt, persönlich vergeben und gesellschaftlich vergolten werden: negative Vergeltung bestünde in der Bestrafung des Täters, soweit dies erforderlich, also sinnvoll ist, positive Vergeltung darin, kooperative Verhältnisse, zum Opfer wie zur Gesellschaft insgesamt, wiederherzustellen. Damit löst sich die Überlegung, ob die Umkehr des Täters vollständig sein muss, damit das Opfer vergeben darf, auf und wird in eine Handlungs- und in eine Regelebene aufgeteilt. Werden die durch die Gesellschaft gestellten Bedingungen durch den Täter erfüllt, hat das Opfer, wie schon ausführlich dargelegt und begründet wurde, dennoch nicht die Pflicht zu vergeben. Wie steht es jedoch um die Erfüllung jener Bedingungen, die das Opfer an einen Akt der Vergebung, zu dem es ein moralisches Recht hat, knüpft? Hat es die moralische Pflicht zu vergeben, wenn die geforderten Bedingungen vom Täter erfüllt werden?

Wenn wir von Vergebung als einer Gabe sprechen, betrachten wir sie nicht nur als einen inneren Wandlungsprozess (change of heart), der sie freilich auch ist:[41] Wir würden kaum sagen, eine Person habe einer anderen Person, der sie weiterhin ungebrochenen Groll entgegenbringt, vergeben. Natürlich ist es denkbar, einem Menschen rein innerlich zu vergeben, auch um sich von Groll endgültig zu befreien (in manchen Fällen, die als Ausnahmen gelten sollen, bleibt dem Opfer gar nichts anderes übrig, sei es, weil die betreffende Person nicht mehr lebt, sei es, weil sie einfach nicht erreichbar oder

---

[40] Vgl. A. Kolnai, Forgiveness, in: Proceedings of the Aristotelian Society 74 (1973), 91–106, 98f.: „Either the wrong is still flourishing, the offence still subsisting: then by ‚forgiving' you accept it and thus confirm it and make it worse; or the wrongdoer has suitable annulled and eliminated his offence, and then by harping on it further you would set up a new evil and by ‚forgiving' you would only *acknowledge* the fact that you are no longer its victim. Briefly, forgiveness is either unjustified or pointless."
[41] Ein solcher Ansatz wird vertreten etwa von C. Calhoun, Changing One's Heart, in: Ethics 103 (1992), 76–96; P. Hieronymi, Articulating an Incompromising Forgiveness, in: Philosophy and Phenomenological Research 62 (2001), 529–555.

unbekannt ist). Doch welchen Sinn hätte ein solcher Akt (in aller Regel), wenn er sich nicht in einer Geste oder in einem Wort äußern würde, um die Person, der vergeben werden soll, auch zu erreichen? Vielleicht wird ein solches expressives Element sogar sichtbar, wenn eine Person einer Person, die für sie nicht mehr erreichbar ist (eschatologisch lässt sich dieser Fall nicht denken), oder sich selbst vergibt. Wenn wir Vergebung als eine kommunikative Handlung verstehen, ist zu überlegen, ob dieser Akt revidiert werden kann bzw. revidiert werden darf (angedeutet hatten wir bereits, dass nicht einzusehen ist, warum ein Opfer, das vom Täter die Bitte um Vergebung fordert und empfängt, nicht auch vergeben soll).

Stellen wir uns vor, eine Person habe – durch ein Wort oder eine Geste – vergeben und bemerke dann, dass sie nur halbherzig oder gar nicht vergeben hat. Gegen das Gefühl, doch nicht vergeben zu haben, wird man intellektuell, etwa mit dem Verweis auf eine Selbstbindung, die eine kommunikative Handlung mit sich bringt, kaum anargumentieren können. Eine Person, die vermeintlich vergeben hat, würde dann einfach zugeben müssen, dass kein wirklicher Akt der Vergebung war, was für sie zunächst wie ein Akt der Vergebung gewirkt oder was sie als Akt der Vergebung beabsichtigt hat. Anders verhält es sich bei einer institutionellen Erklärung, also einem deklarativen Akt, der nicht (oder nur unter zuvor geregelten Bedingungen, das heißt nicht willkürlich) widerrufen werden kann.[42] Wenn Vergebung allerdings durch eine Geste oder ein Wort zum Ausdruck gebracht wird und die Person, der sie gilt, erreicht, wird man sie, zumindest wenn an sie keine weiteren Bedingungen geknüpft sind, nicht revidieren können. Insofern ist und bleibt Vergebung Gabe im genauen Sinn. Ist an den Akt der Vergebung hingegen wenigstens eine Bedingung geknüpft, die nicht erfüllt wird, muss dieser Akt nicht widerrufen werden, er ist dann einfach nicht zustandegekommen (kann Vergebung doch nicht versprochen, sondern nur vollzogen werden). So wenig Vergebung Sinn entfalten kann, wenn sie ganz bei sich und also beim Opfer bleibt (eschatologisch nehmen wir an, dass sie ihr Ziel stets erreicht), so wenig muss ein solcher innerer Wandlungsprozess (change of heart), wie schon betont, auf der Seite des Täters vorausgesetzt werden: Vergebung kann auch ohne eine Wandlung des Täters sinnvoll sein, hier bleibt das Opfer dem Täter gegenüber souverän.

Auch in einer eschatologischen Perspektive wird man an Vergebung Bedingungen, mindestens die Bitte um Vergebung, knüpfen dürfen, wenngleich nicht müssen. Ein Opfer darf bedingungslos vergeben, um seinen Status als Opfer abschütteln zu können. Man würde diesen Status perpetuieren, würde

---

[42] G. Pettigrove, Forgiveness and Love, Oxford 2012, 12–17, spricht in diesem Zusammenhang von „commissive forgiving".

man seine Vergebung an Bedingungen binden bzw. verlangen, dass es seine Vergebung an Bedingungen knüpft. Es gibt also keine Pflicht, Vergebung an Bedingungen zu binden, so wie es keine Pflicht gibt, Vergebung von Bedingungen freizuhalten. Allerdings muss das Opfer nicht vergeben, selbst wenn der Preis dafür sein mag, dass eine Person sich, wie gezeigt, immer als Opfer weiß und als Opfer fühlt, die Vergangenheit, die es zum Opfer werden ließ, also nicht hinter sich lassen will (wir hatten ja schon angedeutet, es sei auch vorstellbar, dass Gott dieses Gefühl durch den Überfluss, den er dem Opfer zukommen lässt, gleichsam „in Verstoß" geraten lassen kann). Nur wenn Bedingungen an Vergebung gestellt und erfüllt wurden, ist von einer *freiwilligen Selbstverpflichtung* des Opfers seinem Täter gegenüber auszugehen. Es kann Unvergebbares geben, es muss jedoch nicht Unvergebbares geben, so kann man bilanzieren. Vergebung muss auch als Gabe nicht bedingungslos sein, sie vollzieht sich freilich nicht nur bedingungsweise, geht sie doch über das, was sie als Bedingung fordern kann, nämlich Reue und die Bitte um Vergebung sowie, wo möglich, Wiedergutmachung und Buße, hinaus. Dennoch ist die Aussage, Vergebung könne nur unabhängig vom Täter vollständig sein, abzuweisen: Sie kann unabhängig vom Täter vollkommen sein, muss es jedoch nicht.

Nehmen wir nach der Unterscheidung zwischen der Pflicht zur Vergebung und den Bedingungen bzw. dem Gelingen von Vergebung die Behauptung auf, Vergebung sei als Gabe und somit als Akt der Supererogation bzw. als rein altruistischer Akt zu verstehen (wir hatten diese Formal schon mehrfach verwendet). Diese Aussage muss präzisiert werden. Ein supererogatorischer Akt ist Vergebung deshalb, weil sie über das, was als Verpflichtung statuiert werden kann, stets hinausgeht. Nun könnte man argumentieren, dass sich durch einen solchen Akt der Supererogation andere verpflichtet sehen sollten, ihrerseits zu vergeben.[43] Dies würde jedoch, wie ebenfalls bereits mehrmals betont, die moralische Asymmetrie, die ein Täter seinem Opfer gegenüber geschaffen hat, aufheben. Sofern es gelingt, durch Vergebung Reziprozität vollständig wiederherzustellen, was in den bereits genannten Fällen allerdings (im Unterschied zur Wiedergutmachung) höchstens jenseitig denkbar ist, kann nicht von einem Akt des reinen Altruismus gesprochen werden. Das Prinzip idealer Reziprozität kann, soweit eine vollständige Wiedergutmachung nicht möglich ist, diesseitig nicht erreicht werden. Diesseitige Vergebung hat immer etwas Geschenkhaftes an sich und vollzieht sich insofern einseitig (unilateral) und bedingungslos (unconditional) oder eben

---

[43] Vgl. R. D. Enright/E. Gassin/C.-R. Wu, Forgiveness: a developmental view, in: Journal of Moral Education 21 (1992), 99–114, 102; R. D. Enright, Piaget on the moral development of forgiveness: identity or reciprocity?, in: Human Development 37 (1994), 63–80.

als Ausdruck eines reinen Altruismus, selbst wenn sie Bedingungen wie die
Bitte um Vergebung bzw. Wiedergutmachung (soweit möglich) fordert. Der
denkbare Status der Akteure als frei und gleich, der das Prinzip idealer Reziprozität einschließt, bezieht sich, so müsste man freilich einwenden, auf die
Ebene der Regeletablierung, nicht auf die der Regelbefolgung. Selbst wenn
jemand einer Regel zuwiderhandelt, verliert er nicht seine Würde und wird –
idealerweise – weiterhin als Zweck an sich selbst, das heißt als gleichberech-
tigter Regelsetzer respektiert. Diese Sicht ist mit der Bemerkung vereinbar,
dass auf der Ebene der Regelbefolgung Vergebung an Bedingungen geknüpft
werden kann.

Beantwortet ist damit die Frage, ob Gott, sofern er erlittenes Unrecht jenseitig vollständig kompensieren kann und will, Vergebung zur Pflicht oder
zur Bedingung für diesen Akt (was auf dasselbe hinauskäme) erklären darf.
Wir nehmen damit erneut die Diskussion auf, die wir bei der Deutung der
biblischen Vergebungsbitte führten: Geht das Erlassen von Schulden oder, je
nach Deutung, von Schuld der Vergebung von Schuld durch Gott voraus,
oder folgt es ihr nach? Im biblischen Kontext ist diese Alternative ohne Belang, wichtig ist für sie, dass der eine Aspekt nicht ohne den anderen sein
kann. Für unsere Diskussion bieten sich zwei Akzentverschiebungen an: Wir
gehen nicht von einer Verschränkung von diesseitiger und jenseitiger Perspektive aus, sondern beziehen uns auf eine reine Jenseitssituation; und wir
konzentrieren uns deshalb nicht auf die schuldenrechtliche Deutung, sondern auf die Deutung, die die göttliche Vergebung von Schuld der menschlichen besiegelnd folgen oder die göttliche der menschlichen ermöglichend
vorausgehen lässt, eine Sicht, die nur dann sinnvoll ist, wenn sie eine Kultur
gegenseitiger Vergebung insinuiert, mit der alle (die bald Opfer, bald Täter
sind, oder die auch als Opfer von der Wiedereingliederung der Täter profitieren) einverstanden sein können. Auch aus einer modernen Sicht heraus kann
statuiert werden, dass Gott dem Täter erst vergibt bzw. vergeben darf, wenn
auch das Opfer ihm vergeben hat, bzw. natürlich, dass menschliche und göttliche Vergebung nach dem Schema der doppelten Reziprozität in eins fallen.
So gesehen darf der Akt göttlicher Vergebung dem Akt menschlicher Vergebung nicht vorausgehen, sondern muss ihm folgen oder eben in eins mit
ihm erfolgen. Der Mensch darf bedingungslos vergeben, Gott nicht. Will
man, wie gesagt, einen strafenden Gott nicht annehmen, stellt sich die Frage,
was einen Täter dann motivieren sollte, sein Opfer um Vergebung zu bitten.
Erkennbar kommen wir spätestens hier an die Grenzen des sinnvoll Sag-
baren. Um das Sagbare jedoch möglichst vernünftig zu artikulieren, könnte
ein Motiv in der Abwendung eines wenigstens partiellen Selbstausschlusses
aus der Gemeinschaft der Seligen und somit einer freiwilligen Minderung
der eigenen Glückseligkeit bestehen (hier kommt nun der Begriff der Strafe

oder der Selbstschädigung in einer ethisch legitimierbaren Form, die einen strafenden Gott nicht fordert, ins Spiel).

An dieser Stelle mag noch (verspätet) bemerkt werden, es sei erforderlich, eine jenseitige Freiheit zu denken (so wie im Jenseits auch Zeitdifferenzen mitgedacht werden müssen). Muss jedoch Freiheit nicht „irgendwann einmal" endgültig, nicht mehr weiter revidierbar sein? Schon das „irgendwann" ist nicht zeitlos gedacht und mag für Gott belanglos sein. Zudem geht es ja nicht darum, neue Handlungen zu schaffen (der Nicht-Endlichkeit wegen wäre es gar nicht möglich, schlecht – oder auch gut – und wohl auch nicht nötig, überhaupt zu handeln), sondern alte zu bewältigen, wofür „ewig Zeit" wäre.

5.6 Ethische Bewertung von Schuld in eschatologischer Perspektive

Sehen wir uns abschließend folgende Situationen an, zunächst solche, die *individuelle* Schuld betreffen. (1) Ein Akteur handelt moralisch richtig, obschon er geltenden Rechtsregeln zuwiderhandelt und bestraft wird. Im Nachhinein wird nämlich klar, dass diese Regeln aus ethischer Sicht falsch waren, weshalb die Abweichung womöglich die nicht rechtfertigbare Schädigung einer Person verhinderte. Er muss jenseitig kompensiert werden, selbst wenn ihm im Augenblick der Handlung bewusst war, dass er von einer Regel, deren Falschheit er vielleicht nicht erkennen konnte bzw. von deren Richtigkeit er sogar überzeugt war, „schuldhaft" abweicht. Hier liegt der schon diskutierte Fall eines *Regeldefekts* vor. Ebenso gilt: Distanziert sich ein Akteur unter den in unseren Überlegungen genannten Bedingungen von einer kollektiven Handlung, die nach Maßgabe der Moral als Unrecht gelten muss, ist er von dividueller Schuld auch individuell ausgenommen. An dieser Stelle ist die Bemerkung nachzuholen, dass, wenn und solange strittig ist, ob eine Handlung, die als Recht gilt, auch Recht ist (und zwar nach Maßgabe moralischer Gründe), eine Person zu einer solchen Handlung oder zu einer Beteiligung an einer solchen Handlung nicht gezwungen werden darf (was Ausweis für ein Rechtssystem wäre). Außerdem ist noch einmal festzuhalten, dass nicht jedes Unrecht auch Vergebung herausfordert. Wir hatten die Unrechtsfälle, die zur Herabwürdigung einer Person führen, deshalb durch entsprechende Kriterien limitiert. Ungerechte Handlungen, die keine herabsetzende Wirkungen zeitigen und diesseitig nicht bestraft werden, können prinzipiell jenseitig bestraft werden. Will man einen strafenden Gott nicht annehmen, ist an eine Kompensation der Zukurzgekommenen zu denken. (2) Ein Akteur handelt moralisch falsch, weil er sich an den geltenden Regeln (von denen wir annehmen, sie seien Unrecht) orientiert, und wird deshalb nicht bestraft. Hier liegt ebenfalls ein *Regeldefekt* vor. Der Akteur hat, so könnte man sagen,

seine Strafe oder seinen Lohn schon bekommen, je nachdem, ob sein falsches
Handeln ihn in irgendeiner Weise einholt oder der Mensch, den er geschädigt
hat, jenseitig entschädigt werden wird. Wenn er sich des Unrechtsgehalts seiner
Handlung bewusst war bzw. bewusst sein konnte und eine Alternative zu seiner Handlung besaß, muss er als Täter gelten und sein Opfer, das jenseitig zu
kompensieren ist, um Vergebung bitten, jedenfalls wenn das Opfer dies vom
Täter fordert (von einem strafenden Gott sehen wir wiederum ab). (3) Ein Akteur handelt falsch, weil keine Regeln existieren, die verhindern, dass er, handelte er richtig, ausgebeutet wird, was, wie bereits bemerkt, nicht Sinn der Moral sein kann – hier geht es um den Fall einer *Regellücke*. Er wird jenseitig nicht
bestraft werden können. Wenn er hingegen von real existierenden Regeln, die
aus ethischer Sicht auch richtig sind, abweicht und dafür diesseitig nicht bestraft wird, muss er, sofern ihn sein Unrecht nicht eingeholt hat oder der Geschädigte nicht diesseitig vollständig kompensiert wurde, wieder vorausgesetzt, dass er sich des Unrechtsgehalts seiner Handlung bewusst war bzw.
bewusst sein konnte und eine Handlungsalternative besaß, jenseitig bestraft
werden oder, wenn diese Bedingungen nicht erfüllt sind bzw. ein strafender
Gott nicht angenommen werden soll, den Geschädigten, der von Gott kompensiert wird, um Vergebung bitten, falls der Geschädigte darauf besteht.
(4) Ein Mensch handelt moralisch richtig, obwohl keine Regeln existieren, die
eine allseitige Besserstellung garantieren. Hier liegt wiederum eine *Regellücke*
vor. Der Akteur wird jenseitig nicht belohnt werden können.

Was *dividuelle* Schuld betrifft, sind Situationen zu unterscheiden, in denen
(1) dividuelle Schuld entweder *gleichmäßig* oder (2) ungleichmäßig verteilt ist.
Wo dividuelle Schuld gleichmäßig verteilt ist, muss erneut nach Regeletablierung und Regelbefolgung unterschieden werden. Was die *Regeletablierung* betrifft, ist nach unserer Argumentation Versöhnung, nicht Vergebung
erforderlich; was die *Regelbefolgung* betrifft, ist (und zwar allein im Fall von
Regeldefekten) nach Tätern zweiter Ordnung, die versäumt haben, richtige
Regeln, die allseitig gelten, zu etablieren bzw. falsche Regeln zu reformieren
(wodurch Unrecht gefördert wurde), und Tätern erster Ordnung, die einseitig
Unrecht verübt haben, zu unterscheiden. Bedenken wir an dieser Stelle den
folgenden Fall: Was soll geschehen, wenn ein Täter diesseitig Kompensation
gegenüber seinem Opfer hätte schaffen können und das nur nicht wollte? Zu
seiner Tat käme also eine Unterlassung hinzu. Hier ist entscheidend, ob die
Kompensation durch die Regeln der Gesellschaft vorgesehen ist oder nicht.
Ist sie vorgesehen, und verletzt der Täter die geltenden Regeln, ohne dafür
bestraft zu werden, wird er schuldig, was auch jenseitig relevant bleibt; sind
sie nicht vorgesehen, kann man dem Täter daraus keinen Vorwurf machen.[44]

---

[44] Die Diskussion, ob das *Fehlen einer Regel* ein so offensichtliches Unrecht darstellt, dass dem

Wo dividuelle Schuld ungleichmäßig verteilt ist, haben wir es (und zwar wiederum im Fall von Regeldefekten) mit einer Situation zu tun, in der einige, die dazu berechtigt sind, unzureichende Regeln etablieren bzw. nicht reformieren, während andere dazu nicht berechtigt sind. Hier entsteht bei den Berechtigten dividuelle Schuld, sie sind Täter zweiter Ordnung, natürlich nur, wenn es auch Täter erster Ordnung gibt. Täter zweiter Ordnung stehen aus ethischer Sicht grundsätzlich, wenngleich unter Umständen faktisch skaliert, in der gleichen Verantwortung wie Täter erster Ordnung, sie haben, wo nötig und möglich, Wiedergutmachung zu leisten und die Opfer von Unrecht um Vergebung zu bitten. Weil im Fall der Regellücke nur von dividueller, nicht von individueller Schuld gesprochen werden kann, kann es hier keine Täter erster und deshalb auch keine Täter zweiter Ordnung geben. Wer sich von der Etablierung oder Geltung einer Regel, die Unrecht zulässt oder sogar provoziert, jedenfalls nicht verbietet, unter den bereits diskutierten Bedingungen zumindest distanziert, ist von der Zurechnung dividueller Schuld individuell ausgenommen.

5.7 Fazit

Wir setzen mit dem Versuch, eine ethisch fundierte Eschatologie auszuarbeiten, das unvertretbare und irreduzible Selbstverhältnis einer Person voraus. Denn was sollte es eschatologisch sonst schon heißen, etwa von unabgegoltener Schuld zu sprechen, um Vergebung von Schuld zu bitten (bzw. dies nicht zu tun) oder Vergebung von Schuld – möglicherweise unter der Bedingung der Bitte um Vergebung – zu gewähren (bzw. nicht zu gewähren)? Wir gehen deshalb von der individuellen Persönlichkeit und damit von der Notwendigkeit der raum-zeitlichen, das heißt körperlichen Individuiertheit der Person aus, ohne diskutieren zu können, wie diese Voraussetzungen eschatologisch realisiert sein sollen. Darüber hinaus wird an der Unvertretbarkeit der erstpersönlichen Perspektive festgehalten, freilich so, dass soziale Anerkennungsprozesse und Bewertungsmaßstäbe zu den Ermöglichungsbedingungen personaler Autonomie zählen. Die Persönlichkeit bzw. das Persistieren der Persönlichkeit wird daher als Bedingung für jede Art von berechtigten Ansprüchen, die Personen aneinander richten, betrachtet. Nur auf diese Weise können sich die Beteiligten selbst zu normativen Zuschreibungen verhalten und, wo nötig, rechtfertigen, gerade wenn sie von Gott perfekt informiert werden. Alternativ ließe sich denken, auch Gott vertrete

---

Täter daraus Schuld erwächst, ist nicht leicht zu führen. Leichter ist das *Bestehen einer Regel* (oder genauer: die Handlung, die dadurch ermöglicht wird) als offensichtliches Unrecht auszuweisen.

diese Zuschreibungen perfekt, weshalb das soziale Gefüge von erst- und
drittpersönlicher Perspektive substituierbar ist, doch sind wenigstens die
Bitte um Vergebung und das Gewähren von Vergebung unvertretbare Entscheidungen und Handlungen einer Persönlichkeit. Vielleicht muss die Persönlichkeit, ihr Selbstbewusstsein, das nicht nur kognitive, sondern auch volitionale Aspekte umfasst, also ein evaluatives Selbstverhältnis ausbildet, als
unvertretbar individuell verstanden werden, gerade weil Evaluationen in soziale Anerkennungsprozesse eingetaucht sind. Dies wäre ein Grund dafür,
Prozesse der Anerkennung, die in der Bitte um Vergebung und im Gewähren
von Vergebung münden können, nicht nur für die involvierten Personen,
sondern auch für Gott selbst als unabsehbar zu behandeln (5.1).

Gott bindet sich an die Geschichte: Könnte er die Vergangenheit ungeschehen machen, müsste er die Persistenz der Person und damit die Person
zerstören. Insofern spitzt die eschatologische Perspektive die Bedeutung von
Vergebung noch zu, weil gerade jenseitig kein Unrecht vergessen noch ungeschehen gemacht werden kann. Ein säkulares Gericht kann dagegen die Wertung der Vergangenheit gegenüber der Wertung der Zukunft abwägen, ein
Unrecht also dem Vergessen anheimfallen lassen, um eine Person wieder als
Kooperationspartner für die Gesellschaft zu gewinnen, selbst wenn das Opfer
nicht bereit ist, dem Täter zu vergeben. Allerdings kann geschehenes Unrecht
nicht ungeschehen gemacht werden. Wenn Gott allwissend ist, kann es auf
seiner Seite keinen Irrtum geben, weshalb er sein Urteil über ein Unrecht
nie revidieren muss. Gott kennt all jene Gründe, die die Tat eines Menschen
entschuldigen und zur Milderung des Strafmaßes führen könnten, vollständig, weshalb ihn kein bislang unbekannter Grund zur Revision seines Urteils
zu bewegen vermag. Tut ein Mensch Buße, beurteilen wir seine Tat anders
(im Grunde schon, sobald er Reue zeigt). Sofern Gott dies voraussehen kann,
was freilich Schwierigkeiten in der Konzeption menschlicher Freiheit mit sich
brächte, ist dieser Schritt in seinem Urteil schon enthalten, sofern nicht,
könnte und müsste er sein Urteil revidieren. Allerdings müssen Reue und
Buße das Opfer erreichen, sofern es Vergebung von Reue bzw. Buße abhängig
machen will. Selbstverständlich darf Gott sein Urteil nicht revidieren und aus
Unrecht Recht werden lassen, weil er dann seiner Moral, an die er gebunden
ist, untreu werden würde. Und er darf ein Unrecht nicht vergessen oder (weil
ein allwissender Gott ja nicht vergessen kann) vielleicht besser: in Vergessenheit geraten lassen, was ja bedeuten würde, es (stillschweigend) zu vergeben,
so wie er geschehenes Recht nicht in Vergessenheit geraten lassen darf, würde
er damit doch Reue und Buße schwerer gewichten als die gerechte Tat (5.2).

Weder die Aussicht auf jenseitige Bestrafung noch auf jenseitige Belohnung kann zudem das Fehlen oder die Fehler von Regeln kompensieren. Insofern ist der Verbleib im Jenseits ethisch nur relevant, wenn es gilt, unabge-

goltenes Unrecht oder Leid wiedergutzumachen, sei es durch die Bestrafung des Täters, sei es durch die Kompensation des Opfers. Innerweltlich geht es darum, Regeln so zu gestalten, dass Akteuren die Hoffnung, sich mit künftig regelgerechtem Handeln besser zu stellen, nicht genommen wird, auch das ist ja, neben der Bestrafung, ein Aspekt von Prävention. Zugleich gilt: Ein Opfer hat das Recht auf Retribution durch den Täter, soweit dies möglich und sinnvoll ist. Das Rechtssystem kann vernünftigerweise Bestrafung vorsehen, selbst wenn dies gegen den Willen des Opfers geschieht. Es kann auch von Bestrafung absehen, selbst wenn dies wiederum dem Willen des Opfers widerspricht. Ein Vor- oder Absehen von Strafe gegen den Willen des Opfers ist statthaft, wenn das Opfer als Regelsetzer diesem Verfahren zuvor aus guten Gründen zugestimmt hat bzw. zustimmen hätte können. Beziehen wir uns auf überweltliche Verhältnisse, so ist zu bemerken, dass Strafe, wenn ein Mensch kein Unrecht mehr begehen kann, jeden präventiven Sinn verliert und auch keinen retributiven Sinn gewinnt (5.3).

Mit diesen Annahmen sind wir verpflichtet, mit Blick auf eine ethische Theorie ein Konzept abzuweisen, das – summarisch formuliert – in der Erlösungstat Jesu einen stellvertretenden Akt der Vergebung erblickt. Die Erlösungstat Jesu biete, so wird vorgeschlagen, für jedes menschliche Leid „mehr als genug" Kompensation. Damit wird ein beachtenswerter Aspekt beleuchtet, sofern nämlich menschliche Wiedergutmachung menschliches Leid in vielen Fällen nie ganz kompensieren kann, wodurch, wie schon bemerkt, bei aller menschlichen Bemühung ein unabgegoltener Rest bleibt. Doch können Täter dadurch nicht einfach davon dispensiert werden, ihr Opfer wenigstens um Vergebung zu bitten, was immer möglich ist. Unverzichtbar ist die Bitte um Vergebung dann und nur dann, wenn sie vom Opfer auch gefordert wird, wozu es ein Recht hat, wenngleich keine Pflicht dazu besteht (erst recht kann keine Pflicht begründet werden, auf die Forderung nach einer Bitte um Vergebung zu verzichten). So wird Gottes Vergebung abhängig von erbetener wie gewährter menschlicher Vergebung, um dann in der Tat alles Unabgegoltene kompensieren und mehr Genugtuung, als es dem Menschen möglich ist, schenken zu können. Würde Vergebung nur von Gott ausgehen und ohne menschliche Vergebung genügen, wäre dies zutiefst ungerecht und widerspräche dem Sinn des Gedankens der Inkarnation, weil, wie wir in der Diskussion des „mere exemplarism" festhielten, alles ohne die unvertretbare menschliche Vermittlung von Gott allein bewältigt werden könnte (5.4).

Auch in einer eschatologischen Perspektive wird man an Vergebung Bedingungen, mindestens die Bitte um Vergebung, knüpfen dürfen, wenngleich nicht müssen. Ein Opfer darf bedingungslos vergeben, um seinen Status als Opfer abschütteln zu können. Man würde diesen Status perpetuieren, würde

man seine Vergebung an Bedingungen binden bzw. verlangen, dass es seine
Vergebung an Bedingungen knüpft. Es gibt also keine Pflicht, Vergebung an
Bedingungen zu binden, so wie es keine Pflicht gibt, Vergebung von Bedingungen freizuhalten. Allerdings muss das Opfer nicht vergeben, selbst wenn
der Preis dafür sein mag, dass eine Person sich immer als Opfer weiß und als
Opfer fühlt, die Vergangenheit, die es zum Opfer werden ließ, also nicht hinter sich lassen will (wir hatten ja schon angedeutet, es sei auch vorstellbar,
dass Gott dieses Gefühl durch den Überfluss, den er dem Opfer zukommen
lässt, gleichsam „in Verstoß" geraten lassen kann). Nur wenn Bedingungen
an Vergebung gestellt und erfüllt wurden, ist von einer *freiwilligen Selbstverpflichtung* des Opfers seinem Täter gegenüber auszugehen. Es kann Unvergebbares geben, es muss jedoch nicht Unvergebbares geben, so kann man bilanzieren. Vergebung muss auch als Gabe nicht bedingungslos sein, sie
vollzieht sich freilich nicht nur bedingungsweise, geht sie doch über das,
was sie als Bedingung fordern kann, nämlich Reue und die Bitte um Vergebung sowie, wo möglich, Wiedergutmachung und Buße, hinaus. Dennoch
ist die Aussage, Vergebung könne nur unabhängig vom Täter vollständig
sein, abzuweisen: Sie kann unabhängig vom Täter vollkommen sein, muss
es jedoch nicht (5.5).

Zuletzt sind verschiedene Situationen zu bewerten, wobei in einem ersten
Schritt auf individuelle Schuld abgehoben wird: (1) Ein Akteur handelt moralisch richtig, obschon er geltenden Regeln zuwiderhandelt und bestraft
wird; (2) ein Akteur handelt moralisch falsch, obwohl er sich an den geltenden Regeln (von denen wir annehmen, sie seien Unrecht) orientiert und deshalb nicht bestraft wird; (3) ein Akteur handelt falsch, weil keine Regeln existieren, die verhindern, dass er, handelte er richtig, ausgebeutet wird, was, wie
bereits bemerkt, nicht Sinn der Moral sein kann; (4) ein Mensch handelt
richtig, obwohl keine Regeln existieren, die eine allseitige Besserstellung garantieren. In einem zweiten Schritt geht es um dividuelle Schuld. Hier sind
Situationen zu unterscheiden, in denen dividuelle Schuld gleichmäßig oder
ungleichmäßig verteilt ist. Die bereits eingeführte Unterscheidung zwischen
Tätern erster und zweiter Ordnung ist hier noch einmal aufzugreifen (5.6).

6. Ertrag

Wir sahen, wie die biblische Behandlung von Schuld einen Wandel vollzieht, der eine präzisere Zurechnung ermöglicht und erfordert: Das Individuum rückt in den Vordergrund, und zwar auch dann, wenn Gründe für seine Entschuldigung geltend gemacht werden, das Kollektiv dagegen in den Hintergrund (ohne freilich in seiner Bedeutung für die Behandlung von Schuld ganz zu verschwinden). Der Individualität eines Menschen in der gesellschaftlichen Zuweisung von Schuld vermag Rechnung getragen zu werden, weil Ursache und Wirkung, Motiv und Folge einer Handlung sowie *religiöse* und *rechtliche* Aspekte von Normen semantisch wie auch strukturell auseinandergehalten werden können. Damit verbunden ist eine Tendenz der Verinnerlichung, sofern zugestanden wird, dass sich eine Person nämlich in Zweifelsfällen zur Berechtigung einer Schuldzuweisung *moralisch* verhalten kann. Die Errungenschaft, Schuld präziser zuweisen zu können, und das Zugeständnis, die Zuweisung von Schuld nicht zuletzt vor sich selbst abweisen zu dürfen, gehen dabei Hand in Hand. Darüber zerbricht, zumindest innerweltlich, der Zusammenhang von Tun und Ergehen, der überweltlich in der Form eines göttlichen Gerichts reformuliert wird, wenn man eine Person entweder zu Unrecht beschuldigt oder zu Unrecht nicht beschuldigt hat. In dieser Figur der doppelten Reziprozität wird der Zusammenhang von Tun und Ergehen heilsgeschichtlich gewendet. Diese Entwicklung trägt sich mit der Ausdifferenzierung der Religion vor allem gegenüber dem Recht, doch auch gegenüber der Wirtschaft oder der Politik zu, die, wie wir ausführlich sahen, in den biblischen Texten ihren Niederschlag findet und dort Prozesse der *Spiritualisierung* und *Eschatologisierung* auslöst, weil überkommene Moralvorstellungen gegen den Strukturwandel der Gesellschaft, der prekäre soziale Verhältnisse hervorbringt, nicht ankommen und folgerichtig semantisch entschärft werden müssen. Der Begriff der Schuld wird deshalb von konkreten Abhängigkeitsverhältnissen losgelöst und abstrakt moralisiert, wodurch seine universale Einsetzbarkeit gewährleistet wird, die dem Kontakt mit der paganen Welt entgegenkommt.

Der Gedanke einer stellvertretenden Überwindung von Schuld verliert mit der Präzisierung der Zurechnung von Schuld zunehmend an Plausibilität: Die Tendenz einer unvertretbaren Schuldzuweisung birgt das Erfordernis einer unvertretbaren Überwindung von Schuld. Dies zeigen implizit jene biblischen Texte, die wir im Umfeld der so genannten Gebote der Nächsten- wie der Feindesliebe analysiert haben, und explizit jene Texte, die dem Gedanken der Vergebung von Schuld gewidmet sind. Die nur scheinbare Umkehrung dieser Entwicklung, die in der christlichen Theologie dann den Gedanken der Stellvertretung belebt, sofern es um die Erlösung von Schuld und nicht, wie in den biblischen Texten, um die Befreiung von unbeherrschbarer Schuld geht, ereignet sich in Wirklichkeit unter veränderten strukturellen Bedingungen und erschließt ein anderes semantisches Feld, eine Bewandtnis, die wir nicht ausführlich erschließen konnten und die einer eigenen Darstellung bedürfte. Dabei ist die Abkehr von der moralisierenden Tendenz der biblischen Texte, die einen rationalisierenden Blick auf menschliche Schuld werfen, zusammen mit der Hinkehr zu rituell-kultischen Aspekten durchaus erklärungs- und rechtfertigungsbedürftig: Offenbar soll die „Vermessung" des menschlichen und des göttlichen Beitrags in der Bewältigung von Schuld in der Schwebe gehalten werden. Auf diesem schwankenden Boden konnte die Forderung erhoben werden, Schuld bedingungslos zu vergeben, eine Forderung, die den biblischen Schriften, die im Muster der (doppelten) Reziprozität verfahren, vollkommen fremd ist, liegt es doch am Täter, Reue zu zeigen und Buße zu tun, Wiedergutmachung zu leisten und die Bitte um Vergebung zu äußern, und am Opfer, Vergebung zu gewähren.

Systematisch kam es uns auf die Überlegung an, dass auch unter spezifisch modernen Voraussetzungen die Unvertretbarkeit von Schuld wie von Vergebung begründet werden kann. Damit wird aus ethischer Sicht auf der Seite der Zurechnung von Schuld das Konzept der Erbsünde obsolet, das die Position des Täters, der Schuld auf sich lädt, diminuiert, während auf der Seite der Vergebung ein Konzept von Stellvertretung an Plausibilität verliert, das die Position des Opfers, das allein Vergebung gewähren kann, überspringt. Hier ist die Vorstellung einer Seelensubstanz zurückzuweisen, weil sie die Persönlichkeit einer Person nicht ernst nimmt, was sich in der Konstruktion eines Zwischenzustandes artikuliert, der den Tod eines Menschen von seiner Auferstehung trennt. Der Gedanke göttlicher Erlösung muss deshalb dem Gedanken menschlicher Vergebung eingepasst werden, was in zweifacher Hinsicht versucht wurde: Zum einen stellt Gott jenen Zeitraum bereit, innerhalb dessen diesseitig unabgegoltene Schuld Vergebung erfahren kann; zum anderen kompensiert Gott diesseitig unabgeltbare Schuld jenseitig, ohne freilich berechtigt zu sein, die Positionen von Täter und Opfer zu ignorieren. Damit schält sich als unvertretbar die Position des Opfers heraus, das dem Täter mindestens die gleichfalls unvertretbare Bitte um Vergebung abverlangen darf, wenngleich nicht muss: Ein Opfer darf dem Täter – auch bedingungslos – vergeben, es muss ihm jedoch nicht (bedingungslos) vergeben. So werden Schuld wie Vergebung prozessual verstanden. Es kann deshalb keine irreversiblen Jenseitszustände mit Blick auf menschliche Schuld, nur mit Blick auf menschliche Vergebung geben, wie wir zu begründen suchten. Es gibt, mit anderen Worten, keine irreversible Schuld, nur irreversible Vergebung, die wir als Vollendung von Welt und Geschichte begreifen. Der

Gedanke jenseitiger Strafe wird entsprechend in die Vorstellung von einem grundsätzlich reversiblen Akt des Selbstausschlusses transformiert. Damit wird Gott von Straffunktionen entlastet, zumal eine Bestrafung des Täters im Jenseits weder eine präventive noch eine retributive Funktion erfüllen, höchstens Genugtuung für das Opfer bedeuten kann, die allerdings auch durch eine Belohnung bzw. Kompensation zu erreichen ist. Auch das Opfer, das nicht vergibt, muss vom Gedanken der Bestrafung ausgenommen werden, ist es doch der Täter, der eine moralische Asymmetrie begründet. Allerdings steht es dem Opfer, wie gesagt, frei, dem Täter die Wiederaufnahme der ursprünglichen Symmetrie anzubieten. Prekär bleibt der Status eines jenseitigen Lohns, der als göttliche Kompensation bestimmt wird, allerdings ohne die Versöhnung von Täter und Opfer kaum vollkommen sein kann. Die Vollkommenheit Gottes steht für die Unvollkommenheit eines kompensatorischen Lohns ohne allseitige Versöhnung ein. Damit ist auch gesagt, dass die Vorstellung einer überweltlichen Behandlung von Schuld nicht unabhängig von ihren innerweltlichen Bedingungen gedacht werden kann. Dies wurde anhand der Differenz zwischen individueller und dividueller Schuld dargestellt: Dividuelle Schuld fungiert vor allem als diesseitig prospektive, individuelle Schuld auch als jenseitig retrospektive Kategorie. Der prospektive Zug dividueller Schuldzuweisung soll zu einer Verbesserung von Regeln mit dem Ziel einer Vermeidung von Schuld führen, der retrospektive Zug individueller Schuldzuweisung dient dazu, einerseits keinerlei Schuld in Vergessenheit geraten zu lassen und andererseits auf die Verflechtung von Schuld (was nicht mit dividueller Schuld zu verwechseln ist, sondern auf Beschränkungen der Freiheit verweist) aufmerksam zu machen. Was die Bewältigung von Schuld durch Vergebung betrifft, gilt zusammenfassend: (1) Nicht jede Schuld bedarf der Vergebung. Vergebung von Schuld ist ethisch nur dort erfordert, wo eine Person in ihrer Selbstachtung geschädigt wurde, und zwar in einer Weise, die nicht vollständig wiedergutgemacht werden kann. Wir argumentierten, dass die Schädigung der Selbstachtung einer Person zugleich die Schädigung der Selbstachtung des Schädigenden bedeutet. Sofern Fremd- und Selbstachtung miteinander verschränkt sind, ist damit eine moderne Rekonstruktion des Zusammenhangs von Tun und Ergehen erreicht. Wird dies nicht nur für diesseitige, sondern auch für jenseitige Verhältnisse angenommen, kann der Gedanke der göttlichen Belohnung des Opfers durch den Begriff der Kompensation und der Gedanke der göttlichen Bestrafung des Täters durch den Begriff des Selbstausschlusses aufgenommen werden, wodurch eine moderne Rekonstruktion des Konzepts der doppelten Reziprozität realisiert wird. (2) Schuld, die diesseitig vergeben wurde, ist jenseitig irrelevant. (3) Sehen und Verstehen einer Verflechtung des Täters in Schuld können schuldmindernd wirken und aufseiten des Opfers möglicherweise die Bereitschaft zur Vergebung befördern, wenn wir einen jenseitig unendlich differenzierten Blick auf diesseitige Schuldverhältnisse annehmen; (4) dies gilt auch für die Unterscheidung von Recht und Unrecht, die selbst in Rechtssystemen notorisch umstritten sein muss und in Unrechtssystemen aus ethischer Perspektive einen Akt der Distanzierung fordert, um von dividueller Schuld individuell ausgenommen zu sein.

Literaturverzeichnis

Adrian, M. Mutuum date nihil desperantes (Lk 6,35). Reziprozität bei Lukas, Göttingen 2019.

Anderson, G. A. Sin. A History, New Haven/London 2009.

Axelrod, R. More effective choice in the Prisoner's Dilemma, in: Journal of Conflict Resolution 24 (1980), 379–403.

Badiou, A. Paulus – Die Begründung des Universalismus, Zürich/Berlin 2009.

Bash, A. Forgiveness and Christian Ethics, Cambridge 2009.

Baumeister, R. F./Reis, H. T./Delespaul, P. Subjective and experiential correlates of guilt in daily life, in: Personality and Social Psychology Bulletin 21 (1995), 1256–1268.

Benn, P. Forgiveness and Loyalty, in: Philosophy 71 (1996), 369–383.

Berkenkopf, C. Sünde als ethisches Dispositiv. Über die biblische Grundlegung des Sündenbegriffs, Paderborn 2013.

Bird, C. Self-respect and the Respect of Others, in: European Journal of Philosophy 18 (2007), 17–40.

Bovon, F. Das Evangelium nach Lukas (Lk 15,1–19,27), Neukirchen-Vluyn 2001.

Brandom, R. B. Expressive Vernunft. Begründung, Repräsentation und diskursive Festlegung, Frankfurt a. M. 2000.

Bratman, M. Shared Intention, in: Ethics 104 (1993), 97–113.

Bratman, M. Faces of intention: Selected essays on intention and agency, Cambridge 1999.

Bratman, M. Shared agency: A planning theory of acting together, Oxford 2014.

Bratu, C. Self-Respect and the Disrespect of Others, in: Ergo 13 (2019/2020), 357–373.

Breitsameter, C. Die Sünde und das schöne Leben – zu Wandel und Bedeutung eines moraltheologischen Begriffs, in: Theologie der Gegenwart 52 (2009), 55–64.

Breitsameter, C. Nur Zehn Worte – Moral und Gesellschaft des Dekalogs, Freiburg i. Br./Fribourg 2012.

Breitsameter, C. Die Semantik „moralischer Gefühle" zwischen Aktion, Reaktion und Interaktion, in: Münchener Theologische Zeitschrift 66 (2015), 243–256.

Breitsameter, C. Menschliche Sexualität zwischen Natur und Kultur, in: K. Hilpert/S. Müller (eds.). Humanae vitae – die anstößige Enzyklika. Eine kritische Würdigung, Freiburg i. Br. 2018, 373–387.

Breitsameter, C. Gibt es eine Wahrheit von Normen?, in: B. Irlenborn/M. Seewald (eds.). Relativismus und christlicher Wahrheitsanspruch: Philosophische und theologische Perspektiven, Freiburg i. Br. 2020, 239–263.

Breitsameter, C. Um Gottes willen – Religion und Klimaschutz, in: A. Nassehi/P. Felixberger (eds.). Donner. Wetter. Klima – Kursbuch 202, Hamburg 2020, 164–181.

Bremer, J.-M. The Reciprocity of Giving and Thanksgiving in Greek Worship, in: C. Gill/N. Postlethwaite/R. Seaford, Reciprocity in Ancient Greece, Oxford 1998, 127–137.

Burkert, W. Anthropologie des religiösen Opfers – Die Sakralisierung der Gewalt, München 1987.

Carney, F. S. Accountability in Christian Morality, in: The Journal of Religion 53 (1973), 309–329.

Cosmides, L./Tooby, J. Cognitive adaptions for social exchange, in: J. H. Barkow/L. Cosmides/J. Tooby (eds.). The adapted mind: Evolutionary psychology and the generation of culture, New York 1992, 163–228.

Cover, R. C. Artikel „Sin, Sinners", in: Anchor Bible Dictionary, New York 1992, 31–40.

Crisp, O. D. Approaching the Atonement. The Reconciling Work of Christ, Downers Grove, Illinois 2020.

Crisp, O. D. Moral exemplarism and atonement in: Scottish Journal of Theology 73 (2020), 137–149.

Crüsemann, F. „Auge um Auge …" (Ex 21,24f.) – Zum sozialgeschichtlichen Sinn des Talionsgesetzes im Bundesbuch, in: Evangelische Theologie 47 (1987), 411–426.

Crüsemann, F. „… wie wir vergeben unseren Schuldigern". Schulden und Schuld in der biblischen Tradition, in: M. Crüsemann/W. Schottroff (eds.). Schuld und Schulden. Biblische Traditionen in gegenwärtigen Konflikten, München 1992, 90–103.

Crüsemann, F. Die Tora. Theologie und Sozialgeschichte des alttestamentlichen Gesetzes, München 1992.

Dalferth, I. U. Sünde. Die Entdeckung der Menschlichkeit, Leipzig 2020.

Davidson, D. Handlung und Ereignis, Frankfurt a. M. 1998.

Derrida, J. Vergeben. Das Nichtvergebbare und das Unverjährbare, Wien 2017.

Dillon, R. S. Self-Respect: Moral, Emotional, Political, in: Ethics 107 (1997), 226–249.

Dunn, J. D. G. Jesus Remembered. Christianity in the Making, Volume I, Grand Rapids 2003.

Ebner, M. Feindesliebe – Ein Ratschlag zum Überleben? Sozial- und religionsgeschichtliche Überlegungen zu Mt 5,38–47 par Lk 6,27–35, in: J. M. Asgeirsson/K. De Troyer/M. W. Meyer (eds.). From Quest to Q, Leuven 2000, 119–142.

Ebner, M. Neutestamentliche Ethik zwischen weisheitlichen Alltagsratschlägen und sozialethischen Visionen, in: H. Schmidinger/G. M. Hoff (eds.). Ethik im Brennpunkt I, Innsbruck/Wien 2005, 57–95.

Ebner, M. Überwindung eines „tödlichen" Lebens. Paradoxien zu Leben und Tod in den Jesusüberlieferungen, in: Jahrbuch für Biblische Theologie 19 (2005), 79–100.

Ebner, M. Widerstand gegen den „diskreten Charme der sozialen Distanz" im Lukasevangelium, in: Theologisch-praktische Quartalschrift 155 (2007), 123–130.

Ebner, M. Symposion und Wassersucht, Reziprozitätsdenken und Umkehr – Sozialgeschichte und Theologie in Lk 14,1–24, in: D. C. Bienert/J. Jenka/T. Witulski (eds.). Paulus und die antike Welt – Beiträge zur zeit- und religionsgeschichtlichen Erforschung des paulinischen Christentums, Göttingen 2008, 115–135.

Ebner, M. Face to face-Widerstand im Sinn der Gottesherrschaft. Jesu Wahrnehmung seines sozialen Umfeldes im Spiegel seiner Beispielgeschichten, in: Early Christianity 1 (2010), 406–440.

Ebner, M. Endgericht als Verunsicherung: oder von der Gewissheit, dass die letzte Entscheidung nicht in menschlicher Hand liegt, in: J. Werbick/S. Kalisch/K. v. Stosch (eds.). Glaubensgewissheit und Gewalt – Eschatologische Erkundungen in Islam und Christentum, Paderborn u. a. 2011, 13–35.

Ebner, M. Plädoyer für die sozial Geringsten als „Brüder" in Mt 25,40. Eine exegetisch-hermeneutische Zwischenbemerkung, in: U. Busse/M. Reichardt/M. Theobald (eds.). Erinnerung an Jesus. Kontinuität und Diskontinuität in der neutestamentlichen Überlieferung, Göttingen 2011, 215–229.

Ebner, M. Inkarnation der Botschaft – Kultureller Horizont und theologischer Anspruch neutestamentlicher Texte, Stuttgart 2015.

Ebner, M. Die Vergebungsbitte des Vaterunsers – erklärt vom Evangelisten Matthäus, in: heute.glauben.leben, Würzburg 2016, 10–15.

Ebner, M. Von Sünde und Umkehr – und einem Hörexperiment mit offenem Ausgang. Narratologische, rezeptionsästhetische und redaktionsgeschichtliche Überlegungen zu Lk 15, in: J. Flebbe/M. Konradt (eds.). Ethos und Theologie im Neuen Testament, Neukirchen-Vluyn 2016, 82–102.

Engberg-Pedersen, T. Giving and Doing. The Philosophical Coherence of the Sermon on the Plain, in: F. W. Horn/R. Zimmermann (eds.). Jenseits von Indikativ und Imperativ, Tübingen 2009, 267–287.

Enright, R. D./Gassin, E./Wu, C.-R. Forgiveness: a developmental view, in: Journal of Moral Education 21 (1992), 99–114.

Enright, R. Piaget on the moral development of forgiveness: identity or reciprocity?, in: Human Development 37 (1994), 63–80.

Ernst, J. Das Evangelium nach Lukas, Regensburg 1993.

Essen, G. „Da ist keiner, der nicht sündigt, nicht einer …" – Analyse und Kritik gegenwärtiger Erbsündentheologien und ihr Beitrag für das seit Paulus gestellte Problem, in: T. Pröpper, Theologische Anthropologie II, Freiburg i. Br. 2015, 1092–1156.

Exline, J. J./Baumeister, R. F. Expressing Forgiveness and Repentance. Benefits and Barriers, in: M. E. McCullough/K. I. Pargament/C. E. Thoresen (eds.). Forgiveness. Theory, Research, and Practice, New York/London 2000, 133–155.

Falk, Z. W. Art. „Asylrecht II", in: Theologische Realenzyklopädie 4 (1979), 318f.

Fiedler, K./Juslin, P. Information sampling and adaptive cognition, New York 2006.

Fischer, G./Backhaus, K. Sühne und Versöhnung, Würzburg 2000.

Fischer, J. M./Ravizza M. Responsibility and Control, Cambridge 1998.

Fitzer, G. Auch der Hebräerbrief legitimiert nicht eine Opfertodchristologie. Zur Frage der Intention des Hebr. und seiner Bedeutung für die Theologie, in: Kerygma und Dogma 15 (1969), 294–319.

Flynn, M. Sacred Charity: Confraternities and Social Welfare in Spain, 1400–1700, Ithaca 1989.

Ford, J. M. The Forgiveness Clause in the Matthean Form of the Our Father, in: Zeitschrift für die Neutestamentliche Wissenschaft 59 (1968), 127–131.

Forst, R. Toleranz im Konflikt – Geschichte, Gehalt und Gegenwart eines umstrittenen Begriffs, Frankfurt a. M. 2003.

Frankfurt, H. Freedom of the Will and the Concept of a Person, in: Journal of Philosophy 68 (1971), 5–20.

Frankfurt, H. The Faintest Passion, in: Proceedings of the American Philosophical Association 66 (1992), 5–16.

French, P. A. Collective and corporate responsibility, New York 1984.

Frettlöh, M. L. „Der Mensch heißt Mensch, weil er … vergibt"? Philosophisch-politische und anthropologische Vergebungs-Diskurse im Licht der fünften Vaterunserbitte, in: J. Ebach/H. M. Gutmann/M. L. Frettlöh/M. Weinrich (eds.). „Wie? Auch wir vergeben unsern Schuldigern?" Mit Schuld leben, Gütersloh 2004.

Fücker, S. Vergebung. Zu einer Soziologie der Nachsicht, Frankfurt/New York 2020.

Gallant, T. W. Risk and Survival in Ancient Greece: Reconstructing the Rural Domestic Economy, Cambridge 1991.

Garrard, E./Mc Naughton, D. In Defence of Unconditional Forgiveness, in: Proceedings of the Aristotelian Society 103 (2003), 39–60.

Gertz, J. C. Die Gerichtsorganisation Israels im deuteronomischen Gesetz, Göttingen 1994.

Gigerenzer, G. Bauchentscheidungen. Die Intelligenz des Unbewussten und die Macht der Intuition, München 2008.

Gilbert, M. Social Facts, Princeton, New Jersey 1989.

Gilbert, M. On social facts, New York 1989.

Girard, R. Das Heilige und die Gewalt, Zürich 1987.

Gnilka, J. Das Matthäusevangelium, I. Teil, Kommentar zu Kapitel 1,1–13,58, Freiburg i. Br. 1988.

Gnilka, J. Das Matthäusevangelium, II. Teil, Kommentar zu Kapitel 14,1–28,20 und Einleitungsfragen, Freiburg i. Br. 1988.

Golding, M. P. Forgiveness and Regret, in: Philosophical Forum 16 (1984–1985), 121–137.

Goodman, M. The First Jewish Revolt: Social Conflict and the Problem of Debt, in: Journal of Jewish Studies 33 (1982), 417–427.

Gouldner, A. W. The Norm of Reciprocity: A Preliminary Statement, in: American Sociological Review 25 (1960), 161–178.

Graupner, A. Vergeltung oder Schadensersatz? Erwägungen zur regulativen Idee alttestamentlichen Rechts am Beispiel des ius talionis und der mehrfachen Ersatzleistung im Bundesbuch, in: Evangelische Theologie 65 (2005), 459–477.

Griswold, C. Forgiveness: A Philosophical Exploration, Cambridge 2007.

Grund, A. Art. „Sünde/Schuld und Vergebung, IV. Altes Testament", in: Religion in Geschichte und Gegenwart, Bd. 7, Tübingen [4]2004, 1874–1876.

Haber, J. G. Forgiveness, Savage, Maryland 1991.

Habermas, J. Die Zukunft der menschlichen Natur. Auf dem Weg zu einer liberalen Eugenik?, Frankfurt a. M. 2005.

Hägerland, T. Jesus and the Forgiveness of Sins: An Aspect of his Prophetic Mission, Cambridge 2011.

Heyd, D. Supererogation: Its Status in Ethical Theory, Cambridge 1982.

Hick, J. Death and Eternal Life, San Francisco 1976.

Hick, J. The Metaphor of God Incarnate. Christology in a Pluralistic Age, Louisville, Kentucky 2006.

Hill, T. E. Servility and Self-Respect, in: The Monist 57 (1973), 87–104.

Holmgren, M. R. Forgiveness and the Intrinsic Value of Persons, in: American Philosophical Quarterly 30 (1993), 341–351.

Hooker, M. D. From Adam to Christ. Essays on Paul, Cambridge 1990.

Horn, C. Der Zeitbegriff der antiken Moralphilosophie und das Zeitverständnis des Neuen Testaments, in: F. W. Horn/R. Zimmermann (eds.). Jenseits von Indikativ und Imperativ, Tübingen 2009, 115–134.

Horrell, D. G. An Introduction to the Study of Paul, New York/London 2000.

Horsley, R. A. The Law of Nature in Philo and Cicero, in: Harvard Theological Review 71 (1978), 35–59.

Hughes, M. Forgiveness, in: Analysis 35 (1975), 113–117.

Hutter, M. Sündenbewusstsein als Spiegel ethischer Werte im hethitischen Kleinasien, in: H. Bürkle (ed.). Grundwerte menschlichen Verhaltens in den Religionen, Frankfurt a. M. u. a. 1993, 9–17.

Inwagen, P. van. The Possibility of Ressurection, in: International Journal for the Philosophy of Religion 9 (1978), 114–121.

Janowski, B. Die Tat kehrt zum Täter zurück. Offene Fragen im Umkreis des „Tun-Ergehen-Zusammenhangs", in: ders. Die rettende Gerechtigkeit. Beiträge zur Theologie des Alten Testaments 2, Neukirchen-Vluyn 1999, 167–191.

Janowski, B. Art. „Vergeltung, II. Altes Testament", in: Religion in Geschichte und Gegenwart, Bd. 8, Tübingen [4]2005, 1000.

Jüngling, H.-W. Auge für Auge, Zahl für Zahn. Bemerkungen zu Sinn und Geltung der alttestamentlichen Talionsformeln, in: Theologie und Philosophie 59 (1984), 1–38.

Kaminsky, J. S. Corporate Responsibility in the Hebrew Bible, Sheffield 1995.

Kessler, R. Das hebräische Schuldenwesen. Terminologie und Metaphorik, in: ders. Studien zur Sozialgeschichte Israels, Stuttgart 2009, 31–45.

Kilgallen, J. The Parable(s) of the Lost Sheep and Lost Coin, and of the Ressurected Son in Luke 15, in: Proceedings of the Irish Biblical Association 32 (2009), 60–73.

Kittsteiner, H. D. Die Entstehung des modernen Gewissens, Frankfurt a. M. 1995.

Klauck, H.-J. Gemeinde – Amt – Sakrament. Neutestamentliche Perspektiven, Würzburg 1989.

Klauck, H.-J. Heil ohne Heilung? Zu Metaphorik und Hermeneutik der Rede von Sünde und Vergebung im Neuen Testament, in: H. Frankemölle (ed.). Sünde und Erlösung im Neuen Testament, Freiburg i. Br. 1996, 18–52.

Klauck, H.-J. Religion und Gesellschaft im frühen Christentum, Tübingen 2003.

Koch, K. Gibt es ein Vergeltungsdogma im Alten Testament?, in: ders. Spuren des hebräischen Denkens. Beiträge zur alttestamentlichen Theologie, Gesammelte Aufsätze, Bd. 1, Neukirchen-Vluyn 1991, 65–103.

Kolnai, A. Forgiveness, in: Proceedings of the Aristotelian Society 74 (1973), 91–106.

Konstan, D. Reciprocity and Friendship, in: C. Gill/N. Postlethwaite/R. Seaford (eds.). Reciprocity in Ancient Greece, Oxford 1998, 279–301.

Konstan, D. Before Forgiveness. The Origins of a Moral Idea, Cambridge 2010.

Korff, W. Der Christ und der Frieden. Grundsätze einer christlichen Friedensethik, in: ders. (ed.). Den Frieden sichern, Düsseldorf 1982, 120–143.

Krämer, H. Integrative Ethik, Frankfurt a. M. 1995.

Kselman, J. S. Forgiveness, in: The Anchor Bible Dictonary (1992), 831–833.

Kutz, C. Complicity: Ethics ans Law for a Collective Age, New York 2000.

Lang, B. Forgiveness, in: American Philosophical Quarterly 31 (1994), 105–117.

Lauritzen, P. Forgiveness: Moral Prerogative or Religious Duty?, in: The Journal of Religious Ethics 15 (1987), 141–154.

Leftow, B. Souls Dipped in Dust, in: K. Corcoran (ed.). Soul, Body, and Survival. Essays on the Metaphysics of Human Persons, Ithaca 2001, 120–138.

Levine, S. J. Teshuva: A Look at Repentance, Forgiveness and Atonement in Jewish Law and Philosophy and American Legal Thought, in: Fordham Urban Law Journal 27 (2000), 1677–1693.

List, C./Pettit, P. Group agency and supervenience, in: Southern Journal of Philosophy 44 (2006), 85–105.

List, C./Pettit, P. Group Agency: The Possibility, Design, and Status of Corporate Agents, Oxford 2011.

Löhr, H. Elemente eudämonistischer Ethik im Neuen Testament?, in: F. W. Horn/R. Zimmermann (eds.). Jenseits von Indikativ und Imperativ, Tübingen 2009, 39–55.

Lowe, E. J. Identity, Composition, and the Simplicity of the Self, in: K. Corcoran (ed.). Soul, Body, and Survival. Essays on the Metaphysics of Human Persons, Ithaca 2001, 139–158.

Luhmann, N. Funktion der Religion, Frankfurt a. M. 1996.

Luhmann, N. Soziologische Aufklärung 5. Konstruktivistische Perspektiven, Wiesbaden 2005.

Luhmann, N. Rechtssoziologie, Wiesbaden 2008.

Luz, U. Das Evangelium nach Matthäus. 1. Teilband Mt 1–7, Düsseldorf/Zürich/Neukirchen-Vluyn 2002.

Lyons, D. The Forms and Limits of Utilitarianism, London 1965.

Margalit, A. The Decent Society, Cambridge, Mass./London 1996.

Martin, D. Collective National Guilt. A Socio-Theological Critique, in: L. Osborn/A. Walker (eds.). Harmful Religion. An Exploration of Religious Abuse, London 1997, 149–151.

Mathiesen, K. Wir sitzen alle in einem Boot: Die Verantwortung kollektiver Akteure und ihrer Mitglieder, in: H. B. Schmid/D. P. Schweikard (eds.). Kollektive Intentionalität. Eine Debatte über die Grundlagen des Sozialen, Frankfurt a. M. 2009, 738–764.

Mauss, M. Die Gabe – Form und Funktion des Austauschs in archaischen Gesellschaften, Frankfurt a. M. 1990.

Merklein, H. Paulus und die Sünde, in: H. Frankemölle (ed.). Sünde und Erlösung im Neuen Testament, Freiburg i. Br. 1996, 123–163.

Merklein, H. Die Gottesherrschaft als Handlungsprinzip – Untersuchungen zur Ethik Jesu, Würzburg 1997.

Metz, J. B. Gotteskrise. Versuch zur „geistigen Situation der Zeit", in: J. B. Metz/G. B. Ginzel/P. Glotz/J. Habermas/D. Sölle (eds.). Diagnosen zur Zeit, Düsseldorf 1994, 76–92.

Metzler, K. Der griechische Begriff des Verzeihens. Untersucht am Wortstamm συγγνώμη von den ersten Belegen bis zum vierten Jahrhundert n. Chr., Tübingen 1991.

Miller, S. Social Action: A Teleological Account, New York 2001.

Millett, P. C. Patronage and its Avoidance in Classical Athens, in: A. Wallace-Hadrill (ed.). Patronage in Ancient Society, London 1989, 15–48.

Moyar, D. Hegel's Conscience, Oxford 2014.

Murphy, J. Forgiveness and Resentment, in: J. Hampton/J. Murphy. Forgiveness and Mercy, Cambridge 1988, 14–34.

North, J. Wrongdoing and Forgiveness, in: Philosophy 62 (1987), 499–508.

North, J. The „Ideal" of Forgiveness: A Philosopher's Exploration, in: J. North/R. D. Enright (eds.). Exploring Forgiveness, Madison, Wisconsin 1998, 15–34.

Novitz, D. Forgiveness and Self-Respect, in: Philosophy and Phenomenological Research 58 (1998), 299–315.

Otto, E. Theologische Ethik des Alten Testaments, Stuttgart/Berlin/Köln 1994.

Parker, R. Pleasing Thighs: Reciprocity in Greek Religion, in: C. Gill/N. Postlethwaite/R. Seaford (eds.). Reciprocity in Ancient Greece, Oxford 1998, 105–125.

Pascut, B. The So-Called Passivum Divinum in Mark's Gospel, in: Novum Testamentum 54 (2012), 313–333.

Paul, L. A. Transformative Experience, Oxford 2014.

Pesch, R. Das Markusevangelium, II. Teil, Kommentar zu Kapitel 8,27–16,20, Freiburg i. Br. 1984.

Pettit, P. A theory of freedom: From the psychology to the politics of agency, Cambridge/New York 2001.

Pettit, P. Groups with minds of their own, in: F. Schmitt (ed.), Socializing metaphysics, New York 2003, 167–193.

Pettit, P./Schweikard, D. P. Joint Action and Group Agency, in: Philosophy of the Social Sciences 36 (2006), 18–39.

Pröpper, T. Theologische Anthropologie II, Freiburg i. Br. 2015.

Quante, M. Personales Leben und menschlicher Tod. Personale Identität als Prinzip der biomedizinischen Ethik, Frankfurt a. M. 2002.

Quante, M. Einführung in die Allgemeine Ethik, Darmstadt 2008.

Quante, M. „Die Persönlichkeit des Willens" als Prinzip des abstrakten Rechts. Eine Analyse der begriffslogischen Struktur der §§ 34–40 von Hegels Grundlinien der Philosophie des Rechts, in: L. Siep (ed.). G. W. F. Hegel, Grundlinien der Philosophie des Rechts, Berlin 2014.

Rengstorf, K. H. Die Re-Investitur des Verlorenen Sohnes in der Gleichniserzählung Jesu Luk. 15,11–32, Köln/Opladen 1967.

Richards, N. Forgiveness, in: Ethics 99 (1988), 77–97.

Rovane, C. The Bounds of Agency: An Essay in Revisionary Metaphysics, Princeton, New Jersey 1997.

Roitto, R. The Polyvalence of ἀφίημι and the Two Cognitive Frames of Forgiveness in the Synoptic Gospels, in: Novum Testamentum 57 (2015), 136–142.

Rye, M. S./Pargament, K. I./Ali, A./Beck, G. L./Dorff, E. N./Hallisey, C./Narayanan, V./ Williams, J. G. Religious perspectives on forgiveness, in: M. E. McCullough/K. I. Pargament/C. E Thoresen (eds.). Forgiveness: Theory, Research, and Practice, New York 2000, 17–40.

Sacks, D. How to Distinguish Self-Respect from Self-Esteem, in: Philosophy & Public Affairs 10 (1981), 346–360.

Sanders, E. P. Paul and Palestinian Judaism, London 1976.

Schimmel, S. Wounds not Healed by Time: The Power of Repentance and Forgiveness, New York 2002.

Schmid, K. Kollektivschuld? Der Gedanke übergreifender Schuldzusammenhänge im Alten Testament und im Alten Orient, in: Zeitschrift für Altorientalische und Biblische Rechtsgeschichte 5 (1999), 193–222.

Schnackenburg, R. Die sittliche Botschaft des Neuen Testaments, Bd. II: Die urchristlichen Verkündiger, Freiburg i. Br. 1988.

Schottroff, L. Gewaltverzicht und Feindesliebe in der urchristlichen Jesustradition (Mt 5,38–48; Lk 6, 27–36), in: G. Strecker (ed.). Jesus Christus in Historie und Theologie, Tübingen 1975, 197–221.

Schürmann, H. Das Lukasevangelium (1,1–9,50), Freiburg i. Br. 1969.

Scott, J. Patronage or Exploitation, in: E. Gellner/J. Waterbury (eds.). Patrons and Clients in Mediterranean Societies, London 1977, 21–39.

Searle, J. R. The Construction of Social Reality, New York 1995.

Selten, R. Eingeschränkte Rationalität und ökonomische Motivation, in: Zeitschrift für Wirtschafts- und Sozialwissenschaften 120 (2000), 129–157.

Silverman, S. Patronage as Myth, in: E. Gellner/J. Waterbury (eds.). Patrons and Clients in Mediterranean Societies, London 1977, 7–19.

Simon, H. A. A behavioral model of rational choice, in: Quarterly Journal of Economics 69 (1955), 99–118.

Sitzler-Osing, D. Art. „Schuld I", in: Theologische Realenzyklopädie, Bd. 30 (1999), 573–577.

Smart, J. J. C. An outline of a system of utilitarian ethics, in: B. Williams/J. J. C. Smart, Utilitarianism – For & Against, Cambridge 1973, 3–74.

Sommer, R. F./Baumeister, J. J./Exline, K. L. The victim role, grudge theory, and two dimensions of forgiveness, in: E. L. Worthington (ed.). Dimensions of forgiveness: Psychological research and theological perspectives, Philadelphia 1998, 79–104.

Soosten, J. von. Die „Erfindung" der Sünde. Soziologische und semantische Aspekte zu der Rede von der Sünde im alttestamentlichen Sprachgebrauch, in: Jahrbuch für Biblische Theologie, Bd. 9, Sünde und Gericht, Neukirchen-Vluyn 1995, 87–110.

Stegemann, W. Kontingenz und Kontextualität der moralischen Aussagen Jesu, in: W. Stegemann/B. J. Malina/G. Theissen (eds.). Jesus in neuen Kontexten, Stuttgart 2002, 167–184.

Stettler, H. Heiligung bei Paulus. Ein Beitrag aus biblisch-theologischer Sicht, Tübingen 2014.

Stump, E. Atonement, Oxford 2018.

Swinburne, R. The evolution of the soul, Oxford 1986.
Swinburne, R. Responsibility and Atonement, Oxford 1989.

Theißen, G. Gewaltverzicht und Feindesliebe (Mt 5,38–48/Lk 6,27–38) und deren sozialgeschichtlicher Hintergrund, in: G. Theißen (ed.). Studien zur Soziologie des Urchristentums, Tübingen 1983, 160–197.
Theißen, G. Die Goldene Regel (Matthäus 7:12/Lukas 6:31). Über den Sitz im Leben ihrer positiven und negativen Form, in: Biblical Interpretation 11 (2003), 386–399.
Theißen, G. Gesetz und Goldene Regel. Die Ethik des Matthäusevangeliums zwischen Regel und Empathieorientierung, in: P. Lampe/M. Mayordomo/M. Sato (eds.). Neutestamentliche Exegese im Dialog. Hermeneutik – Wirkungsgeschichte – Matthäusevangelium, Neukirchen-Vluyn 2008, 237–254.
Tollefsen, D. P. Collective intentionality and the social sciences, in: Philosophy of the Social Sciences 32 (2002), 25–50.
Tollefsen, D. P. Groups as Agents, Cambridge 2015.
Toorn, K. van der. Sin and Sanction in Israel and Mesopotamia. A Comparative Study, Assen 1985.
Tuomela, R. The Importance of Us: A Philosophical Study of Basic Social Notions, Stanford, California 1995.
Tuomela, R. The philosophy of sociality: The shared point of view, New York 2007.
Tuomela, R. Social Ontology: Collective Intentionality and Group Agents, Oxford 2013.
Twambley, P. Mercy and Forgiveness, in: Analysis 36 (1976), 84–90.

Vanzant, M. G. Forgiveness, in: New Interpreter's Dictionary of the Bible 2 (2007), 480–485.
Varenhorst, M. Kultische Sprache in den Paulusbriefen, Tübingen 2008.

Weinfeld, M. Deuteronomy and the Deuteronomic School, Oxford 1972.
Wiesenthal, S. The Sunflower: On the Possibilities and Limits of Forgiveness, New York 1998.
Wilckens, U. Der Brief an die Römer (Röm 1–5), Neukirchen-Vluyn 1987.
Wilckens, U. Theologie des Neuen Testaments, Bd. I, Geschichte der urchristlichen Theologie, Teilband 3: Die Briefe des Urchristentums: Paulus und seine Schüler, Theologen aus dem Bereich juden-christlicher Heidenmission, Neukirchen-Vluyn 2005.
Wolf, S. Freedom Within Reason, Oxford 1990.
Wolter, M. Das Lukasevangelium, Tübingen 2008.

Yoder, J. H. The Politics of Jesus, Grand Rapids, Michigan 1972.

240

Sachregister

Im Sachregister sind jene Stichworte kursiv gesetzt, die nur in der Fußnote, nicht aber im laufenden Text derselben Seite vorkommen.

Personenregister

Inwagen, P. van 194

Janowski, B. 27, 29
Jeremias, J. 106
Jüngling, H.-W. 33

Kaminsky, J. S. 21
Kant, I. 58, 77, 80, 86, 161, 164, 199
Keil, G. 79, 83
Kessler, R. 117
Kilgallen, J. 111
Kittsteiner, H. D. 200
Klauck, H.-J. 28, 36, 43, 47, 111
Koch, K. 28
Kolnai, A. 153, 177, 217
Konstan, D. 98, 100, 132, 206
Korff, W. 140
Krämer, H. 58
Kselman, J. S. 18
Kutz, C. 60

Lang, B. 211
Lauritzen, P. 153, 198
Leftow, B. 193
Levine, S. J. 151
Lindberg, C. 20
List, C. 62
Löhr, H. 45
Lowe, E. J. 194
Luhmann, N. 32, 40, 43f., 95
Luz, U. 106, 116, 126, 129
Lyons, D. 185

Malina, B. J. 127
Margalit, A. 165f., 169
Martin, D. 73
Mathiesen, K. 60
Mauss, M. 97
Merklein, H. 38f., 42, 139
Metz, J. B. 9
Metzler, K. 105f., 109
Miller, S. 60
Millett, P. C. 132
Murphy, J. 154f., 157

Narayanan, V. 56, 151
North, J. 153f., 211
Novitz, D. 153

Otto, E. 32f., 117, 119

Pargament, K. I. 56, 151
Parker, R. 98, 122
Pascut, B. 124
Paul, L. A. 52
Pesch, R. 104
Pettigrove, G. 152, 175, 218
Pettit, P. 61f.
Pröpper, T. 85

Quante, M. 61, 194f.

Ravizza M. 78
Reis, H. T. 137
Rengstorf, K. H. 112
Richards, N. 178
Roitto, R. 18, 101–103, 124
Rovane, C. 61
Rye, M. S. 56, 151

Sacks, D. 165
Sanders, E. P. 42
Schimmel, S. 151
Schmid, K. 21
Schnackenburg, R. 37
Schottroff, L. 128
Schürmann, H. 131
Schweikard, D. P. 61f.
Scott, J. 132
Searle, J. R. 60, 62
Selten, R. 95
Silverman, S. 132
Simon, H. A. 137
Sitzler-Osing, D. 23
Smart, J. J. C. 185
Soosten, J. von 34
Stegemann, W. 132
Stettler, H. 38
Stump, E. 208f.
Swinburne, R. 56, 193, 206–208

Theißen, G. 49
Thomas von Aquin 192f.
Tollefsen, D. P. 62
Tooby, J. 139
Toorn, K. van der 22
Tuomela, R. 60, 62
Twambley, P. 199, 213